Taschenbibliothek der Weltliteratur

Ludwig Renn

Adel im Untergang

Aufbau-Verlag 1987

1. Auflage 1987

Einbandgestaltung Heinz Hellmis
III/9/1 Grafischer Großbetrieb Völkerfreundschaft Dresden
Printed in the German Democratic Republic
Lizenznummer 301.120/92/87
Bestellnummer 613 486 4
00420

ISBN 3-351-00431-1

Adlige Fräulein um 1900

Bei uns verkehrten Leute sehr verschiedener Art. Ich besinne mich, wie wir als Kinder allen möglichen Damen die Hand küssen mußten, die Visite machten, wie man das damals vor 1900 nannte. Da war vor allem eine ältere Dame in einem schwerseidenen Kleid, das rauschte, sobald sie sich bewegte. Sie sprach meistens französisch mit scharfem russischem R und hatte die ganze Liebenswürdigkeit des vorigen Jahrhunderts. So ähnlich sprach auch meine Mutter, die glücklich war, wenn sie uns zwei Jungen von ihrer Heimatstadt, dem bunten Moskau, erzählen konnte. Aber sobald mein Vater erschien, schwieg sie.

Ich konnte meine Mitschüler nicht verstehen, weil sie nicht backen und packen unterscheiden konnten. Aber das waren ja alles reine Sachsen. Mein Vater aber rühmte sich, ein halber Ire zu sein, und las fast nur englische Bücher. Von deutschen ließ er Schiller gelten. Und meine Mutter las Goethe mit tiefer Inbrunst und Moskauer Akzent.

Noch unsächsischer war die Atmosphäre bei ihrem Vater. Da gab es jeden Sonntagmittag große Tafel, zu der die meisten seiner sieben Kinder, unsre Familie und einige Gäste erschienen. Unter ihnen war Herr Taube, ein zierlicher junger Mann, von dem man wohl hoffte, daß er eine meiner Tanten heiratete.

„Stellen Sie sich vor“, rief Herr Taube über die Tafel hin, „jemand wollte auf sächsisch große Gedanken ausdrücken!“

Meine Tanten lachten, und mein Großvater lächelte durch seine goldne Brille meinen Vater an, der nicht gern zugab, daß er sächsisch sprach.

„Große Gedanken?“ rief mein Vater mit blitzenden Augen. „Das kommt mir vor wie die Spießbürger vor fünfzig Jahren!“

„In der Tat“, erwiderte mein Großvater herablassend, „da-

mals erklärte man die Seele noch nicht mit dem Sauerstoff."
„Aber", rief Herr Taube, „man hatte noch eine Seele!"
„Seele ist Unsinn!" schrie mein Vater.
Mein Großvater öffnete die sauber rasierte Mundöffnung in seinem großen Bart. „Ich glaube ja auch nicht an die Seele in dem Sinne, daß man sie irgendwo finden und in einem Reagenzglas analysieren könnte. Aber ich sehe nicht recht, wie ich mich freuen könnte, wenn ich keine Seele hätte."
„Und Sie könnten auch keine edlen Gedanken haben!" rief Herr Taube.
Mein Vater, der den zierlichen Mann nicht leiden konnte, wandte sich jäh zu ihm. „Und Sie meinen, daß da ein Zusammenhang zwischen Mangel an edlen Gedanken und der sächsischen Sprache bestünde?"
Herr Taube erhob begeistert seine beiden dünnen Hände. „Ja, Herr von Vieth! Großartig haben Sie das ausgedrückt!"
„Und Sie meinen, daß auch ich sächsisch spräche?" fragte mein Vater mit hochgezogenen Augenbrauen.
„Ja, ohne Zweifel."
Ich fürchtete schon, mein Vater würde wieder einmal so brüllen, daß es einem angst und bange würde. Aber da sah ich, wie mein Großvater in seinen Bart hineinkicherte und anfing heftig zu husten.
„Ist dir nicht gut, Papa?" rief meine Mutter ängstlich.
„Im Gegenteil", flüsterte er, von seinem Husten unterbrochen. „Mir ist zu gut. Und ein bißchen Freude schadet meiner Lunge nicht."
Die Großmutter lächelte am anderen Ende der Tafel mit ihrem dünnen russischen Munde und ihren Schlitzaugen. „Was redet ihr da wieder für Unsinn!"
„Unsinn?" rief eifrig Herr Taube. „Große Gedanken sind kein Unsinn! Und man kann das Erhabne doch nicht auf sächsisch ausdrücken! Oder wollen Sie etwa auf der Bühne deklamieren:

> Verlassen hab ich Feld und Auen,
> Die eine diefe Nachd beteckt,
> Mit ahnungsvollen heilchen Krauen
> In uns die pessre Saele weggd?

Es kann doch keine Seele ohne Form geben!"

Der Bart meines Großvaters wackelte vor Lachen, während mein Vater schrie: „Als ob Sachsen nicht Dichter, und vor allem Maler, hervorgebracht hätte!"
„Ebendas ist es", rief meine Tante Manja. „Es gibt wenige sächsische Dichter und viele Maler und Komponisten. Vor lauter Verzweiflung über ihre Sprache griffen sie zur Farbe und nicht zum gesprochenen Ton!"
Jetzt redeten alle durcheinander. Ich hörte meinen Vater empört schreien: „Sie wollen doch nicht etwa behaupten, Herr Taube, daß in Deutschland alles schlecht wäre?"
„Nein", sagte mein Großvater, „nicht schlecht. Aber dumm. Rußland ist korrupt und um Jahrhunderte zurück. Aber man ist dort viel gescheiter als in diesem spießigen Deutschland oder gar in Sachsen."
„Da fehlt wirklich nur noch", rief mein Vater, „der Angriff auf unser Königshaus!"
„Aber, Herr von Vieth!" rief Herr Taube. „Ich habe von Ihnen sonst immer nur gehört, wie Sie Ihr Königshaus, die Wettiner, als verkommen und maßlos hochmütig bezeichnet haben!"
„Das ist es eben, was Sie als Russe nicht verstehen."
„Doch, gerade das verstehe ich. Wir haben selbst einen Zaren …"
„Und Sie haben auch den Anarchismus und Nihilismus!"
„Erlauben Sie, ich bin weder Anarchist noch Nihilist!"
„Ach, alle Russen haben diesen Geist der Auflehnung und Zersetzung!"
„Hansi!" sagte meine Mutter beschwichtigend. Aber er ließ sich nicht beruhigen. „Natürlich taugt unser Königshaus nicht viel. Und der Kaiser in Berlin, dem fehlt es wieder an Takt. Und trotzdem dürfen wir den Geist der Zersetzung nicht aufkommen lassen. Denn wenn das Volk diese Gedanken in sich aufnimmt, so wird es rebellisch!"
Mein Großvater lachte wieder in seinen Bart hinein. „Das Essen wird dir auf dem Teller kalt vor lauter Nihilismus und Königshäusern. – Ich glaube übrigens, daß gerade du unter uns allen der am wenigsten Konservative bist."
Nach dem Essen drängte meine Mutter zum Aufbruch.

Als wir nach Hause kamen, meldete das Stubenmädchen: „Graf und Gräfin Bülow sind im Salon."

„Sind sie schon lange da?“ fragte Mama.
„Schon zwei Stunden, gnäd’ge Frau.“
„Ach, wie schade“, und Mama flüsterte meinem Vater zu: „Sie haben sicher bei uns zu Mittag essen wollen.“
„Warum essen sie nicht zu Hause?“ fragte mein Bruder.
„Still, Viktor! Sie sind sehr arm.“
„Bitte“, sagte Papa, „erspare mir diesen Besuch. Nachher komme ich zum Kaffee für ein paar Minuten hinüber.“
Wir Kinder mußten mit Mama in den Salon gehen. Die beiden erhoben sich von den Polsterstühlen unter den großen Ölbildern eines unsrer Vorfahren, der da in rotem Samt und mit langer gestrickter Weste saß, und seiner Frau in weißem Atlaskleid und dicken Ohrgehängen aus vielen Perlen. Die Gräfin kam meiner Mutter mit zuckenden Augen entgegen. Wir küßten ihr die Hand und wandten uns dem Grafen zu, von dem wir wußten, daß er blind war. Wir faßten nach seiner Hand, und er sagte freundlich in falscher Richtung: „Guten Tag.“
Meine Mutter beugte sich vor. „Liebe Komtesse, es tut mir so leid, daß wir nicht da waren. Ich habe angeordnet, daß sofort etwas bereitet wird – was wir gerade im Hause haben. Bitte, gedulden Sie sich noch ein halbes Stündchen!“
Wir setzten uns. Die Gräfin erzählte etwas vom preußischen Hof, was uns Kinder nicht interessierte. Ihr Ton war nicht angenehm. Ich wußte nicht, weshalb, aber ich fürchtete mich vor ihr. „Kinder!“ sagte Mama. „Geht und sucht eure Freunde! Und wenn ihr sie zum Kaffee herüberbringen wollt, so könnt ihr das tun.“
Wir zwei Brüder gingen über die Straße, um Viktors Freund, Otto von Erdmannsdorff, zu treffen. Als wir die Treppe hinaufstiegen, kam er uns entgegengestürzt. „Wißt ihr schon, daß der Prinz Friedrich August zu uns kommt? Mit seiner Frau! Sie ist eine Erzherzogin.“
„Warum kommen sie denn zu euch?“ fragte ich.
„Nu, fressen!“ rief Otto. „In drei Tagen kommen sie! Mein Vater ist verrückt geworden vor Aufregung! Ich sage euch, den solltet ihr herumbrüllen hören. Kommt mit rauf! Da könnt ihr sehen, wie er mit umgebundener Schnurrbartbinde die Polsterstühle hin und her schiebt! Fein, sage ich euch!“
Meine Mutter behielt die Geschwister Bülow auch zum

Abendessen da. Bei uns wurde zu allen großen Mahlzeiten serviert. Zuerst reichte man der Komtesse, dann dem Grafen. Da er aber nicht sah, legte ihm meine Mutter alles vor. Seine Schwester beherrschte mit meinem Vater zusammen das Gespräch. Sie sprach von einem Besuch bei ihrem ältesten Bruder, dem Majoratsherrn von Grünhoff.
Mein Vater unterbrach sie: „Glauben Sie, daß die Einrichtung der Majorate gut ist?“
„Wir jüngeren Geschwister können wohl kaum von gut sprechen. Denn von der Auszahlung, die wir erhalten haben …“
„Bitte nicht!“ sagte ihr Bruder.
„Gut, eben nicht. Aber, Herr von Vieth, selbst wenn Sie den Punkt der jüngeren Geschwister nicht berühren, so ist das System nicht gut. Der älteste Sohn erbt doch alles. Zuerst geht er zum Militär und wird Leutnant, natürlich im teuersten aller Kavallerieregimenter. Dort gewöhnt er sich das hemmungslose Schuldenmachen an, weil ihm jeder in Voraussicht der kommenden Erbschaft pumpt. Wenn dann der Vater stirbt, zieht er sich mit den ungeheuren Ansprüchen, an die er sich gewöhnt hat, auf sein Schloß oder Herrenhaus zurück. Außerdem versteht er nichts, absolut nichts von der Landwirtschaft und den Geschäften. Er wird zu einem …“
„Bitte nicht!“ sagte der Graf und wandte sich freundlich an meine Mutter. „Der Käse ist ganz ausgezeichnet. Darf ich noch um etwas bitten?“
Es klingelte.
Vom Flur her hörte ich laute Frauenstimmen, darunter die der Schwester meines Vaters. Sie, die Tante Mieze, liebte mich ganz besonders.
Die Tür wurde aufgemacht, und herein trat die Tante in einem Kleide, das in der Mitte mit unglaublich vielen Knöpfchen geschlossen war. Mit ihr kam eine Dame, die mich gleich lebhaft interessierte. Sie war groß und sagte mit einer Stimme, die dunkel und tönend war: „Entschuldigen Sie, daß wir so spät kommen.“ Ihr Gesicht war rot und wie von innen geheizt.
Meine Mutter stellte vor: „Fräulein von Schimpff und meine Schwägerin Fräulein von Vieth, Komtesse Bülow, Graf Bülow.“
Ich betrachtete unentwegt das rotgesichtige Fräulein von

Schimpff. Sie setzte sich hoch aufgerichtet auf einen Stuhl. „Wir kommen eben von einer Festlichkeit im Karolahaus – Sie wissen wohl, das ist eines der großen Krankenhäuser hier. Ihre Majestät war da und natürlich alle Ärzte und Schwestern. Die Königin war sehr leutselig und gab allen die Hand."

„Entschuldigen Sie meine Unkenntnis", sagte die Gräfin, „aber ich kann mich nicht erinnern, aus welchem Hause die Königin von Sachsen ist?"

„Sie ist eine Wasa und die Letzte aus dem alten schwedischen Königshause. Haben Sie nie die Königin gesehen, gnädigste Gräfin?"

„Doch, einmal. Sie benahm sich sehr liebenswürdig gegenüber einigen Damen."

„O ja!" rief Fräulein von Schimpff. „Sie ist stets sehr liebenswürdig gegen Damen! Sehen Sie! Dieses Armband hat sie mir neulich geschenkt." Sie zeigte ein schweres goldenes Armband an ihrem Handgelenk. „Die Königin hat es von ihrem Arm gezogen und mir über die Hand geschoben. Aber es ist mir sofort heruntergefallen. Zwar habe ich eine mächtige Pranke, aber es war für mich so weit, daß ich mehrere Glieder herausnehmen mußte, damit es paßte."

Wir betrachteten interessiert das königliche Armband.

„Ja", sagte die Gräfin, „es ist mir auch aufgefallen, was für gewaltige Arme die Königin hat."

Sie hat wirklich Pranken, dachte ich. Solche hat niemand sonst, der bei uns verkehrt. Jetzt starrte ich abwechselnd auf ihr erhitztes Gesicht und ihre roten, derben Hände und horchte auf den dunklen Ton ihrer Stimme.

Meine Tante beugte sich vor. „Und wir sind bei dieser Gelegenheit Schwestern geworden."

Ich verstand nicht, was das bedeutete. Alle starrten sie so eigen an. Papa lehnte sich zurück. „Was soll das heißen? Krankenschwester, du?"

Die Tante lachte. „Natürlich ich! Und auch meine Freundin hier."

„Aber", sagte mein Vater drohend, „ich hoffe, das läßt sich noch rückgängig machen! Ein junges Mädchen aus guter Gesellschaft ..."

Die Tante fuhr auf: „Ach ihr mit eurer guten Gesellschaft! Hast du dich denn um die gute Gesellschaft gekümmert, als du Lehrer wurdest statt Offizier? Und was bedeutet denn das, gute Gesellschaft? Es bedeutet, daß wir Frauen ein völlig unnützes Leben führen müssen! Ich will dir mal aufzählen, was wir adligen Fräulein tun dürfen! Zum Tee gehen, auf Bälle gehen – und dort natürlich nur mit ganz bestimmten Leuten tanzen, nicht etwa mit einem Arzt oder jemand, der was gelernt hat und darüber zu sprechen weiß, sondern nur mit den albernen Leutnants, denen man ebenso albern antworten soll! Das ist eure gute Gesellschaft!"

„Ja", rief Fräulein von Schimpff, „Kälber zu werden, das erlaubt man uns! Und wir dürfen auch mit drei Groschen die Woche so tun, als wären wir reich und brauchten nichts zu verdienen!"

Die Gräfin nickte stumm auf ihren Teller.

Papa sagte: „Meine Schwester hat ein Vermögen geerbt, so groß wie mein eigenes. Sie malt, sie kann Reisen machen, sie kann ..."

„Aber was ich nicht kann", schrie die Tante, „ist, ein nützliches Wesen werden! Du, Hans, hast dich gegen die Gesellschaft aufgelehnt, um kein blöder Leutnant, sondern ein nützlicher Mensch zu werden. Du darfst das, weil du ein Mann bist! Aber deine Schwester ...?"

„Ich bin", sagte die Gräfin und bemühte sich, ruhig zu sprechen, „in der Berliner Hofgesellschaft ausgeführt worden – angebissen hat niemand!"

Der Graf schien wieder sagen zu wollen: Bitte nicht. Aber er schloß den Mund wieder. Denn niemand sprach, so betroffen waren alle.

Die Freundin der Tante richtete sich noch steifer auf. „Herr von Vieth, können Sie uns überhaupt verstehen? Man führt uns auf Bälle, doch nur, um verheiratet zu werden. Einige ja, denen gefällt das. Die wollen. Aber ich nicht! Absolut nicht! Und weil man uns dazu erzogen hat, den Leutnants zu gefallen, deshalb werden wir so schief und unangenehm, wenn wir erst einmal über die Jugend hinaus sind."

Meine Mutter hatte an dem rot blinkenden Kupferkessel hantiert, der neben ihr auf einem schmiedeeisernen Gestell stand. Jetzt rief sie übertrieben fröhlich: „Das Teewasser kocht! Ich habe einen guten russischen Karawanentee da."

Die Flucht der Erzherzogin

Das Fest mit dem prinzlichen Paar ging vorüber. Wir Jungen wurden am nächsten Tage zu Erdmannsdorffs hinübergerufen, um den Rest der Mandelmilch auszutrinken und allerhand gute Sachen zu essen, die übriggeblieben waren.

Nicht lange danach klingelte es eines Nachmittags an unsrer Tür viele Male hintereinander.

Alle stürzten hin.

Otto kam hereingestürmt, strahlend. „Die Prinzessin ist ausgerissen!"

„Was für eine Prinzessin?"

„Na, die Erzherzogin, die damals bei uns zu Abend gefressen hat! Sie ist mit dem französischen Lehrer der Prinzen durchgegangen!"

„Ich finde das gar nicht so lustig", sagte meine Mutter.

Otto lachte. „Wenn ich mir vorstelle, wie sie da heimlich aus dem Schloß fort ist und sich dann irgendwo mit Herrn Giron getroffen hat! Viktor, weißt du was!? Wenn wir mal wieder Theater spielen, Betrunknentanz und Burenkrieg, dann nehmen wir eine neue Nummer dazu, die Flucht der Erzherzogin!"

Mama lächelte. „Da werden aber deine Eltern nicht so ganz einverstanden sein – ich übrigens auch nicht."

„Warum denn nicht?" rief Otto. „Wir spielen dann, wie sie um die Ecke kommt, und Giron gibt ihr einen Kuß, daß es nur so knallt!"

„Das könnt ihr doch gar nicht", sagte Mama. „Ihr habt doch kein Mädchen."

Otto sah den Viktor fragend an. Der sagte mit zusammengezogenen Brauen: „Mit einem Mädchen können wir nicht spielen!"

„Dann spielt eben Arnold die Erzherzogin", rief Otto.

„Ich mich küssen lassen? Mädel küssen sich untereinander, nicht Jungen!"

Aber es kam gar nicht dazu. Warum, weiß ich nicht mehr.

Dann erschien ein Buch, in dem die Prinzessin selbst die Gründe für ihre Flucht erklärte. Ihr Haß hatte sich nicht gegen ihren Mann, sondern gegen den Minister von Metzsch gerichtet, der auch im Volke sehr unbeliebt war, und gegen ihren Schwiegervater, den König Georg, einen steifen Mann, der sich nicht die geringste Mühe gab, seine Verachtung für alle Welt zu verbergen. Er hatte lange auf den Thron gewartet. Endlich war sein Bruder, der König Albert, gestorben, dessen Frau die gewaltige Königin gewesen war, die so gern ihre Armbänder verschenkte. Prinz Georg kam auf den Thron und verzichtete nicht zugunsten seines Sohnes Friedrich August. Das war von seinem Standpunkt auch verständlich. Der Prinz nämlich und seine Erzherzogin Louise von Toscana hatten sehr wenig Sinn für die Steifheit des Hofes und das altspanische Zeremoniell, das da noch herrschte. Er wollte die Krone nicht an einen Prinzen ausliefern, der sich so benahm.

Einige Jahre vorher war der Prinz Friedrich August Kompaniechef im Schützenregiment geworden. Eines Tages rückte er mit seinen hundert Mann zum Felddienst aus. An einem Waldrand ließ er halten, die Gewehre zusammensetzen und austreten. Er selbst stieg vom Pferde und stellte sich auch an einen Baum. Seinen Soldaten war er bisher als ein unerreichbar hohes Wesen erschienen, und sie schielten zu ihm hinüber. Da wandte er den Kopf. „Ihr denkt wohl, ich hätte einen andern als ihr?"

Noch weniger förmlich war die Prinzessin. Das mißfiel dem alten steifen König und gefiel dem Volke.

„Unsre Köchin", sagte meine Mutter, „liest das Buch der Prinzessin in der Küche offen. Die Herrschaften in allen den Häusern hier herum lesen es auch, aber heimlich."

Wir pflegten alljährlich in den großen Schulferien eine größere Reise zu machen. Es mochte etwa im Jahre 1905 gewesen sein, als wir nach Linz in Oberösterreich fuhren, um eine Tante zu besuchen, eine alte Dame, die gern französisch sprach und eine etwas altmodische Höflichkeit hatte. Wir aßen mit ihr ausgezeichnete Wiener Backhendel und Marillenknödel und fuhren am folgenden Tage mit ihr nach dem Salzkammergut. In Gmunden besahen wir von außen das große Schloß des Herzogs von Cumberland, das uns deswegen interessierte, weil er der Prätendent auf den Königsthron von Hannover war und ein geschworener Feind der Hohenzollern. Das Schloß war enttäuschend neu und

sah so aus, als ob da nirgends auch nur das geringste Geheimnis wäre.
Bei einem der Ausflüge am Ufer des Traunsees kamen wir aber zu zwei Schlössern, von denen man sich vorstellen konnte, daß da nachts Geister umgingen und allerhand Düsteres geschehen war. Das eine stand am Lande und war alt und dunkel, das andre lag im See. Eine Brücke aus Holzbohlen führte zu ihm hinüber. Wir gingen auf ihr bis zu dem verwitterten hohen Tor und kehrten um.
Dieses Schloß ließ meine Phantasie nicht los. Die Tante war nicht mitgekommen. Sie konnte so weit nicht mehr gehen.
Aber am Abend fragte ich sie.
„Ach, Kind", sagte sie, „ihr seid sicher bei den beiden Schlössern Orth gewesen. Dort hat Johann Orth gewohnt, bevor er unterging."
„Wer war denn Johann Orth?"
„Das weißt du nicht? Ja, ich vergesse, du bist kein Österreicher. Er hieß eigentlich Erzherzog Johann und war der Sohn des Großherzogs von Toscana. Seine Schwester Louise ist dir vielleicht bekannter. Sie ist mit einem Franzosen durchgegangen."
„Das", rief ich, „muß doch die Louise von Toscana sein, die heute unsre Königin wäre, wenn sie ihren Mann nicht verlassen hätte?"
„Das mag sein. In der ganzen Familie hat es nichts als solche Geschichten gegeben. Ein andrer Bruder hat sich mit einer lockern Frau eingelassen und sie sogar geheiratet. Darauf ist er aus dem Hause Habsburg ausgestoßen worden, genau wie seine Schwester, und er lebte unter dem Namen Wölfling, in Wien, glaube ich. Auch sein Bruder, der Erzherzog Johann, hatte sich in ein Bürgermädchen verliebt und verlangt, sie zu heiraten. Das war aber etwas, was der Kaiser Franz Joseph nicht verträgt. Auch Johann wurde ausgestoßen und bekam den Namen Johann Orth, nach seinen Schlössern, die ihr heute gesehen habt."
„Und seine Frau? Aus was für Kreisen war sie denn?"
„Sie war eigentlich vernünftiger als er, aber eine Kleinbürgerin."
„Was hat er denn Dummes gemacht?"
„Ja, sieh mal, Arnold, er war so ähnlich wie deine Tante

Mieze. Er konnte das faule Herumsitzen auf seinen Schlössern nicht vertragen. Er wollte etwas Nützliches tun. Da ist er auf den Gedanken gekommen, sich ein Schiff zu kaufen und auf dem Meere herumzufahren."
„Eine schöne Jacht?"
„Ach nein, einen Frachtdampfer. Er wollte eben was Nützliches tun und Güter befördern. Seine Frau, die eine praktische Person war, hat ihm beim Anheuern der Mannschaft geholfen. Aber da kam ihm etwas in die Quere, was er nicht gelernt hatte. So einem Erzherzog wird doch von Kindheit auf jeder Wunsch erfüllt. Er hatte das Warten nicht gelernt. Der Steuermann ließ sich seinen Ton nicht gefallen und ging fort. Ungeduldig wie er war, fuhr er ohne ihn ab."
Die Tante machte eine Pause und blickte zum Fenster hinaus.
„Und?"
„In irgendeinem Hafen ist er noch angelaufen. Dann hat man weder von ihm noch von seinem Schiffe oder seiner Mannschaft etwas gehört."

Mein Bruder entwickelte sich ganz anders als ich. Von geistigen Interessen wollte er nichts wissen, und er tat so, als wäre er gänzlich ungebildet. Sein Interesse waren Pferde, Kühe, Hunde, und er setzte es durch, daß er in den Schulferien nicht eine schöne Reise mitmachte, sondern auf dem Lande arbeitete. Er suchte sich selbst den Pächter zweier großer Güter als Arbeitgeber und machte da wie ein Knecht alles. Aber deshalb war er durchaus nicht demokratisch gesinnt, sondern er kaufte sich zum Entsetzen meines Vaters den Gothaer Hofkalender und die Taschenbücher des Adels und studierte tagelang darin. Manchmal hielt er mir lange Vorträge darüber, wer die Kronprätendenten von Frankreich wären, der bourbonische und der bonapartistische. Als Prinz Johann Georg, ein Bruder des Königs, seine Frau, Isabella von Württemberg, verloren hatte, heiratete er die Prinzessin Immaculata von Bourbon. Da erzählte mir Viktor sofort, wie die Bourbon-Frankreich mit den Bourbon-Spanien und den Bourbon-Parma verwandt wären und außerdem mit den Bourbon-Sizilien, aus deren Haus die neue Prinzessin stammte. Ihr Urgroßvater war der Re

Bomba gewesen, der die Revolution in Neapel und Palermo niederkartätscht hatte.
So lernte ich einiges über die Geschichte der europäischen Fürstenfamilien, wenn auch auf eine kühle Weise. Denn ich konnte mir die einzelnen Persönlichkeiten nicht vorstellen, außer den großartigen und wahnsinnigen König Ludwig den Zweiten von Bayern und den Prinzen Max von Sachsen.
Das war ein Bruder unseres Königs, der sich entschlossen hatte, katholischer Priester zu werden. Er war groß und schlank, und es war von ihm bekannt, daß er oft tagelang fastete. Der eher urwüchsige König, der gerne aß und trank, liebte und verehrte seinen asketischen Bruder, wenn er auch manchmal über ihn lachte.
Eines Tages kam im Schloß ein Telegramm an:

komme morgen zug elf dreißig stop
schickt kleider und geld prinz max

„Da hat er sicher", sagte der König, „wieder einmal seine Sachen einem Bettler geschenkt und sich selbst dessen Lumpen angezogen. Das Oberhofmarschallamt soll einen Wagen nach der letzten Station vor Dresden schicken, damit man meinen Bruder nicht in seinem Aufzug in der Stadt sieht."
Auf der kleinen Station erschien also ein Hofwagen, auf dessen Bock der Kutscher und der Lakai hellgelbe Livreen trugen und ein helles Band um den hohen Zylinder. Kinder sammelten sich und gafften den Wagen an, und auch Erwachsene kamen. Der Bahnhofsvorstand lief in sein Diensthäuschen und setzte sich seine beste rote Mütze auf. Als dann der Zug ankam, sah er nach den Kupees erster Klasse. Aber es stieg nur aus der dritten Klasse jemand aus, ein magerer Mann mit viel zu kurzen Hosen. Ihn grüßte der Hofkutscher, indem er die Peitsche gerade hochhob und so verharrte, bis der Lakai dem Mann mit den zu kurzen Hosen in den Wagen geholfen hatte.

Für die übrigen Mitglieder der Königsfamilie hatte ich kein Interesse, bis mein Vater an die Prinzenschule berufen wurde. Als nämlich die drei Söhne des Königs etwas älter geworden waren, beschloß dieser, ihnen Schulkameraden zu geben. Das waren adlige Jungen und auch zwei oder drei sogenannte Renommierschulzen, Bürgerliche, deren Väter aber ebenfalls Offiziere oder höhere Beamte waren. Im Taschenbergpalais neben dem königlichen Schloß wurden einige Schulzimmer eingerichtet, und mein Vater sollte dort den Unterricht in Mathematik geben.

„Euer Vater", sagte meine Mutter, „ist wirklich komisch. Statt daß er sich über die Berufung freut, ist er furchtbar aufgebracht. – Freilich habe ich ihm gesagt, er dürfte da nicht mehr die Frackhose zum Alltagsanzug anziehen und auch nicht den Gehrock mit seiner schlechtesten Hose. Diese Zumutung hat ihn so ..."

In diesem Augenblick kam mein Vater hereingepoltert.

„Warst du etwa mit dem schiefen Schlips im Schloß?" fragte Mama entsetzt.

„Ach, dieses Interesse für Schlipse! Morgen wirst du gar noch verlangen, daß ich in meinen engsten Lackschuhen zum Unterricht gehe!"

„Nein, das wäre in der Tat nicht passend. Aber – du solltest von nun an zu den Hofbällen gehen. Bei deinem Namen hast du ein Recht dazu."

Mein Vater richtete sich noch militärischer auf, als er es sonst schon tat. „Und dazu soll ich mir meine Hauptmannsuniform wieder herrichten lassen? Oder denkst du, ich lasse mir für einige hundert Mark eine goldgestickte Hofuniform anfertigen?"

„Aber, Papa", sagte Viktor, „dein Vermögen ist groß genug, um dir viele Hofuniformen machen zu lassen. Ich habe ja auch nie verstanden, warum du dir nicht Wagen und Pferde hältst."

„Ich mag aber keine Pferde! Das ist doch alles nur Großmannssucht!"

Mama schüttelte den Kopf. „Auf den Hofball zu gehen ist noch keine Großmannssucht. Und was die Pferde anbelangt, so bin ich eher froh, daß wir keine haben. Da können

sie auch nicht mit mir durchgehen."
„Ich habe mich heute im Schloß", sagte mein Vater, „sehr geärgert. Der Baron O'Byrn, der Gouverneur der Prinzen, hat mich empfangen und mir den Wunsch des Königs mitgeteilt, die Prinzen nicht mit Seidenhandschuhen anzufassen. Sie sollen stramm antworten. Darauf sagte ich ihm, ich wäre gar nicht für das Exerzieren im Unterricht. Es käme nicht darauf an, mit Antworten herauszuplatzen wie beim Militär, sondern den Kindern funktionelles, mathematisches Denken beizubringen. Da wurde aber der Baron ungeduldig und sagte scharf: ‚Herr von Vieth, bitte, machen Sie es so, wie es Seine Majestät wünscht!' – Ich bin aber überzeugt, daß der König nur gemeint hat, man soll seine Söhne nicht verziehen. Aber Schulexerzieren, richtiges Einpauken, das dürfte er kaum gemeint haben. Aber ewig diese Irländer! Nur deshalb, weil die Wettiner im siebzehnten Jahrhundert katholisch geworden sind, um Könige von Polen zu werden, und weil es in Sachsen außer ein paar Iren fast keinen katholischen Adel gibt, ist schon der heutige König von dem Baron von Oer erzogen worden. Das war ja sicher ein sehr rechtlicher Mann, aber von ihm haben weder der König noch seine Geschwister gelernt, wie sich ein Fürst benimmt. Bei allen zeremoniellen Gelegenheiten stehen sie steif herum und wissen nicht, wie man Leute anredet, die darauf warten."
Mama lächelte. „Warum greifst du nur die Iren so an? Schließlich war deine eigne Großmutter eine Baronin von Bourk, und du pflegst zu sagen, daß du das vollkommene Spiegelbild deiner irischen Vorfahren bist, was ja nach den Bildern auch stimmt. Und mit dem Baron O'Byrn – er weiß sehr gut, wie man sich benimmt."
„Aber", rief mein Vater plötzlich fröhlich, „wißt ihr auch, wen der König als Leiter der Prinzenschule ausgesucht hat? Eine ganz sonderbare Wahl! Und ihr kennt ihn alle."
„Wen?" fragte Viktor ungeduldig.
„Den Hofrat Jakob."
„Aber der ist doch protestantischer Theologe!" sagte Mama.
„Das ist ja das Merkwürdige!" erwiderte mein Vater. „Damit hat der König sicher etwas gegen die ultrakatholische Erziehung seiner Kinder tun wollen."

„Papa!“ sagte ich. „Mich wundert das nicht so sehr. Der Hofrat ist ja mein Religionslehrer. Und neulich hat er uns erzählt, daß die Heiligen ganz besonders gut röchen. Das wäre wissenschaftlich festgestellt. Sie röchen süß oder sonstwie angenehm. Wir waren ganz erstaunt, daß sich der protestantische Theologe für die katholischen Heiligen einsetzt.“

Die Eltern lachten. Aber Viktor sagte mit Energie: „Ich finde das sehr richtig von dem Hofrat. Er hat sich eben den Sinn für die mystischen Zusammenhänge bewahrt. Er ist übrigens ein ausgezeichneter Lehrer!“

Ich protestierte innerlich dagegen, daß er ein guter Lehrer wäre. Ich hatte neulich einen Aufsatz geschrieben, voll glühender Begeisterung. Und als der Hofrat ihn zurückgab, verhöhnte er mich mit bösem Blick wegen der Verwendung von Worten mit falschem Sinn. Ich aber glaubte ihm hier nicht. Er war einfach ein trockener Schleicher, und ich haßte ihn.

„Aber“, sagte Mama, „er hat Benehmen. Er ist der einzige Lehrer, den ich kenne, der weiß, wie man einer Dame die Hand küßt.“

Als mein Vater zum ersten Male zum Prinzenunterricht gehen sollte, zupften und bürsteten meine Mutter und ein Stubenmädchen an ihm herum, während er in immer neuen Ausbrüchen über diese Albernheiten schimpfte. Die beiden Frauen aber waren so bei ihrem Zupfen und Bürsten, daß sie ihn überhaupt nicht hörten.

Als er dann zu Mittag zurückkam, war er friedlich, aber weigerte sich, etwas zu erzählen. „Ach, was soll so Besonderes sein! Schuljungen sind Schuljungen, auch wenn sie Prinzen heißen!“

Auf die Dauer änderten sich aber seine Reden. Einmal sagte er: „Je länger ich den Prinzen Unterricht gebe, desto lieber gewinne ich sie, besonders den Kronprinzen Georg. Das ist ein richtig guter Junge, nicht in seinen Schulleistungen – da ist er eher schlecht –, aber als Mensch. – Wenn er nur nicht von diesem Baron O'Byrn so dressiert würde! – Übrigens sagt da neulich der Kronprinz in der Pause: ‚Morgen habe ich Geburtstag, da will ich aber Kuchen fressen!‘ O'Byrn hört das und sagt: ‚Prinz, woher haben Sie diesen Ausdruck?‘ – ‚Von Papi.‘“

Als dann das Frühjahr kam, wurde meinem Vater oft aus dem Schlosse abtelefoniert. Die Prinzen hatten Heuschnupfen. „Und wißt ihr", rief mein Vater, „wie man sie behandelt? Da werden Pfaffen geholt und müssen vor ihnen beten, so eine Art Teufelsaustreibung. Ich weiß wirklich nicht, wozu es eine Medizin gibt!"
„Vielleicht", erwiderte meine Mutter still, „ist das gar nicht so dumm. Der Heuschnupfen ist doch nichts als eine Überempfindlichkeit. Das aber ist an sich eine positive Eigenschaft, nur sehr störend in einer so gröblichen Gesellschaft wie unsrer."
„Mittelalterliche Narrenpossen!" rief mein Vater. „Was hat denn die Empfindlichkeit der Schleimhäute mit der Grobheit oder Feinheit der Gesellschaft zu tun?"
„Doch vielleicht etwas", sagte Viktor. „Die Gedanken der Menschen sind es, die sich auf den übertragen, der besonders fein und empfänglich ist. Und unsaubere Gedanken erzeugen die Empfindlichkeit."
Mein Vater sah Viktor an und zog die Brauen hoch. „Ich glaube nicht an geistige Einflüsse. Wir denken mit dem Gehirn, und das ist materiell. Geist gibt es nicht."
„Die Materie", sagte Mama, „ist eine Illusion. Es gibt nur den Geist und keine Materie."
„Dagegen kann ich nichts mehr sagen", erwiderte mein Vater lächelnd. „Wenn du diese philosophische Auffassung hast, ist es natürlich auch richtiger, den Heuschnupfen zu besprechen. Aber ich gehe zum Arzt."
Nach dem Essen rief ich unsern Pudel. Er kam, weiß und wollig, angeschossen und hatte seinen Maulkorb in der Schnauze. Dazu hatte ich ihn abgerichtet. Draußen schnüffelte er an den Bäumen, während ich die Straße entlangmarschierte und dabei die Arme besonders stark schwang. Das erschien mir männlich, weil ich es immer an den Soldaten sah, die in unsrer Gegend herumwimmelten.
Auf der Schillerstraße kam eine Kutsche angefahren, auf deren Bock ein Hofkutscher und der königliche Leibjäger saßen, der eine mit hohem hellem Zylinder, der andre mit grünem Federbusch. Ich blieb stehen und zog meine Mütze. Der König, in Zivil, nickte lachend, und die drei Prinzen winkten mit beiden Händen zum Wagen heraus. Auch die drei Prinzessinnen benahmen sich höchst ausge-

lassen. Natürlich galt der Gruß nicht mir. Es war bekannt, daß der König es liebte, sich mit seinen Kindern zu zeigen, und daß sie dabei recht ungezwungen waren.
Eines Tages war er allein in den Wald hinausgefahren, hatte seine Kutsche an einer Wegbiegung stehenlassen und war weitergegangen. Da sah er einen Fleischerwagen, der ein Rad verloren hatte. Er unterhielt sich mit dem Mann, während der an seinem Rade arbeitete, und fragte ihn nach dem Gang seines Geschäfts. Als der Fleischer mit der Reparatur fertig war und abfahren wollte, fragte er den König: „Sie sin wohl och Fleescher?"
„Nee, ich sehe nur so aus."

Bei einer seiner sogenannten Landesreisen hatte der König eine Textilfabrik besichtigt. Zum Schluß stellte ihm der Besitzer einen jungen Mann vor und sagte mit einer Verbeugung: „Und dies, Euer Majestät, ist mein Sohn."
„Und neues Leben blüht aus den Ruinen", sagte der Monarch heiter.
Als er dann in seinen Wagen einstieg, sah er, daß am Straßenrand drei Herren in schwarzen Gehröcken standen. Sie hatten alle Bäuche und warteten, den Zylinder in der Hand, darauf, angeredet zu werden. Er gab das Zeichen zum Abfahren, beugte sich aber noch einmal heraus und sagte wohlgelaunt: „Na, ihr drei Dicken?" Und fuhr ab.
Das waren alles Geschichten, die unter den Offizieren umgingen, die bei meinen Eltern verkehrten. Mein dicker Onkel Hans von Welck erzählte besonders gern, wie sich der König eines Tages in einem Dorfe rasieren ließ. Der Barbier war so aufgeregt über die Ehre, die ihm widerfuhr, daß ihm die Hände zitterten und er den hohen Kunden in die Backe schnitt.
„Das kommt vom vielen Saufen", sagte der König und meinte das Handzittern.
„Ja", erwiderte der Barbier, „davon wird die Haut so spröde."

Ich begann um diese Zeit, mich für die Kunst zu interessieren, und besuchte die vielen Dresdner Museen, meistens allein. Ich ging auch in die Orgelkonzerte in der Kreuzkirche, wo ich mich möglichst auf die höchste Empore setzte, um

die Fugen und Tokkaten zu hören. Oft auch streifte ich an schulfreien Nachmittagen durch die Stadt auf der Suche nach alten Bauten, vor allem aus der Zeit Augusts des Starken. Dabei kam ich eines Tages auf die Schloßstraße, wo über dem gewölbten Georgentor der König wohnte. Dahinter lag rechts die düstere Seitenfront des Schlosses, vor dessen Eingang in einer über und über betreßten Livree ein ungeheuer großer und dicker Mann stand. Er stützte sich auf einen langen Stock mit einer großen goldnen Krone darauf. Dieser Mann wurde von allen Kindern bewundert, wie er da mit der ganzen Würde seines reichgeschmückten Bauches stand, und man erzählte sich, daß Jungen vom Lande scheu vor ihm die Mütze zogen, weil sie dachten, es wäre der König, der da mit seinem riesigen Zepter aus dem Schloß getreten wäre, um sich seine Untertanen ein bißchen anzusehen. Ich in meinem halbwüchsigen Alter sah ihn natürlich überhaupt nicht an, um nicht in den Verdacht zu kommen, ich wüßte nicht, wer das wäre. Sondern ich ging zu dem großen Schaufenster der Kunsthandlung Arnold gegenüber, die an dieser bevorzugten Stelle ihre Bilder und Plastiken zeigte. Ein Offizier stellte sich neben mich. Als ich mich nach ihm umsah, war es der König in Generalsuniform, der wirklich aus seinem Schloß getreten war, um sich die Schaufenster anzusehen. Ich war erzogen, ihn zu grüßen. Aber auf so nahe Entfernung, das kam mir vertraulich vor. Was konnte sich der König für irgendeinen Schuljungen interessieren? Da ging er zum nächsten Schaufenster, und ich floh befreit um die Straßenecke.
Im übrigen galt er nicht gerade für kunstverständig. Seine Vorliebe beschränkte sich auf Bilder, wo im morgendlichen Walde Hirsche röhren. Wenn man dann auch noch den Hauch des Hirsches als kleinen Nebel sah und das Tier recht viele Enden an seinem Geweih hatte, so war das für den König Kunst.
Dagegen malte eine seiner Schwestern, die dicke und häßliche Prinzeß Mathilde, und zwar gut. Nahe unsrer Wohnung führte ein Reitweg in den Wald hinaus. Da sah ich sie oft mit ihrem Kammerherrn, dem Grafen Wilding, vorbeireiten. Oder besser gesagt, ich hörte sie. Denn sie pflegte sich schallend mit dem Grafen zu unterhalten. Er war das rechte Gegenteil zu ihr, äußerst liebenswürdig und schon

zu fein in seinem Gang und seinem Benehmen.
Als einmal der dicke Onkel Welck bei uns zu Abend aß, erzählte er, daß die Prinzeß Mathilde bei ihm gewesen wäre, um ein Pferd zu kaufen. Der Onkel wog an die drei Zentner und hatte natürlich Pferde, wie man sie sonst nur auf alten Denkmälern sieht.
„Und hat sie ein Pferd gekauft?" fragte Viktor.
„Nein", sagte der Onkel listig, „sie waren ihr alle zu kurz."

Berufswahl

Ich besuchte das Königliche Gymnasium, und manche meiner Mitschüler bildeten sich genug auf den Namen und die blau-goldne Mütze ein. Aber ich empfand Haß gegen die klassische Bildung und vor allem gegen das Lateinische. Auch mein Vater sprach mit Verachtung von den hochmütigen und vertrottelten Altphilologen. Übrigens hat es auf diesem Gymnasium während meiner ganzen Schulzeit nie einen einzigen Juden gegeben.
Während der ersten Jahre meiner Gymnasialzeit war ich sehr kränklich und drückte mich dauernd am Klassenschwanz herum. Da saß ich neben Rochus von Rochow, einem gutmütigen und feinen Jungen, der ebensowenig wie ich schnell sprechen konnte. Er hatte ein noch schmaleres Gesicht und wurde genauso wie ich von den Lehrern als bodenlos dumm und uninteressiert verachtet. Alle übrigen Jungen in der Klasse waren bürgerlich, und es fiel mir schon früh auf, daß sie alle im Gegensatz zu uns beiden breite Gesichter hatten.
Dann kam der gute Rochus fort, und er wurde durch Ernst von Ehrenthal ersetzt. Der war zwar ebenso schlecht in der Schule, sah aber ganz anders aus. Er war schon damals recht groß und hatte einen winzigen Kopf mit breiten Backenknochen. Mit ihm befreundete ich mich rasch. Wir gingen täglich mit seinem Bruder Moritz und unserm Pudel in den Wald, rannten die Hänge entlang und warfen mit Knüppeln nach den Verbotstafeln, auf denen stand: Hunde sind an der Leine zu führen.
Natürlich führten wir den Pudel nie an der Leine und rissen zusammen mit ihm aus, sobald wir einen Förster oder

Polizisten sahen.
Dann befreundete ich mich mit Rolf, dem Sohn des Obersten Max von Seydewitz.
Er hatte gerade angefangen zu malen. Nun hatte ich jemand, mit dem zusammen ich die Kunstausstellungen besuchen konnte. Wir schrieben Verse und trauerten über die Welt, was aber immer nicht lange dauerte. Die Schülermütze aufsetzen? Nein, das kam gar nicht mehr in Frage. Lange Hosen tragen? Nein! Sie nannten uns in der Schule die beiden Naturburschen.
Wir rannten täglich in den Wald und gebärdeten uns so, wie wir dachten, daß es die Dichter der Sturm-und-Drang-Zeit getan hatten.
Das ging so ein paar Jahre. Aber dann trat an Rolf die Frage heran, was er werden sollte. Er stotterte nämlich, hatte jedoch so gute Verbindungen, daß sich das Problem löste. Sein Vater versprach, es zum General zu bringen, und zwei der Brüder des Obersten waren Minister. So wurde er trotz seines Stotterns als Fahnenjunker im Leibregiment angenommen – oder, wie es eigentlich hieß, im 1. Königlich Sächsischen (Leib-) Grenadierregiment Nr. 100.
Als wir einmal vom Essen aufstanden, fragte mich meine Mutter: „Was willst du eigentlich werden?"
Mein Vater stand so dabei, daß ich merkte, sie hatten sich vorher besprochen.
„Offizier", sagte ich.
Die Spannung auf den Gesichtern meiner Eltern wich.
„Wir hatten gefürchtet", sagte meine Mutter, „daß du Maler werden wolltest."
„Ich Maler? Nein! Zuerst muß man doch was verdienen, in irgendeinem festen Beruf, und dann kann man ja auch noch Kunst machen. Großpapa war auch Offizier und hat daneben gemalt. Und sein Onkel, der General Justus von Vieth, hat nebenbei geschrieben."
„Richtig ist das", sagte mein Vater. „Übrigens hätte auch ich Offizier werden sollen. Mein ganzes Leben lang habe ich mich für nichts so interessiert wie für Kriegsgeschichte. Aber mein Vater war durch seine schlechten Erfahrungen in der österreichischen Armee gegen das Militär und den Adel so verbittert, daß er mir sein Vorurteil eingeimpft hat."

„Ja", bestätigte meine Mutter noch einmal, „bleibe du bei den Traditionen deiner Vorfahren."
„Ich denke dabei noch an etwas andres", sagte ich. „Viktor hängt mit seiner ganzen Seele an der Landwirtschaft. Wenn ich genügend für mich verdiene, kann er sich von unserm ganzen Vermögen ein wirklich großes Gut kaufen. Und so werden wir wieder eine Familie von Grundbesitzern, wie noch vor hundert Jahren."
„Nein", sagte Mama kühl.
„Was wollt ihr?" rief ich. „Habe ich nicht den größten Vorteil davon, wenn Viktor ein schönes Gut hat?"
„Aber wenn du heiratest?"
Ich lachte. An Heiraten hatte ich noch nie gedacht.
„Und in welches Regiment möchtest du eintreten? Viktor meinte, du solltest Kavallerist werden. Du bist groß und sehr schlank und würdest einen guten Herrenreiter abgeben."
„Nein, ich interessiere mich nicht so für Pferde wie er. Und ich habe alle meine Freunde beim Leibregiment. Dort ist doch schon Rolf Seydewitz und Ehrenthal und Viktors Freund, Roderich von Grünenwald. Außerdem habe ich gehört, daß auch Alexander von Anderten dort eintreten will. Sein Bruder William ist schon dort, mit dem ich als Kind immer gespielt habe. Auch der dicke Onkel Welck mit den zu kurzen Pferden ist jetzt da Oberstleutnant."
„Sehr vernünftig", sagte mein Vater.

Auf dem Schulhof kam Alexander von Anderten zu mir. Er war bei weitem der längste und schlankste aller Primaner und hatte einen kleinen hübschen Kopf auf seinem beweglichen Körper. „Du", sagte er, „mein Bruder William lädt uns beide für morgen mittag ins Frühstückszimmer des Regiments ein, um uns den Offizieren inoffiziell vorzustellen."
„Was zieht man denn da an?"
„Einfach Räuberzivil."
Am nächsten Tage gingen wir auf der breiten Heeresstraße. Lix Anderten schlenkerte seine Arme und Beine, als hätte er überall Gelenke. Wir gingen zuerst an der endlosen Kasernenfront des zweiten Grenadierregiments entlang und

kamen dann zu der ganz gleichen Kaserne des Leibregiments. Dahinter folgten kilometerweit andre Kasernen. An der Tür des Offiziersbaus erwartete uns William Anderten, der mir gar nicht mehr gefiel. Er war schwammig geworden und nannte mich auf einmal Sie.
Wir traten in einen Raum mit bunten Glasfenstern voll von Wappen verschiedenster Adelsfamilien. Unter einer rötlichen Täfelung saßen an Holztischen die Offiziere, so wie sie gerade vom Dienst kamen, den Säbel umgeschnallt. Nur die Mützen hatten sie draußen abgelegt. Die meisten waren im dunkelblauen Waffenrock mit der Silberstickerei auf dem roten Kragen.
Einem nach dem andern von ihnen wurden wir vorgestellt. Plötzlich erhoben sich alle. Herein kam der ungeheuer große und dicke Regimentskommandeur, Oberst von Carlowitz, allgemein der fettige Adolf genannt.
William stellte vor: „Unsre neuen Fahnenjunker, Arnold von Vieth und mein Bruder Alexander."
„Wir sind ja Nachbarn", sagte der Oberst. „Und ich habe Ihrem Herrn Vater, den ich sehr verehre, schon geschrieben, daß wir sehr froh sind, wenn wir Söhne aus so guten Familien zum Regiment bekommen."
Ich, noch Schüler, war an diesen höflichen Ton nicht gewöhnt und wurde verlegen. Dann setzten wir uns, und William bestellte Portwein. Einer der Offiziere nach dem andern trank uns zu. Wir sprangen jedesmal auf, standen stramm und tranken.
Bald kam die zweite Flasche und dann die dritte. Ich war aber an Alkohol überhaupt nicht gewöhnt, denn mein Vater war sehr mäßig. Der Zigarettenrauch, die erhitzten Gesichter, alles gab ein verwirrendes Durcheinander.
Es war erst kurz nach Mittag, als uns William die Tür des Offiziersbaus aufschloß und uns auf die Straße ließ. „Sie haben ganz schön einen sitzen!" sagte er lachend.
„Jawohl, Herr Leutnant." Dann schwankte ich im Sonnenschein die Heeresstraße entlang.
Zu Hause sah mich meine Mutter nur an und sagte: „Geh lieber gleich zu Bett!"

Jetzt begannen die Wege zum Schneider, um bunte Uniformen anzumessen, und zum besten Militärschuhmacher.

Bald darauf kamen ganze Stöße von Sachen an. Uniformhemden, Uniformen, Helm, Mütze, Koppel aus schwarzem Lackleder, alles blitzend und wunderbar eingepackt. Aber das war mir nicht so neu. Von Kindheit auf hatte ich im Kleiderschrank meines Vaters seine dick wattierten Uniformen, seine Säbel und alles das bewundert. Erst kürzlich hatte sich auch mein Bruder Viktor militärisch eingekleidet. Nachdem er auf einem Gute die Landwirtschaft praktisch gelernt hatte, meldete er sich als Einjährig-Freiwilliger zum Gardereiterregiment. Das war das exklusivste aller sächsischen Kavallerieregimenter, das sogar vor Annahme eines Einjährigen, die sonst nur von der körperlichen Tauglichkeit abhängig war, erst untersuchte, ob der Bewerber auch zu einer entsprechenden Familie gehörte und ob er genug Geld hätte. Aber da der Kommandeur des Gardereiterregiments uns gegenüber wohnte und schon zwei meiner Vorfahren als Offiziere in diesem Regiment gestanden hatten, wurde er sofort angenommen.
Kurze Zeit bevor ich bei meinem Regiment antreten mußte, besuchte ich Viktor in seiner Kaserne. Ich hatte mir dazu meine besten Sachen angezogen, um ihm Ehre zu machen, denn ich wußte, daß er mit schrecklich vornehmen Leuten zusammenwohnte.
Am Kasernentor sagte ich dem Einlaßposten meinen Wunsch. Ein breiter Gardereiter latschte mir dann voraus. Seine Riesenstiefel, die vorn bis über das Knie reichten und hinten ausgeschnitten waren, machten auf der verrußten Treppe einen Lärm wie eine ganze Schar gewöhnlicher Menschen. Dann pochte er an eine erstaunlich einfache Tür.
Man rief: „Herein!"
Ich öffnete die Tür und fand zwei junge Männer in Hemdsärmeln, schmutzigen weißen Reithosen und mit Pantoffeln an den Füßen. Der eine machte mir eine steife Verbeugung: „Burgk", und zog das hochmütigste Gesicht, das ich je gesehen hatte. Ich erschrak etwas. Denn das war der reichste Erbe Sachsens, der einzige Sohn des Freiherrn von Burgk, dem die Kohlenschächte am Windberg bei Dresden gehörten.
Auch der andere verbeugte sich: „Tauchnitz."
Das war einer aus der berühmten Verlegerfamilie in Leip-

zig. Nicht nur sie selbst waren so schmutzig, sondern im ganzen Zimmer war eine unglaubliche Unordnung.
Tauchnitz, der noch nicht vor Vornehmheit die Geschmeidigkeit seiner Glieder verloren hatte, zeigte mir die Tür, hinter der Viktor zusammen mit dem baltischen Grafen Medem hausen sollte.
Die beiden waren ebenso wie die andern halb angekleidet.
„Gut, daß du kommst!" rief Viktor. „Wir wollten sowieso eben Kaffee trinken!" Er setzte gleich einen Topf auf den Spirituskocher, der zwischen einem goldglänzenden Helm und einer Klosettpapierrolle stand. Ich mußte mich auf einen Stuhl setzen wie eine Puppe und schämte mich fast meiner Eleganz unter diesen Leuten, die jetzt wenigstens saubere Hemden anzogen, aber sich sonst keineswegs elegant machten.
Dann saß ich mit diesen reichen Erben um den unaufgeräumten Tisch. Jeder hatte eine Tasse Kaffee in der Hand und trank auf seine eigne Weise. Viktor erzählte allerhand Geschichten aus dem Dienst. Tauchnitz zeigte sich auch lebhaft, während Burgk dasaß, als wäre er der Kaiser, und vor Steifheit kaum Zucker in den Kaffee tun konnte.

Fahnenjunker im Leibgrenadierregiment

Es war im Jahre 1910, als ich mein Maturitätsexamen machte. Ich war zwanzig Jahre und hoch aufgeschossen. Eines Morgens fuhr ich in einer Droschke mit vielen Koffern und Uniformpaketen in die Kaserne des Leibgrenadierregiments. Gerade vor mir war am großen eisernen Tor eine andre Pferdedroschke angekommen. Ein langer Grenadier öffnete, und beide Droschken rumpelten über das holprige Pflaster auf den Kasernenhof. Aus der vorderen winkte mir Lix Anderten zu.
Zwei Leutnants kamen lachend angegangen. Das waren William Anderten und der große und elegante Leutnant von Schimpff, der schon als Schüler wegen seines schönen bräunlichen Gesichts und seiner gebogenen Nase den Namen „Der Inka" bekommen hatte.
Ich stieg aus der Droschke und wußte nicht, ob ich stramm-

stehen oder mich verbeugen sollte. Denn ich war ja noch in Zivil.
„Vieth“, sagte der Inka, „Sie sind meiner Obhut anvertraut. Na, wir kennen uns ja schon beinah aus dem Kinderwagen. Sie kommen zur zweiten Kompanie. Da werden Sie sich trotz Ihrer Länge etwas klein vorkommen. – He!“ rief er ein paar überlebensgroßen Grenadieren zu. „Helft mal und tragt dem Fahnenjunker das Gepäck hinauf! – Und Sie, Frautzschy, rufen den Auerbach! Oder nein, Sie sind zu dumm dazu. Ein andrer ...“
Aber der lange, dünne Frautzschy schrie: „Herr Leutnant, ich find ihn schon!“ Dabei stand er in einer solchen Weise stramm, daß man nicht wußte, wer macht sich über wen lustig, der Leutnant über Frautzschy oder Frautzschy über den Inka? Alle rings lachten.
„Frautzschy“, sagte mir der Inka, „oder, wie die Landser ihn nennen, die Perle ist das größte Rindvieh, das ich in meinem Leben gesehen habe, aber ein guter Kerl, und niemand – selbst nicht der Feldwebel Schuster – kann ihn ernstlich ausschimpfen, weil er schon vorher über ihn lachen muß.“
Ich bekam im zweiten Stock mit Lix zusammen eine kleine Stube zwischen zwei Kompanierevieren. Bald meldete sich Auerbach, mein Putzer, eine Art von Diener. Er stand da, breit, die riesigen Hände an die Hosennähte angelegt. Sicher wog er doppelt soviel wie ich Bohnenstange. Da kam auch der Putzer von Lix, der in dieser Gesellschaft klein erschien – er war von der achten Kompanie –, aber unter normalen Menschen noch recht stattlich war.
„Hallo!“ sagte plötzlich eine überfeine Stimme von der Tür her. Das war der Leutnant Roderich von Grünenwald. „Da sind Sie ja!“ Er streckte mir etwas geziert die schmale Hand her. „Ihr Bruder Viktor muß noch, wie ich höre, dort drüben bei den Gardereitern den Stallmist ausfegen und den Pferden die Arschkerbe auswischen. Also auf Wiedersehen heute abend im Kasino!“
Der Vormittag verging mit Verpassen von neuen und alten Uniformen und Stiefeln. Die alten waren fürs Exerzieren und hatten vom häufigen Waschen rosa Aufschläge bekommen statt hochroter. Alles, was mir der Unteroffizier anzog, schlotterte um mich herum. Dann blickte er nach meinem

Kopf. „Da werden wir schwer etwas finden. So kleine Köpfe haben die andern nicht." Er suchte mit seinem Gehilfen vergeblich und mußte schließlich in einer anderen Kompaniekammer einen so kleinen Helm gegen einen größeren eintauschen.

Lix erzählte mir, er hätte auf seiner Kammer dieselbe Schwierigkeit gehabt. Es war so, als wären wir eine andre Rasse als die gewöhnlichen Soldaten, und so behandelte man uns auch. Ich bemerkte den Unterschied sofort am Ton der Unteroffiziere. Sie brüllten die Landser bei jeder Gelegenheit an, während sie zu uns beinah mit Hochachtung sprachen. Dieser Unterschied wurde mir noch deutlicher und fast peinlich, als am folgenden Tage das Exerzieren begann. Wir wurden nicht mit den gewöhnlichen Grenadieren zusammen ausgebildet, sondern mit den Einjährig-Freiwilligen, also allen, die von den höheren Schulen kamen. Auch noch unter diesen etwa hundert Bevorzugten gab es strenge soziale Grenzen, die sogar an der Uniform kenntlich gemacht wurden. Die niedrigsten unter uns waren die Volksschullehrer, die damals auch noch nicht Offiziere werden konnten. Nach ihnen kamen die ehemaligen Gymnasiasten und Oberrealschüler, die das Recht hatten, einige Jahre später zum Reserveoffizier aufzurücken. Und ganz oben standen wir zwei Fahnenjunker. Beim Vormittagsdienst freilich sahen wir alle gleich aus und mußten alle das gleiche tun. Aber zum Abendappell waren die übrigen in ihren Dienstuniformen angetreten, während wir zwei in eigenen Uniformen mit hohen Offiziersmützen erschienen und sogar Stege trugen, die allen andern außer Offizieren und Fahnenjunkern streng verboten waren. Diese Stege waren ein Rest der Biedermeiermode vor fast hundert Jahren. Sie bestanden aus Lederstreifen, die unter dem Schuh mit einem Messingknopf geschlossen waren und die Hose straff nach unten zogen, je straffer, desto eleganter. Aber je straffer sie waren, desto weniger konnte man auch die Knie krümmen, und daher saßen alle Offiziere auf möglichst niedrigen Sesseln und streckten ihre Beine weit von sich. Wenn man sich in einer Offiziersgesellschaft auf einen andern Stuhl setzen wollte, mußte man über viele Paar Beine wegsteigen.

An unserm ersten Abend in der Kaserne wurden wir von William Anderten und dem Inka ins Kasino abgeholt, damit

wir alles richtig machten. Wir gingen mit ihnen schlecht beleuchtete Gänge entlang, wo die Grenadiere, die uns begegneten, an die Wände prallten und da strammstanden. Auch der Aufgang zum Kasino war finster und verrußt, die Stufen waren ausgetreten.
Wir hängten unsre Mützen an die Garderobenhaken, und der Inka öffnete die Tür. Licht schlug uns entgegen. Hier plötzlich erinnerte nichts an die öde Kaserne. Breite rote Ledersessel standen auf dicken Teppichen, und viele Stiche von ehemaligen Kommandeuren hingen an den Wänden. Wir gingen durch das in Rot gehaltene Spielzimmer in einen Raum mit dunkeln Möbeln.
„Hier ist Ihr Platz", sagte der Inka. „Vor dieser Kommode habe ich als Fahnenjunker vor dem Essen stehen und Männchen machen müssen, wenn jemand hereinkam. Und hier werden auch Sie stehen."
Klingende Sporen näherten sich, deren Ton eine Terz auseinander lag. Mit hoch herausgedrückter Brust, die rechte Hand unter dem Aufschlag des blauen Überrocks, trat ein Leutnant ein und machte eine ganz leichte und doch sehr formelle Verbeugung. Es war das der ältere Grünenwald, der Heribert hieß. Viktor behauptete, daß die Grünenwalds, die ein sehr junger Adel waren, ihren Kindern Opernnamen gäben. Ein Onkel unserer beiden Leutnants hieß Hüon und sein Bruder Oberon.
Gemächlich erschien nach ihm ein junger, schlichter Riese. Das war mein alter Freund Ehrenthal. „Na, mein Alter", sagte er und gab mir die Hand, „da sind wir ja wieder beisammen. Heute bin ich Leutnant. Aber weil du nicht so ganz dumm bist und das Gymnasium bis zum Ende durchgemacht hast, wirst du mich im Dienstalter überspringen, wenn du erst mal Offizier sein wirst." Er lachte dunkel und gutmütig.
Punkt sechs Uhr kam ein Vizefeldwebel herein mit hochgedrehtem Schnurrbart und unglaublich aufgeblasener Brust. Er schlug übertrieben stramm vor dem ältesten Hauptmann die Hacken zusammen, daß es knallte. „Herr Hauptmann, das Essen ist fertig!"
Der Hauptmann wandte sich mit einer halben Verbeugung um. „Bitte, meine Herren!"
Man zog durch den Empiresalon in den großen Saal. Links

der langen gedeckten Tafel stand vor einem Büfett eine Reihe von Grenadieren in neuen Röcken und weißen Zwirnhandschuhen, was ihre Hände unnatürlich groß erscheinen ließ.
Der Hauptmann setzte sich ans Ende der Tafel, und dann folgten die Offiziere, streng nach der Rangordnung, wir am Ende.
Kaum saßen wir, als der Haushofmeister, der sich hinter den Hauptmann gestellt hatte, den Ordonnanzen ein gnädiges Zeichen gab. Darauf machten sie alle eine Wendung nach links und gingen hinaus. Gleich darauf kamen sie wieder, jeder einen Suppenteller auf der linken Hand, während der rechte Arm auf dem Rücken lag.
Das Essen wurde rasch serviert. Dann trat der Haushofmeister neben den Hauptmann und knallte die Hacken zusammen. „Gestatten, Herr Hauptmann, daß die Lichter aufgestellt werden?"
„Bitte."
In langer Reihe kamen die Ordonnanzen herein, jeder einen silbernen Leuchter mit brennender Kerze in der Hand, die sie auf die Tafel stellten.
Der Inka Schimpff wandte sich zu mir: „Jetzt dürfen Sie rauchen und auch unanständige Geschichten erzählen. Wenn Sie es vorher tun, so müssen Sie zehn Pfennig in die Strafkasse bezahlen."
In dieser selben Form verlief täglich das Essen. Uns Fahnenjunkern war es erlaubt, uns schon um zehn Uhr zurückzuziehen, außer wenn Gäste da waren. Aber bis dahin hatten wir auszuharren, und wenn es noch so langweilig war. Nicht immer blieb man im Saale sitzen, sondern viele gingen sofort nach dem Aufstellen der Lichter in die Stadt. Oder sie setzten sich zum Skat oder Bridge ins Spielzimmer.

Der Dienst strengte mich anfangs sehr an. Ich konnte das lange Stillstehen nicht vertragen und fiel dabei zweimal um. Jedesmal brachte man mich in die Sanitätsstube. Dort bekam ich einen bitteren Saft, obwohl mir schon vorher wieder gut war, sobald ich mich bewegen konnte. Aber nach wenigen Wochen gewöhnte ich mich an die Anstrengungen und fühlte mich wohl wie noch nie.
Entweder exerzierten wir drei Stunden auf dem weiten Ka-

sernenhof, oder wir marschierten an allen Kasernen entlang auf den Heller. Es war das eine Sandwüste mit Dünen und einigen Waldstücken, die nach dem alten Gasthof „Zum letzten Heller“ benannt worden war. Wenn wir dort stundenlang durch den tiefen Sand gegen einen angenommenen Gegner gerannt waren, war auch der schwerste Kater vom Tage vorher verraucht, und wir kamen mit einem kräftigen Hunger ins Frühstückszimmer, in dessen Vorraum täglich ein gutes Büfett angerichtet war und wo man auch für sechzig Pfennig ein gutes warmes Gericht, den Stamm, haben konnte.

Um diese Zeit pflegten die meisten Majore und Hauptleute überhaupt erst in der Kaserne zu erscheinen, den schon vom Feldwebel ausgearbeiteten Dienstplan für morgen zu genehmigen und dann ins Frühstückszimmer zu gehen, womit ihr Dienst für diesen Tag beendet war. Es gab einige große Erzähler des Frühstückszimmers, deren Witz sich an den dümmsten der Offiziere wetzte. Der geistreichste von ihnen war mein Kompaniechef, der Hauptmann von Tschirschnitz, genannt die Schwalbe. Er war ein Koloß mit großem Kopf und mächtiger Glatze, unter der man vor allem die starke gebogene Nase sah. Er war unter allen Offizieren der beliebteste und pflegte mich stets mit einem Ausdruck wildester Energie, wenn nicht Wut, zu begrüßen, die dann plötzlich in liebenswürdige Heiterkeit überging. Auch die Landser liebten ihn. „Unser Hauptmann“, sagten sie, „bestraft fast nie. Und wenn man was von ihm will, da hört er einen immer an, du kannst noch so dumm schwätzen.“

Sie erzählten mir auch Geschichten von seinen Liebschaften, die sein Bursche mit allen Einzelheiten verbreitete. In der Wohnung unter ihm wohnte eine der besten Sängerinnen der Oper, die für ihre Darstellung der Carmen besonders berühmt war. Denn sie war auch Tänzerin. Aber das war nur eines seiner Verhältnisse. Außerdem hatte die Schwalbe eine Sammlung alten Porzellans.

Die Grenadiere waren anfangs etwas scheu mir gegenüber, und vielleicht auch ich vor ihnen. Aber bald bemerkte ich, wie gutmütig diese Riesen fast alle waren. Sie hatten auch meist ein gutes Urteil über Menschen, das sie ohne Hinterhältigkeit von sich gaben. Ich kannte ja noch gar nicht diese

Art Menschen, die wir zu Hause das Volk genannt hatten. Ich hatte in einer hochgeschraubten Geistigkeit gelebt mit lauter Schranken, die nicht erlaubten, überallhin zu gehen. Man durfte auch nicht alles denken. Hier beim Militär gab es auch Schranken, und was für welche! Aber sie waren einfach. Wir waren bevorzugt und die andern nicht. Aber diese andern, die Landser, waren viel ehrlicher als wir, und ich fühlte mich zu ihnen stark hingezogen.
Während in meiner Kompanie das Verhältnis zwischen Offizieren und Mannschaften sehr gut war, erfuhr ich bald die Kehrseite der Sache. Davon sprachen freilich die Landser nicht, wohl aber die Einjährigen, mit denen zusammen ich ausgebildet wurde. Unter ihnen waren viele uninteressante, ja stumpfsinnige Burschen. Aber einer viel völlig heraus, und gerade mit ihm kam ich immer zusammen. Denn wir waren genau gleich groß und gehörten zur selben Kompanie und darin wieder zur selben Korporalschaft. Er hieß Hans Lipps, und jeder mußte seine großen Augen ansehen, mit denen er halb begeistert, halb ängstlich in die Welt strahlte. Dieser Mensch aber wurde von den Unteroffizieren bei jeder Gelegenheit angeschrien und gesucht schlecht behandelt. Da ich sein Nebenmann war, so mußte ich das täglich mit ansehen. Es drängte mich, ihn einmal zu fragen, was diese Unteroffiziere trieb, ihn immerfort zu demütigen. Der Neid? Warum gerade den Menschen so treten, der vielleicht der einzige unter den Einjährigen war, der geistig eine Zukunft hatte?
Wenn wir auf den Heller hinausrückten, sprachen wir über allerhand. Aber ich wagte es nie, ihn danach zu fragen, was mich am meisten interessierte, weil mich die Behandlung empörte, die er zu erdulden hatte. Er erzählte mir, daß er sich noch nicht ganz klar war, ob er Kunsthistoriker oder Philosoph werden sollte. „Wenn ich kann, möchte ich Universitätsprofessor werden."
„Und warum können Sie vielleicht nicht?" fragte ich.
„Mein Vater ist gestorben und hat meiner Mutter ein nur mäßiges Vermögen hinterlassen. Das ist ja auch der Grund, warum man mich hier so schlecht behandelt."
„Ich verstehe nicht den Zusammenhang."
Er lächelte mich an und sagte leise: „Ganz einfach, ich kann die Unteroffiziere nicht bestechen."

Ich sah ihn wohl so verblüfft an, daß er selbst noch leiser fortfuhr: „Wenn sie kommen und Geld fordern, so muß ich sie abweisen. Und wenn sie dann drohen, mich so lange zu treten und zu demütigen, so muß ich ihnen sagen: ‚Es tut mir leid, Herr Unteroffizier, aber dann behandeln Sie mich schlecht. Ich kann Ihnen aber nichts geben.'"
„Ist das im ganzen Regiment so?" fragte ich flüsternd.
„Ja, aber am schlimmsten bei unserer Kompanie."
„Aber man kann mit unserm Hauptmann sprechen. Jeder sagt das."
„Sicher. Aber was nützt mir das? Wenn es sich hier um ein oder zwei korrupte Leute handelte, so wäre da leicht abzuhelfen. Aber das System ist es ja, was die Bestechlichkeit erzeugt. Wenn man den Unteroffizier einerseits als ein zweitrangiges Wesen behandelt und ihm andrerseits eine unumschränkte Macht gibt, um den Kadavergehorsam zu erzeugen, so wird er ein gemeiner Kerl werden."
Ich schwieg. Aber es bohrte in mir. Ist das etwa ein Sozialdemokrat da an meiner Seite? Aber es ist richtig: die Unteroffiziere haben einen so gemeinen Ton – übrigens einige Offiziere auch.
Als wir diesen Tag ins Frühstückszimmer kamen, gefielen mir die Späße der Offiziere nicht. Und als ich dann mit Lix Anderten allein in unsrer Stube war, erzählte ich ihm von der Bestechlichkeit in unsrer Kompanie.
Er sah mich von der Seite her an. „Bei unsrer, der achten Kompanie ist das etwas besser. Da ist ein sehr anständiger Vizefeldwebel, der auf die Unteroffiziere aufpaßt. Aber noch viel schlimmer als bei euch ist es bei der Kompanie, wo mein Bruder William steht. Das ist auch kein Wunder!" Er wurde plötzlich wild. Seine Augen funkelten. „Dieser faule, verlumpte Kerl, der nichts als Weiber im Kopfe hat, kümmert sich ja überhaupt nicht darum, was in seiner Kompanie vorgeht! – Aber schlafen wir noch ein bißchen, bevor der Nachmittagsdienst anfängt!"
Ich sprach mit niemand mehr über die Bestechlichkeit, weder mit Anderten noch mit Lipps. Aber ich sah täglich besser, daß sie beide recht hatten. Lipps war auch gar nicht militärfeindlich, und es war wirklich vieles nicht sehr schön bei uns. Wenn ich mir solche oberflächliche und dumme Offiziere ansah wie den William, seinen Freund Pereira

und den albernen Leutnant von Tschammer und Osten, so konnte das auch nicht anders sein. Auf der anderen Seite war der Inka ein guter Offizier, der sich Mühe gab. Und so wollte ich auch werden.
Als wir nach einem anstrengenden Marsch heiß und durstig ins Frühstückszimmer kamen, saßen da zwei Fähnriche, die eben von der Kriegsschule zurückgekommen waren. Der kleinere und rundliche war der Freiherr von Rochow, ein Vetter meines alten guten Schulkameraden Rochow mit dem übertrieben schmalen Gesicht. Und den andern, sehr großen hätte ich sogar in Zivil und auf der Straße sofort erkannt. Denn auch er hatte als Kind ganz nahe von uns gewohnt und war mir immer durch seine sehr besondere, etwas südliche Schönheit aufgefallen. Das war Siegfried Graf Vitzthum von Eckstädt.
Wir standen vor den beiden stramm. Aber da Lix Anderten und Rochow Vettern waren, saßen sie gleich zusammen, während mich Vitzthum mit einer liebenswürdigen Handbewegung aufforderte, neben ihm Platz zu nehmen. „Ich komme eben von der Kriegsschule", sagte er.
„War das schön, Herr Fähnrich?"
Er lächelte rätselhaft und antwortete erst nach einer Pause: „Eigentlich kennen wir uns ja schon sehr lange. Ihr weißer Pudel hat meinen Eltern Kummer genug gemacht."
„Wieso?" fragte ich erstaunt. „Ist er auch in Ihren Garten gelaufen? Bei der Mutter des Hauptmanns Legler ist er zu deren Entsetzen immer wieder im Garten herumgelaufen."
„Leider war er bei uns nicht. Sonst hätten wir ihn gefangen und nie wieder fortgelassen. Ich wollte immer auch so einen haben. Aber meine Mutter kann Hunde nicht ausstehen. Ja und – ich denke, bei dieser alten Bekanntschaft ist es doch höchst lächerlich, wenn wir uns Sie nennen."
„Danke gehorsamst, oder – wie kann man nur zu einem Duzfreund gehorsamst sagen?"
Er lächelte. „Du bist doch mit Rölfchen befreundet – ich meine mit Rolf Seydewitz. Er ist noch auf Kriegsschule, aber wird bald zurückkommen. Dann, hoffe ich, nehmt ihr mich in euren Bund auf?"
Ich konnte darauf nicht antworten. Denn Rolf war nicht so leicht für eine Freundschaft zu haben. Aber ich brauchte auch nichts zu sagen, denn Vitzthum lächelte wieder rätsel-

haft, stand auf und holte sich noch etwas zu essen.
Nach dem Frühstück ging ich mit Lix Anderten nach unsrer Stube.
„Du", sagte er, „Siegfried Vitzthum hat eine recht schlechte Beurteilung von seiner Kriegsschule mitbekommen."
„Und weshalb? Dumm scheint er nicht zu sein."
„Nein, aber er verträgt keinen Alkohol, und wenn er was getrunken hat, stellt er das wildeste Zeug an. Der Hauptmann Legler ist beauftragt, sich um ihn zu kümmern und auf ihn aufzupassen."
Am nächsten Tage wurde Siegfried Vitzthum Säbelfähnrich und kurz darauf Leutnant.
Als wir einmal im Kasino gesessen hatten, gingen fast alle in die Stadt, und nur wir Fahnenjunker und Vitzthum blieben da.
„Ich komme noch ein bißchen zu euch in eure Fähnrichsbude", sagte er zu mir. „Meine Wohnung ist noch nicht eingerichtet. – Habt ihr etwas zu trinken?"
„Ja, wir haben eine Flasche Portwein."
Wir gingen also hinüber, und Vitzthum setzte sich ans Fenster. Da es dunkel wurde, zündete ich die Petroleumlampe an. Vitzthum trank ein halbes Glas Portwein. Darauf wurde er schläfrig. Sein Kopf sank auf die Lehne des Sessels.
„Was machen wir jetzt?" fragte Lix leise.
„Schlafen lassen", sagte ich.
„Gut, gehen wir also zu Bett."
Lix hatte sich ausgezogen und trat leise zum Tisch, um die Lampe auszublasen. Da öffnete Vitzthum langsam die Augen und sah Lix unbeweglich an. Plötzlich sprang er auf, ergriff den Besen, ließ ihn mit seinem langen Stiel sausen und schlug den Zylinder der Lampe ab, ganz knapp über der weißen Lampenglocke. Er ließ den Besen sinken und sah uns an. Was er sich dachte, war unerkennbar. Dann öffnete er langsam den Mund: „Es ist so weit nach Hause", sagte er traurig.
„Wenn es dir angenehm ist", antwortete ich, „bringe ich dich hinüber."
„Ja, tu das", sagte er mit seinem rätselhaften Lächeln und seiner ganzen Liebenswürdigkeit. „Du wirst mich sehr verpflichten."
Gut, ich zog mich wieder an. Er verabschiedete sich freund-

schaftlich von Lix, der im Bette lag, und wir gingen die breite Treppe hinunter bis in den Keller. Dort war es in der Nacht am angenehmsten zu gehen. Denn da lief ein vierhundert Meter langer Gang, der freilich durch offene Gasflammen nur sehr mäßig beleuchtet war. Aus irgendeinem falschen Sparbedürfnis waren hier Gasstrümpfe noch nicht eingeführt.
Der Tritt meiner schweren benagelten Dienststiefel hallte vom Zementboden und der gewölbten Decke wider. Vitzthum murmelte vor sich hin. Ich hörte: „Kilometer über Kilometer." Dann blieb er stehen. Er hatte den Kopf gebeugt und starrte zu Boden. Vor seinen Füßen war die Zementschicht durchgetreten, so daß man die Ziegelunterlage sah. Er murmelte: „Ein Abgrund, furchtbar – bis in die Mitte der Erde – oder noch weiter?"
Ich war müde und hatte keine Lust, mich durch seine Phantasien aufhalten zu lassen. Daher trat ich mit dem Nagelstiefel auf die Ziegel und sah mich nach einigen Schritten um.
Er schlich, mit dem Blick auf das Loch, nach der Wand, wo noch ein schmaler Streifen Zement erhalten war. Auf dem schob er sich, den Rücken zur Wand, vorsichtig zur Seite. Nach zwei kleinen Schritten war er gerettet, und wir gingen normal weiter.
Er murmelte wieder: „Wie weit ist das noch? Unendlich – und die Nacht!" Aber schon nach wenigen Minuten standen wir vor seinem Zimmer. Mit seinem nettesten Lächeln wandte er sich zu mir: „Wie freundlich von dir! Allein wäre mir der Weg grauenvoll gewesen!"
Als ich in unsere Bude zurückkam, erzählte ich Lix Anderten von Vitzthums Phantasien. Er antwortete nicht, aber beobachtete mich so besonders, daß ich nicht recht wußte, was das bedeutete. Als ich aber die Lampe ausgelöscht hatte und mich ins Bett legte, mußte ich plötzlich niesen, und Lix fing an zu lachen.
„Was hast du denn da gemacht?" fragte ich. „Hast du etwa Insektenpulver auf mein Kopfkissen gestäubt?"
„Natürlich. Als ich mein Bett aufdeckte, machten da die Wanzen grade Gruppenexerzieren. Da dachte ich, es wäre besser, dich auch vor ihnen zu schützen."
„Aber du weißt doch, daß ich sie nicht merke! Nur neulich

Nacht haben sie mich gestört. Da lag ich auf dem Rücken, und auf einmal fiel mir eine von der Nasenspitze auf den Mund. Da habe ich mich allerdings ein bißchen geekelt."
„Siehst du", rief Lix, „wie gut, daß ich dir Insektenpulver aufs Kopfkissen gestreut habe! Da können die Wanzen nicht so leicht deine Nase besteigen!"
Ich konnte längere Zeit nicht einschlafen vor Niesen.
An einem sonnigen Tage rückten wir auf den Alaunplatz vor der Schützenkaserne, um vereidigt zu werden. Wir hatten dazu bessere Garnituren bekommen, die aber ebenso um uns dünne Kerle herumschlotterten wie die andern. Die groben Stiefel, deren Schnitt aus der Zeit Friedrichs des Großen stammte, wenn er nicht noch älter war, glänzten trotz aller Bemühungen Auerbachs nur sehr bescheiden und rutschten bei jedem Schritt am Fuß herum.
Auf dem Platz wurden Schnüre auf dem Boden gezogen, damit die Stiefelspitzen ja ganz genau in einer Linie stünden. Dann kam allerhand Stillstehen, Trommelschlagen, Senken von Fahnen, und schließlich sagten wir alle im Chor den Fahneneid her, der uns in den letzten Wochen eingebleut worden war.
Kaum war dieser nicht sehr feierliche Akt vorbei, als der Major Graf Kielmansegg rasch angegangen kam und rief: „Die beiden Fahnenjunker!"
„Herr Major!" brüllten wir und traten drei Schritt vor die Front.
„Kommen Sie mit! – Die beiden ältesten Söhne Seiner Majestät sind hier, und Sie sollen gleich vorgestellt werden."
Die Prinzen wirkten trotz ihrer Leutnantsuniform noch wie halbe Kinder.
Der Major stellte uns vor. Wir standen in unsern schlotternden Uniformen stramm und blickten auf die beiden hinunter.
Der Kronprinz streckte mir die Hand hin. „Ich kann Ihnen Glück wünschen. Ihr Bruder ist heute beim Gardereiterregiment Vizewachtmeister geworden."
Prinz Friedrich Christian schob sich heran und rief ausgelassen: „Und was macht Ihr weißer Pudel?"
Ich fühlte, wie ich rot wurde. Obwohl ich ja wußte, wie die beiden von dem Baron O'Byrn erzogen worden waren, auf-

merksam zu sein, verblüffte mich doch die ausgesuchte Liebenswürdigkeit, von der man sagte, daß die preußischen Prinzen sie keineswegs besäßen.

Abends hatten wir ein größeres Fest im Kasino. Nach dem Essen hieß es plötzlich: Siegfried Vitzthum ist verschwunden! Man ging hinaus und suchte nach ihm, fand ihn aber nirgends, auch nicht in seiner Wohnung. Legler, der für ihn verantwortlich war, und alle andern kehrten in den Saal zurück und standen mit Weingläsern in der Hand herum – als der Leutnant von Pereira hereingestürzt kam und rief: „Wie ich eben draußen bin und durch das hintere Fenster auf den Hof gucke, sehe ich – Herr Hauptmann mögen es glauben oder nicht –, da steht eine Lampe auf dem Hof!"

„Eine Lampe? Was für ein Unsinn! Und brennt?"

„Natürlich. Wie könnte ich sie denn sonst sehen, jetzt in der Nacht?"

Die Offiziere strömten in den Abort, um auf den Kasernenhof hinunterzusehen. Ja, dort brannte eine Lampe, etwa in der Mitte des riesigen Hofes mußte das sein. Worauf sie stand, konnte ich nicht erkennen.

„Hinunter!" rief Legler. „Und nachsehen, was das ist! Ich nehme meinen Jagdhund mit, um Spuren nachgehen zu können, wenn es nötig sein sollte."

Man schwätzte durcheinander und freute sich über die Abwechslung.

Als wir uns der Lampe näherten, die einfach auf dem Sand- und Schlackenboden des Hofes stand, kamen auch von der Maschinengewehrkaserne und den Bekleidungskammern her Feldwebel und Unteroffiziere, zum Teil mit ihren Frauen.

Alle zusammen bildeten einen Kreis und starrten auf die Lampe nieder.

Einer der Feldwebel schlug die Hacken vor Legler zusammen. „Es ist eine Offizier-Dienstlampe, Herr Hauptmann!"

„Ja", erwiderte Legler.

„Aber Himmel noch mal!" rief der Hauptmann von Hingst. „Eine Lampe brennt doch nicht von sich aus auf dem Kasernenhof. Die muß doch jemand hingestellt haben!"

„Das ist schwer zu bezweifeln", entgegnete der Oberleutnant von Rabenhorst. „Ihre Bemerkung spricht von kriminalistischer Begabung."

„Still!" rief Legler. „Mein Hund schlägt an."

Der Hund bellte ganz in der Nähe.

Die Offiziere wandten sich dahin, und die strengen Feldwebel folgten in gebührendem Abstand.

Der Hund bellte jemanden an, der da lang ausgestreckt auf dem Bauche lag.

„Vitzthum!" rief Legler. „Ja, was machen Sie denn hier? Haben Sie die Lampe dorthin gestellt?"

„Natürlich."

„Aber wozu denn?"

„Ich wollte mir die Gesichter ansehen, wenn sich die Leute da sammeln."

Wir brachen in ein wieherndes Lachen aus und führten Vitzthum im Triumph mit seiner Lampe ins Kasino.

Jetzt ging es der Besichtigung entgegen, die unsre Einzelausbildung abschließen sollte. Immer schärfer und strenger wurde der Dienst, damit wir recht gut abschnitten. Aber mit den Allerlängsten gab es dauernd Schwierigkeiten. Wenn es irgendwo eine Grippe gab, hatten die Riesen sie sofort. Das war nicht nur bei den Einjährigen so, sondern es war von den Kompanien der ganz Großen bekannt, wie anfällig sie waren. Außerdem konnten die ganz Langen nicht schnell laufen. Oder sah es nur so aus? Sie schienen ihre Beine nur langsam zu bewegen, obwohl sie riesig vorwärts kamen. Auch waren die Gewehre nicht für solche Ungetüme gemacht. Selbst ich konnte das Gewehr bei Fuß nicht am Handschutz anfassen, weil meine Hand einfach zu weit oben hing. Die Unteroffiziere korrigierten an uns herum und schimpften oft über die Dinge, die bei unsrer Länge unvermeidlich waren. Ich machte außerdem den Parademarsch nicht gut, was Lix bei seinen beweglichen Gliedern in der Vollendung konnte. Dafür wieder verwarf er sich im Körper, wenn er Gewehrgriffe machte. Und darin war ich gut. Aber dann bei der Besichtigung klappte alles einigermaßen.

Wir zogen danach befriedigt ins Frühstückszimmer und bekamen die Erlaubnis, zum ersten Male, seit wir Soldaten waren, auszugehen.

Am Nachmittag also zogen wir uns um und gingen einfach

zum Tore hinaus, mit der Hemmung, wie sie vielleicht ein wildes Tier hat, das nach langer Zeit im Käfig die Tür plötzlich offen findet.
Wir waren noch nicht weit gegangen, als ich zu Lix sagte: „Geht es dir auch so? Mir erscheinen heute alle Leute so klein und blaß."
„Na, was willst du denn? In deiner Kompanie mußt du zu allen in die Höhe sehen, und hier siehst du einfach die normale Welt."
Ich ging zu meinen Eltern und wurde von ihnen lachend von allen Seiten betrachtet.
„Was du gesund aussiehst!" sagte meine Mutter.
„Und er hat gelernt", fügte mein Vater hinzu, „sich gerade zu halten."
Am Tage darauf stand im Regimentsbefehl, daß die beiden Fahnenjunker zu Gefreiten ernannt worden wären. Und am selben Tage fuhr das ganze Regiment mit der Eisenbahn nach dem Truppenübungsplatz Zeithain zum Regiments- und Brigadeexerzieren. Daran sollte auch der Herzog Bernhard von Sachsen-Meiningen teilnehmen, der à la suite unsres Regiments gestellt worden war. Zum Regimentschef hatte er nicht ernannt werden können, weil das der König selbst war.

Der Kasinosaal des Truppenübungsplatzes konnte sich nicht mit den prächtigen Räumen unsres Kasinos vergleichen, wo es sogar beim gewöhnlichen Essen von Silber und Porzellan nur so blitzte. Als ich eben in den weiten, düstern Saal eintrat, rief mich Tschirschnitz, die Schwalbe. „Ich habe mich heute mit dem Hauptmann von Schönberg, Andertens Kompaniechef, zusammengetan, um gemeinsam Ihren und Andertens Gefreitenknopf zu begießen." Er sah mich prüfend wie Napoleon an und brach dann in Lachen aus. „Haben Sie sich denn gefreut, Vieth von der Golßenaue? Gefreiter werden ist schöner als alles, was später kommt. Es ist die erste Stufe in der militärischen Laufbahn."
Der Herzog trat mit unserm dicken Oberst ein. Er war schon sehr alt, aber hielt sich noch gut und grüßte freundlich nach allen Seiten.
Man setzte sich. Die Offiziere ringsum bestellten Wein.

Gespräch füllte den Raum. Von allen Seiten trank man uns zu, und schon bevor das Essen richtig begonnen hatte, fühlte ich mich leicht drehend und auch ziemlich lustig.
Da kam eine Ordonnanz. „Herr Oberst von Carlowitz trinkt auf die beiden neuen Gefreiten."
Wir sprangen auf und ergriffen unsre Gläser. Der Oberst saß weit von uns entfernt und stand ebenfalls auf, vielleicht um zu zeigen, wo er im dichtgefüllten Saale saß. Als wir getrunken hatten, sah ich, wie sich der Herzog zum Oberst beugte.
„Er fragt", sagte ich zu Lix Anderten, „auf wen Carlowitz eben getrunken hat."
„Ach, bilde dir nichts ein! Der Herzog wird sich um ein paar Gefreite kümmern!"
Gleich darauf kam wieder eine Ordonnanz. „Seine Hoheit der Herzog von Sachsen-Meiningen trinkt auf das Wohl der beiden neuen Gefreiten."
Elektrisiert sprangen wir auf. Auch der Herzog erhob sich, verbeugte sich sogar ein wenig und trank.
Die Offiziere ringsum riefen uns ihre Glückwünsche zu. Die Schwalbe und Schönberg bestellten immer neue Flaschen Wein. Ich hörte Gespräche, sah die erhitzten Gesichter schreien und lachen und verstand immer weniger, was sie sagten.
Dann erhob sich die Schwalbe und segelte mit klirrenden Sporen auf einen General zu, der ihn liebenswürdig anlächelte und dem er eine Verbeugung machte, die Augenbrauen etwas hochgehoben und die Nase in Falten gelegt. Der General – es war der Kommandant des Truppenübungsplatzes – schüttelte lächelnd den Kopf. Lix schrie mir etwas ins Ohr, so daß ich mich zu ihm wenden mußte. Als ich wieder nach dem General sah, war er von einer Gruppe unserer Hauptleute umringt.
„Aber Herr General!" rief die Schwalbe mit schimmernder Glatze und großartiger Nase. „Sie werden doch ein paar armen Hauptleuten nicht ein paar Flaschen reichen Sekt abschlagen!"
„Arm ist gut!" sagte der Inka. „Schönberg hat eins der stattlichsten Schlösser von ganz Sachsen."
„Nein, mein lieber Tschirschnitz", erwiderte der General lächelnd.

„Dann müssen wir Herrn General gehorsamst in den Springbrunnen werfen!“ rief die Schwalbe.
Die Hauptleute schoben den Platzkommandanten zur Tür hinaus. Wir andern folgten neugierig, wie das ausgehen würde.
Draußen im Park war ein runder Springbrunnen mit ein paar Goldfischen drin. An seinem Rande drängten sich im Halbdunkel einige Leutnants, die den Leutnant Freiherrn von Rochow gefaßt hatten, einen Vetter meines alten Schulfreundes Rochus.
„Eins! Zwei! Drei!“ kommandierte jemand.
Rochow flog durch die Luft und platsch ins Wasser, daß es nach allen Seiten spritzte. Er raffte sich auf und stand einen Augenblick da, während ihm Wasserfäden von den Ecken seiner hellgrauen Litewka rannen. Dann sprang er aufs Trockne und lief nach seiner Baracke.
„Jeder wird da hineingeworfen“, sagte mir der Inka, „der zum ersten Male als Offizier nach Zeithain kommt.“
„Herr General“, rief die Schwalbe, „wir wünschen Ihnen nicht, daß Sie gehorsamst einen Schnupfen bekommen.“
„Ich will aber nicht!“
„Dann werden uns Herr General ganz gehorsamst erlauben, Sie schwimmen zu lassen!“
Die Hauptleute schoben den alten Herrn bis zum Rande des Springbrunnens. In diesem Augenblick erschien Rochow wieder, lächelnd, in einer anderen Uniform und andrer Hose.
„Der muß schwimmen!“ schrie der Inka.
Platsch, lag er wieder im Wasser.
„Herr General, wie unangenehm in fortgeschrittenem Alter!“ sagte Tschirschnitz.
„Nein!“ erwiderte der, und sein Gesicht hatte den liebenswürdigen Ausdruck verloren.
„Dann eben los!“ rief die Schwalbe und packte mit seinen starken Händen den General an einem Bein. Viele Hände griffen ihn an und hoben ihn hoch.
„Ich gebe den Sekt!“ rief er, wieder liebenswürdig.
„Großartig!“ schrie Tschirschnitz und ließ ihn nieder. „Unser Lagerkommandant weiß, wie man notleidenden Hauptleuten helfen kann! Und mehr noch: er tut es! Ein dreifaches Hurra dem General! Hurra! Hurra! Hurra!“

Alle strömten wieder in den Saal. Da erschien Rochow, diesmal im Waffenrock.
„Da ist er schon wieder", schrie der Inka. „Aller guten Dinge sind drei!"
Rochow flog ins Wasser und stieg traurig triefend heraus.
„Komm!" schrie mich Lix an. „Es gibt Sekt!"
Ich kam irgendwie in den Saal und setzte ein Spitzglas an. Da wurde mir schlecht. Ich torkelte nach der Tür, hielt mich irgendwo fest, aber fiel hin.

Es trommelte gegen die Tür, und jemand schrie: „Aufstehen!"
Ich fuhr auf und sah nach der Uhr: sechs Uhr zwanzig. Was ich für einen Kopfschmerz hatte.
Als ich zur Tür wollte, mußte ich einem Haufen ausweichen, den jemand da hingekotzt hatte.
Der große Auerbach brachte einen Becher Kaffee und ein mit Butter bestrichenes Brötchen. „Es wird aber Zeit! Die Kompanie tritt in zehn Minuten an."
„Lix!" schrie ich, so laut ich bei meinem Kopfschmerz konnte, und rüttelte ihn.
Er erwachte jäh und sagte: „Du Schwein!" Dabei deutete er auf den Haufen. „Das räumst du aber selbst hinaus!"
Mir war ja so schlecht! Ich nahm die Kehrichtschaufel, schob den Haufen mit einem Stück Holz darauf und trug das hinaus.
Als ich zurückkam, saß Lix auf dem Bett und fuhr in die weißen Diensthosen hinein. „Sage mal, wo warst du denn gestern so plötzlich hin?"
„Ich weiß nicht. An der Kasinotür hat's mich hingedreht. Und dann muß mich wohl jemand nach Hause gebracht haben."
Kaum war ich einigermaßen angezogen, rannte ich zur Kompanie und kam gerade noch zurecht. Beim Stillstehen schwankte ich etwas. Aber als wir abmarschierten, wurde mir allmählich etwas lichter.
Die lange Kolonne der Kompanie, in deren drittem Zuge ich als einer der kleinsten Großen marschierte, bog auf die Hauptstraße der Barackenstadt ein.
„Na, seht mal die beiden!" hörte ich jemand höhnisch sagen.

Auf einer Bank schliefen, halb umarmt, halb in sich zusammengesunken, die beiden Hauptleute von Löben und von Criegern.
„Seht mal den Kompaniechef der Dritten!" rief ein anderer. „Müssen die aber gesoffen haben!"
Der dicke Oberst von Carlowitz kam auf einem dicken Pferde angeritten. „Meine Herren!" rief er mit seiner mächtigen Stimme den Hauptleuten zu. „Das Exerzieren beginnt!"
Die beiden begannen sich verschlafen zu regen. Die ganze Kompanie lachte, aber weniger über die Hauptleute als über den Oberst. Der hatte nämlich den Helm mit der Sonne nach hinten aufgesetzt und merkte es nicht.

Auf Kriegsschule

Nach dem Regiments- und Brigadeexerzieren war ich Unteroffizier geworden. Dann rückten wir ins Manöver, und das war für mich eine schöne Zeit. Frisch und gesund genoß ich die schlichte Kameradschaft der Soldaten und dachte wieder, wieviel angenehmer sie doch wären als mein Elternhaus mit der ewigen Spannung zwischen meinen Eltern und der ganzen Verwandtschaft, wo ich keine Ehe gesehen hatte, in der Mann und Frau einander wirklich liebten. Da gab es überall nur gutes Benehmen, damit man nicht merkte, wie wenig herzlich man in Wirklichkeit war. Hier aber in der Kompanie gab es gewiß auch Gegensätze, besonders gegenüber den Unteroffizieren und unter den Unteroffizieren. Aber im ganzen waren die Landser vor allem Kameraden, und man konnte ihnen vertrauen.
Sobald wir aus dem Manöver in der Lausitz zurück waren, begannen die Vorbereitungen für die Ausbildung der neuen Rekruten. Noch bevor ich auf Kriegsschule kam, sollte ich eine Rekrutenkorporalschaft bekommen, um auch diese Arbeit zu lernen.
An einem bestimmten Tage wartete ich mit meinem Gefreiten in der großen Stube, die sauber gefegt und noch menschenleer war. Die Schränke standen alle in der gleichen Weise offen, und in ihnen lagen, überall in genau der gleichen Art, die Messer, Löffel und Gabeln und stand der weiße Eßnapf aus Steingut.

Dann kam der erste Transport an. Auf dem Hofe standen die Neuen in einer langen Reihe, manche blaß und städtisch, andre braun und bäuerlich, sehr verschiedene Menschen, die alle gleichgemacht werden sollten. Zuerst wurden sie nach der Größe aufgestellt und dann auf die Korporalschaften verteilt. Danach zog ich mit meinen zwanzig Mann die Treppe hinauf. Jetzt zeigte ich mit dem Gefreiten jedem seinen Schrank und setzte sie dann an den langen Tisch in der Mitte der Stube. Jeder bekam einen Bogen Papier und sollte seinen Lebenslauf schreiben. Einige begannen sofort und flott zu schreiben. Andere schielten zu dem Nachbar hinüber und malten mühsam ihre Krakel. Einer hatte von seinem Nachbar auch dessen Namen abgeschrieben. Ab und zu blickte ich ihnen über die Schultern, und mir wurde dabei klar, wie sehr man diesen unbeholfenen Menschen helfen mußte.
Der übrige Tag verging mit Verpassen von Uniformen. Am folgenden Tage begannen wir dann mit einfachen Bewegungen. Ich ließ sie im Gänsemarsch laufen, den Gefreiten voraus, und gab Kommandos wie: „Links – um!"
Die meisten machten das leidlich. Aber drei konnten nicht rechts und links unterscheiden. Und alle bewegten sich wie die jungen Hunde mit ganz weichen Körpern und mit viel zuviel Aufwand an Mühe. Helfen, helfen! dachte ich. Das Schnauzen hat bei so gutwilligen Elefantenküken gar keinen Sinn. Man muß ihnen helfen.
Ich hatte Anweisung vom Inka bekommen, den ganzen Tag bei meinen Rekruten zu sein und nicht den vornehmen Fahnenjunker zu spielen. Mir gefiel das. Nur widerwillig zog ich mich am Abend für das Kasino um und ging hinüber zum Essen im großen Saal. Wenn ich konnte, kehrte ich von dort schon gleich nach dem Essen unter einem Vorwand zurück. Und wenn ich im Kasino blieb, so konnte ich nur über meine Rekruten sprechen. Weil das aber nicht üblich war, schwieg ich lieber und hörte nur den albernen Reden des Leutnants von Tschammer oder den unanständigen und abgedroschenen Witzen von William Anderten und dem noch dümmeren Leutnant von Pereira zu.
Gegen Weihnachten wurden wir zu Fähnrichen ernannt und kamen bald danach auf die Kriegsschule in Hannover. Mir war es lieb, daß ich mit Lix Anderten zusammenblieb,

und er war froh, denn aus Hannover stammte seine Familie. Ein Vorort der Stadt heißt sogar Anderten. Sein Großvater war schon Offizier gewesen und hatte 1866 gegen die Preußen gekämpft, die Hannover besetzten und den Welfenkönig vertrieben. Man bot dcn Offizieren an, sie weiter im preußischen Heere zu verwenden. Aber viele, und darunter auch der Großvater Anderten, wollten nicht unter dem verfluchten König von Preußen dienen und wanderten nach Sachsen aus, das zwar in Wirklichkeit auch von Berlin her regiert wurde, aber doch formell noch seinen eigenen König behielt. In meinem Regiment stammte etwa die Hälfte aller Offiziere aus solchen Familien. Einige hielten auch noch fanatisch an ihrem alten Königshause fest, das aber in Wirklichkeit halb englisch war. Wir nannten sie die Welfen. Lix gehörte nicht zu ihnen, obwohl er seine Großvaterheimat liebte.

Wir fuhren im Schnellzug über Leipzig und Halle in unsre neue Garnison für dreiviertel Jahr, setzten uns großspurig in den Speisewagen zum Essen und benahmen uns recht wie schon gemachte Herren.

Vor dem verrußten Bahnhof in Hannover nahmen wir eine Droschke nach der Kriegsschule und meldeten uns dort. Man wies uns nach zwei Stuben, die nebeneinander lagen, und es stellte sich heraus, daß wir unbesehen beide zu Stubenältesten gemacht worden waren, weil wir schon Fähnriche und nicht, wie die meisten andern, noch Fahnenjunker waren.

Da es heute keinen Dienst weiter gab, gingen wir zusammen aus, um uns die Stadt anzusehen. Wir waren noch nicht weit gekommen, als uns ein unheimlich großer Mensch in Uniform entgegenkam. Er trug fast genau unsre Uniform, weiße Gardelitzen und silberne Knöpfe. Nur trugen wir blaue Achselklappen mit dem Namenszug unsres Königs und er einfache weiße. Er war also aus Potsdam vom 1. Garderegiment zu Fuß. Wir starrten ihn so an wie er uns. Es war klar, auch er gehörte zu den Kriegsschülern. Aber so eine Größe! Sogar Lix, der 1,92 Meter groß war, wirkte vor ihm klein.

Wir grüßten und stellten uns vor. „Freiherr von Wintzingerode." Er lächelte aus einem breiten Gesicht auf uns nieder. Seine Hüften waren dort, wo ich meine Brust hatte.

Als wir dann weitergingen, sagte Lix Anderten: „Den hat aber die Schönheitsfee nicht in der Wiege geküßt!"
„Und besonders schlau sieht er auch nicht aus", sagte ich.
Am folgenden Tage rief uns der Kommandeur der Kriegsschule, Major von Davans, in die Turnhalle. Er war schwammig dick und ging auf sehr auswärts gesetzten Plattfüßen vor uns auf und ab. „Ich werde eine Prüfung mit Ihnen abhalten", sagte er, „nicht etwa, als ob das nötig wäre, um auf der Kriegsschule zu bleiben, sondern damit ich den allgemeinen Stand Ihrer Bildung etwas besser kennenlerne. Für den angehenden Offizier sind nicht nur die meßbaren Leistungen entscheidend, sondern auch seine sonstigen menschlichen Qualitäten. In den meisten Berufen fragt man nicht nach der Gesinnung noch danach, ob einer sich in guter Gesellschaft zu bewegen weiß. Für einen Offizier aber ist beides wichtig, häufig sogar wichtiger als sein bloßes Wissen. Sie werden ja einmal Menschen zu erziehen haben!" Er sagte diese letzten Worte mit besonderer Betonung. Sein Ton war echt und einfach. „Sie sind in sechs Inspektionen eingeteilt. Jede Inspektion hat ihren Hörsaal. Die Inspektionsältesten sind: Fähnrich Vieth von Golßenau vom Leibgrenadierregiment 100, Fähnrich von Anderten vom Leibgrenadierregiment 100." Und nun folgten die übrigen, von denen ebenfalls drei Sachsen waren und nur einer ein Preuße. Anderten und ich wurden auch Hörsaalälteste. Wir hatten also alle Ehrenstellungen inne, die ein Fähnrich nur haben konnte. Als wir abends ausgingen, schloß sich mir der Fahnenjunker von Etzel an, ein Ulan mit dunkelblauer Ulanka und weißem Kragen. Lix führte uns ins Pschorrbräu, wo wir Kartoffelpuffer aßen und auch gleich Brüderschaft tranken, was Etzel lachend und doch mit Feierlichkeit tat.
„Erkläre mir nur, lieber Etzel", sagte ich, „wie kommt es, daß der Major nur einen einzigen Preußen zum Inspektionsältesten gemacht hat? Davans ist aus Baden, ist er etwa Anti-Preuße? Schließlich sind ja hier nur zehn Prozent Sachsen."
„Ich wundre mich gar nicht", antwortete Etzel. „Ihr seid alle gut aussehende Leute und außer einem alle Abiturienten vom Gymnasium. Aber von uns Preußen haben die meisten nur das Fähnrichsexamen gemacht. Oder wir kommen vom

Kadettenkorps, wo man ja allerhand gelernt hat, aber doch nicht, wie man sich sozusagen in Freiheit benimmt. Ein Kadett hat doch seit seinem vierzehnten Jahre die Uniform getragen und hat nicht mehr spielen können. Wenn die dann frei werden, dann natürlich wissen sie überhaupt nicht, wie weit einer in seiner Freiheit gehen darf."

„Das verstehe ich schon. Wir wohnten nur zehn Minuten vom sächsischen Kadettenkorps entfernt. Aber warum machen in Preußen so wenige das Abitur?"

Er sah mich lächelnd an. „Wieviel Garnisonen habt ihr Sachsen, wo nichts, auch gar nichts in der Nähe ist, was an Kultur erinnert?"

„Bei uns", sagte Lix Anderten, „gibt es solche Garnisonen eigentlich gar nicht. Selbst von den kleinsten ist man in einer Eisenbahnstunde in der nächsten Großstadt."

„Mit Theatern und Bällen und Pferderennen?"

„Das sehe ich schon", erwiderte ich. „Aber ich verstehe doch nicht ganz, was das mit der Schulbildung zu tun hat?"

„Da will ich dir mal beschreiben, wie es bei uns in Schwedt ist. Von unsern zwanzig Offizieren sind die meisten verheiratet, schon deshalb, weil das Leben für die Unverheirateten zu trostlos ist. In der ganzen Stadt können wir nur mit drei Personen verkehren, mit dem Landrat, dem Richter und dem Bürgermeister. Und dann gibt es noch ein paar Gutsbesitzer außerhalb. Das ist unsre Erholung. Sonst sitzen wir Abend für Abend zu sechst im Kasino."

„Und wenn man sich nicht gut verträgt?"

„Dann ist das eben eine Hölle. Da säuft man oder spielt. Und wenn wir Gäste haben und nicht mehr wissen, was wir mit ihnen reden sollen, so führen wir sie in den einzigen standesgemäßen Puff."

„Da müßt ihr doch bald alle standesgemäßen Huren kennen?" rief Anderten.

„Bald? Was willst du denn? Es gibt drei. Und die habe ich an dem Tage kennengelernt, als ich ins Regiment eintrat."

„Und deshalb", fragte ich, „gibt es in Preußen keine ..." Ich stockte, um keine Taktlosigkeit zu sagen.

„Keine gebildeten Offiziere, willst du sagen", rief Etzel lachend. „Natürlich deshalb! Diesen Stumpfsinn kann doch nur ein kompletter Stumpfbold aushalten!"

Ich war betroffen und fürchtete, ihn verletzt zu haben. Aber Lix Anderten hob sein tönernes Bierseidel und rief: „Prost! Wir sind doch alle Stumpfbolde!“
Ziemlich angesäuselt und laut schwätzend zogen wir durch die dunkeln Straßen nach der Kriegsschule, um zum Abendappell um zehn Uhr zurechtzukommen.
Wir traten in der Turnhalle an. Alle redeten laut durcheinander, und einige waren beträchtlich blau. Dann kam der Offizier vom Dienst herein.
Einer nach dem andern von den Inspektionsältesten meldeten wir. „Dritte Inspektion mit achtzehn Fähnrichen und Fahnenjunkern alles zur Stelle!“
Als der Offizier bei der fünften Inspektion war, hörte man ein Geräusch. Es war nicht ganz klar, was es war. Vermutlich kam es von einem Betrunkenen.
„Ruhe da!“ schnauzte der Oberleutnant, nahm die letzten Meldungen entgegen und ließ wegtreten.
Ich ging mit Lix nach dem Hause, wo unsre Stuben lagen.
„Ich habe mir die Disziplin in Preußen etwas anders vorgestellt“, sagte ich.
„Aber das ist doch eine Kriegsschule hier, und das kann noch viel wilder werden.“

Unser Hörsaal war schrecklich überheizt. Wir saßen alle in bequemen Dienstlitewkas da und warteten, was für Prüfungsaufgaben uns der Major zugedacht hatte.
Die mathematischen Aufgaben erschienen mir sehr leicht. Aber Mathematik war mir stets als Kinderspiel erschienen.
Das Aufsatzthema war der Spruch von Moltke: Glück hat auf die Dauer nur der Tüchtige.
Glück? Das ist doch ein ganz unklares Wort. Moltke hat sicher den Erfolg gemeint, und zwar den militärischen. Diesen Gedanken schrieb ich ganz einfach nieder und zerlegte so den Spruch Wort für Wort. Schon sehr bald war ich fertig und gab meine Arbeit ab. Genauso war es mir beim Maturitätsexamen gegangen, wo ich bei weitem den besten Aufsatz geschrieben hatte.
Bei der Rückgabe sagte dann der Major, daß nur ein einziger Fähnrich auf den Trichter gekommen wäre, und nun wiederholte er fast wörtlich meine Ausführungen.
Seit diesem Tage schien mich der Kommandeur besonders

zu beachten. Als eines Abends seine Tochter eine geometrische Arbeit nicht herausbekam, ließ er mich holen. Ich hatte die Sache im Nu heraus, und er begleitete mich liebenswürdig bis zur Tür.
Auch im Reiten zeigte sich bald, daß ich der Beste in unserer Infanterieabteilung war. Ich hatte aber schon seit Jahren Reitunterricht gehabt. Zuerst war ich Spitzenreiter, und dann gab mir der Reitlehrer die schwierigsten Pferde.
Lix forderte einige sächsische Fähnriche auf, mit uns ins Pschorrbräu zu kommen. Die waren alle bürgerlich.
Dazu kamen einige preußische Kavalleristen, und binnen weniger Tage waren wir die maßgebende Clique an der Kriegsschule, in die es schon bald nicht mehr möglich war hineinzukommen. So mochten wir den Grafen Finkenstein nicht, weil er uns zu dumm war. Lix Anderten war es, der das bestimmte, und er war sich seiner Diktatur vielleicht nicht einmal klar bewußt. Er brachte mit seinen Redensarten jeden zum Lachen und redete ihn nieder. Der Freiherr von Wintzingerode vom 1. Garderegiment zu Fuß wurde wohl nur wegen seiner zwei Meter sechs geduldet. Er war damals der größte Soldat der gesamten deutschen Armee. Aber wir behandelten ihn wegen seines kurzen Verstandes nicht besonders gut. Er war uns auch zu protestantisch, und wir hatten Katholiken unter uns und waren außerdem nicht für Frömmigkeit zu haben.
In meiner Inspektion war ein winziger hellblonder Fähnrich, der einen besonders langen Säbel an seiner Seite herumschleppte. Das war ein Graf Hardenberg, der im Hörsaal so gut war, daß er schon bald von den Arbeitsstunden am Abend befreit wurde. Aber er benutzte diese Erlaubnis nicht, sondern trieb zu seinem eigenen Spaß höhere Mathematik. Dabei war er kein Bücherwurm, sondern hatte ein feines lustiges Gesicht. Anfangs war er mir gegenüber nur höflich, bis es eines Abends geschah, daß er im Übermut die Tür seiner Stube heftig aufstieß. Ich wollte gerade hinein und taumelte von dem Schlag gegen die Stirn zurück.
„Entschuldigen Sie!“ rief Hardenberg. „Aber Sie bluten ja!“
Ich griff mir an die Stirn und hatte wirklich Blut an der einen Augenbraue. Ja, ich behielt eine Narbe und hatte tagelang Kopfschmerzen. Das tat ihm so leid, daß er mich in ein

gutes Weinlokal einlud. So kamen wir uns näher, und nun ging er auch öfters mit zu unseren Cliquenabenden im Pschorrbräu. Aber er liebte Lix Andertens laute Biergemütlichkeit nicht und zog stets ein kluges Gespräch vor.

Nicht in allen Fächern war ich so gut. Aber einige der Hauptleute, die den Unterricht gaben, zogen mich auffallend vor, so vor allem der Feldkundelehrer, der merkte, wie gern und gut ich zeichnete. Ich war der einzige, der eine Landkarte sauber und mit den richtigen Strichstärken zeichnen konnte. Die übrigen Fähnriche waren viel zu flüchtig dazu und zeigten nicht das geringste Interesse für das, was wir da lernten. Und dabei war das oft recht interessant.
Aber trotz all dieser kleinen Erfolge und meiner glänzenden gesellschaftlichen Stellung verfiel ich im Frühjahr einer schweren Depression. Die Disziplinlosigkeit bei den Abendappellen nahm immer zu. Die Betrunkenen torkelten im Glied herum und konnten den Mund nicht halten.
Einmal war auch ich selbst so besoffen, daß ich nicht mehr melden konnte. Hardenberg steckte mich ins hintere Glied und meldete für mich.
Eines Abends war im Offizierskasino ein Fest. Daran nahmen auch unsre zwei Prinzen teil, die schon bei ihrem Eintritt ins Heer Offiziere geworden waren, aber hinterher noch die Kriegsschule besuchen mußten. Der eine war sehr arm, der andre sehr reich. Der reiche war ein Prinz von Thurn und Taxis, aus der Familie, die ihr ungeheures Vermögen dadurch gemacht hatte, daß sie im alten Heiligen Römischen Reich Deutscher Nation das Privileg des gesamten Postwesens besessen hatte. Der unbemittelte war der Prinz Ernst von Sachsen-Meiningen. Er war ein freundlicher, bescheidener Mensch, der zum Thronfolger in Meiningen ausersehen war, weil sein Onkel, der alte nette Herzog Bernhard, keine Kinder hatte. Auf der ganzen Kriegsschule war bekannt, daß der Kammerdiener des armen Thronfolgers von seinem Onkel bezahlt wurde.
Die Stellung der beiden Prinzen erinnerte mich stark an unsre eigne, die wir als Fahnenjunker im Regiment gehabt hatten, als wir mit den Einjährigen zusammen ausgebildet wurden. Zwar hatten wir noch von nichts eine Ahnung, aber wir aßen mit den Offizieren zusammen. So saßen auch

die Prinzen mit uns im Hörsaal zusammen, sonst aber verkehrten sie in höheren Sphären. Die höheren Sphären waren nur hier lange nicht so glänzend wie bei unserm Regiment. Außer dem Oberleutnant Bölke, unserm Reitlehrer, fand ich alle Offiziere, die im Kasino der Kriegsschule zu verkehren pflegten, recht gewöhnlich. Bölke aber war ein Sonderling, der manchmal mit leichtem Lächeln ein Wort sprach, sonst aber unbeweglich erschien. Er trug stets ein Monokel, und man sagte, daß er damit auch badete und schlief.
An diesem Abend hörten wir das Schreien der Offiziere schon, als wir in die Turnhalle zum Abendappell gingen. Etzel packte mich strahlend am Arm. „Weißt du schon, daß der Offizier vom Dienst so blau ist, daß er kaum mehr stehen kann?"
Wir traten mit der üblichen Unordnung an und warteten. Alle blickten nach der Tür, um den betrunkenen Oberleutnant zu sehen. Da trat hoch aufgerichtet der Prinz von Thurn und Taxis ein.
Bei der Inspektion, zu deren Hörsaal er gehörte, setzte ein solches Hallo ein, daß er stehenblieb. Er sah sich um und brüllte: „Ruhe! – Ich bin euer Mitschüler, ja! Aber ich bin auch Offizier!"
Das wirkte einigermaßen. Der Lärm brach erst wieder aus, als er zur letzten Inspektion kam. Dann aber wurde das Geschrei so laut, daß der Prinz machtlos war. Lärmend strömte die ganze Meute aus der Turnhalle. Da sah ich auf der Terrasse des Kommandeurhauses den Major stehen. Er bewegte sich nicht, und sein Gesichtsausdruck war in der Dunkelheit nicht zu erkennen.
Am nächsten Tag ging das Gerücht um, daß er die Inspektionsoffiziere zusammengerufen und ihnen befohlen hätte, eine ganze Woche in der Kriegsschule zu bleiben.
Nachmittags wurde aller Dienst abgesagt, weil uns der Kommandeur sprechen wollte. Wir zogen also mit Schemeln in die Turnhalle und saßen da in Erwartung.
„Achtung!" schrie der Fähnrich vom Dienst.
Wir sprangen auf und sahen den Major an, der langsam, aber mit vor Erregung bebender Brust hereinkam. „Setzen!" sagte er kalt, und diese Kälte erschütterte mich bei dem gutmütigen Mann.

Er hob den Kopf. „Ihr Betragen gestern abend hat mir gezeigt, daß Sie von dem Geist, der einen deutschen Offizier beseelen sollte, noch keine Spur besitzen! Wenn so ein viehisches Geschrei, wie Sie es da vollführt haben, in irgendeiner Kompanie vorkäme – wenn es möglich wäre, daß sich gewöhnliche Soldaten so benähmen wie Sie, die Sie den besten Familien angehören! –, was glauben Sie eigentlich, was da geschähe? Wünschen Sie denn, daß Sie alle mit Schande aus der Armee ausgestoßen werden? Und das wäre in der Tat die Folge, wenn sich auch nur annähernd dasselbe wiederholte! Ich bestrafe die gesamte Kriegsschule mit einer Woche Ausgangsverbot. Das ist ein Strafmaß, das äußerlich gesehen nichts ist, aber die Schande – die Schande! meine Herren! – ist ungeheuer, daß so etwas nötig ist gegenüber künftigen Offizieren, die ein Vorbild in und außer Dienst sein sollten!"
Er sprach über eine Stunde in diesem Ton und entließ uns mit derselben Kälte, mit der er begonnen hatte.
Am Abend also blieben wir in der Kriegsschule. Ich ging mit Etzel in den Saal des Fähnrichskasinos, um etwas zu trinken und Zigaretten zu kaufen. Vor dem Schanktisch hing an einer eisernen Säule der Fahnenjunker von Schwerin und kletterte daran bis zur Decke hoch. Von oben schrie er dann hinunter: „Die Flasche Wein habe ich gewonnen!"
„Ja", sagte ein anderer unten, „ich bezahle sie, aber trinken Sie die Liebfrauenmilch allein!"
„Aber ich will sie mit dir trinken!"
„Nein, ich mag nicht mit Ihnen!"
Der Graf Finkenstein näherte sich mir und sagte leise: „Er ist schon bei allen unten durch." Und als ich ihn verständnislos ansah, fuhr er fort: „Sein Regiment hat die Weisung mitgeschickt, sehr auf ihn aufzupassen. Er ist ja auch bis heute noch nicht zum Fähnrich ernannt worden."
„Und warum aufpassen?" fragte Etzel.
„Seine Mutter ist arm, und er gibt das Geld mit vollen Händen aus."
Schwerin war die Säule heruntergerutscht und sagte zu dem andern: „Trink mit mir! Dann schmeiße ich auch eine zweite Flasche!"
„Nein, ich trinke nicht mit Ihnen. Sie haben schon wieder Schulden gemacht, und Sie wissen, wie das endet."

„Ach, nobel geht die Welt zugrunde!“ Er wandte sich an den Mann hinter dem Schanktisch: „Drei Flaschen Liebfrauenmilch!“ Und dann mit großer Geste, die ihm aber nicht stand: „Ich lade alle ein, die hier sind, Sie, Herr von Vieth, Graf Finkenstein!“ Wir wandten uns ab und gingen hinaus.
„Setzen wir uns ein bißchen in den Salon!“ sagte Etzel.
Finkenstein wandte sich an mich. Sein Gesicht erschien traurig und viel zu alt. „Hätte man nicht dem Wirt sagen sollen, daß er dem Schwerin keinen Wein mehr verkauft?“
„Das können Sie ihm nicht verbieten“, erwiderte Etzel. „Und Schwerin ist außerdem verloren. Es gibt genug hier, die untergehen werden. Sie wissen doch, daß neulich einer gestohlen hat. Zuerst hatte man die Ordonnanzen in Verdacht. Aber dann zeigte sich, daß es ein Fähnrich gewesen war.“
Finkenstein senkte den Kopf. Ich wußte in diesem Augenblick genau, was er empfand. Trotz seines glänzenden Namens und Vermögens mochte ihn niemand, und das war vielleicht ungerecht. Gewiß, er war langsam und völlig ohne Witz. Aber das empfand ich da neben ihm auf dem Sofa, er war vielleicht anständiger und zuverlässiger als andre. Ist es recht, daß wir uns so von ihm abschließen? In unsrem Kreise verkehren nur die Glücklichen. Bin ich nicht auch schrecklich oberflächlich geworden? Was bin ich schließlich?
Ich bemühte mich, irgend etwas zu finden, was die schwere Stimmung heben könnte. Da sah mich Etzel mit einem freundlichen Lächeln an. Er hatte schon eine Glatze und war auch sonst nicht schön. Aber er war gutmütig und hatte ein leichteres Temperament. „Wintzingerode ist krank“, sagte er mit der deutlichen Absicht, das Schweigen zu brechen. „Er hat eine Grippe. Sollten wir ihn nicht besuchen?“
Ich stand auf und sah mich nach Finkenstein um. Er saß trübselig da und sagte nur: „Ich kenne ja Wintzingerode kaum.“
Man müßte ihn doch mitnehmen, dachte ich. Er ist ja so einsam. Aber kann man ihn aufmuntern? Nein, leider nicht.

Wir ließen ihn also sitzen und gingen hinüber zu Wintzingerode. Er lag im Bett auf dem Rücken, mit tiefen Ringen um die Augen, und lächelte ein wenig bei unserm Eintritt. Seine Füße hoben die Decke in solcher Entfernung von seinem Kopf, als lägen da zwei hintereinander im Bett. Neben ihm saß der Fähnrich von Lotzow von einem der Berliner Gardegrenadierregimenter. Das war sein einziger Freund und ausgerechnet einer der kleinsten auf der ganzen Kriegsschule. Man sagte, daß die beiden, klein und groß, am Abend zusammen beteten, um etwas klüger zu werden.

„Himmel!“ rief Etzel. „Haben Sie aber ein langes Bett! Gibt es denn so etwas überhaupt?“

Wintzingerode lächelte schwach. „Meine Kompanie hat es mir hergeschickt. In einem andern könnte ich mich ja gar nicht ausstrecken. Es ist übrigens für mich besonders angefertigt worden, auf Befehl Seiner Majestät des Kaisers. Denn so einen langen Grenadier hatte es noch gar nicht gegeben. Leute über zwei Meter sind doch sehr selten.“

Damit brach das Gespräch ab.

Am folgenden Tage wurde Wintzingerode ins Lazarett gebracht, und sein langes Bett fuhr man hinüber. Auch mich packte die Grippe, und ich lag ein paar Tage. Als ich wieder gesund wurde, war das Ausgehverbot für uns abgelaufen. Aber ich wollte nicht ausgehen. Abends blieb ich zu Hause und ging allein im dunkeln, feuchtkalten Garten planlos herum. Kein Mensch war sonst da. Mein Verhältnis zu Oberleutnant Ernst, dem Offizier unsrer Inspektion, hatte sich dauernd verschlechtert. Ich mochte ihn nicht, und er mich auch nicht. Einmal sagte er mir ohne irgendwelchen Anlaß: „Sie sind ein ganz großer Dussel!“, und ich nannte ihn innerlich: Du ungebildeter Hurenbock!

Da in der Trostlosigkeit des nächtlichen Gartens erschien es mir unmöglich, weiter mit diesem schnauzenden Hohlkopf zusammenzuarbeiten.

Ich ging also hinauf in unsre Stube, um ein Gesuch um Ablösung als Inspektionsältester zu schreiben. Was sollte ich aber als Grund angeben? Vielleicht, daß ich mich künftig mehr in die militärischen Studien vertiefen wollte. Das wäre allerdings ein ziemlich schäbiger Vorwand. Denn in den Arbeitsstunden tat ich sehr wenig das, was man erwar-

tete, sondern zeichnete meinen beiden Stubengenossen die Karten, die sie eigentlich selbst zeichnen sollten. Ich tat das möglichst schlecht, damit der Feldkundelehrer nicht merkte, welche geschicktere Hand das gemacht hatte, und er kannte diese Hand sehr genau, denn auch er ließ sich von mir seine Karten mit Umdrucktinte zeichnen, die dann als seine Arbeit vervielfältigt wurden. Auch die Rundschrifthefte schrieb ich den andern voll, jedem von ihnen auf eine andre Weise schief und ungeschickt. Sie waren trotzdem begeistert von der Schönheit dieser Krakel, die ich in meinem eigenen Heft nie geduldet hätte. So lernte ich die Rundschrift in der Vollendung und fand es sehr erzieherisch, systematisch mit immer den gleichen Fehlern zu zeichnen. Sie aber lernten gar nichts.
Als ich die Tür öffnete, saß da der eine meiner Stubenkameraden und las etwas. Er blickte auf und sah mich wie ein Gespenst an.
„So allein?" sagte ich, um nur etwas zu reden.
„Ja. Was soll man draußen?"
Ich wußte, er trug sich mit Selbstmordgedanken. Der große und wohlwollende Hauptmann Notnagel, unser Waffenlehrer, kümmerte sich um ihn. Aber mir war nicht klar, was den Fähnrich so bedrückte. Während ich mein Gesuch schrieb, war ich aufmerksam auf ihn, scheinbar ohne ihn zu beachten. Sollte ich einmal mit ihm ausgehen? Dann würde er sich verpflichtet fühlen, mich wieder einzuladen. Und er hatte wenig Geld. Worüber sollte ich außerdem mit ihm sprechen? Meine Welt war in seinen Augen sicher sehr glücklich und sehr gehoben. Er gehörte einem bescheidenen Provinzregiment an, und überdies war er Kadett gewesen. Diese Welt verstand ich nicht.
Die Unruhe, die von ihm ausging, belastete mich so, daß ich mein Gesuch einschloß, sobald es fertig war, und wieder hinunter in den Garten ging. Verse müßte ich machen, wie früher! Dann würde mir vielleicht etwas besser werden. Aber nein, sie haben mich eigentlich nie getröstet. Sie waren immer nur ein Spiel, doch wohl um fortzukommen von dem, was mir unlösbar gewesen war. Verse, nein! Was ich brauchte, sind Rekruten, denen gegenüber ich eine Pflicht hätte. Dann wäre selbst diese bewölkte Nacht erfreulich. Ja, dann könnte ich Verse machen.

Ich trug mein Gesuch zu Oberleutnant Ernst in die Wohnung. Er saß übelgelaunt da. „Sie wollen also nicht mit mir zusammenarbeiten?"
Ich antwortete nicht.
„Also gut!" schnauzte er. „Mir ist es recht!" Das klang aber gar nicht, als ob es ihm recht wäre. Den Grund für seine Unzufriedenheit erfuhr ich bald. Der Major hatte sich ihn vorgeknöpft, weil er uns durch sein Schnauzen auf dem Schießstand das Mucken und Reißen angewöhnt hatte. Er sollte uns aber eigentlich darin unterrichten, wie sich ein Offizier auf dem Schießstande benehmen soll. Die Vorschrift besagte, daß er den Schützen durch kein lautes Wort stören dürfte. Als ich nun mein Gesuch einreichte, gab Davans dem Oberleutnant die Schuld für diesen Rücktritt. Ja, bei dem nächsten Mal, als er in der Turnhalle zu uns sprach, lobte er mich – ohne meinen Namen zu nennen. Aber es war klar, daß er mich meinte, als er mich als Vorbild eines ernsten Strebens aufstellte. Gerade dieses unverdiente Lob ließ mich über die wirklichen Gründe meines Rücktritts nachdenken. Ich wußte aber nur, daß ich von dem preußischen Militärbetrieb, wie ich ihn hier sah, tief abgestoßen war. Mich widerte auch die Albernheit und Oberflächlichkeit der Fähnriche an, die überhaupt keine Interessen hatten außer Saufen, Huren und Geldhinauswerfen. Und auch das war nichts als Protzerei und geschah ohne die geringste Grazie. Ja, aber was hatte das mit dem Hinwerfen meines Amtes zu tun? Ich wußte es selbst nicht.
Der einzige, der meine Depression bemerkte, war Hardenberg. Ich ging auch ein paarmal mit ihm aus. Aber wirklich warm wurde ich mit ihm nicht. Er wollte mir helfen und spottete über die Leute. Aber ich dachte mit Sehnsucht an meine Rekruten dort ferne in Dresden. Sie lebten nicht in dieser dünnen Atmosphäre der Überlegenheit wie Hardenberg. Man fühlte ihr Herz schlagen, wenn man mit ihnen zusammen war. Und warum mußte ich in dieser guten Gesellschaft leben, in der ich nicht atmen kann? – Und doch gefällt es mir, einem so guten Regiment anzugehören und Geld zu haben!
In diese schwere Stimmung fiel ein Fest hinein. War es Kaisers Geburtstag oder was sonst? Wir feierten im Fähn-

richskasino mit viel Wein. An diesem Abend hatte der Kommandeur auch den Verkauf von Sekt in der Schule erlaubt.
Ich war schon nicht mehr nüchtern, als ein etwas angetrunkener Fähnrich irgendeines preußischen Regiments zu mir im Vorbeigehen sagte: „Was haben Sie eigentlich für einen König da in Sachsen?"
Ich wandte mich zu ihm und hatte ihm schon eine Ohrfeige hereingehauen. Er trat erschrocken zurück und starrte mich an. Im Unterricht über Standesehre hatten wir gelernt, daß man sich in einem solchen Falle duellieren müßte – aber auch, daß wir darauf zu unserem Regiment zurückgeschickt würden. Und das bedeutete, mit der militärischen Laufbahn war es aus.
Plötzlich stand Hardenberg lächelnd zwischen uns. „Sie, Vieth", sagte er bestimmt, „setzen sich hier auf das Sofa!"
„Ich will aber nicht!" rief ich.
Er faßte mich vorn an der Brust, was ihm bei seiner Kleinheit etwas schwer wurde, und drückte mich auf das Sofa nieder. „Jetzt bleiben Sie erst einmal hier sitzen!"
Ich blieb auch wirklich sitzen. Denn es war mir plötzlich eingefallen, daß ich ja vor allem dem andern die Karriere verdarb, wenn ich ihn dazu zwang, mich auf Pistolen zu fordern.
Unterdessen sprach Hardenberg auf ihn ein. Bald kamen beide zu mir. Zehn Minuten später hatten wir Sektgläser in den Händen und begossen zu dritt die Versöhnung. Dabei wurden wir ungeheuer sentimental und natürlich auch betrunken.
Erst am folgenden Tage, als ich wieder nüchtern war, dachte ich richtig über den Fall nach. Was fällt mir eigentlich ein, jemand wegen eines unbedachten Wortes – oder gar nur wegen eines Tonfalles – eine Ohrfeige hereinzuhauen! Bin ich denn ein Korpsstudent mit dem lächerlichen ewigen Beleidigtsein? Überhaupt, welche überflüssigen Gedanken habe ich mir in der letzten Zeit gemacht? Gut, es gefällt mir hier nicht. Aber kann denn ich allein das irgendwie ändern?
Am selben Abend ging ich wieder mit Lix Anderten und allen andern ins Pschorrbräu und bemühte mich, das alles nicht so sehr ernst zu nehmen. In diesen Tagen fiel mir

plötzlich auf, wie leicht mir jetzt alles wurde, nicht nur das Zeichnen, auch die Taktik, und vor allem die Waffenlehre bei dem guten Hauptmann Notnagel. Ich entdeckte an mir ein ausgesprochenes technisches Interesse.
Dann im Sommer 1911 machten wir die Schlußprüfung und fuhren nach Dresden zurück. Beim Regiment wurden wir gut aufgenommen. Man hatte bereits die Beurteilungen erhalten, die uns der Major von Davans gegeben hatte. Was aber mehr beachtet wurde, war die Tatsache, daß wir die führende Clique auf der Kriegsschule gebildet hatten. Wir hatten also dem Regiment Ehre gemacht.

Siegfried Vitzthums Geheimnis

Rolf Seydewitz lud mich zur Feier meiner Rückkehr von der Kriegsschule im Kasino zu einer Erdbeerbowle ein. Da an diesem Abend nur wenige Offiziere im Kasino waren, setzten wir uns nach dem Essen ins Rauchzimmer zusammen mit dem Major von Trützschler zum Falkenstein. Das war der gutmütigste von allen Offizieren des Regiments, dicklich und etwas gelehrt.
Da das Gespräch zuerst nicht recht in Schwung kam, fragte ich Rolf: „Was macht eigentlich Siegfried Vitzthum? Ich habe ihn noch nicht wiedergesehen."
„Er wohnt jetzt neben mir", antwortete Rolf. „Ein verrückter Kerl! In der Nacht kommt er nach Hause und setzt sich in sein Wohnzimmer. Da füllt er Gläser verschieden hoch mit Wasser und klimpert darauf Operettenmelodien. Neben sich hat er Textbücher von den letzten Schlagern liegen und singt sie zu falschen Melodien. So geht das oft bis zwei, drei Uhr morgens. Schrecklich hört sich das an! Oder es bumst mitten in der Nacht gegen meine Wand. Er ist aufgewacht, hat die Matratze aus seinem Bett gerissen, ins Wohnzimmer getragen und auf den Boden geworfen. Dort schläft er dann weiter."
Der gute Major zwinkerte etwas mit den Augen und nahm einen Schluck Rotwein. „Er fällt aus der Tradition seiner Familie. Es ist merkwürdig, daß die Vitzthums nur Grafen und nicht Fürsten sind!"
Rolf beugte sich vor. „Können uns Herr Major nicht etwas

davon erzählen?“ Ich wußte, Rolf hatte eine große Vorliebe für Trützschler, weil sich der als einziger um ihn gekümmert hatte, als er ins Regiment kam und sich infolge seines Sprachfehlers besonders schwer zurechtfand.
„Gern erzähle ich“, antwortete der Major. „Das ist ja meine Schwäche. Ich passe überhaupt zum Offizier wie ein Putzlappen als Taschentuch!“ Er lächelte uns gutmütig an.
Wie angenehm, dachte ich. Einmal jemand hier im Kasino, der gar nicht versucht, schneidig zu erscheinen.
„Die Vitzthums“, begann Trützschler, „saßen noch etwa im dreizehnten oder vierzehnten Jahrhundert im Erzgebirge. Sie hatten ihre Schlösser nicht weit von Chemnitz. Da brach bei Gelegenheit des sogenannten Adelstanzes in Dresden ein Streit zwischen den Wettinern und den Grafen Dohna aus. Die Wettiner hatten ihren Hauptsitz in Meißen, die Dohna auf dem großen Schloß Dohna, das heute in Trümmern liegt, und den umliegenden Schlössern, wie Wesenstein und vor allem der großen Festung Königstein. Sie denken natürlich, die ist nach dem König von Sachsen benannt. Aber damals waren die Wettiner noch lange nicht Könige. Der Königstein heißt nach dem König von Böhmen, dessen Vasallen die Dohna waren. Der Krieg dauerte lange, und dabei halfen die Grafen Vitzthum den Wettinern, die Dohna zu besiegen. Seitdem nehmen sie ihre Sonderstellung in Sachsen ein.“
„Und seitdem sind sie so maßlos hochmütig?“ fragte Rolf.
„Ich würde nicht sagen hochmütig. Aber sie haben alle eine Familieneigentümlichkeit. Sie kennen die wohl von dem ehemaligen Kommandierenden General des neunzehnten Armeekorps in Leipzig, mit Spitznamen Alexander der Neunzehnte. Der war so unangenehm und in seinen militärischen Kritiken derart verletzend, daß seine Frau dann immer den Auftrag bekam, die beleidigten Obersten oder Generale wenigstens gesellschaftlich zu besänftigen. Daher nannte man ihn auch den sauren Grafen und sie die süße Gräfin. – Aber es gibt unter den Vitzthums keine schlaffen Leute oder Dummköpfe, die ja einige Adelsfamilien im Übermaß besitzen, wie etwa die Bünaus und die Tschammers.“
„So unangenehm“, sagte Rolf, „ist ja auch Lionel Vitzthum,

der Kommandeur unserer Leibkompanie."
„Ich weiß", entgegnete der Major, „daß keiner von den Leutnants den Lionel leiden kann. Er ist gewiß nicht gutmütig, aber sind Sie so sehr gegen diese ausgesprochen vitzthumsche militärische Straffheit? Er ist nun einmal der Mann, der es mehr als irgendein andrer versteht, eine Kompanie zu dressieren."
„Ja, glauben Herr Major, daß dieses Dressieren ein Ideal ist?"
„Ich persönlich, lieber Seydewitz, denke stets nach, ob ein Befehl auch sinnvoll ist." Er lächelte in sein Glas hinein und wandte sich dann wieder an Rolf. „Aber ich muß auch selbst zugeben, daß der Offizier das nicht tun sollte. Wenn Lionel Vitzthum mit rotem Gesicht seine Kompanie so über den Kasernenhof jagt, daß alle Beine genau im gleichen Takte rennen, so entspricht das nicht der Vorschrift, und ich würde mich innerlich bekreuzigen, wenn ich katholisch wäre, und mir tun seine Riesengrenadiere herzlich leid. Aber das sind doch schließlich die Konsequenzen unseres militärischen Systems."
Ich haßte Lionel Vitzthum, aber konnte nicht gut in das Gespräch eingreifen, weil ich noch nicht Offizier war. Rolf empfand wohl aber dasselbe wie ich, als er sagte: „Bei der Leibkompanie wird sogar das Briefschreiben der Soldaten an die Eltern militärisch angesetzt, jeden Donnerstagabend von sieben bis sieben Uhr dreißig. Die Unteroffiziere müssen aufpassen, daß die Riesenkerle auch einen Brief schreiben, und die armen Hunde wissen nicht, was sie sich aus dem Federhalter saugen sollen! Das gehört doch wirklich nicht mehr zum militärischen System!"
„Gerade darin, lieber Seydewitz, sind Sie völlig im Irrtum. Haben Sie nie von der sogenannten Beschäftigungstheorie gehört? Die besagt, daß der Soldat keinen Augenblick am Tage unbeschäftigt bleiben darf, damit er nicht auf dumme Gedanken kommt."
„Natürlich kenne ich diese Theorie", rief Rolf. „Aber ich hätte am wenigsten von Herrn Major eine Rechtfertigung dieser Theorie erwartet, die mir ..." Rolf versteckte sich hinter sein Stottern, um seinen Gedanken nicht aussprechen zu müssen.
Der Major lächelte immer mehr. „Ich höre Sie gern so spre-

chen. Denn Sie haben noch menschliche Ideale. Aber merken Sie sich eins: freie Gedanken sind sehr sympathisch, aber beruflich nicht anzuraten. Ich", er blickte etwas traurig in sein Glas, „bin krank und werde auch schon alt. Aber Sie sind jung, und Sie werden wohl in den nächsten Jahren in einen Krieg gehen müssen. Da haben Sie Pflichten!"

Daß wir einem Krieg entgegengingen, war das tägliche Gespräch in den Straßen gewesen, in denen ich aufgewachsen war. Mein Vater bedauerte es sogar, daß er das große Erlebnis eines Krieges nicht gehabt hatte, weil er in einer friedlichen Zeit Mann geworden war. Aber nie hatte mir jemand davon gesprochen, daß der herannahende Krieg zu etwas verpflichtete.

Ich ging ernst gestimmt nach der Stube, die ich mit Lix Anderten zusammen bewohnte.

Am folgenden Tage marschierte das ganze Regiment von Dresden fort. Es war ein Reisemarsch, auf dem abwechselnd die Querpfeifer zu den schlagenden Trommeln der Spielmannszüge quietschten und dann die Regimentskapelle mit ihren Blechinstrumenten und der großen tiefen Pauke mit Märschen einsetzte. Es ging zum Regiments- und Brigadeexerzieren nach dem Truppenübungsplatz Königsbrück.

Der Sommer war sehr heiß, und gleich an einem der ersten Tage brach gegen Mittag ein schweres Gewitter aus. Eins der Bataillone marschierte über einen leicht bewaldeten Hügel, als ein Blitz in die Kolonne fuhr und mehrere Soldaten tötete. Zwei Tage später schlug der Blitz an derselben Stelle in eine andere Kompanie. Die Toten wurden ins Lager getragen, und das Regiment konnte sich nur langsam von der Verstörung erholen.

Ich war ans Sitzen im Hörsaal der Kriegsschule gewöhnt und hatte das lange Marschieren verlernt. Auf einem besonders weiten Marsche kamen wir bei sengender Glut in die Nähe des Lagers zurück. Ich ging mit dem Inka Schimpff am Ende der Kompanie in der Staubwolke, die nicht der leiseste Wind bewegte. Das Gehen wurde mir immer schwerer. Aber ich zwang mich durchzuhalten. Schließlich waren wir an der Baracke angekommen, in der die Kompanie lag, und Schimpff ließ wegtreten. Ich schleppte mich noch bis zu der Leutnantsbaracke, in der ich eine Stube hatte, schloß

auf, legte mich, so wie ich war, aufs Bett. Da faßte mich eine Angst. Ich griff mir nach der Brust. Das Herz schlug unregelmäßig und setzte plötzlich aus. Dann aber begann es wieder. Nach nur fünf Minuten bekam ich einen starken Hunger, wusch mich etwas, zog mir eine saubere Litewka an und ging zum Kasino. Nach dem kurzen Anfall fühlte ich mich sehr wohl und konnte schon wieder flott gehen.
Nach einem kräftigen Frühstück schlief alle Welt, und am Nachmittag ging man wieder ins Kasino, um auf der Terrasse Kaffee zu trinken und Kuchen zu essen. Es gab Offiziere, die nach den anstrengenden Märschen und Gefechten des Morgens nachmittags schon wieder spazierengingen, und zwar nach dem Hotel „Zum schwarzen Adler" in dem Städtchen Königsbrück, das etliche Kilometer entfernt war. Dort traf man dieselben Offiziere wie im Lager. Aber vor einigen Jahren war dort eine Kellnerin gewesen, von der die Hauptleute noch heute schwärmten, ja fast mit Verehrung sprachen. Sie hatte mit der Schwalbe Tschirschnitz ebenso geschlafen wie mit dem Hauptmann von Schönberg. Aber sie hatte eben einen solchen Scharm gehabt, daß die älteren Offiziere noch immer zu Fuß zum „Schwarzen Adler" gingen und in Erinnerung an die längst verschwundene Kellnerin die neuen Kellnerinnen um die Taille faßten, wobei sie jedoch nur die Fischbeinstäbe fühlten. Denn man war damals noch unheimlich geschnürt.
Was aber sollte man an den Abenden machen? Der Kasinowirt war auf den Gedanken gekommen, im Keller eine Bar einzurichten. Dahin ging ich auch mit Lix Anderten, und wir setzten uns an einen Tisch und bestellten einen Knobelbecher, um Schnäpse auszuknobeln. Lix war sonst eher geizig, und ich verstand nicht recht, warum er heute etwas ausgeben wollte.
An andern Tischen saßen Offiziere unsres Regiments und des Großenhainer Husarenregiments, das auch zu Übungen auf den Truppenübungsplatz gekommen war. An der Bar stand William Anderten mit dem Leutnant von Pereira. „Ich schmeiße eine Magnumflasche!" schrie Pereira. „Aber jemand von euch andern Säcken muß dann die zweite geben!" Die Magnumflaschen waren doppelte Flaschen Sekt und galten für besonders gut abgelagert.
Ein Husarenleutnant mit unzufriedenem Gesichtsausdruck

sagte: „Ich gebe die nächste! Heute wollen wir doch mal sehen, was die Barmädels vertragen. Ich möchte sie so gern mal richtig besoffen sehen. Bisher haben sie immer nur schwimmende Augen gehabt."
„Das wirst du nicht so leicht erreichen", erwiderte eines der Mädchen hinter der Bar. „Du, mein Junge, wirst vorher unter dem Tisch liegen!"
Siegfried Vitzthum stand plötzlich neben mir. Er mußte hereingeschlichen sein. „Ihr knobelt? Um was denn? Ich setze mich zu Althaus!" Er ging zur Bar und umarmte den Husaren mit dem unangenehmen Gesicht. „Althäuschen, ein Glas trinke ich mir dir! Nur eins!" Er strahlte den andren an.
„Meinetwegen!" erwiderte Althaus. „Aber, Pereira, so stark dürfen Sie das Mädel nicht in den Arsch kneifen!"
„Warum nicht? Denen gefällt das! Dafür gebe ich ihr doch auch zu saufen!"
Siegfried Vitzthum setzte ein Spitzglas mit prickelndem Sekt an und trank es so, als wollte er sterben vor Wonne.
Ich stieß Lix an. „Kennst du den Althaus? Hat der ein gewöhnliches Gesicht!"
„Aber gerade er ist der Sohn irgendeines Fürsten, eines Bentheim glaube ich – natürlich aus einer unebenbürtigen Ehe. Daher haben sie ihm den Namen Freiherr von Althaus gegeben. – Aber sieh mal dorthin!"
Siegfried Vitzthum hatte sich das Glas erneut füllen lassen, hob es hoch über den Kopf und schmetterte es zu Boden. Mit strahlendem Gesicht rannte er aus dem Keller hinaus.
„Wo mag er wieder hinrennen?" sagte eine Stimme hinter mir. Als ich mich umsah, war es ein sehr hochgewachsener Husarenleutnant. „Hören Sie", er beugte sich zu uns nieder, „können Sie ihm nicht folgen? Damit er nicht irgendwas Dummes anstellt?"
„Wir sind nur Fähnriche", antwortete ich.
Der Husar richtete sich auf und sagte leise, aber deutlich: „Diese Bar müßte sofort geschlossen werden. Sie ruiniert einige von uns noch vollkommen, vor allem den Althaus."
Lix Anderten beobachtete seinen Bruder William, der gerade albern und weibisch lachte. „Zahlen wir!" sagte Lix.
Draußen war es dunkel.

Lix atmete erregt. „Heute habe ich das mal richtig gesehen", sagte er. „Du weißt, was mein Bruder William für einen schwachen Charakter hat. Sonst säuft er immer nur mit seinem Mädel, und die ist vernünftiger als er. Sie hält ihn vom schlimmsten Geldausgeben zurück. Aber hier in der Bar, da trifft er den saublöden Pereira und diesen ordinären Althaus. Das richtet ihn noch völlig zugrunde! Ich werde mit Rochow sprechen. Der ist noch nicht so versoffen und verhurt. Hier muß das Regiment eingreifen! Du hast ja gehört, wie sich auch der Husarenleutnant aufgeregt hat. Man muß die Bar schließen!"

„Ich versteht nicht", antwortete ich. „Warum kümmert sich nicht Dietrich Vitzthum um seinen Bruder Siegfried?"

„Wie soll er denn? Dietrich ist pedantisch ordentlich und nüchtern, ein richtiger Adjutant. Aber Siegfried? Den kann doch gerade sein Bruder am wenigsten zügeln."

An einem Nachmittag hatte ich geschlafen, als es klopfte. Ich öffnete und fand Siegfried Vitzthum.

„Kommst du mit nach Königsbrück?" fragte er. „Ich möchte einmal nicht hier im Lager Kaffee trinken. Mich bedrückt dieses Eingesperrtsein."

Wir gingen also aus dem Lager und die Landstraße entlang, die jetzt am Nachmittag im Schatten lag.

„Ich habe zufällig gehört", sagte Siegfried, „daß du bei dem Leutnant von Friesen warst und ihr zusammen den ersten Akt des Faust gelesen habt. – Friesen spielt sich ein bißchen so auf, als wäre er der einzige, der Goethes Faust versteht."

„Er liest auch sehr gut", erwiderte ich. „Seine Mutter ist eine sehr gebildete Frau, und da gibt es solche kulturelle Traditionen."

„Und bei euch Vieths auch?"

„Ja, bei uns ist vor allem das Malen erblich, wie mein Vater sagt. Seit sich mein Urgroßonkel Friedrich von Vieth in Wien als Maler niederließ und dort die Hofgesellschaft malte – das war zur Zeit Napoleons des Ersten –, haben alle gemalt, mein Großvater, seine Geschwister, mein Vater und seine Schwester, aber alle nur so nebenbei. Einige haben auch ein bißchen geschrieben oder Verse gemacht."

„Bei uns Vitzthums ist davon wenig da. Aber weißt du", er sah mich mit liebenswürdigem Lächeln an, „ich habe so eine Sehnsucht nach etwas, was nicht nur Herumschnauzen auf dem Kasernenhof ist. Aber es wird bei mir nichts. Hast du auch Gedichte gemacht?"
Ich nickte, hatte aber eine Hemmung zu sprechen. Worte waren mir oft peinlich.
„Ich habe nie einen Vers gemacht", sagte er verloren. „Manchmal träume ich von so was. Aber ich tue nichts." Er lächelte wieder. Und da sah ich plötzlich, daß hinter seinem geheimnisvollen Lächeln eine Unruhe war, vielleicht eine Angst. Du bist vielleicht ein armer Kerl, dachte ich, trotz deiner unerhörten Eleganz und Schönheit.
Vor dem Gasthaus „Zum schwarzen Adler" saßen einige Husarenoffiziere an einem runden Tisch. An einem andern trank eine Dame Kaffee. Was macht eine Dame hier in diesem Hotel, wo der Ton so derb militärisch ist? Von Königsbrück kann sie nicht sein. Keine anständige Frau würde sich hierhersetzen, wo Offiziere ohne ihre Frauen zu sitzen pflegen.
Wir setzten uns an den Nebentisch. Eine Kellnerin in weißem Kleide kam, deren Hüften unter der ungeheuer eingeschnürten Taille schwankten. „Wir haben auch guten Kuchen", sagte sie mit rauher Stimme. Dabei schob sie das bunte Tischtuch zurecht und blickte neugierig und unfreundlich zu der Dame nebenan.
Wir bestellten. Als ich zufällig zum Nachbartisch hinübersah, begegnete ich einem freundlichen Blick. „Entschuldigen Sie", sagte die Dame. Sie hatte ein einfaches, aber sehr gutes Schneiderkleid an. „Ich kenne eine Reihe Offiziere Ihres Regiments – oder besser gesagt, ich kannte sie. Denn ich wohne schon lange nicht mehr hier. Ist der Herr von Tschirschnitz noch da? Oder die Schwalbe, wie er genannt wurde." Sie lächelte bei diesen Worten, wie bei einer guten Erinnerung.
„Ja, der Hauptmann von Tschirschnitz ist mein Kompaniechef", antwortete ich.
„Ach, wie nett! Und Herr von Schönberg?"
„Auch der ist noch beim Regiment", sagte Vitzthum.
„Ich danke Ihnen für Ihre freundliche Auskunft." Sie nickte höflich und blickte nicht mehr zu uns.

Vitzthum schien unruhig und brach bald auf. Als wir die kleine Stadt hinter uns hatten, sagte er: „Hast du schon einmal von der berühmten Kellnerin gehört, die früher im ‚Schwarzen Adler' bedient hat?"
„Ja, und ich habe auch gleich gewußt, daß sie das war, die dort Kaffee trank. – Ich verstehe jetzt auch, daß unsre alten Hauptleute sie so gern mochten."
Vitzthum schien mich nicht zu hören und ging immer rascher, so daß ich kaum mitkommen konnte. Nach einer Weile blickte er mich an. „Ach, entschuldige! Ich sause so, wenn ich allein bin. – Es ist mir da ein Gedanke gekommen. Denke dir so eine Frau auf dem sächsischen Thron!"
„Und was dann?"
„Ich meine, diese Frau ist, sehr im Gegensatz zu dem, was man annehmen sollte, gar nicht gemein. Und unter den Damen am Hofe, da gibt es so viel Intrigen. Ich denke, so jemand wie die im ‚Schwarzen Adler' ist ja einfach. Aber ist die Repräsentation da bei Hofe nicht auch einfach, sehr einfach. So jemand würde vielleicht besser repräsentieren."
„Ja, vielleicht." Ich wunderte mich über diese demokratische Anwandlung bei einem Vitzthum.
„Unter unsern Rekruten", Vitzthum fing schon wieder an, so schnell zu gehen, „die wir doch als eine andre Art Menschen betrachen, ist vielleicht mancher ..." Er sprach den Gedanken nicht aus, und das Gespräch kam nicht wieder in Gang, bis wir im Lager waren.

Wenige Tage später ging der Hauptmann von Hingst spätabends in die flache Hauptmannsbaracke. Zu beiden Seiten des Ganges lagen die Stuben, die alle gleich waren. Man konnte ihre Einrichtung auf einem Inventarverzeichnis nachprüfen, das überall rechts über dem weißgestrichenen Waschtisch an der Wand hing. Da stand:

1 Bett von Eisen für Hauptleute
1 Stuhl
1 Waschtisch für Offiziere
1 Waschschüssel dito
1 kleiner eiserner Ofen dito
1 Bettuch von Leinen

So ging das weiter, bis zum Schluß das Inventarverzeichnis selbst aufgezählt war.
Der Hauptmann legte seine Hosen sorgfältig in die Bügelfalten auf den Stuhl, ging zu Bett und las noch etwas in dem „Schatz vom Silbersee“ von Karl May, dessen Indianergeschichten er für die beste deutsche Literatur hielt und ausschließlich las.
Als dann Old Shatterhand zusammen mit Winnetou, der dazu uff sagte, die Rothäute in der Schlucht ankommen sah, beschloß Hingst, die Spannung aufrechtzuerhalten und nicht weiterzulesen – obwohl er die Geschichte ganz genau kannte. Er blies also die Petroleumlampe aus und legte sich auf die Seite, um zu schlafen.
Da war ein merkwürdiges Geräusch im Zimmer. Er horchte. Was kann nur hier plätschern? Er stützte sich auf die Ellbogen, um besser zu hören. Das Geräusch schien im Ofen und war wie rieselndes Wasser.
Aber es regnet doch nicht, dachte er. Als ich nach Hause kam, schien der Mond, und alle Sterne standen am Himmel.
Er nahm die elektrische Taschenlampe und leuchtete zu dem Ofen. Aus dessen Tür tropfte es.
„Himmel noch mal!“ rief er und klinkte die Ofentür auf. Innen lag Holz auf einem zusammengeknitterten Zeitungsblatt, so daß man nur ein Streichholz daran zu halten hatte, und der Ofen brannte.
„Hier ist es nicht“, murmelte er. „Da muß etwas auf dem Dache sein.“
Er fuhr in seine Hose und in die Litewka und lief hinaus.
Der Mond schien noch, und es war ganz still. Keine der Kiefern bewegte sich, zwischen denen die Baracke stand.
Wie komme ich aber auf das flache Dach? – Vielleicht steht ein Baum so nahe, daß ich daran hoch kann?
Da knackte etwas. Er sah gegen den Nachthimmel eine Gestalt an einem Baume herunterklettern.
„Hallo!“ rief er. „Wer ist denn das?“
„Einen Augenblick, Hauptmann. Ich bin da mit den Hosen hängengeblieben.“
„Vitzthum?“ rief Hingst. „Aber was machen Sie denn da oben?“
„Ich bitte tausendmal um Verzeihung, Herr Hauptmann.

Ich dachte mir nur, was das für ein merkwürdiges Geräusch im Ofen machen müßte, wenn ich durch die Esse hineinschiffe. Bei mir selbst konnte ich das doch nicht machen. Denn ich kann nicht zu gleicher Zeit auf dem Dache und unten in der Stube sein. – Außerdem hätte dann die Überraschung, das Erlebnis gefehlt."

Hingst war begeistert über den Einfall und erzählte die Geschichte überall herum.

Nach dem Aufenthalt im Barackenlager Königsbrück marschierten wir ins Manöver und kamen dann mit braungebrannten Gesichtern nach Dresden zurück. Bald sollten die neuen Rekruten kommen, und vorläufig war nicht viel zu tun. Am Nachmittag pflegte ich zu Rolf Seydewitz zu gehen und mit ihm Kaffee zu trinken. Da kam auch der lange Ehrenthal hin. „Wißt ihr schon", sagte er, „Siegfried Vitzthum hat diese Nacht durch die Tür des Mittelbaus geschossen."

„Aber warum denn?" fragte ich.

„Als ob das so was Besonderes wäre, in der Kaserne ein bißchen mit der Pistole zu schießen! Neulich hat sich Rabenhorst über jemand geärgert, läuft ihm mit der Pistole nach und schießt. Die Kugel hat nicht getroffen, ist aber durch die Tür der Burschenstube durchgegangen. Glücklicherweise war gerade kein Bursche drin."

„Ja, das hat noch einen Sinn, wenn es auch reichlich unverantwortlich ist. Aber wozu hat Siegfried Vitzthum durch die Tür des Mittelbaus geschossen? Da konnte gerade ein Offizier die Treppe herunterkommen und getroffen werden."

„Ich würde mir gern mal die Schußlöcher ansehen", sagte Ehrenthal. „Ob die Kugeln durchgegangen sind?"

Wir gingen hinunter und sahen an der Innenseite gar nichts. Es war eine schwere Eichentür. Als wir sie aber öffneten, fanden wir drei Schußlöcher, in denen die Geschosse metallisch glänzten.

„Das war kaum von einer der neuen Armeepistolen", sagte Rolf. „Wollen wir nicht mal damit schießen?"

„Aber nicht hier gegen die Tür", antwortete Ehrenthal.

„Mal in meinem Zimmer sehen, ob da nicht ein geeignetes Ziel ist", erwiderte Rolf.

Wir stiegen also die Treppe wieder hinauf.

Kaum waren wir in seinem Zimmer, als er schon auf sein Bücherbrett deutete. „Dort stehen die Ranglisten von 1896 bis 1908, die mir mein Vater geschenkt hat." Er lief ins Schlafzimmer und kam mit seinem Revolver zurück. Dann senkte er ihn, und klatt! machte es. Er senkte ihn zum zweiten Male und schoß auf den nächsten Band.

Wir gingen zum Bücherbrett, nahmen die getroffenen Ranglisten heraus und klappten sie auf. Die Geschosse lagen drin. Sie waren nur einige Zentimeter vom Buchrücken her eingedrungen und hatten das Papier zusammengeschoben.

„Ein großartiger Schutz sind Bücher!" rief Ehrenthal. „Sonst halte ich ja nicht viel davon, aber als Schußdeckung sind sie gut!"

„Mal sehen", sagte Rolf, „wie tief die Kugeln in die Wand gehen." Da knallte auch schon ein Schuß, über den wir etwas erschraken, weil wir nicht darauf vorbereitet waren. Er saß unter einem von Rolfs gerahmten Bildern. Aber das war nicht weiter interessant. Denn daß die Schüsse nicht durchgingen, wußten wir schon vorher. Wir setzten uns also wieder, und Ehrenthal erzählte davon, wie Roderich von Grünenwald neulich in die Wohnung des Leutnants Freiherrn von Müller kam. Er fand ihn mit dem Jagdgewehr unter dem Arm mitten im Zimmer.

„Was machen Sie denn da?" fragte Grünenwald.

„Ich übe mich im Auerhahnschießen. Dabei kommt es doch auf Schnelligkeit an. Sehen Sie, hier hinter mir habe ich auf dem Brettchen an der Wand einen ausgestopften Auerhahn."

Er dreht sich urplötzlich und schießt beide Schrotläufe auf den toten Auerhahn ab. Das kracht entsetzlich in dem Zimmer, und Grünenwald zieht den Kopf ein, denn die abprallenden Schrotkugeln sausen in allen Richtungen herum.

„Gute Übung, was?" sagte Müller seelenruhig.

„Ja, vielleicht", antwortete Grünenwald, noch ganz bestürzt. „Aber Ihr Auerhahn ist kaputt."

In der Tat war der Vogel völlig zerfetzt, und das Stopfwerg hing ihm aus dem Bauch. Es blieb Müller nichts andres übrig, als seine berühmte Trophäe wegzuwerfen.

Müller hatte auch die Absicht, Klavier zu spielen, und kaufte sich dazu ein etwas merkwürdig aussehendes altes Tafelklavier. Kaum konnte er darauf etwas klimpern, so

wollte er auch noch singen. Er schrieb also einem Gesangslehrer, und der kam eines Nachmittags vor das Kasernentor. Er war ein ältliches Männchen, das sich vor dem riesigen Einlaßposten fürchtete und ihm sagte: „Ach, Herr Soldat, wie komme ich denn hier zu dem Leutnant Freiherrn von Müller?"
Der Einlaßposten rief einen noch größeren Schlagetot, der den Gesangslehrer stumm und mit entsetzlich langen Schritten begleitete und ihn richtig an Müllers Tür abgab. Hier atmete der Mann etwas auf, denn Müller war formlos und natürlich und nahm auch gleich eine Stunde im Singen.
Als Müller diesen Abend ins Kasino kam, trat der riesige Leutnant von Friesen auf ihn zu. „Sage mal, Müller, warst du das, der heute in dem Zimmer über mir mit seiner Stimme so abscheulich gequietscht hat?"
„Ja, ich habe mir einen Lehrer genommen, und du wirst sehen, nächstens singe ich euch was vor."
„Mir nicht", erwiderte Friesen. „Und nimm dich in acht! Wenn du noch mal das machst, was du singen nennst, schieße ich!" Müller lachte.
Der Gesangslehrer kam ein zweites Mal, schon mit weniger Angst vor den Grenadieren. Denn an diesem Tage war eine der kleineren Kompanien auf Wache. Er setzte sich vor das alte Klavier, schlug ein paar Akkorde an, gab dann einen Ton und blickte zu Müller auf. Der sang „aaa", dann höher „aaa", wieder höher „aaa".
Da ertönte ein Schuß. Der kleine Gesangslehrer sprang auf. „Was war das? Hat sich da jemand erschossen?"
„Nein", antwortete Müller ruhig, „das war der Leutnant von Friesen. Der wohnt unter mir", er deutete auf den Fußboden, „und er hat gedroht, wenn ich noch mal singe, würde er schießen."
Der Lehrer wurde bleich. „Von hier unten hat er geschossen?"
„Natürlich", antwortete Müller. „Aber es scheint nicht durchgegangen zu sein. Ich sehe wenigstens kein Schußloch. Eigentlich wundert mich das. Ich dachte nicht, daß die Stubendecken so stark sind."
Der Lehrer kam nie wieder.
Zwei Tage nachdem Siegfried Vitzthum durch die Tür des

Mittelbaus geschossen hatte, erschien im Frühstückszimmer ein älterer, sehr schlanker Offizier mit einem eigentümlich langen, etwas schafsähnlichen Gesicht und einem Scheitel genau in der Mitte. Er verbeugte sich sehr verbindlich, setzte sich und begann mit den Hauptleuten auf geradezu parfümierte Weise zu sprechen. Das war der Oberstleutnant Freiherr von Falkenstein, der unsern dicken Oberst von Carlowitz vertrat, von dem man sagte, daß er General werden und nicht zum Regiment zurückkommen würde.

Rolf kam herein und setzte sich neben mich. „Komm doch heute nachmittag um drei zu mir. Ich werde dir etwas Interessantes erzählen."

Ich sah ihn fragend an. Er flüsterte mir zu: „Hier kann ich nicht. Es hängt mit dem Oberstleutnant von Falkenstein und Siegfried Vitzthum zusammen."

Als wir nachmittags bei Rolf saßen, sagte ich: „Sieht der Oberstleutnant von Falkenstein aber dämlich aus!"

„Da täuschst du dich gründlich. Er hat nur so eine Art. Er trägt übrigens ein richtiges Korsett. So eine Figur wäre ja ohne das gar nicht möglich. Aber er ist sehr gescheit. Als er vorgestern erfuhr, daß Siegfried Vitzthum geschossen hatte, war er von der Geheimpolizei schon über einen andern Fall unterrichtet worden."

„Geheimpolizei? Hat er denn etwas verbrochen?"

„Habe ich dir schon von den rätselhaften Gängen erzählt, die Siegfried Vitzthum fast jeden Abend macht? – Nein. Also wenn er im Kasino in Uniform gegessen hat, pflegt er in seine Wohnung, hier nebenan, zu gehen und sich Zivil anzuziehen. Dann läuft er hinunter in die Stadt, häufig bis auf den Altmarkt. Von dort kehrt er rasch zur Kaserne zurück. Das dauert schon über eine Stunde. Dann zieht er sich die Uniform an und geht denselben Weg wieder in die Stadt. Manchmal zieht er sich dann noch einmal um, diesmal wieder Zivil, aber ein andres als vorher, und geht noch einmal fort."

„Ja, aber was bedeutet das? Und was kann das mit einem Verbrechen zu tun haben?"

„Höre her! Auf einem dieser Gänge kommt er in Zivil auf den Altmarkt. Du weißt, dort steht in der Mitte so eine scheußliche Germania mit Stahlplatten auf den Brüsten.

Wer mag sich nur diese Geschmacklosigkeit ausgedacht haben, die man in allen deutschen Städten sehen kann? Also dort, wo sich immer die Liebespaare treffen, zieht Vitzthum seinen Revolver heraus und schießt in die Luft."
„Aber das muß doch aufgefallen sein?"
„Natürlich. Der Polizist, der dort steht, saust hin. Aber das war zufällig ein ehemaliger Unteroffizier von der Leibkompanie, der eben erst aus der strengen Disziplin von Lionel Vitzthum entlassen war und auch noch vor ein paar Wochen vor Siegfried Vitzthum strammgestanden hatte. Siegfried erkennt ihn auch, und – du weißt, wie liebenswürdig er sein kann – er geht auf den Polizisten zu und streckt ihm die Hand hin. ‚Mein lieber Seifert, wie geht es Ihnen denn, seitdem Sie von unserm guten Regiment fort sind?' – Der Polizist reißt die Hacken zusammen. ‚Herr Graf …' Aber Vitzthum läßt ihn nicht zu Worte kommen und sagt: ‚Schmuck sehen Sie aus in Ihrer neuen Uniform! Na, wir sehen uns sicher bald mal wieder.' – Er drückt dem strammstehenden Riesen die Hand und ist fort, bevor der sich von seiner Verblüffung erholt hat. Ob er dann Meldung erstattet hat oder wie das sonst herausgekommen ist, weiß ich nicht. Jedenfalls, wie Falkenstein die beiden Berichte bekommt, das Schießen auf dem Altmarkt und das durch die Tür des Mittelbaus, telefoniert er zunächst mal an einen Nervenarzt. Der kommt …"
„Und?"
„Er wird aus der Armee entlassen, weil er verrückt ist."
„Da kommt er ins Irrenhaus?"
„Das nicht gerade. Er kommt in eine Anstalt, wo er körperlich arbeiten muß."
„Aber wie erklärst du dir diese merkwürdigen Gänge in die Stadt? Er muß doch eine furchtbare Unruhe in sich gehabt haben."
„Vielleicht hat er irgendwelche Wünsche oder Ängste vor Zwangshandlungen in sich aufsteigen gefühlt. Und dann hat er sich durch dieses endlose Spazierengehen in der Nacht müde machen wollen."
„Dann hätte er aber trotz allem ein gewisses Verantwortungsgefühl?"
„Vielleicht ja."

Siegfried Vitzthums Abgang vom Regiment berührte mich unmittelbar. Denn gerade in diesen Tagen wurde ich Leutnant, und man gab mir seine Wohnung. Am Morgen, als ich das erfuhr, ging ich in meiner neuen Uniform hinüber in den Mittelbau und klopfte an seine Tür. Nach einer Weile öffnete er, noch in Uniform. „Ich weiß schon", sagte er freundlich, „warum du kommst. Und ich möchte dich bitten, mir doch die wenigen Möbel abzukaufen, die ich mir angeschafft habe."
„Gern tue ich das."
Wir gingen durch seine zwei Zimmer. Es sah da ziemlich ärmlich aus. Die Vitzthums galten auch für wenig bemittelt.
„Nun wirst du", sagte er, „neben Rölfchen wohnen. Das wird dir sicher angenehm sein."
Und, dachte ich dazu, du wirst ganz woanders wohnen. Ich fühlte den Drang, ihm etwas recht Freundliches zu sagen. Aber alles, was mir einfiel, hätte nur sein Elend unterstrichen. Ich gab ihm die Hand und ging traurig hinaus.

Meine erste Audienz beim König und der Etagenkopf

Eine unsrer ersten Pflichten als Offizier war, uns beim König zu melden. Dazu wurden wir zu dem Oberstleutnant von Kotsch bestellt.
Alle, die davon hörten, sagten: „Na, da können Sie was erleben mit dem alten Gamaschenknopf!"
Der Inka Schimpff erzählte: „Als Kotsch zum Regiment kam, mußte er auch gleich den fettigen Adolf vertreten. Er, spartanisch, geht natürlich ganz früh ins Geschäftszimmer, wo eben erst einige Schreiber herumgähnen. Er fährt sie an und setzt sich vor die Schriftstücke. Natürlich kommt der Regimentsadjutant Montbé erst viel später, kräht da herum und weiß nicht, daß Kotsch schon nebenan sitzt. Schließlich tritt er in seinem schönen Pelz ins Kommandeurzimmer und erschrickt, wie er da Kotsch sitzen sieht. Der erhebt sich in seiner ganzen Länge und – statt Montbé wegen seines späten Kommens zu tadeln – sagte feierlich mit einem Blick auf den Pelz: ‚Herr Oberleutnant von Montbé!

Als ich junger Leutnant war, hatte ich kein Geld, mir einen Mantel zu kaufen. Und heute habe ich mich so an die Unbilden der Witterung gewöhnt, daß ich keinen mehr brauche.'"
„Und bei den Wachtparaden", fügte Ehrenthal hinzu, „läßt er den Parademarsch in Wachen ausführen. Der steht aber schon seit Jahrzehnten in keiner Vorschrift mehr! Wozu macht er das eigentlich?"
Der Leutnant von Friesen sagte: „Er glaubt eben, so die altadligen Tugenden gegenüber dem Modernismus verteidigen zu können."
„Na, ich meide ihn, wo ich kann", sagte der Leutnant von Pereira mit schallendem Lachen.
Alles lächelte darüber. Denn Pereira war der dümmste und faulste aller Offiziere.

Lix Anderten und ich klopften scheu an die Tür des gefürchteten Oberstleutnants und traten ein, den Helm in der rechten Hand, die linke am Säbel.
Kotsch erhob sich hinter seinem Schreibtisch und wurde immer länger. „Ich habe den Auftrag", sagte er mit schnarrender Stimme, „Sie Seiner Majestät vorzustellen." Und nun erklärte er uns jeden Schritt, den wir zu machen hätten, und jedes Wort.
Dieser Mann vor mir jagte mir aber gar keinen Schrecken ein. Ich hörte in seiner Stimme einen gutmütigen Unterton.
Wir gingen hinaus, und ich bemühte mich dann in meiner noch nicht richtig möblierten Kasernenwohnung, den Satz auswendig zu lernen, den mir Kotsch vorgesagt hatte: „Fähnrich Vieth von Golßenau von Eurer Majestät Leibgrenadierregiment meldet sich alleruntertänigst zum Leutnant in Eurer Majestät Leibgrenadierregiment befördert."

Der Tag der Audienz kam heran. Die noch nie getragenen Stücke meines Paradeanzugs lagen blitzend auf meinem Bett. Mein Bursche wickelte die silbernen Knöpfe aus dem Seidenpapier aus, mit dem jeder einzelne umwickelt war, um nicht vorzeitig schwarz zu werden. Aus seiner Wohnung nebenan kam Rolf Seydewitz, um mir beim Anziehen zu helfen. Als ich den roten Kragen mit der breiten Silber-

stickerei einfach zuheften wollte, rief er: „Nicht so! Hast du nicht zwei reine Taschentücher?"
Mein Bursche brachte sie. Und Rolf faßte vorsichtig mit ihnen den Kragen von beiden Seiten an. „Wenn man mit den Fingern darauf greift, wird das schwarz. Auch anrauchen darf man die Stickerei nicht! – Jetzt kommt aber erst die Schwierigkeit, die Schärpe."
Wie es für sehr unvornehm galt, einen Schlips mit genähtem Knoten zu tragen, ebenso eine Schärpe mit genähter Schleife. So hatte ich mir auch eine Schärpe gekauft, die einfach ein langes silbergrünes Band war mit zwei dicken Quasten. Ich hatte nach den dicksten und schwersten gefragt, weil auch das am vornehmsten war. Aber jetzt beim Binden zogen die schweren Quasten die Schärpe links herunter. Um das zu vermeiden, schnürte mir Rolf den Bauch so ein, daß ich kaum atmen konnte. Jetzt schlug aber wieder der Waffenrock Falten, obwohl er auf Taille gearbeitet war und innen ein Taillenband hatte, das mit einem Stahlhaken geschlossen wurde, bevor man zuknöpfte. Rolf zeigte mir, wie man die Falten, wenigstens von vorne, fortstreicht.
Jetzt schraubte er vom Helm die silberne Spitze ab und schraubte die noch viel höhere Silberstange darauf, die den Helmbusch trug. Dieser Busch war bei unserm Regiment schwarz und bei den Mannschaften aus Pferdehaaren, bei uns Offizieren aber aus Büffelhaar, das etwas wellig und breit fiel.
„Wenn dir mal", sagte Rolf, „der Busch verregnet ist, kannst du ihn zum Friseur bringen."
Ich sah, wie mein Bursche lachte, weil er glaubte, Rolf machte sich über uns lustig. „Nein, wirklich! Da gibt es einen Friseur, der ist auf Büffelhaare von Helmen und Tschakos spezialisiert! Nebenbei kann er aber auch rasieren, denke ich. Denn von dem Helmefrisieren könnte er kaum leben." Er zupfte noch ein bißchen an meiner Uniform. Dann ging ich hinüber, Lix Anderten und den Oberstleutnant von Kotsch zu treffen.
Eine Droschke zu nehmen kam für Kotsch gar nicht in Frage. Wir fuhren mit der Elektrischen. Aber die Bahn von der Kaserne hinunter nach der Stadt hatte die ältesten Wagen, und die waren besonders niedrig. Wir konnten uns auch nicht gut hineinsetzen, denn bei unsern straffen Ho-

sen hätten wir mit ausgestreckten Beinen sitzen und die übrigen über sie wegsteigen müssen. Daher stellten wir uns auf den Hinterperron. Aber selbst ich als der Kleinste konnte mich da nicht aufrichten. Wir alle drei standen, den Kopf vorgebeugt, und hielten den Helm fest, damit er nicht herunterkippte. Wie aber, dachte ich, wenn man grüßen muß? Dabei kann man doch den Helm nicht festhalten. Oder geht man etwa in die Kniebeuge? – Ich mußte bei dem bloßen Gedanken lachen.
Da sah ich einen merkwürdigen kleinen und breiten Offizier in einer falsch zusammengestellten Uniform rechts auf der Straße gehen. Er trug einen Generalsmantel und dazu die grüne Mütze des Schützenregiments. Das konnte nur der Kriegsminister, Generaloberst von Hausen, sein. Als er einmal mit einer Reihe von Offizieren seines Ministeriums offiziell in Berlin war und vom preußischen Kriegsminister auf dem Bahnhof begrüßt wurde, betrachteten die Preußen mit Staunen die schäbige Uniform Hausens, und einer von ihnen fragte einen der sächsischen Generalstabsoffiziere: „Sagen Sie mal, war der Herr schon immer Militär?"
Ich schielte nach dem Oberstleutnant, wie er grüßen würde. Tatsächlich, er ging in die Kniebeuge. Wir beide machten es nach und grüßten, im Oberkörper sehr stramm, aber unten eingeknickt, den hohen General mit der riesigen Nase und der falschen Uniform.
Ich wiederholte immer wieder innerlich den schwierigen Spruch, den ich dem König aufzusagen hatte. Wenn er nur Reime gehabt hätte oder Rhythmus, daß man sich das merken könnte!
Wir stiegen am Landtagsgebäude ab. Gegenüber war die lange glatte Außenwand eines der Schloßgebäude, auf die vor hundert Jahren der sogenannte Fürstenzug in Sgraffito geritzt worden war. Damals liebte man diese Technik, zu der auf schwarzem Grund eine helle Fläche aufgetragen wurde, die dann geritzt wurde, so daß die Zeichnung schwarz erschien. Weil sich aber das Bild nicht hielt, hatte man es kürzlich auf Platten von Meißner Porzellan genau in der alten Form übertragen und die Platten an der Wand befestigt. Vielen tat es um das schöne Porzellan leid. Da sah man wie auf einem riesigen Bilderbogen viele Reiter hintereinander, vorn die Markgrafen von Meißen, dann die Kur-

fürsten von Sachsen und schließlich die Könige. Am Schluß folgten zu Fuß einige Männer in schäbigen Anzügen. Das waren die sächsischen Maler, Komponisten und sonstigen Helden des Geistes.
Vor dem Schloßtor stand auch heute der riesige Portier mit dem gewaltigen Stock mit der goldenen Krone oben drauf. Er grüßte den Oberstleutnant mit der linken Hand, denn die rechte hatte er nicht frei.
Das Tor war, wie bei jedem anständigen Schloß, nicht ganz geöffnet, sondern da war nur eine Pforte im Tore offen, durch die wir ins Innere stolperten. Dahinter stand im Halbdunkel ein Posten, der mit den Absätzen knallte und vor Kotsch erstarrte. Der musterte ihn und sagte in schnarrendem Ton: „Ihre linke Patronentasche ist nicht geschlossen!“
Der Posten fuhr sich mit der Hand an den Leibriemen, ohne zu wagen, dahin zu sehen, und fingerte die Klappe der Ledertasche zu.
Nun ging es Treppen hinauf, durch Säle und Gänge, bis wir zu einer Tür kamen, vor der ein Posten des Gardereiterregiments stand und vor uns auf eine solche Weise den Karabiner präsentierte, als ob er das zum ersten Male täte. Ich wunderte mich darüber gar nicht, denn mein Bruder Viktor hatte mir schon erzählt, wie er an dieser Stelle Posten gestanden hatte und den Griff ebensowenig konnte. Kotsch blickte den Posten an und schwieg. Diese Unfähigkeit war so arg, daß sogar er es aufgab, da etwas zu ändern.
Wir kamen in den kleinen Audienzsaal, in dem ein Major mit den goldenen Achselschnüren des Flügeladjutanten lächelnd auf und ab ging. Gleich darauf trat der Generaladjutant des Königs, General von Tettenborn, ein. Ihn kannte ich seit meiner Kindheit, denn mit seinem Stiefsohn war ich befreundet gewesen und hatte oft in seinem Hause Schokolade getrunken. Er lächelte auf eine noch viel verbindlichere Weise und machte uns allen leichte Verbeugungen.
Unterdessen war ein kleiner, ungeschickt aussehender Mann in der Uniform unseres Regiments eingetreten. Das war der Major Koppenfels. Seine Stirn war unverhältnismäßig hoch und hatte genau zwischen den buschigen Augenbrauen und dem Haaransatz eine tiefe Falte, so daß es aus-

sah, als hätte er zwei Stirnen übereinander. Wegen dieser Stirn trug er den Spitznamen „Der Etagenkopf". Daneben nannten ihn aber einige mit großer Feierlichkeit und Unterwürfigkeit den „Reichskobaan". Diesen Titel hatte sich jemand in der Besoffenheit ausgedacht.
Dieser Major war eben unter besonders dramatischen Umständen abgesägt worden, oder, wie andre sagten: man hatte ihm den Nagel zu seinem Zylinder überreicht. Als ich Fahnenjunker wurde, war er noch Kompaniechef gewesen, und wir hatten nie recht begriffen, wie er es hatte dazu bringen können. Jetzt aber waren sich alle seine Vorgesetzten klar, daß er unter keinen Umständen Bataillonskommandeur werden durfte. Daher hatte man sich eine unlösbare Prüfungsaufgabe für ihn ausgedacht.
An einem trüben Morgen also war seine Kompanie auf dem Schießplatz Königsbrück mit scharfen Patronen angetreten. Sämtliche Vorgesetzte bis hinauf zum Kommandierenden General standen da im grauen Morgenlicht in grauen Mänteln und mit lauernden Augen. Jeder war darauf aus, etwas Falsches zu entdecken. Ob er selbst wußte, daß alle diese hohen Herren nur gekommen waren, um ihn zu erledigen, war fraglich. Jedenfalls hatte er von ihnen bei allen Kritiken zwanzig Jahre lang nur Unfreundlichkeiten gehört und war daher unruhig, wenn auch auf eine sehr langsame Art.
Der Bataillonskommandeur wurde jetzt vom Offizier des Schießplatzes unterrichtet, wo die Zielscheiben für die Kompanie standen. „Es ist unmöglich", flüsterte er, „sie mit bloßem Auge zu sehen."
Der Bataillonskommandeur hob sein Fernglas und sah selbst dadurch nichts als die weite, neblige Waldwiese. Wenn die Kompanie, dachte er, auch nur ein Ziel trifft, so ist das reiner Zufall. Er gab nun dem Etagenkopf den Gefechtsbefehl und sprach von den Zielen so, als ob jeder Mensch sie sähe und begierig wäre, darauf zu schießen.
Der Etagenkopf wandte sich an seine Kompanie und brummte sie unsicher an. Dieser unmögliche Ton belustigte schon die jungen, eleganten Generalstabsoffiziere, die in Begleitung ihrer Generale gekommen waren, und sie sagten sich, daß die Mannschaften dieses Gebrumm unter keinen Umständen verstehen könnten. Aber da hatten sie nicht mit den Unteroffizieren gerechnet. Denen war zwar ihr Kompa-

niechef und seine Zukunft recht gleichgültig, aber es ging um die Kompanieehre. Daher gaben sie besonders straffe Kommandos. Die Kompanie schwärmte vorbildlich aus und warf sich ins nasse Gras.
Der Oberst ärgerte sich darüber, daß alles klappte, und sagte knapp: „Herr Hauptmann von Koppenfels, bitte kriegsmäßige Haltung!"
Um besser durch sein Glas beobachten zu können, hatte nämlich der Etagenkopf bisher gekniet. Jetzt also mußte er sich in seiner neuesten Uniform in die Nässe legen. Schließlich glaubte er, etwas entdeckt zu haben, und brummte: „Geradeaus am Waldrand Schützen – Visier?", er wandte sich an seine beiden Schätzer, die neben ihm lagen.
Die riefen alle beide: „Achthundert!", obwohl sie die Ziele gar nicht sahen. Aber unter den Zielbauern war einer von der Kompanie, und mit dem hatte der Feldwebel gestern abend so lange gesprochen, bis er genau gesagt hatte, wo die Ziele stehen würden und wie weit es bis dahin wäre.
„Visier achthundert", brummte der Etagenkopf weiter. „Rechte Grenze des Gegners, wo das Grau in Grün übergeht. Linke Grenze vor dem einzelnen hohen Baum. Zugweise Feuer eröffnen!"
Alles starrte nach vorn. Da gab es viele Stellen, wo das Grau in Grün überging. Und einzelne Bäume sah man nicht in der fernen schwarzen Wand des Fichtenwaldes. Der Etagenkopf hatte einfach das nachgeschwätzt, was ungefähr so bei jedem Gefecht gesagt wurde. Aber die Unteroffiziere waren so gut vorbereitet, daß sie einer nach dem andern einen guten klaren Befehl für die Züge und Gruppen gaben.
Der Oberst ärgerte sich wieder. Aber dann schoß kein Mensch. Natürlich, denn die Grenadiere hatten keine Ferngläser und kannten auch den Platz nicht wie die Unteroffiziere, die hier schon oft geschossen hatten.
Der Etagenkopf blickte nach rechts. Niemand legte auch nur das Gewehr an. Links war es genauso. Der Oberst fing an zu lächeln. Da hob sich der Etagenkopf auf seinen Ellbogen hoch und schrie, so laut es seine dumpfe Stimme zuließ: „Schießt doch! Schießt doch! Ihr habt doch sonst immer geschossen!"
Das übertraf die geheimsten Hoffnungen der Generale: Sie

lachten laut heraus, während die ersten Schüsse über die Wiese hinhallten.
Ich kannte die Geschichte, weil die Schwalbe Tschirschnitz sie mit vielen Ausschmückungen im Frühstückszimmer so erzählt hatte, daß die Ordonnanzen in der Tür stehenblieben, um kein Wort zu verpassen, und die Offiziere sich bogen vor Lachen.
Jetzt war der Etagenkopf hier im Audienzsaal. Wir wurden in einer Reihe aufgestellt, rechts der kleine Etagenkopf, neben ihm der lange Oberstleutnant von Kotsch, dann wir beiden jungen Leutnants und links von uns zwei eben ernannte Studienräte in schwarzen Röcken und hochgebürsteten Schnurrbärten.
Die Adjutanten verschwanden in einer Tür schräg gegenüber, aus der gleich darauf in unserer Uniform mit schlecht hochgezogenen Hosen der König heraustrat. Er ging direkt auf den Etagenkopf zu. Der machte eine Verbeugung, richtete sich wieder auf und meldete, so unbrummig er nur konnte: „Major von Koppenfels von Eurer Majestät Leibgrenadierregiment meldet sich alleruntertänigst von Eurer Majestät Leibgrenadierregiment als Vorstand der Zentralregistratur und ..." Er stockte.
Der König wartete längere Zeit, aber der Etagenkopf fand nicht weiter. Da half der König nach: „... und Druckvorschriftenverwaltung ..."
Jetzt fand auch der Etagenkopf weiter: „... des zwölften, Eurer Majestät ersten Armeekorps versetzt."
Der König trat vor Kotsch, der etwas zu unsrer Einführung sagte. Dann kam er zu mir.
Ich machte die Verbeugung. „Fähnrich Vieth von Golßenau von Eurer Majestät Leibgrenadierregiment meldet sich alleruntertänigst ..." Das Blut hämmerte mir im Kopf. Wie ging das nur weiter? „... zum Leutnant in Eurer Majestät Leibgrenadierregiment befördert."
Schon stand der König vor Lix Anderten. Ich hatte ihn im Bemühen, diesen entsetzlichen Spruch aufzusagen, überhaupt nicht richtig gesehen, als er vor mir stand. Und jetzt mußte ich geradeaus blicken.
Die Audienz ging rasch zu Ende. Als der König und seine Adjutanten aus dem Saal gegangen waren, sah ich nach dem strengen Kotsch und erwartete einen Anschnauzer. Er aber

lächelte vor sich hin und sagte, ohne mich anzublicken: „Bei der ersten Audienz kann es passieren, daß man stekkenbleibt."

Prinzeß Mathilde

Wenn ein Fähnrich Offizier wurde, versetzte man ihn zu einer andern Kompanie. So mußte auch ich von der zweiten fort und kam zu der schon viel kleineren fünften. Schmerzlicher als der Abschied von den gutmütigen Riesen war mir der von meinem Hauptmann, der guten Schwalbe Tschirschnitz mit der großen Glatze und der mächtigen, liebenswürdigen Nase. Mein neuer Kompaniechef war der Hauptmann von Hartwig, den wir den schönen Hartwig nannten, was aber nicht freundlich gemeint war. Denn wir jungen Offiziere liebten diesen großen, schlanken Menschen nicht. Es war etwas an ihm, was einen nicht warm werden ließ.
Wie im vorigen Jahre kamen an einem bestimmten Tage die zwanzigjährigen Rekruten an, unsicher und noch ungeschliffen. Vom ersten Tage an versuchte ich alle achtzig genau kennenzulernen und notierte mir jede Kleinigkeit in ein Heft, in dem jeder seine Seite hatte. Ich sprach auch jeden Tag mit einem von ihnen und bereitete mich stets gut darauf vor, wie ich das von der Schwalbe Tschirschnitz gelernt hatte, der ein Meister darin war, die Leute durch seine genaue Kenntnis aller ihrer Verhältnisse zu verblüffen. Ich hatte darüber nachgedacht, wie er dieses Kunststück fertigbrachte, und versuchte, es nachzumachen. Es war dieselbe Technik, mit der mich die beiden ältesten Söhne des Königs verblüfft hatten, als sie von Viktor und unserm Pudel sprachen. Indem ich mich aber so genau mit jedem beschäftigte, gewann ich ein wirkliches Interesse für meine Rekruten, dachte über ihren Charakter nach und gewann sie lieb. Diese Beschäftigung verkürzte mir etwas die öden Stunden auf dem Kasernenhof. Das waren täglich drei Stunden, in denen ich alle fünfzehn oder zwanzig Minuten nach einem genauen täglichen Plan die Unteroffiziere zusammenrief und ihnen sagte, was sie jetzt zu machen hätten und wie. Da gab es Stellungen, Gewehrgriffe, Wendungen, Einzel-

marsch, Zielen.
Ebenso wie ich standen die Rekrutenoffiziere der andern elf Kompanien da herum, schauten gelangweilt zu, wie die Unteroffiziere auf ihre Leute einschnauzten oder stiller arbeiteten, und froren, wenn es kalt war und der Wind uns den Aschenstaub des Exerzierplatzes ins Gesicht prickeln ließ. Oft traten wir Leutnants der verschiedenen Kompanien da zusammen und schwätzten über Bälle und allerhand Regimentsklatsch. Das taten wir besonders, wenn wir wußten, daß unsre Hauptleute einen Kater vom Tage vorher hatten. Sie kamen sowieso fast nie vor zehn Uhr, und wenn sie schon kamen, so gingen sie entweder am Rande des Hofes vorbei oder sahen fünf Minuten dem Exerzieren zu. Wenn der schöne Hartwig kam, so schnauzte er stets zuerst einmal den Feldwebel an, obwohl dieser Mann wirklich gut war, sicher viel besser als ich junger Dachs. Dann kamen einige Unteroffiziere dran und meistens auch ich. Dabei brüllte Hartwig so, daß es von den Mauern widerhallte. Die übrigen Rekrutenoffiziere hörten das und machten ihre bösartigen Bemerkungen über meinen schönen Hauptmann, sobald er in der Kaserne verschwunden war, um auch dort herumzuschreien, bis er sich genügend Hunger zum Frühstück angebrüllt hatte.

Eines Tages im Herbst gab mir der Feldwebel ein Rundschreiben des Regiments an alle Offiziere: wer bei Hofe ausgehen wollte, hätte sich in eine Liste einzutragen. Da ich darüber noch nicht Bescheid wußte, ging ich mit dem Schreiben hinüber zu Rolf Seydewitz.
„Setz dich!" sagte er. „Ich habe eben Kaffee bestellt. Natürlich mußt du dich in die Liste eintragen."
„Wenn es aber einer nicht tut?"
„Dann wird es ihm gehen wie Ehrenthal. Du weißt doch, daß er nicht tanzt. Deshalb hatte er sich nicht eingeschrieben. Darauf wurde er ins Regimentsgeschäftszimmer bestellt, und man sagte ihm, für die Offiziere unseres Regiments wäre es Pflicht, zu den Hofbällen zu gehen, außer wenn ein naher Angehöriger gestorben ist. Und wenn Ehrenthal nicht tanzte, so müßte er eben mit dem Helm in der Hand an der Seite stehen wie die andern, die nicht tanzen dürfen."

„Nicht dürfen?"
„Ja. Zwar gibt es kein richtiges Verbot, aber wie soll zum Beispiel ein Trainoffizier bei Hofe tanzen? Seine Frau ist sicher nicht adlig geboren und wird daher bei Hofe nicht vorgestellt. Meine Mutter ist doch auch nicht vorgestellt worden, bis mein Vater Oberst war. Aber er natürlich ging bei Hofe aus, erstens weil er adlig war und zweitens weil er beim Jägerbataillon stand, wo jeder hoffähig ist."
„Aber ein Trainoffizier kann ja auch zu Hofe gehen?"
„Das wohl, aber hier gibt es eben das Zeremoniell, das gewisse Dinge verhindert, die scheinbar erlaubt sind. Die Fahnenjunker eines Trainbataillons sind ja junge Leute aus Familien, die eben nicht in ein Regiment wie unsres eintreten können. Sie werden auch als Offiziere nie in adligen Kreisen eingeladen. Bei Hofe aber verkehren nur adlige Damen. Denen kann also ein Trainoffizier nicht vorgestellt werden. Daher kann er auch nicht mit ihnen tanzen. Und daher kann er bei Hofe überhaupt nicht tanzen."
„Das ist ja eine ganz hübsch raffinierte Einrichtung."
„Ja, aber sie ist eigentlich nicht für heute geschaffen worden, sondern das ist der Rest des Feudalismus unter uns."
„Aber sage mal, warum tanzt Ehrenthal nicht?"
„Das weiß niemand so recht. Er ist doch nur ein angenommenes Kind des Generals von Ehrenthal und soll der Sohn von dessen Bruder sein, der mit irgendeiner Frau durchgegangen ist und ihn und sein Brüderchen in Hamburg ausgesetzt haben soll."
„Aber das ist doch noch kein Grund, nicht zu tanzen."
„Das noch nicht, aber ...", er senkte seine Stimme zum Flüsterton, „man soll ja gar nicht darüber sprechen, seine Mutter soll Negerblut gehabt haben. Er sieht doch auch merkwürdig aus, so riesig mit dem winzigen Kopf und den breiten Backenknochen. – Vielleicht empfindet er sich als geächtet?"
Ich war betroffen. Wir hatten ja auf der Schule nebeneinander gesessen und waren täglich mit unserm Pudel in den Wald gegangen, ohne daß ich von seinem Geheimnis etwas wußte.
„Aber, bitte, sprich nicht darüber!" fuhr er fort. „Er gehört nun mal zu uns, und er ist ein grundanständiger Kerl. Wenn man überhaupt so genau nachsehen wollte ...!"

„Was meinst du damit?“
„Na, wir haben doch auch einen Juden unter uns, den Freiherrn von Weber. Und das sieht man ihm auf drei Meilen an. Trotzdem ist er mir viel lieber als etwa dein Hauptmann, der herumschnauzende schöne Hartwig. – Weber ist sogar Mitglied des Ehrenrats, gewählt von sämtlichen Oberleutnants!“
„Ich muß mich also in die Liste eintragen?“
„Willst du dich etwa weigern?“
„Nein. Aber ich überlege mir gerade, daß es doch merkwürdig ist, daß wir diesen ungeschriebenen Gesetzen so widerspruchslos gehorchen.“
„Das finde ich gar nicht merkwürdig. Für mich ist es viel merkwürdiger, daß uns die Mannschaften so gehorchen. Denke dir nur mal aus, du stehst vor der Front und kommandierst: ‚Das Gewehr über!‘, und statt das Gewehr überzunehmen, fangen die ganzen Kerle an, im Glied herumzutanzen. Sieh mal, so!“ Er hatte sich erhoben und sprang in seinen engen, straffen Hosen und seiner hellgrauen Litewka wie wild im Zimmer herum. Er hörte außer Atem auf und sagte: „Und du stehst vor der Front. Die Unteroffiziere haben natürlich mit den Mannschaften nicht mitgemacht. Sie stehen noch immer stramm und schielen zu dir herüber, was du jetzt machen wirst. Würdest du dann wissen, was du tun sollst?“ Ich merkte an seinem listigen Gesichtsausdruck, daß es ihn kitzelte, so gefährliche Gedanken auszusprechen. „Da kommt dein Hauptmann, der schöne Hartwig. Sonst brüllt er immer herum, aber wäre er der Lage gewachsen? Oder es kommt der Etagenkopf und brummt sich da was zurecht. Glaubst du, daß irgendeiner unsrer Offiziere schon je darüber nachgedacht hat, was er tun wird, wenn die Soldaten mal nicht gehorchen?“
Die Tür ging auf, und Rolfs Bursche brachte auf einem Tablett den Kaffee herein. Rolf lachte mich nervös an.
Beim Abendessen sagte mir der ältere Grünenwald, der mit den klingenden Sporen: „Ich habe den Auftrag, Sie bei den Besuchen vorzustellen, die Sie machen müssen. Natürlich bezahlen Sie die Droschken, um zu den hohen Tieren hinzufahren. Außerdem erwarte ich, daß Sie mich zu einigen Flaschen Sekt einladen.“
Ich ließ also Pfirsiche und Sekt bringen. „Wen müssen wir

denn alles besuchen?" fragte ich.
„Das ist nicht so schlimm. Nur die Prinzessinnen und einige andre Damen besucht man wirklich. Im übrigen lassen Sie sich zweihundert Visitenkarten drucken."
„Wozu denn so viele? Ich denke, man besucht nur ganz wenige."
„Ja, persönlich, aber den andern muß man doch seine Karte schicken."
„Wer sind denn die vielen Leute?"
„Die Hofschranzen und die Gesandten."
„Gesandte? In Dresden kann es doch keine Gesandten geben. Sachsen macht keine Außenpolitik."
„Die Gesandten hier haben auch keine Politik zu machen. Aber wenn unser König Geburtstag hat, so erscheint der bayrische Gesandte Graf Montgelas und gratuliert ihm im Namen seines Königs."
„Das ist seine ganze Beschäftigung?"
„Vielleicht haben sie auch über Ehepläne zu verhandeln. Ich bin ja kein solcher Gesandter und kann nicht aus Erfahrung sprechen."
„Das scheint ja ein ganz hübsches Bummelchen zu sein!"
„Ach, ideal ist das. Wenn man alt wird und hat einen guten Magen, um die vielen Diners und Soupers zu verdauen, so kann man sich gar nichts Besseres wünschen, als für das gute Essen noch gut bezahlt zu werden."

Noch bevor die Besuche begannen, mußte ich zum ersten Male als Wachthabender auf der Altstädter Hauptwache aufziehen. Da brauchte ich wenigstens zwei Tage nicht auf dem kalten und windigen Kasernenhof zu stehen. Aber an diesem Tage war ausgerechnet der Oberstleutnant von Kotsch Offizier vom Ortsdienst.
„Der alte Kommißstiefel wird Ihnen schöne Überraschungen bereiten!" sagte man mir.
Ich holte mir die Wachtvorschrift aus der Schreibstube der Kompanie und lernte die vielen Kommandos auswendig, die man während der Wache zu geben hatte. Außerdem ließ ich mir erzählen, wie der Parademarsch in Wachen ausgeführt würde, für den Kotsch berühmt war und der schon seit Jahren offiziell abgeschafft war.
Zu Mittag beim Antreten der Wachen ging Kotsch die

Front ab, ohne bei meiner Wache etwas zu tadeln zu finden. Dann stellte er sich in die Mitte und kommandierte mit riesiger Stimme: „Stillgestanden! Das Gewehr – über! Achtung, präsentiert das – Gewehr! Vergatterung!"
Jetzt machten die Spielleute auf den piependen Querpfeifen irgendeine uralte Geschichte, und dazu wirbelten die Trommeln.
„Das Gewehr – über! Erste Wache geradeaus, mit Wachen rechts schwenkt, Wachen – marsch!"
Ich rannte vor die Mitte meiner Wache, die schon marschierte, schielte nach hinten, um fünf Schritte davor zu sein und mit dem richtigen Bein anzutreten, und marschierte los, Fußspitzen abwärts und die Beine hoch heraus. Als ich nahe vor Kotsch war, kommandierte ich: „Achtung! Die Augen – links!"
„Herr Leutnant von Vieth!" rief Kotsch. „Sie haben nur drei Schritt Abstand von Ihrer Wache!"
Ich machte also noch viel größere Schritte und dachte: Als ob ich auf dem Rücken Augen hätte! Dann kommandierte ich: „Im Gleichschritt!" Darauf gingen wir wieder wie vernünftige Menschen und bogen zum Tor hinaus auf die breite Straße. Hier fühlte ich mich gleich anders. Ich empfand meine schöne Uniform. Die Musikkapelle war unmittelbar vor mir, und der Paukist bumste auf seine beim Gehen wackelnde Pauke.
Als wir dann in belebtere Straßen kamen, schlossen sich uns immer mehr Kinder und Erwachsene an, die uns auf dem Trottoir begleiteten, während wir auf dem Fahrdamm marschierten und den Straßenverkehr aufhielten. Es gab Leute, die täglich mit der Wachtparade in die innere Stadt zogen, einige aus Freude an der Musik und dem prächtigen Klimbim. Andere gingen mit, weil sie glaubten, das dem Staate schuldig zu sein. Das waren gut angezogene Herren mit gezwirbelten Schnurrbärten, die ich nicht leiden konnte, weil die Professoren unsres Gymnasiums so ausgesehen hatten, die uns mit dem siebziger Krieg und ihrem Nationalismus gelangweilt hatten.
Vor etwa zwanzig Jahren hatte es außerdem täglich bei der Wachtparade ein besonderes Schauspiel gegeben. An der Ecke der Weintraubenstraße wohnte im ersten Stock eine nicht mehr junge Dame, die beim Nahen der Musik ihr

Fenster öffnete und die man dann eine Art Tanz aufführen sah.
Heute ging dicht rechts von mir ein ältlicher Mann in Arbeiterkleidern und mit hängendem Schnurrbart, den ich zuerst nicht weiter beachtete, bis ich bemerkte, daß er da in auffallend militärischer Haltung mitmarschierte.
Da hörte ich hinter mir Kommandos brüllen. Vermutlich kam von hinten irgendein hoher Vorgesetzter in der Elektrischen vorbeigefahren. Richtig, es war Kotsch, der so unsern Wachtaufzug überprüfte.
„Achtung!“ kommandierte ich. Der Arbeiter neben mir begann genau wie ich die Beine herauszuschmeißen. „Die Augen – links!“ Auch sein Kopf fuhr wie der Blitz nach links herum. Ich hob den Säbel, den ich gezogen an der Schulter trug – aber etwas vorsichtig, um mir nicht mit der Spitze ins Ohr zu stechen –, und senkte ihn vor Kotsch, der von seinem Wagen auf mich herunterblickte und, wie mir schien, etwas lächelte, vielleicht über den Arbeiter an meiner Seite, der die Wache zu führen schien.
Will der Mann uns verspotten? Oder ist er verrückt? Wahrscheinlich das.
Vor dem Gebäude des Kriegsministeriums schwenkte die Musik ab, um dort ein Platzkonzert zu geben. Ich marschierte weiter über die Augustusbrücke, an der Hofkirche mit ihren geschwungenen Formen vorbei und näherte mich der Hauptwache, die, wie in Berlin, in Form eines griechischen Tempels gebaut war.
An der starken eisernen Umzäunung des Tempels stand lang und streng Kotsch. Er wollte also sehen, ob ich auch das Kommando des Wachtaufzuges richtig gelernt hätte.
Das Gittertor zum Waffenplatz wurde von einem Soldaten vor uns aufgerissen. Wir marschierten stramm hinein, und ich sah vor mir die alte Wache in Front stehen mit ihrem Offizier auf dem rechten Flügel. Ihr gegenüber ließ ich aufmarschieren. Die alte Wache präsentierte das Gewehr, dann meine. Der fremde Offizier senkte den Säbel vor mir, ich vor ihm. Er ließ das Gewehr übernehmen, dann ich. Er ließ seine Aufführenden vortreten, ich meine. Dann gab ich die Kommandos: „Erste Nummer der Ablösung – vor! Ab – marschiert!“ Jetzt war das Schwierigste vorbei. Ich ließ meine Wache zu den Gewehrständern marschieren, die sich

mitten vor dem Tempel befanden, und wegtreten.
Ich atmete auf und steckte meinen Säbel in die Scheide. Da sah ich, wie Kotsch zum kleinen Nebeneingang herein auf den Waffenplatz gegangen kam. Ich grüßte, und er sagte: „Folgen Sie mir in die Mannschaftswachtstube!"
„Achtung!" schrie der Unteroffizier bei unserm Eintritt.
„Lassen Sie die Wache antreten!" sagte Kotsch.
Im Nu standen die Mannschaften wie eine Säulenreihe im Halbdunkel des Tempelinnern. Was hatte Kotsch vor?
Er sagte: „Der dritte Mann von links im hintern Gliede hatte bei der Aufstellung in Front den fünften Waffenrockknopf offen. Lassen Sie wegtreten! – Folgen Sie mir in die Offizierswachtstube!"
Wir gingen durch den Säulenvorbau hinüber, und ich wollte Kotsch die Tür öffnen. Aber er sagte mit formeller Höflichkeit: „Nein, das ist Ihr Privatraum. Bleiben wir hier auf dem Flur stehen. Sie können noch nicht richtig mit dem Offiziersseitengewehr präsentieren. Ziehen Sie Ihren Degen!"
Wir standen uns gegenüber und zogen beide den Säbel aus der Scheide. Hoffentlich, dachte ich, kommt jetzt nicht der Unteroffizier her! Der müßte ja denken, wir wollten uns hier gegenseitig totstechen.
„So macht man das", sagte Kotsch und machte mir das Präsentieren vor. Ich machte es nach. So grüßten wir uns einmal über das andre durch zeremonielles Senken der Säbelspitze bis zum Boden. Schließlich war er zufrieden und ging fort.
Ich trat in die Offizierswachtstube, wo der bisherige Wachthabende mich erwartete, um mir das Wachtbuch und alles andre zu übergeben. „Sagen Sie", fragte er lächelnd, „was war denn das für ein merkwürdiger Herr, der Ihnen hier Säbelgriffe beibrachte?"
„Dazu nannte er den Säbel auch noch Offiziersseitengewehr." Und ich erzählte ihm von dem offenen fünften Waffenrockknopf des dritten Mannes von links im hintern Gliede.
„Das ist ja großartig!" rief er. „Morgen werde ich das in unserm Frühstückszimmer erzählen! – Na, gute Wache!"
Ich begleitete ihn bis zur Tür, setzte dann den Helm ab und sah zum Fenster hinaus. Der Arbeiter, der neben mir mar-

schiert war, fiel mir wieder ein. Er war ja vermutlich harmlos gewesen, nur ein bißchen verrückt. Aber wenn einmal die Arbeiter wirklich ankommen? Und hier der große Platz vor der Oper füllt sich mit Menschen? Muß man dann schießen? Scheußlicher Gedanke! Wo sind übrigens die scharfen Patronen? Ja, dort auf dem Wandbrett steht der Kasten. Aber wann gibt man die aus? In der Vorschrift erscheint das alles sehr einfach. Bei Angriff auf die Wache oder wenn die Menge plündert, darf ich schießen lassen. Aber was hinter diesem scheußlichen kalten Tempel vor der Gemäldegalerie vorgeht, kann ich von hier überhaupt nicht sehen. Und wenn sie etwa drüben auf dem Postplatz eins der Warenhäuser plündern, muß ich dann hier in die Menge hineinschießen, die von nichts weiß? – Mir war recht unwohl bei diesen Gedanken. Ich hatte von Erlebnissen sächsischer Offiziere gelesen, die 1848 in die Kämpfe verwickelt worden waren. Sie beklagten sich, daß immer dort, wo es Schwierigkeiten gab, kein höherer Offizier anwesend war, um den jungen Dachs zu beraten. Und hinterher hatte er es natürlich immer falsch gemacht! Hier auf diese verantwortlichste aller Dresdner Wachen schickt man auch stets die jüngsten Offiziere, während der ältere Wachtoffizier drüben ins Schloß zieht, wo er zu nichts da ist als zur Ehre des Königs.

Es klingelte stürmisch. Ich stürzte zu meinem Helm und stülpte ihn auf. Im Hinausrennen zog ich mir die Handschuhe an. Rechts aus der großen Wachtstube quollen die Grenadiere heraus und rannten zu den Gewehrständern die flachen Stufen hinunter.

Von rechts kam auf der Straße ein Hofwagen rasch näher.

Ich riß den Säbel aus der Scheide und gab in größter Eile Kommando auf Kommando. Trotzdem präsentierten wir erst, als der Wagen vorbei war. Darin saß die Prinzeß Mathilde mit einer Hofdame. Beide hatten wie die Eulen ihre Köpfe zurückgedreht und sahen uns unfreundlich an.

Nachdem ich die Wache hatte wegtreten lassen und eben wieder in meiner Stube verschwinden wollte, hielt mich der Unteroffizier auf, indem er sich stramm vor mir hinbaute. „Herr Leutnant, Ihre Königliche Hoheit kann jeden Augenblick zurückkommen."

„Sie waren wohl schon oft auf dieser Wache?"

„Jawohl, und – Herr Leutnant kennen Ihre Königliche Hoheit?“
Ich erinnerte mich sofort, daß die Unteroffiziere die Prinzessin als Popanz benutzten, um den Rekruten angst zu machen. Man erzählte sich, daß ein Unteroffizier im Unterricht einen Soldaten fragte: „Was tun Sie, wenn Sie auf der Straße gehen und Ihre Königliche Hoheit fährt auf der Elektrischen vorbei?“
„Ich grüße durch Anlegen der rechten Hand an die Kopfbedeckung.“
„Sie Rindvieh! Wissen Sie, was Ihre Königliche Hoheit dann macht – he? Sie huppt von der Elektrischen runter und haut Ihnen eine rein!“ –
Beim ganzen Volke war sie verhaßt wegen ihrer Mopsigkeit, und auch die geflohene Erzherzogin und Frau des Königs hat sich in ihrem Buche über die ekelhafte Schwägerin beklagt.
Unterdessen mußte ich zur Postenablösung hinaus und kommandieren. Kurze Zeit darauf kam die Prinzessin wieder vorbei. Diesmal konnte ich sie besser sehen. Neben ihr saß die Freifrau von Gärtner, ihre Hofdame, die dafür bekannt war, daß sie ebenso unfreundlich und häßlich war.
In der Nacht kam Kotsch noch einmal und fand diesmal nicht einen Knopf offen.
Am nächsten Morgen, als wir gähnend herumsaßen und uns der Kopf vor Müdigkeit auf die Brust fiel – der Morgenkaffee war noch nicht angekommen –, klingelte es plötzlich. Wir sausten hinaus.
„Ihre Königliche Hoheit Prinzeß Mathilde!“ schrie mir der Alarmposten zu, der nichts andres zu tun hatte, als nach solchen Gefahren auszuschauen.
Sie ging mit einer Hofdame zu Fuß vorbei. Es war sechs Uhr früh.
Um acht Uhr kam sie zurück. Aber um zehn Uhr fuhr sie noch einmal aus. Dann endlich ließ sie uns bis zur Wachtablösung in Ruhe.
Nachdem die neue Wache angekommen war und mich abgelöst hatte, beschloß ich, meine Nähe zum königlichen Schloß zu verwenden, um meine Visitenkarten abzugeben.
Beim Diener der Schloßwache stand im Vorzimmer ein fla-

cher Kasten mit einer Menge Fächer. Über jedem von ihnen stand ein Name und eine Zahl, und zwar eins oder zwei.
„Was bedeutet das: Exzellenz Graf Montgelas zwei?“ fragte ich den Diener.
„Die Herren Offiziere“, antwortete er, „wissen nicht alle, ob die betreffenden Exzellenzen verheiratet sind oder nicht und ob man daher eine oder zwei Karten abgeben muß. – Wenn Sie übrigens die Karten nicht selbst in die Fächer legen wollen, so werde ich das gern tun.“
Ich begriff, daß er damit um ein Trinkgeld bat. Außerdem bekam er von jedem für das Austragen der Karten drei Mark.
Zwei Wochen später fand ich in meinem Visitenkartenkasten im Offizierstreppenhaus der Kaserne einen ganzen Stoß von Visitenkarten. Ich nahm sie in meine Wohnung hinauf und las die Namen, einen nach dem andern, lauter Exzellenzen, Grafen und Barone. Das gefiel mir natürlich, aber es kam mir doch ein bißchen komisch vor, daß diese hohen Tiere ihre Karten zu jungen Offizieren schickten, die in fast kahlen Wohnungen hausten.
Gleichzeitig mit dem Glanz der Visitenkarten kam der Befehl, wann Lix Anderten und ich uns bei der Prinzeß Mathilde zu melden hätten. Sie wohnte im Taschenbergpalais, über dessen Namen sich alle Fremden wunderten, denn weit und breit war kein Berg zu sehen. Das war ein dunkler, großer Kasten hinter dem königlichen Schloß, dem man an zwei Stellen geschwungene Mauern gegeben hatte. Aber auch das machte es nicht interessanter. Innen die Treppen waren düster.
Auf einem Treppenabsatz nahm uns ein Lakai die Mäntel ab und öffnete die Tür zu einem leeren Saal mit goldnen Schnörkeln an der Decke.
Uns gegenüber trat die Prinzessin aus einer Tür, nicht schnell, aber mit wackelndem Schritt. So kam sie bis in die Mitte des Saales. Hinter ihr in einiger Entfernung blieb eine Hofdame stehen.
Ich machte meine Verbeugung und sagte den eingelernten Spruch auf: „Fähnrich Vieth von Golßenau von Seiner Majestät Leibgrenadierregiment meldet sich untertänigst zum Leutnant in Seiner Majestät Leibgrenadierregiment befördert.“

Lix sagte das Entsprechende, und dann standen wir stramm und sahen die Prinzessin an. Sie sah älter aus, als sie sein mußte, und hatte ein langes rotes Gesicht. Man hatte mir immer von ihrem Hochmut erzählt, aber was ich sah, war nichts als Verlegenheit.
Wir warteten. Schließlich machte sie eine Art linkischen Knicks. Wir verbeugten uns und gingen hinaus.
Wenige Tage später wurden wir zu der Prinzessin Immaculata befohlen. Sie war die Frau des steifen, unfreundlichen Prinzen Johann Georg, eines der Brüder des Königs. Sie war aus dem Hause Bourbon-Sizilien der entthronten Könige von Neapel. Ihre Jugend hatte sie in Cannes in Südfrankreich in keineswegs glänzenden Verhältnissen verbracht und soll entzückt gewesen sein, als sie den Reichtum des Dresdner Hofes kennenlernte.
Der Tag war kalt und regnerisch, als wir zum Palais an der Zinzendorffstraße fuhren. Als Kind hatte ich oft durch das Tor in den weiten Park dieses Palais gesehen oder war an der Parkmauer entlanggegangen, über die alte, hohe Bäume sahen. Das Schloß machte einen verwunschenen Eindruck, so als ob da eine Prinzessin mit Rosen am Kleide durch ihren Frühlingsgarten ginge oder auch als ob darin Räuber hausten. Mit Märchenvorstellungen hatte ich mir also das Palais des Prinzen Johann Georg erfüllt, eben weil man es von nirgendher richtig sehen konnte. Heute aber gingen wir gerade durch das Tor und auf das Palais zu. Von nahem sah es altmodisch aus. Wir traten in einen Saal, der vielleicht vor vierzig Jahren, zur Zeit Napoleons des Dritten, ausgestattet worden war. Da standen große, stark geschwungene Sofas. Sie waren mit Samt in einer damaligen Modefarbe überzogen, die uns ausgewaschen erschien.
Wir sahen uns noch im Saale um, als raschen Schrittes die Prinzessin hereinkam, jung und lächelnd. Wieder sagten wir unsern Spruch her, bei dem ich schon nicht mehr steckenblieb.
Sie legte ihren Kopf auf die Seite, zog die Augenbrauen ein wenig hoch und sagte mit einem fremden Akzent: „Ach, wenn ich an einem so unfreundlichen Tage wie heute aus dem Fenster sehe, denke ich, wie unangenehm es sein muß, auf dem Kasernenhof zu stehen. Frieren Sie da nicht recht?“

„Jawohl, Königliche Hoheit, manchmal sehr."
So plauderte sie und entließ uns lächelnd.
Arme Prinzessin! dachte ich. Mit diesem steifen Mann ist sie verheiratet, und dazu die zerknitterte Schwägerin Mathilde, die vor lauter Scham über sich selbst so ekelhaft ist!

„Du", sagte mir Rolf eines Sonntags, „kommst du mit in die Kunstausstellung? – Übrigens soll da auch die Prinzeß Mathilde ein Bild ausgestellt haben."
„Daß sie malt", erwiderte ich, „ist ja bekannt. Aber daß sie es wagt, sich der Kritik einer öffentlichen Kunstausstellung auszusetzen – glaubst du, daß es gut ist?"
In den Ausstellungsräumen hingen ziemlich viel recht große Bilder, die in blassen Farben gemalt waren und sich nur für Schlösser oder die Speisezimmer sehr reicher Leute eigneten. Außerdem gab es kleine Bilder in ganz andern Farben von der schon recht langweiligen Münchner Schule. Nicht sehr interessiert schlenderten wir durch die Säle und blieben überrascht vor einem Bilde stehen. Es war das der Prinzessin. Es stellte eine mit viel Silber und Blumen gedeckte Tafel dar, auf der ein Lakai noch etwas ordnet.
„Das ist ja gut!" flüsterte ich Rolf zu.
Er nickte. „Warum malt sie eigentlich nicht den König an der Tafel? Oder ihre reizende Schwägerin Immaculata, sondern einen Lakaien?"
„Von dem sie vermutlich nur den Vornamen kennt", fügte ich hinzu.

Die Remonteschau

Im Tagesbefehl des Regiments stand etwas, was mich überraschte. Wie kommt nur mitten zwischen Wachtablösung, Reinigen des Ostflügels der Kaserne und Patronenzählen die Nachricht hinein, daß Ihre Exzellenz Frau von der Gablenz von Freitag ab empfängt und Ihre Exzellenz Frau d'Elsa ab Sonntag?
Rolf mußte mir erst erklären, was das bedeutete. Wir mußten nämlich an einem der folgenden Tage da hingehen. Jedes Jahr wurden diese Besuche wiederholt. Eigentlich hät-

ten wir auch zu der zerquetschten Baisertorte gehen müssen, wie man die Frau des Kriegsministers mit den schäbigen Uniformen wegen ihrer ausgeflossenen Körperformen nannte. Sie hatte aber Trauer und konnte daher nicht empfangen.

Am Morgen des Empfanges bei Exzellenz von der Gablenz waren wir vom Dienst befreit und fuhren vergnügt in die Stadt. Frau von der Gablenz war die Erzieherin der Prinzessinnen, von denen die beiden älteren blond waren, wie der König und seine ausgerissene Erzherzogin, während die jüngste schwarze Augen und schwarzes Haar hatte. Sie war erst nach der Flucht ihrer Mutter geboren worden und sicher eine Frucht der verbotenen Liebe mit dem Französischlehrer Giron. Aber der damalige Prinz ließ seine ehemalige Frau um das Mädchen bitten, um es unter seinen Kindern mit aufzuziehen, und bekam es auch. Dieser Zug des Prinzen hatte allgemein gut gefallen.

Im weitläufigen Schloß war es leicht festzustellen, wo Exzellenz von der Gablenz empfing, die auch einige Repräsentationspflichten hatte, die unter normalen Verhältnissen die Königin gehabt hätte.

Es kamen uns Damen und Offiziere in heiterm Gespräch entgegen.

Wir traten ins Vorzimmer. Lakaien in Gelb und Weiß nahmen uns die Mäntel ab. Einer von ihnen sammelte unsre Besuchskarten auf einem silbernen Tablett und verschwand im anstoßenden Raum. Gleich darauf öffnete er uns die Tür, und wir, etwa zehn Personen, traten ein.

Eine mächtige Dame thronte auf einem Sofa, und im Halbkreis um sie saßen die Besucher auf Stühlen. Bei unserem Eintritt erhoben sie sich, machten Verbeugungen und gingen hinaus.

Frau von der Gablenz bat mit zwei majestätischen Handbewegungen eine der neu angekommenen Damen, rechts von ihr Platz zu nehmen, die andre links. Wir übrigen setzten uns, wie es kam.

Exzellenz neigte den Kopf nach rechts und sagte: „Das Wetter ist heute unfreundlich. Haben Sie schon die Neueinstudierung des Rosenkavaliers von Richard Strauss gesehen?“

Der Lakai mit dem Tablett kam herein und las eilig die Na-

men vor: „Graf Wallwitz, Leutnant von Weich." – Der Leutnant hieß eigentlich Weech. Aber der Lakai hatte keine Zeit, so genau zu lesen.
Unterdessen wandte sich Exzellenz mit feierlicher Höflichkeit an die Dame links: „Ist es nicht angenehm, daß die Festlichkeiten des Hofes in diesem Jahr früher beginnen?"
Der neue Schub eleganter Besucher kam herein. Wir erhoben uns, machten unsre Verbeugung und gingen hinaus. Gerade anderthalb Minuten hatten wir gesessen.
An einem der nächsten Tage besuchten wir dann Exzellenz d'Elsa, die wegen ihrer natürlichen Liebenswürdigkeit überall beliebt war. Sie war die Frau des Kommandierenden Generals, über dessen Aufstieg man folgende Geschichte erzählte: Als er Major werden sollte, sagten seine Vorgesetzten, er wäre zwar eigentlich nicht begabt genug, aber ein anständiger Mensch. Um dann Oberst zu werden, reichte der anständige Mensch nicht mehr aus. Aber es war gerade kein besserer da, und schließlich hatte er eine gute und liebenswürdige Frau. Als er an die Generalsecke kam, sagten alle, daß seine geistigen Fähigkeiten dazu in keiner Weise genügten. Aber im Kriegsministerium gab man zu bedenken, daß eine Nichtbeförderung eine sehr bedenkliche Lage schüfe. Es gäbe nämlich gerade keinen Oberst im geeigneten Alter in Sachsen, und man müßte befürchten, daß unter diesen Umständen ein preußischer Offizier den Generalsposten bekäme, was man nicht zulassen dürfte. Denn sonst könnten sich die Preußen in künftigen Fällen darauf berufen. Das war ein schlagendes Argument. D'Elsa wurde Generalmajor. Als er dann an den Generalleutnant herankam, war die Lage genauso. Und auf diese Weise brachte er es bis zum Kommandierenden General. Er genoß aber bei den Offizieren keine besondere Achtung.
Nach den Empfängen begannen auch die kleineren Bälle. Rolf fragte mich einmal, als wir früh auf dem Kasernenhof frierend zusammenstanden und schwatzten: „Möchtest du nicht zu der Baronin Fuchs-Nordhoff zum Hausball kommen? Ich sage dir, das sind die nettesten Bälle, die es jetzt gerade gibt. Sie ist die Schwester des Oberstallmeisters von Haugk und ganz hübsch und reich. Und ihre Tochter, die Mia Fuchs, ist vielleicht das rassigste Mädel, das heute bei

Hofe ausgeht. Wirklich hübsch ist sie eigentlich nicht, aber munter und gescheit. Es wäre gut, wenn wir sie ganz für unser Regiment gewännen. Und dazu könntest du helfen. Das Schützenregiment macht auch schon Versuche, mit ihr zu tanzen."
„Ja, aber wie soll ich denn dabei mithelfen?"
„Gib mir deine Visitenkarte, und du wirst eingeladen. Ich bin nämlich Vortänzer bei ihr. Das übrige wird sich finden."
Es war natürlich nicht so, daß die Damen, die mit den Leutnants unsres Regiments tanzten, nicht auch mit Gardereitern, Schützen, Jägern oder Leutnants der Zweiten Grenadiere tanzen konnten. Freilich für Artillerieoffiziere war das schon schwieriger, besonders wenn sie nicht adlig waren. Aber gelegentlich kam es vor, daß Damen von einem Regiment völlig erobert wurden. Wenn sich einer solchen Dame ein fremder Leutnant näherte, wurde sie ihm auf eine höfliche Weise wieder abgejagt. Man besprach sich schnell, und wenn die Dame einen Augenblick nicht tanzte, so stand schon der nächste Leutnant ihres Regiments da und bat um einen Tanz, so daß der Eindringling einfach nicht zu ihr herankam, wenn er nicht die Hilfe seines Regiments bekam. Dann freilich, wenn zwei Regimenter dieselbe Dame erobern wollten, gab es Spannungen zwischen den zwei Offizierskorps, die aber nie länger als ein, zwei Bälle dauerten.
Rolf hatte es so eingefädelt, daß ich dem Fräulein von Fuchs-Nordhoff schon bald vorgestellt wurde. Sie hatte eine Warze mit schwarzen Haaren auf der Backe, aber war viel aufmerksamer und lebhafter als die andern Damen, die immer nur darauf warteten, daß man sie unterhielt.
Ich bekam die Karte, die mich zum Hofball einlud. Hofball! Das war ein Wort, das bei Erdmannsdorffs wie ein Zauberspruch hergesagt wurde, als ich ein Kind war. Man lächelte dazu. Und jetzt war ich selbst dazu eingeladen. Immer wieder betrachtete ich die Karte, die mich dazu einlud, fand sie schön gedruckt und hätte sie gern jemand gezeigt, der nicht zu Hofe gehen konnte. Aber ich wohnte auf einem Flur mit lauter Offizieren, die genau solche Einladungen hatten. Und sie meinem Burschen zeigen? Er war Schlosser und ein guter Kerl. Aber wäre das nicht einfache Protzerei, ihm et-

was zu zeigen, was für ihn sein ganzes Leben lang unerreichbar war?
Am Tage des Hofballs aßen wir um sechs Uhr im großen Kasinosaal und gingen dann in unsre Wohnungen, uns umzuziehen. Mein Bursche hatte die Petroleumlampe und zwei Kerzen angezündet, meine beste Uniform aus dem Schrank genommen und auf das Bett gelegt.
Unter dem Waffenrock trugen wir ein weißes Hemd mit steifem weißem Kragen, der dazu diente, daß einem die starken Heftel des Uniformkragens nicht in den Kehlkopf stachen. Dieser weiße Kragen hatte nach der Vorschrift eine Strohhalmbreite aus dem roten Kragen zu sehen und war schon an sich schön steif. Aber was war das im Vergleich mit dem Kragen des Waffenrocks? Der hatte hinten fünf, vorn gar sieben Schichten. Innen kam zuerst blaues Wollfutter, dann Leinwand, dann die Aluminiumversteifung mit Luftlöchern, wieder Leinwand und außen das rote Tuch. Darauf saß vorne die erhabene Silberstickerei mit ihrer Unterlage. Hier war der Kragen so unbiegsam wie die eisernen Schellen, die Gefangene im Mittelalter um den Hals trugen. Und wie bei ihnen ließ sich der Kragen nur hinten biegen und so um den Hals legen.
Es klopfte, und Rolf Seydewitz kam herein, blitzend von Kopf bis zu Fuß. Heute trugen wir den Hofballanzug, das heißt zum gestickten Rock den Helm mit schwarzem Haarbusch, lange Hosen, Lackschuhe und weiße Glacéhandschuhe.
In diesem prächtigen Aufputz stiegen wir die Treppen hinunter, wobei wir den Säbel hängenließen, daß er laut von Stufe zu Stufe klirrte. Das gab uns ein angenehmes Gefühl von Herrentum, und das auf der ganz unherrenmäßigen Treppe, die von offenen Gasflammen bläulich und düster beleuchtet war.
Unten wurde die Treppe sehr breit und führte zu drei nebeneinanderliegenden riesigen Türen hinunter, von denen ich nur eine je offen gesehen habe. Nur wir Offiziere hatten dazu Schlüssel und konnten auf diesem Wege in die Kaserne schmuggeln, was unser Herz begehrte. Außerdem waren hier unten viereckige Pfeiler, hinter denen der Gegenstand der Liebe verborgen werden konnte, wenn etwa der schöne Hartwig nahte, der zum Ärger aller Leut-

nants militärischer Kasernenvorsteher war und daher eine Wohnung in der Kaserne hatte.
Draußen vor der Tür stand eine Mitrailleuse. Das war ein merkwürdiges Geschütz, das den Franzosen im Kriege von 1870 abgenommen worden war. Man hatte es mit einer Menge Gewehrpatronen geladen, die aus mehreren Dutzend Läufen gleichzeitig abgefeuert wurden. Herr von Holleben, ein für seine Tollkühnheit berühmter Offizier, hatte einmal nach einem Kasinofest versucht, in der Spreize darüber hinwegzuspringen. Er kam auch darüber, hatte aber nicht daran gedacht, daß jenseits eine Treppe hinunter auf die Straße führte. Da stürzte er und schlug sich das Gesicht auf. Sollte er sich mit blutiger Nase auf der Straße zeigen? Er kehrte ins Kasino zurück und begoß seine Heldentat.
An dieser Treppe sahen wir im Scheine einer Straßenlampe schon einige hohe Helmbüsche stehen, die auf die Elektrische warteten. Soldaten gingen vorbei und ließen ihre Mädchen los, um uns zu grüßen. Auch einige einzelne Mädchen kamen vorüber und sahen uns etwas scheu an. Sie gingen zur Endstation der Elektrischen, wo die Haupttore der beiden Grenadierregimenter nebeneinanderlagen und die Soldaten am Abend herausströmten, um ihre Schätze zu treffen. Gegenüber lief ein Reitweg unter Bäumen, auf dem nachts niemand ritt. Das war der Haupttreffpunkt. Da war es auch sehr dunkel.
Die Straßenbahn kam. Wir hielten uns in der Mitte des Perrons, weil er da am höchsten war. Wenn Leute einstiegen und ins Innere wollten, mußten wir uns immer zum Rande zurückziehen und dabei den Kopf mit dem bebuschten Helm noch mehr beugen. Wenn ein Soldat vorbeikam und stramm grüßte, hielten wir den Helm mit der linken Hand fest und berührten seinen Rand mit der rechten. Denn vor gewöhnlichen Soldaten gingen wir nicht in die Kniebeuge wie vor hohen Tieren.
Heute waren mehrere Schloßtore geöffnet. Zu einem fuhren die Wagen hinein. In ein andres traten wir Fußgänger. Die Herrengarderobe befand sich einfach auf einem Gang, auf den man hölzerne Mantelständer gestellt hatte.
Für heute war ich wieder dem Leutnant von Grünenwald mit den verschieden klingenden Sporen anvertraut, damit ich als Neuling nichts falsch machte. Als wir die Mäntel ab-

gelegt hatten, sagte er: „Lassen Sie hier Ihre Wildlederhandschuhe und nehmen Sie nur die Glacéhandschuhe mit, außerdem Helm und Säbel!“
„Aber wie soll ich denn damit tanzen?“
„Das werden Sie schon sehen. Kommen Sie jetzt mit. Wir müssen einen sehr komplizierten Weg zu den großen Sälen hinaufgehen, weil die Haupttreppe nur für die großen Tiere da ist.“
Wir stiegen eine schmale Treppe hoch, von deren erstem Absatz majestätisch ein großes Bild Augusts des Starken herunterblickte. Dann ging es durch gewölbte Galerien, von denen man in Höfe hinuntersah, durch Gänge und wiederum Treppen und Säle, bis wir plötzlich über der großen weißen Haupttreppe ankamen. Da stiegen Generale herauf, um deren goldbeschlagene Helme sich Federn wiegten. Damen mit bloßen Schultern, reichen Halsketten und blitzenden Diademen im Haar. Herren, deren schwarze Fräcke von oben bis unten mit goldenen Blättern bestickt waren und die einen Zweispitz unter dem Arm trugen, wie er sonst nur noch bei den Sargträgern der Beerdigungsgesellschaften üblich war. Sie alle stiegen die hell erleuchtete Treppe herauf, und wir Anfänger mischten uns unter sie, Leibgrenadiere mit silbernen Gardelitzen, Zweite Grenadiere mit goldenen, Offiziere mit einfachen roten oder schwarzen Kragen, Gardereiter in Hellblau und Weiß und mit riesigen Goldhelmen, auf denen ein silberner Löwe Männchen machte und ein Wappenschild hielt. Wir nannten den Silberlöwen die kackende Katze. Husaren waren da, die goldene oder silberne Schnüre quer über die blaue Attila trugen und in der Hand die hohe Pelzmütze mit dem weißen Reiherstutz hielten, Ulanen mit Gardelitzen und mit einem merkwürdigen Lackhelm polnischer Herkunft.
Oben ging es durch eine hohe Tür, zu deren beiden Seiten je ein schlanker Riese in bunter seltsamer Uniform stand. Das waren die Heiducken. Wenn eine Exzellenz durch die Tür schritt, grüßten sie von der Höhe herunter, in der ihre Köpfe saßen. Wir junges Gemüse schritten unbeachtet von den Riesen in die Rokokogalerie, die rechts reich mit Gold verzierte Türen hatte, links tiefe Fensternischen mit schweren Vorhängen davor. Am Ende dieser Galerie sahen wir in einen strahlend weißen Saal.

„Hier dürfen wir jetzt noch nicht hinein", sagte Grünenwald. „Denn hier findet die Vorstellung der Remonten statt. Gehen wir links in den Hofballsaal!"
Alles schob sich in den riesigen Saal, von dessen Decke ganze Reihen von Kronleuchtern hingen, auf denen Wälder von Kerzen brannten und von denen blitzende Kristalle hingen. Unter ihnen stand eine prächtige Gesellschaft in heiterem Gespräch.
„Sie müssen jetzt engagieren", sagte Grünenwald. „Oder haben Sie schon jemand?"
„Ja, und auch fürs Essen. Aber auf der Tanzkarte finde ich kein Essen angegeben. Nach welchem Tanz ist das Souper?"
„Souper ist gut!" Grünenwald lachte. „Sie werden da Ihr blaues Wunder erleben! Übrigens ißt man, wo hier Tirolienne gedruckt ist. Die wird nicht getanzt."
Zur Remonteschau hatte ich mich mit Fräulein von Fuchs verabredet, und zwar unter dem mittleren Kronleuchter. Aber wo war hier der mittlere Kronleuchter? Und außerdem stand in der Mitte – und überall – eine solche Menschenmenge, daß ich längere Zeit zwischen den vielen Uniformen und frisierten Köpfen der Damen suchen mußte. Endlich fand ich sie. „Gehen wir zur Remonteschau dort hinüber!" sagte sie mit ihrer muntern, tiefen Stimme. „Dort am Rande können wir besser lästern, als wenn wir so nahe den Herrschaften stehen."
Die Herrschaften nannten wir die Mitglieder des königlichen Hauses. Daß aber Fräulein von Fuchs den Militärausdruck Remonteschau verwendete, setzte mich in Erstaunen. Remonte hieß bei der Kavallerie ein junges, noch nicht zugerittenes Pferd. Hier bei Hofe nannten wir die jungen Mädchen so, die das erste Jahr ausgingen und die heute zum ersten Hofball dem König drüben im Weißen Saal vorgestellt wurden. Es war üblich, über sie zu lästern, wie das hieß. In jeder bürgerlichen Gesellschaft würde man das sehr unpassend gefunden haben.
Während wir in Erwartung des Kommenden schwatzten, trat aus dem Weißen Saal ein Gardereiteroffizier mit aufgesetztem Goldhelm. Seine linke Hand lag am Säbel, während er in der rechten ein dünnes braunes Stöckchen hielt, das über seiner Hand einen weißen Elfenbeinknopf hatte, um

den ein grünsilbernes Portepee geschlungen war. Er stand feierlich einen Schritt vor der Tür still, hob das Stöckchen ein wenig und klopfte zweimal auf den Boden. Darauf trat er rechts neben die Tür. Die Eingeladenen bildeten eine Gasse in der Mitte des Saales.
Da trat in Dunkelblau und Rot mit aufgesetztem Helm der Offizier der Schloßwache ein, stand still, klopfte zweimal und stellte sich links der Tür stramm hin. Darauf erschien mit aufgesetztem Helm der Offizier vom Ortsdienst, klopfte zweimal, ging an dem Gardereiter vorbei und stellte sich neben ihn. Nun kam mit aufgesetztem Helm unser Oberst als Schloßkommandant, klopfte zweimal, ging nach links am Offizier der Schloßwache vorbei und stellte sich neben ihn.
In Schwarz mit goldener Stickerei trat der Kammerherr vom Dienst ein, blieb stehen, klopfte zweimal und ging nach rechts an den beiden Offizieren vorbei und stellte sich neben sie. Hierauf in Schwarz und mit großer Stickerei ein Zeremonienmeister, blieb stehen, klopfte zweimal, ging an den zwei Offizieren links vorbei und stellte sich neben sie.
Würdig und schwer mit ungeheurer Bruststickerei trat der Oberhofmarschall ein, blieb stehen, klopfte zweimal und schritt weiter. Hinter ihm kam der König in der Uniform unseres Regiments. Er ging, abwechselnd nach beiden Seiten lachend, zwischen den zwei Mauern von Uniformen und Damen mit Diademen entlang, die sich vor ihm verneigten wie ein Ährenfeld, über das der Wind streicht. Ich konnte noch sehen, daß hinter dem König die Prinzeß Mathilde, Prinz Johann Georg, Prinzeß Immaculata und ein großes Gefolge kamen. Dann verbeugten sich auch alle ringsum, und wir standen so gebeugt, Herren und Damen. Das war eine Stellung, die zum Flüstern und Witzereißen einlud. Rings um uns zischelte man.
Fräulein von Fuchs flüsterte mir zu: „Ein Neuling soll einmal vor jedem der Herrschaften eine besondere Verbeugung gemacht haben."
Ich flüsterte zurück: „Das muß ausgesehen haben wie ein Seelöwe, der immer wieder aus dem Wasser auftaucht, um was zu fressen zu kriegen."
Wir kicherten beide, und das brachte uns, nach vorn einge-

knickt, wie wir standen, in eine zitternde Bewegung, die uns noch mehr zum Lachen reizte.
Jetzt richteten sich alle vor uns wieder auf. Sofort sahen wir nach vorn, wo hinter dem Gefolge die Remonten kamen, zu zwei und zwei wie ein Mädchenpensionat.
„So ein Grün zu tragen!" sagte die Fuchs. „Kennen Sie die? Es ist die Tochter des Rittergutsbesitzers von ... wie heißt sie nur gleich? Sie hat ein bißchen das Benehmen einer Kuhmagd, und das steht ihr sehr gut."
„Wieso gut? Ungewaschen habe ich eigentlich nicht sehr gern."
„Ach, nicht so!" Sie blickte mich fragend an. „Ein bißchen mehr Natürlichkeit kann uns doch kaum schaden."
Ich war betroffen. Wie angenehm dieser wahre Ton inmitten der gestellten Pracht!
„Sehen Sie!" Die Fuchs wurde ganz lebhaft. „Da ist das Fräulein Camp. Sie ist nicht adlig und wird doch bei Hofe vorgestellt."
„Und warum?"
„Ihre Familie gilt als so gut wie adlig, und ihre Verwandten sind es ja auch."
„Aber gerade die stehen im Semi-Gotha, diesem antisemitischen Ergänzungsband zum Taschenbuch des Adels."
„Na wennschon! Die Baronin Kaskel ist doch rein jüdisch, und doch essen alle so gern Kaviar bei ihr. – Werden Sie nicht auch dort Besuch machen?"
„Ich denke schon."
„Um einmal mit Schauspielerinnen zu tanzen?"
„Verargen Sie uns das?"
„Nein, aber ich würde auch mal gern mit andern tanzen als mit ... Entschuldigen Sie!"
„Ich finde Ihren Wunsch durchaus verständlich und bilde mir nicht ein, daß wir so herrlich wären."
Jetzt begann die Musik einen Walzer zu spielen.
„Ich treffe Sie hier wieder", sagte ich.
„Das wird Ihnen ja kaum gelingen. Jetzt geht nämlich die wilde Quetscherei los."
Ich schlängelte mich, so schnell wie möglich, durch die bunte Menge nach der Seite des Saales, wo hinter kurzen Pfeilern eine Galerie entlanglief. Ein Leutnant der Zweiten Grenadiere kam von dort mit bewegten Armen vorgeschos-

sen. Plötzlich wurde mir der Helm aus der Hand gerissen. Die Büffelhaare des Busches hatten sich um einen der Knöpfe gewickelt, die auf seiner goldenen Ärmelstickerei saßen. Ich versuchte die Haare abzuwickeln. Aber er, ungeduldig, packte den Busch und riß heftig daran. Sein Knopf sprang ab. Schon trat jemand darauf. Er blickte nur dahin und stürzte weiter, wo ihn wahrscheinlich seine Dame erwartete.

In der Fenstergalerie standen hinter den Pfeilern Gestelle für Helme und Säbel. Aber die waren schon alle voll. Die Leutnants, die jetzt kamen, sahen sich nur kurz um und ließen dann Helme und Säbel einfach auf den Boden fallen. Auch ich legte beide achtlos auf einen Haufen von blitzenden Waffen und Helmen und schoß zurück in den Saal. Aber da kam ich nicht vorwärts. Von der einen Schmalseite her wich die Menschenmenge langsam zu mir zurück. Aber ich mußte gerade nach dieser Seite, weil sich da im dichten Gewühl schon einige Paare zu drehen schienen. Dort stand auch der König. Aber die Pressung wurde immer stärker. Eine Kette Leutnants hatte sich an den Händen gefaßt und drängte die glänzende Gesellschaft zurück, um den Tanzraum zu erweitern.

Einer faßte mich an der Hand. „Kommen Sie und helfen Sie uns, die Raubtiere in die Volksküche zu treiben!"

Ich faßte mit an. Vor uns tanzte man. Rechts sah ich, wie sich einige Leutnants einfach nach hinten legten, gleichgültig, ob sie sich an eine Uniform voller Orden lehnten oder an den Busen einer tief dekolletierten Exzellenz.

Unter unsern Armen krochen Leutnants mit ihren Damen durch und begannen sofort sich zu drehen – nur rechtsherum. Linksrum war bei Hofe verboten.

Da sah ich Fräulein von Fuchs mit einem langen Schützenoffizier vorbeitanzen. Ich ließ sofort die Kette los und machte eine leichte Verbeugung vor ihr. Der Lange trat zurück, und ich ergriff sie. „Sehen Sie, ich habe Sie doch erwischt!"

„Vorsicht!" rief sie mir ins Ohr.

Ich blickte mich im Drehen rasch um, was denn da los wäre. Da flüsterte mir jemand zu: „Seine Majestät tanzt!"

Davor war ich gewarnt worden. Der König war für sein wildes und schlechtes Tanzen berühmt. Schon sah ich, wie er mit riesigen Schritten hinter mir hergebraust kam. Und dazu hatte seine Dame ihre lange Schleppe vom Arm verloren, und die schlug nun in weitem Kreise um sie herum. Sofort steuerte ich nach der inneren Seite und stieß da mit irgendeinem Paar zusammen. Unterdessen brauste der König recht ungeschickt vorbei.

„Mit wem tanzt er?" fragte ich leise. Die Dame mit der ungeheuer langen Schleppe schien eine große Schönheit zu sein.

„Das ist Frau von Kap-herr von den Gardereitern."

Da machte jemand an meiner Seite eine Verbeugung. Ich ließ die Fuchs los und sah mich nach einer andern Dame um, mit der ich in diesem Winter mindestens einmal tanzen mußte. Bald sah ich das Fräulein von Pawel-Rammingen, mit der Lix Anderten tanzte. Ich machte ihr eine Verbeugung. Aber schon nach einer halben Runde hatte der Leutnant von Haugk sie mir abgenommen. Ich suchte eine neue und tanzte so während des ersten Walzers mit zehn Damen. Er dauerte freilich eine halbe Stunde. Danach kam eine Polka, wieder von einer halben Stunde. Als Kinder hatten wir das getanzt, aber schon in der Tanzstunde mit Abneigung. Denn die Polka mußte man springen, und Springen galt als sehr unelegant. Damals war es Mode, ohne jede Auf- und Abwärtsbewegung der Schultern auf dem Parkett herumzugleiten. Aber was half es, ich mußte engagieren.

Unterdessen hatte sich der große Ballsaal stark geleert. Verschwunden waren die Leute, die wir Raubtiere nannten, also die Landtagsabgeordneten, Professoren und Konsuln. Sie waren in die Nebenräume gegangen und unterhielten sich dort an dem Büfett, das wir wegen des Besuchs der Raubtiere die Volksküche nannten. Aber auch die älteren Offiziere hatten sich mit ihren Damen dorthin zurückgezogen.

Ich hüpfte nun die halbe Stunde herum. Jedesmal, wenn neben mir ein Offizier eine Verbeugung machte, war ich dankbar, daß ich einen Augenblick aussetzen konnte. Manchmal ging der Tanz mit einer Dame nur wenige Schritte weit. Dann war schon der nächste Leutnant da.

Nach der Polka kam gar ein Galopp, für uns eine barbarische Mode aus der Zeit unserer Großeltern. Aber tapfer sprangen wir herum, wieder eine halbe Stunde, bis der Lan-

cier begann. Jetzt erschienen die Exzellenzen wieder und stellten sich in Karrees zu vier Paaren auf. Dann begann der Tanz mit Schritten vor und zurück, mit vielen Wendungen und noch mehr Verbeugungen. Das war ja der eigentlich alte Hoftanz des Schreitens und des höfischen Benehmens. Und die alten Würdenträger mit ihren Orden und die edelsteinblitzenden Damen mit ihren weißen, runden Schultern tanzten ihn formvollendet, wie er in bürgerlichen Gesellschaften nie getanzt wurde, wo die Karreetänze eher lächerlich erschienen und besonders wild und formlos waren.
Wieder kamen Walzer, Polka, Galopp und endlich dann die Tirolienne. Bei ihren ersten ländlichen Klängen begannen die älteren Offiziere schon in die inneren Säle zu strömen. Sie hatten sich während des letzten Galopps Helm und Säbel geholt und sich mit ihrer Dame bereitgestellt. Wir Tänzer stürzten heiß und durstig hinter die Pfeiler. Da wir das einzige Regiment waren, das silberne Beschläge am Helm hatte und einen Busch darauf, fand ich meinen Helm bald. Aber der Säbel lag nicht mehr dabei. Auch andre irrten suchend herum. Schließlich hatte ich meinen gefunden und hängte ihn in den Haken unter dem Rock.
Als ich in den Saal zurückstürzte, sah ich das lange Fräulein von Pawel-Rammingen mir schon mit dem langen weißen Handschuh winken. Ich reichte ihr den Arm, und wir gingen in den achteckigen Porzellansaal, wo auf unendlichen, verschnörkelten Etageren Figürchen von Meißner Porzellan standen. Man hatte mir gesagt, ich müßte meiner Dame dort den Affen zeigen, der sich unanständig benimmt. Alle älteren Offiziere hatten mir versichert, das zeigte man immer seiner Dame in diesem Saal. Es wäre nun einmal so Sitte. Ich konnte aber den berühmten Affen gar nicht entdecken, und wir gingen durch die nächste Tür in den Bankettsaal. Hier waren die Wände mit bräunlichen Malereien aus dem vorigen Jahrhundert bedeckt. Da gründete irgendein Markgraf mit feierlicher und falscher Gebärde eine Stadt. Auf einem etwas besseren Bilde entdeckte der Alchimist Böttger in Meißen das Porzellan noch einmal, das schon die Chinesen entdeckt hatten.
Unter diesen öligen Wandbildern stand eine bunte Menschenmenge und verdeckte völlig die langen Büfette. Ver-

geblich blickte ich die Menschenmauer entlang, wo da eine dünnere Stelle wäre.
„Geben Sie mir vor allem Ihren Helm!" sagte Fräulein von Pawel. „Und dann bringen Sie mir, was man Ihnen gibt und ein Glas Sekt."
Ich trat hinter die Majore und Hauptleute, die nicht daran dachten, auch nur einen halben Schritt zur Seite zu rücken. Aber sofort sah mich ein Lakai und fragte: „Wünschen Herr Leutnant etwas Rehrücken?"
Er nahm einen Porzellanteller mit roter Drachenmalerei und legte darauf Rehbraten, Weißbrot, ein silbernes Besteck und stellte ein hohes Spitzglas dazu. Dann reichte er mir das mit langem Arm über die Köpfe derer weg, die bequem am Tische standen.
Ich balancierte den Teller mit dem kippligen Glas und dem herumrutschenden Besteck zu meiner Dame und hielt ihn ihr vor. Aber so konnte sie nicht essen. Erst mußte sie mir den Helm geben. Wie sollte ich aber den Teller mit einer Hand so festhalten, daß sie darauf ihren Rehrücken zerschneiden konnte?
„Machen Sie es doch so wie die andern", sagte die Pawel, „und klemmen Sie sich den Helm zwischen die Beine!"
Ich sah mich um. Wirklich stand da ein andrer Leutnant, den Helm zwischen den krummen Knien, und hielt seiner Dame den Teller. Gut, ich machte die knickebeinige Stellung nach und hielt nun den Teller mit beiden Händen. Der Rehrücken schien zart zu sein, und doch schwankte das hohe Sektglas beim Schneiden bedenklich auf dem Teller. Sie nahm es und schüttete sich den Sekt in den Hals. „Jetzt gehen Sie aber sich selbst etwas holen. Sie müssen ja schrecklich hungrig sein nach dem vielen Tanzen."
Oh, das war ich. Viele der älteren Offiziere waren fertig mit Essen und plauderten noch mit ihren Damen. Trotzdem blieben sie da stehen und machten uns Tänzern keinen Platz. Über ihre Köpfe weg reichten uns die aufmerksamen Lakaien die Teller. Für mich war das nicht so schwierig bei meiner Größe.
Aber ich sah den kleinen Grafen Schulenburg in seiner Husarenuniform hinter dem Rücken der Majore auf und ab gehen und über seinem Kopf Handzeichen machen, daß es auch ihn gäbe. Ein Lakai bemerkte das und gab dem Un-

sichtbaren einen Teller in die hochgestreckte Hand.
Mit Rehrücken und Sekt kehrte ich zu der Pawel zurück.
„Na, nun will ich Ihnen halten“, sagte sie.
Ich klemmte den Helm wieder zwischen die Beine und begann, auf dem nachgiebigen Tisch ihrer Hände zu schneiden. Mir war das so unangenehm, daß ich zu große Bissen hinunterschluckte und den Sekt eilig nachgoß und nun begriff, warum sie so in Hast gegessen hatte. Satt war ich gar nicht, aber dafür hatte ich von dem kalten Sekt ein unangenehmes Gefühl im Magen. Jetzt bemerkte ich erst, wie heiß ich war.
„Kann man sich nicht irgendwo setzen?“ fragte ich.
„Nein“, erwiderte sie lachend, „wir sind doch bei Hofe!“
„Aber was machen die alten Exzellenzen mit ihren Silberbärten, die nicht mehr so lange stehen können?“
„Mit den Silberbärten, das klingt poetischer, als sie sind. Meine beiden Alten essen dort im nächsten Saal und sitzen an Tischen. Bei denen geht es nicht so proletarisch zu wie hier.“
Ich mußte lachen. Meine Uniform kam mir nicht gerade proletarisch vor. Aber merkwürdig! Als der Ball begann, war ich berauscht von dem Glanz und den Farben. Aber schon war das verblaßt, und die Füße taten mir weh in den engen Lackschuhen.
„Haben Sie denn schon den Leberfleck der Prinzeß Mathilde gesehen?“ fragte die Pawel plötzlich.
„Nein, ich bin heute zum ersten Male bei Hofe.“
„Ebendarum müssen Sie ihn besichtigen. Die Prinzeß wird bald in den großen Ballsaal zurückkommen, und vor dem nächsten Walzer haben wir noch Zeit. Da können wir hinter sie treten.“
Wir schlenderten durch das Porzellanzimmer zurück. Fräulein von Pawel nannte die Dinge bei ihrem richtigen Namen, wie wir Offiziere es taten, wenn wir unter uns waren. Da brauchte man sich keinen Zwang anzutun, und wir lachten über allerhand gemeinsame Bekannte.
Der große Ballsaal war leer. Aber von der Empore spielte die Kapelle noch immer die eintönige, ländliche Tirolienne. Aus einem Nebensaal kam der lange Ehrenthal. Weil er nicht tanzte, hatte er vielleicht auch keine Dame zum Souper engagiert. Er kam auf uns zu und machte eine halbe

Verbeugung. „Na, gnädiges Fräulein, Ihr Herr Vater war erst neulich bei meinen Eltern."
„Und recht lange!"
„Aber gnädiges Fräulein!" Man wußte nicht, ob er das begütigend oder höhnisch meinte. „Wenn die alten Herren unter sich sind!"
„Ja, dann wollen sie Leutnantsgeschichten erzählen!" antwortete sie rasch. „Daß ihnen das nicht einmal langweilig wird, dreißig Jahre dieselben Witze – die aber die Frau des Hauses nicht hören darf!"
„Ach, wenn man dazu gut trinkt, kann man auch alte Witze vertragen."
„Da ist die Prinzessin", sagte sie. „Gehen wir hin!"
Ehrenthal machte eine Verbeugung. „Dazu bin ich wohl nicht nötig! Ich habe den Anblick schon einen Winter lang genossen. Wenn man nicht tanzt, sucht man sich andere Genüsse – bis sie langweilig werden." Er blickte auf seinen Helm, den er ja nie ablegte, sondern mit dem er würdig, aber unbeachtet am Rande des Saales stand.
Die Pawel zog mich hinüber und hinter die tief dekolletierte Prinzessin, die sich mit Vogelaugen umsah, als fühlte sie sich hier unwohl und als wollte sie jemand ansprechen, aber wußte nicht, mit welcher Frage. Zwischen ihren Schulterblättern, etwas unregelmäßig, saß der große braune Fleck. Kaum sah ich ihn, als ich das Betrachten nicht mehr als Spaß empfand. Wie ekelhaft dreist sind wir doch! Was ist schon dabei, wenn jemand einen Leberfleck hat? Und die Prinzessin so offen hier bei Hofe zu verspotten? Jeder Mensch weiß doch, warum wir und andre hinter ihr stehen.
Um von da fortzukommen, bat ich die Pawel, etwas näher zu der Säbelabgabe zu gehen, um gleich tanzen zu können, wenn der Walzer begänne.
„Warum so stürmisch?" sagte sie, aber ging mit.
Als wir weit genug waren, um nicht gehört zu werden, sagte sie: „Wissen Sie eigentlich, daß die Prinzeß Mathilde die einzige Dame bei Hof ist, die sich vorschriftsmäßig dekolletiert?"
„Gibt es denn darüber eine Vorschrift?"
„Aber natürlich. Sie haben doch auch Ihre Offiziersbekleidungsvorschrift."

„Aber worin besteht denn die vorschriftsmäßige Dekolletierung?"
„Ich kann Ihnen sagen! Keine Mutter erlaubt ihrer Tochter, sich so tief zu enthüllen. Man würde alles sehen!"
Sie hatte eben das Taschentuch aus ihrem Ausschnitt vorn herausgenommen, und ich dachte: Erzählst du das eigentlich absichtlich und zeigst mir gleichzeitig, daß man bei dir auch alles sieht?
Der Walzer begann. Ich warf Helm und Säbel hinter die Pfeiler und tanzte wieder mit einer Dame nach der andern. Dabei schmerzten mir die Füße, und ich fühlte unangenehm ein Rumoren im Magen. Schließlich bei der Polka konnte ich es nicht mehr aushalten und ging aus dem Saal. In der Rokokogalerie traf ich den kleinen Grafen Schulenburg und fragte ihn: „Wissen Sie nicht, wo man austreten kann?"
„Oh, da fragen Sie zuviel! Irgendwo in der Nähe der Offizierswachtstube soll so was sein. Für die Damen gibt es aber gar nichts. Das ist nun mal so in alten Schlössern."
Ich ging hinunter zur Herrengarderobe und fragte den Schloßwachtdiener.
„Gleich da drüben, Herr Leutnant. Aber das ist für die Soldaten und nicht sehr sauber."
Na, auch in unsrer Kaserne waren diese Orte so, wie man sich das im achtzehnten Jahrhundert vorzustellen pflegt.
Als ich wieder hinaufkam in den großen Ballsaal, fiel mir auf, wie müde alle waren. Die Zahl der Tänzer war gering. Ich ging sofort wieder ans Tanzen und sprang mit vielen Damen im Galopp herum. Und dann endlich, endlich war Schluß.
Wo ist nun der Glanz hin? Wie zerknittert und reizlos sieht die Gräfin Schall-Riaucourt aus, die geborene Gräfin Schaffgotsch! Sie soll dreißig Millionen mit in die Ehe gebracht haben und wurde nicht von ihrem Mann, sondern von dessen Familie geheiratet. Denn die Grafen Schall waren bankerott.
Man strömte hinaus. Auch die Gesichter waren nicht mehr heiter.
Als wir aus dem Schloß traten, heiß und mit wehen Füßen, schauderten wir vor der kalten Nebelluft, die von der Elbe her wehte. Ununterbrochen fuhren Droschken vor

und rollten davon. Wir klemmten uns zu dritt in den engen Raum einer Pferdedroschke, die mit blauem Tuch gefüttert war. Sie schüttelte uns über das Pflaster der Elbbrücke. Die Pferdehufe klapperten hart. Wir hatten die hohen Helme abgenommen und genossen es, etwas zu sitzen – wenn auch geschüttelt.
„Heute gibt es Bier bei Schimpff“, sagte Rolf Seydewitz.
„Was?“ fragte ich. „Geht man nicht gleich zu Bett?“
„Du kannst nicht gleich schlafen nach dieser Anstrengung.“
„Aber ich habe früh um acht Dienst.“
„Hat der schöne Hartwig dir nicht freigegeben? Jeder anständige Hauptmann tut das. Von denen kommt ja auch nicht einer nach einem Hofball zum Vormittagsdienst.“
Ehrenthal sagte: „Daß du es auch weißt, auch zu dem Bier nach dem Hofball gibt es einen bestimmten Anzug, nämlich Hausschuhe, Nachthemd und die Litewka drüber.“
Wir dösten wieder vor uns hin, bis wir vor der Mitrailleuse hielten. Beim Öffnen der Tür empfand ich stark, wie düster und ungepflegt das Treppenhaus aussah. Es roch nach mit Fett geschmierten Stiefeln, nach Kommißbrot und Männern.
In meinem Schlafzimmer zog ich die drückenden Lackschuhe vorsichtig aus und ging dann in Nachthemd und Litewka hinauf zum Inka Schimpff.
„Na Vieth!“ rief er. „Mit wieviel Damen haben Sie denn heute getanzt? – Ist das nicht ein sonderbarer Genuß, so ein Hofball? Sie hatten sich das wohl etwas anders vorgestellt? Dieses Massenabfressen setzt selbst den immer wieder in Erstaunen, der das schon seit Jahren kennt. – Nehmen Sie helles oder dunkles Bier?“
„Haben Sie gesehen“, sagte Rolf Seydewitz, und ich merkte gleich, daß er etwas Besonderes vorhatte, „wie Fräulein von Teubern ihren Unterrock verlor?“
„Was?“ fragte der Leutnant von Teubern und erwachte etwas aus seiner gewöhnlichen Verschlafenheit. „Meine Schwester? Aber welche denn von beiden?“
„Das weiß niemand, denn sie war danach sofort verschwunden.“ Daß man es nicht wüßte, war ganz unmöglich, denn sie sahen völlig verschieden aus.
„Wohin denn verschwunden?“ fragte Pereira interessiert.

„Da gibt es doch gar kein ‚Für Damen'."
„Dafür aber sind in der Rokokogalerie tiefe Fensternischen mit Vorhängen."
„Ach, dort, wo der Gardereiter Abendroth eine Dame geküßt hat? Ich konnte leider nicht sehen, welche."
„Haben Sie das auch gesehen?" rief Lix Anderten. „Ich wollte es nur nicht erzählen."
„Aber warum denn nicht? Hier beim Bier wird doch alles erzählt, und besonders Skandale!"
„Wie war denn das", fragte Pereira beharrlich, „wie Fräulein von Täubern den Unterrock verlor?"
Rolf Seydewitz schielte zu Teubern hinüber, der ihn mit blauen Kuhaugen ansah, und sagte so, daß ich wußte, alles ist erfunden: „Sie stand da mitten im Saal, als der Leutnant von Weech von den Schützen ihr eine Verbeugung machte. Da lag plötzlich eine weiße Schlange um ihre Füße. Ich guckte natürlich hin, und da war es ein Unterrock."
„Meine Schwestern hatten heute gar keine weißen Unterröcke an", sagte Teubern, so aufgeregt er nur konnte.
„Ach nein!" antwortete Pereira höhnisch. „Sie haben wohl beim Anziehen zugesehen? Was hatten sie denn für Unterröcke an? Und konnten Sie auch sonst noch was sehen?"
„Pfui!" sagte Teubern und raffte sich plötzlich zu schärferem Protest auf, indem er rot wurde und hinausging.
„Wir sollten ihn wieder holen", sagte Roderich Grünenwald. „Es ist doch lächerlich, beleidigt zu sein." Aber niemand schien Lust zu haben, aufzustehen.
„Wer war das eigentlich", fragte Lix Anderten, „die erste Dame, mit der heute der König getanzt hat?"
„Sie meinen wohl die Frau von Kap-herr, der die Schleppe drei Meter weit um die Beine wirbelte? Es ist auch kein Wunder, daß sie die vom Arm verloren hat, bei dem Schweinsgalopp, in dem der König lossauste. Aber ich kann mir nicht denken, daß sie die erste Dame war, mit der er getanzt hat. Da gab es sicher wichtigere, die er vorher herumschwenken mußte."
„Aber das ist es ja eben, daß es ein richtiger Skandal war!"
„Die Familie Kap-herr", sagte der Oberleutnant von Rabenhorst bissig, „wird damit sehr zufrieden sein – bei ihrer Vergangenheit!"
„Wieso?" fragte ich. Denn ich kannte die Kap-herrs nur als

sehr reiche und angesehene Gutsbesitzer- und Offiziersfamilie, die ein großes Palais an der Bürgerwiese besaß, wo auch das alte Palais der Schönbergs stand, der Baronin Kaskel und des Freiherrn von Burgk. „Was für eine Vergangenheit haben sie denn?"
„Es soll einmal", sagte Rabenhorst mit ausgesprochener Bosheit, „in Sankt Petersburg einen Juden mit Namen Kapherr gegeben haben, der sich natürlich einfach Kaffer aussprach. Aber er war sehr reich und – wie das so ist – verschaffte sich auf irgendeine Weise den Adel. Aber weil der Name doch zu unangenehm war, gab ihm der König einen Bindestrich zwischen das p und das h. Noch heute schreibt sich zur Erinnerung dieses h klein. Das kleine h ist es, warum es die Familie Kap-herr so gern sähe, wenn sie vom König ausgezeichnet würde."
Ich zweifelte an der Wahrheit der Geschichte, weil Rabenhorst sie mit soviel Genuß an der Bosheit erzählt hatte. Aber richtig war, das h schrieb sich sonderbarerweise klein.
Es war vier Uhr geworden, als wir den Inka verließen. Sein Zimmer war verraucht und stand voll halb ausgetrunkener Biergläser. Ich ging fröstelnd in meine Wohnung und legte mich todmüde ins Bett. In meinem Magen rumorte es. Nur drei und eine halbe Stunde hatte ich, dann würde mein Bursche kommen, mich zu wecken.
Zuerst konnte ich überhaupt nicht schlafen. Dann mußte ich mit der Gräfin Schall tanzen und ihr irgend etwas sagen, dessen ich mich nicht erinnerte. Natürlich mußte ich auch vorsichtig sein wegen ihres Namens Kaffer. Und mein Hauptmann – ja, warum habe ich gerade ihn gefragt, wo der Abort ist? Und meine Uniform – Himmel, die habe ich in der Garderobe gelassen! So kann ich doch nicht in den Saal zurück. Vorläufig hat mich niemand gesehen, und hinter den Vorhängen bin ich verborgen – und der Ärmelknopf ist abgerissen!
Mein Bursche kam herein und zündete die Kerze an.
„Gut", sagte ich ihm. Wie schön, daß er das Licht angebrannt hat! Das ist so warm, und da gehen gleich diese drückenden Phantasien fort.
Nach einer Weile hörte ich: „Herr Leutnant! Herr Leutnant! Es ist schon zwanzig Minuten vor acht!"

Ach, bin ich nicht aufgestanden?
Ich zog an meinen Hosen, und es ging nicht. Die Schuhe, oh, wie eng die sind!
„Herr Leutnant! Es ist schon zehn Minuten vor acht!"
„Wie?" rief ich. „Ich habe mir doch eingebildet, daß ich mich anziehe!"
Ich richtete mich auf. Oh, der Kopf! Und was für ein Gefühl im Magen! Im Spiegel sah ich mein Gesicht. Wie ausgespuckt! Blaß und häßlich! Im Wohnzimmer stand der Kaffee. Aber er war zu heiß. Und essen? Nein!
Frierend rannte ich die verrußte Treppe hinunter, durch deren Fenster etwas Morgenlicht kroch. Draußen blies mir ein Wind entgegen und fegte mir den Aschenstaub ins Gesicht, mit dem der Kasernenhof geebnet worden war.
Dort standen meine achtzig Rekruten in zwei langen Reihen. „Stillgestanden!" brüllte der Feldwebel und meldete mir.

Weihnachten in der Kaserne

Wenige Tage vor Weihnachten wurde in der Kaserne gefeiert, gemäß Regimentsbefehl, zuerst in den Kompanien und dann im Offizierskasino. Gemäß Kompaniebefehl traf ich dazu den schönen Hartwig vor seiner Kasernenwohnung. Wir waren feierlich in neuen Röcken mit der silbernen Stickerei und hatten auf den Achseln die breiten silbernen Epauletten. So gingen wir gemessen und kühl zur Kompanie und traten als erstes in die Schreibstube ein.
„Achtung!" brüllte der Feldwebel.
Alle sprangen von ihren Stühlen auf und standen wie Stöcke im engen Zimmer herum.
Hartwig zog ein süßliches Lächeln und sagte zu dem Feldwebel: „Ihre Frau wird sich sicher über eine fette Weihnachtsgans freuen", und reichte ein Paket hinüber, das in strammer Haltung entgegengenommen wurde. „Danke gehorsamst, Herr Hauptmann! – Darf die Schreibstube Herrn Hauptmann gehorsamst fröhliche Weihnachten wünschen!"
„Danke schön, gleichfalls. – So, wo wollen wir jetzt zuerst hingehen?"

„In die Handwerkerstube, ist angesetzt worden."
„Gut. Gehen Sie voraus, Feldwebel!"
Als wir auf den Flur hinaustraten, sah ich, daß einige Stubentüren halb offen waren. Da sahen die Unteroffiziere heraus, um rechtzeitig „Achtung!" rufen zu können. Ich hörte auch bei der Nachbarkompanie das „Achtung!" und das Zusammenschlagen eisenbeschlagener Nagelstiefel. Dienst ist Dienst, und der muß pünktlich sein.
Der Feldwebel riß die Tür der Handwerkerstube auf und schrie: „Achtung!" Dann sprang er zurück, damit der schöne Hartwig würdig eintreten könnte.
Sonst waren die Handwerker schmutzig und saßen auf Schemeln, die Schuhmacher in einem Wall stark riechender, zerrissener Stiefel, die Schneider in einem Wall alter, ausgewaschener Uniformen. Heute aber war alles zur Seite geräumt, und sie standen in gut sitzenden Uniformen vor ihren Schränken.
Hartwig war sichtlich verlegen. Denn sein sonstiger Umgangston bestand in Redensarten wie: „Reißen Sie Ihre Knochen zusammen! Was ist das hier für eine Schweinerei!" Das alles paßte heute nicht! Daher sagte er: „Prost Weihnachten."
In der nächsten Stube sagte er: „Nett haben Sie das hergerichtet", und ging schon wieder hinaus.
„Achtung!" schrie der Korporalschaftsführer, wenn wir hinausgingen. Und „Achtung!" schrie der Feldwebel in die nächste Stube hinein. Dabei waren die Stuben mit viel Liebe ausgeschmückt. Es roch einmal weniger nach Stiefeln und mehr nach Fichtenzweigen und allerlei anderm, was man zu Weihnachten hat. Gut, dachte ich, daß der schöne Hartwig so schnell durchgeht! Da sind die Landser wenigstens nachher unter sich.
Jetzt kamen wir zu der ersten Stube meiner Rekruten. Da stand der lange und breite Proß vor seinem Schrank und lächelte etwas traurig mit seinen gutmütigen blauen Augen. Ich hätte gern mit ihm gesprochen. Das war ein Mensch mit einem guten Herzen und einem etwas schweren Sinn. Aber auch mit dem neben ihm, mit allen wollte ich heute wenigstens ein persönliches Wort sprechen. Aber allerdings, solange Hartwig da war, nicht ein Wort.
Zum Schluß gingen wir zu den Unteroffizieren und setzten

uns ein wenig an ihren Tisch. An der von den Fenstern abgekehrten Wand hatten sie das Zimmer mit ihren Schränken geteilt. Hinter diesen Schränken stand ein kleiner eiserner Waschtisch, und da sah es fast noch ärmlicher aus als bei den Mannschaften. Weil heute auch die Verheirateten da waren, reichten die Stühle nicht aus, und die jüngeren Unteroffiziere standen hinter uns und lächelten auf uns herab. Die meisten meinten es mit diesem Lächeln auch freundlich, und gerade das verstimmte mich. Da verschenken sie ihre guten Gefühle an einen Menschen, der für keinen von ihnen ein warmes Gefühl übrig hat, und ich muß neben diesem Menschen sitzen und kann nichts Freundliches sagen! Wenn ich nur meine Rekruten noch einmal allein besuchen könnte.
Da stand der schöne Hartwig auf und sagte mir mit Augen, denen ich ansah, daß er viel lieber geschnauzt hätte: „Sie gehen wohl noch ein wenig zu Ihren Rekruten!“
„Zu Befehl, Herr Hauptmann!“ schnarrte ich und grüßte. Es wurde mir leicht, so dienstlich zu sprechen. Denn ich war wütend. Denkt sich dieser schöne Eisblock, daß man mich auffordern muß, meine menschliche Pflicht zu tun?
Aber mein Ärger schmolz, als ich die erste Stube wieder betreten hatte. Der Unteroffizier war etwas verwirrt. Er hatte wohl gedacht, jetzt wären die offiziellen Besuche vorbei. Vielleicht war nach seiner Meinung das Weihnachtsfest schon so fröhlich geworden, daß man es Offizieren nicht zeigen dürfte.
„Ich komme nicht mehr offiziell“, sagte ich ihm. „Jetzt soll es keinen Zwang mehr geben.“
Gleich links stand ein Mann, mit dem ich nie zufrieden gewesen war, weil er sich nie an Sauberkeit gewöhnte und sich nie richtig wusch. Heute hatte er ein ganz anderes Gesicht als sonst. Er lächelte rund und gutmütig eine Holzkiste mit Wurst, Schinken und Butter an, auf die er oder ein anderer mit Kreide geschrieben hatte: SCHIFF VON MUTTERN. Heute war der Tag, nett mit ihm zu sprechen, und sein Schiff war dazu der geeignete Anlaß.
Dort stand auch der düstere und ehrgeizige Lehmann. Ihn durfte ich nicht zu sehr auszeichnen, trotz seiner guten Leistungen, weil er das gegenüber seinen Kameraden hochmütig ausgespielt hätte.

In einer andern Stube versteckte sich einer hinter seiner Schranktür, als ich näher kam. Er war der uneheliche Sohn einer Bauernmagd, der sicher als Kind überall als überflüssig herumgestoßen worden war.
„Na, was ist denn mit Ihnen?“ rief ich ihm zu. „Ich fresse Sie doch nicht auf, besonders heute nicht. Kommen Sie nur wieder heraus!“ Er war aber nicht zu bewegen, mehr als seine große Nase und seine bäuerlich lächelnden Augen sehen zu lassen. Als ich sah, daß ihm dieses Versteckenspiel anziehend zu sein schien, dachte ich: Gut, sei du heute glücklich, wie es dir gefällt!
Nun konnte ich auch den bedrückten Proß sprechen. Er erzählte mir, daß er schlechte Nachrichten von seiner Familie hätte. Gerade hatte er einen Brief von seiner Schwester bekommen. Merkwürdig, wie frei dieser Rekrut sprach! Gar nicht verschüchtert. Das war selten, und mir gefielen diese selbständigen Charaktere, die mit mir sprachen wie mit ihresgleichen. Jetzt aber war es Zeit, ins Kasino zu gehen.

Im hell erleuchteten Empirezimmer standen die Offiziere in lautem Gespräch. Aus der Saaltür trat der Haushofmeister und meldete: „Herr Oberst, das Essen ist angerichtet!“
Als wir in den Saal eintraten, setzte die Kapelle mit dem Regimentsmarsch ein. Zwei lange Tafeln waren gedeckt mit brennenden Armleuchtern aus weiß-blauem Porzellan, mit silbernen Aufsätzen voll Blumen, mit Porzellanschalen voll Obst. Am andern Ende stand ein hoher Tannenbaum mit aufgesetzten elektrischen Kerzen und hängendem Silberflitter.
„Willst du heute mein Gast sein“, fragte mich Ehrenthal, „zusammen mit dem guten Seidenspitz?“
Wir setzten uns zu seinen beiden Seiten. Er winkte einer Ordonnanz. Ein riesiger Grenadier der Leibkompanie kam angestürzt und fiel auf dem glatten Parkett fast hin. „Bringen Sie große Gläser, zwei Flaschen Henkell Trocken und Pfirsiche!“
Unterdessen trugen andere Ordonnanzen die Suppenteller aus und setzten sie vor die Offiziere.
„Wie war“, fragte ich Ehrenthal, „die Weihnachtsfeier bei euch bei der Leibkompanie?“

„Man mußte die Hände falten, und Lionel Vitzthum sprach ein Gebet.“
„Na, und weiter?“
Er sah mich fragend an.
„Wurde nicht noch irgendeine besondere Art Weihnachtsexerzieren gemacht?“
„Nein, Lionel war heute wirklich ganz nett – wahrscheinlich netter als dein schöner Hartwig.“
„Bei uns“, sagte Seydewitz, „ist Hingst in alle Stuben gegangen und hat die Grenadiere gefragt, ob sie auch Karl May gelesen hätten. Karl May wäre die wahre Erziehung zum Soldaten. Da würden sie lernen, was sie alles in schwierigen Lagen bei sich zu tragen hätten.“
„Ich verstehe nicht, was bei sich zu tragen?“
„Ja, meine Rekruten haben das sicher ebensowenig verstanden wie ihr. Als ich neulich mit Hingst über Karl May sprach, machte ich mich ein bißchen über ihn lustig und sagte, dort kämen immer wieder Sätze vor wie: In dieser Lage, wo schon alles verloren schien, griff Old Shatterhand mit kühlem Gesicht in seine Tasche und zog einen Schraubenschlüssel heraus, den er stets bei sich zu tragen pflegte. – In jeder kritischen Lage läßt Karl May seinen Old Shatterhand einen andern großen Gegenstand stets bei sich tragen, Ferngläser, heilende Kräuter, Zangen, Reserveschlagbolzen. ‚Old Shatterhand muß‘, sagte ich dem Hauptmann von Hingst, ‚ein ganzes Warenlager in seinen Taschen gehabt haben!‘ – Er merkte aber gar nicht den Hohn, sondern sagte bewundernd: ‚Ja, und das alles in ganz gewöhnlichen Taschen! Na, vielleicht waren sie ein bißchen größer als bei andern.‘ – Als er heute bei meinen Rekruten von diesen Taschen erzählte, konnte ich mir das Lachen nicht verkneifen. Plötzlich drehte er sich um. ‚Sie lachen, Seydewitz?‘ – ‚Ja‘, sagte ich, ‚wenn Herr Hauptmann von Old Shatterhand sprechen, als ob das eine historische Figur wäre, wie etwa der alte gute Themistokles oder Goethe!‘ – ‚Sie sind ein Spötter, Seydewitz!‘ antwortete er, halb beleidigt. ‚Glauben Sie auch nicht an die deutsche Literatur? Ist Ihnen nichts heilig? Glauben Sie auch nicht an Gott?‘ – Na, stellt euch vor, er fragt mich da vor meinen Rekruten, ob ich an Gott glaube! Ich melde ihm also streng dienstlich, daß ich an Gott glaube. – ‚Ich aber nicht!‘ fährt es ihm heraus. Dann

tat ihm aber die Bemerkung leid, und er sagte mir leise: ‚Aber sagen Sie's nicht weiter!' – Damit wäre die Sache erledigt gewesen; aber wir standen gerade vor Stumpf, einem meiner hellsten Rekruten. Der hat natürlich alles gehört und grinst über sein ganzes Gesicht. Hingst sieht das, wird wütend und faucht den Stumpf an: ‚Und Sie sagen's auch nicht weiter!' – Stumpf brüllt, als hätte er über den ganzen Kasernenhof zu schreien: ‚Zu Befehl, Herr Hauptmann, nicht weitersagen!' – Hingst fällt fast um vor Schreck und sagt dann zu mir: ‚Der Mann ist wirklich gut erzogen! Das muß ich anerkennen, Seydewitz, Sie verstehen es, Rekruten auszubilden!'"

Die lange Ordonnanz brachte den Sektkühler, in dem zwei Flaschen standen, und setzte die hohen Gläser vor uns. Jeder unserer Offiziere hatte im Kasino sein großes Glas, in das sein Wappen eingeschnitten war und auf dessen Fuß sein Name stand.

Wir stachen die Pfirsiche mit einer Gabel an und warfen sie in unsere Wappengläser. Dann öffnete Ehrenthal eine Sektflasche mit großer Vorsicht. Denn das Knallenlassen des Korkens galt bei uns als schlechter Geschmack von neureichen Protzen. Dann goß er uns den schäumenden Sekt über die Pfirsiche.

Eine Ordonnanz kam angerannt und beugte sich, die Hände an die Hosennaht gepreßt, zu Ehrenthal nieder. „Herr Leutnant Graf zu Münster-Langelage trinkt auf Herrn Leutnant und sein Fest."

Ehrenthal wandte sich zu uns: „Münster."

Wir alle drei hoben die Gläser, beugten uns vor und tranken auf Münster, der am andern Ende der Tafel saß. Ich erzählte, wie neulich mein Rekrutenfeldwebel einen angeschrien hatte: „Richten Sie sich auf, Epperlein! Sie stehen wieder mal im Gliede wie ein blecherner Heiland!"

„Der Unteroffizier Mühlpfordt", sagte Seydewitz, „war gestern so in Wut, daß er brüllte: ‚Ich hau dir auf den Kopf, daß der dir in den Brustkasten fährt und du aus den Rippen rausguckst wie ein Affe aus dem Käfig!'"

Teubern, uns gegenüber, beugte sich vor und sagte in seiner verschlafenen Art: „Mein Rekrutenfeldwebel hat einem gesagt: ‚Mensch, wenn ich 'nen Arsch hätte wie dein Ge-

sicht, da würde ich mich schämen, auf den Lokus zu gehen!'"
„Strafe! Strafe!" riefen mehrere. Denn wer beim Essen unanständige Ausdrücke gebrauchte, mußte in die Kasse zahlen.
Man trank uns von allen Seiten zu, einzeln oder in ganzen Gruppen, wie auch wir es taten. Erst jetzt wurde der Fleischgang herumgereicht, Roastbeef mit grünen Bohnen. Wir waren schon leicht blau, und alle versuchten die Musik zu überschreien. Rings sah ich über silbergestickten Kragen lachende, braune Gesichter mit weißen Stirnen. Denn da wir im Dienst stets Mütze oder Helm trugen, verbrannten unsere Gesichter nur zwischen den Augenbrauen und dem Hals. Wenn daher ein Offizier in Zivil ausging, konnte doch jeder sehen, daß es eben ein Offizier war. Denn kein anderer Beruf hatte tiefbraune Gesichter und weiße Stirnen.
Als die Lichter aufgestellt waren, schoben wir die Stühle zurück und streckten die Beine bequemer aus. Dann kam eine Ordonnanz zu mir. „Herr Leutnant, der Bursche ist da."
Ich ging ins Vorzimmer. Dort stand eine ganze Reihe von Burschen, jeder einen Waffenrock mit dem Futter nach außen auf dem linken Arm. Alle Offiziere nämlich, die in der Kaserne wohnten, ließen sich nach dem Essen einen älteren Rock bringen. Denn der Zigarettenrauch machte die Stickerei gelb. Wegen dieser Bedienung durch unsere Burschen sagte mein Bruder Viktor einmal zu mir: „Ihr Infanterieoffiziere seid so verwöhnt, daß ihr nicht einmal allein auf den Lokus gehen könnt. Auch da muß euch der Bursche halten! Bei uns hat sich der Bursche um die Pferde zu kümmern und hat keine Zeit für die Schönheit seines Herrn!"
Im Saal hatten sich einige erhoben und standen, das Glas in der Hand, herum. Als die Musik einen Walzer begann, kam der Leutnant von Tschammer und Osten mit strammen Schritten auf mich zu. „Tanzen Sie?"
Seydewitz und Haugk tanzten auch schon. Es waren immer die besten Tänzer, die bei den Festen zu tanzen begannen, um sich vor den älteren Offizieren zu zeigen, von deren altmodischer Tanzkunst wir nicht viel hielten.
Der Leutnant von Tschammer und Osten war, wie seine sämtlichen fünf Brüder, am ganzen Körper schwarz behaart

und wurde deshalb verspottet. Das Spotten war allerdings nicht sehr anregend. Denn er antwortete nicht wie der Etagenkopf mit brummenden Wutanfällen, sondern lachte blechern, wobei man nicht wußte, ob das eingelernt oder einfach blöd war. Sein Vater hatte es unbegreiflicherweise bis zum Oberst gebracht, und schon er hatte mit Spitznamen der Quatschke geheißen. Mein Vater, der gern im Walde spazierenging, traf dabei gelegentlich den alten Quatschke und kam dann immer halb unwillig, halb belustigt über soviel geschwätzige Dummheit nach Hause. Man muß dem Quatschke unseres Regiments zubilligen, er war eher schweigsam und trug seine Blödheit mit viel guter Haltung. Wenn er aber einmal den Mund öffnete, so hörte man nur banales Zeug von ihm. Jeder seiner fünf Brüder lief in einem andern sächsischen Regiment als Quatschke herum und wurde als Rückschlag in unsere Affenvorzeit gefeiert.

Da die Schwalbe Tschirschnitz über den entschwundenen Etagenkopf keine Geschichten mehr erzählen konnte, so richtete sich sein Spott jetzt auf die Tschammers und besonders auf den geschwätzigen Quatschke des Regiments 177, das neben uns seine Kaserne hatte. Dieser Tschammer hatte eine auch nicht gerade kluge Frau geheiratet und bekam von ihr eine Tochter nach der andern.

Eines Tages trifft die junge Frau von Tschammer auf der Straße die hochblonde Frau von Criegern und sagt zu ihr: „Ach, gnädige Frau, Sie haben doch sechs Söhne?“

„Ja“, antwortete Frau von Criegern und zieht gespannt und lachbereit ihre blonden Augenbrauen hoch.

„Und ich habe sechs Töchter“, sagte die Tschammer mit traurigem Kopfschütteln.

„Na, und?“

„Ja, bitte nehmen Sie mir meine Indiskretion nicht übel, aber ich wollte Sie schon immer fragen, wie Sie das machen.“

„Sie meinen das Söhnekriegen?“

„Ja“, antwortete die Quatschke, glücklich, daß die andere sie verstanden hatte.

Die Frau von Criegern war aber die Tochter des Generals von Broizem, des witzigsten aller sächsischen Offiziere, von dem es Dutzende von Anekdoten gab, wie er dummen

Leuten geantwortet hatte. Eigentlich, dachte sie und betrachtete dabei scheinbar keusch ihre Schuhspitzen, war der Vater der Quatschke Arzt. Aber vielleicht hat er es versäumt, seine Tochter über das Kinderkriegen aufzuklären. Sie blickte mit einem Unschuldsblick auf. „Können Sie schweigen?"
„Gewiß – wenn ich es nur meinem Mann mitteilen darf?"
„Aber sicher, liebe Frau von Tschammer." Sie wäre fast laut herausgeplatzt über soviel Dummheit. Aber sie faßte sich rasch und hauchte der andern ins Ohr: „Sie müssen recht viel Fisch essen."
Noch am selben Tage sah man den Tschammer mit einem Paket aus der Seefischhandlung kommen.
Eine andere Geschichte, die Tschirschnitz im Frühstückszimmer zum besten gab – und zwar von unserm Quatschke –, war die:
Da war schon wieder ein Kind im Anzug. Und – vermutlich hatte man zu spät mit dem Fischessen begonnen – es war wieder ein Mädchen. Nun sollte es zu Hause getauft werden. Die glücklichen Eltern waren ins Vorzimmer gegangen, um den Pastor zu begrüßen. Als sie ins Taufzimmer zurückkamen, war das Kind aus der Wiege verschwunden – die übrigens nach jedem dritten Kinde neu gestrichen wurde. Die Mutter suchte, der Vater, die Taufzeugen, und sogar der Pastor sah unter den Tisch. Alles umsonst. Man stand verlegen herum. Der Pastor ärgerte sich, aber er konnte das Kind doch nicht taufen, ohne es da zu haben. Da blickt jemand zufällig in die Höhe und zeigt entsetzt nach der Gardinenstange. Da saß das Kleine oben, schwarzbeharrt wie ein Affe. Und es hatte auch Kletterfüße.
Als ich mit Tschammer getanzt hatte, dachte ich einen Augenblick daran, noch einmal zu meinen Rekruten hinüberzugehen, und sah nach der Uhr. Nein, es war zu spät. Und – ich stand auch nicht mehr sehr fest auf den Beinen. Da sah ich, Ehrenthal tanzte. Alles sammelte sich und sah erstaunt zu, wie er sich mit Seydewitz herumdrehte, etwas bärenhaft, aber sonst nicht schlecht. Als der Walzer zu Ende war, trat der aufgeregte Hauptmann von Hingst zu ihm. „Werden Sie nun auch bei Hofe tanzen?"
Ehrenthal blickte erhaben auf den kleinen dünnen Hauptmann nieder und sagte mit tiefer Stimme: „Musik entnervt,

erzeugt eine falsche Lebensauffassung und läßt mühselige Arbeit als unnütze Plackerei erscheinen. – Ich tanze nur, wenn ich betrunken bin."
Die Umstehenden fingen an zu lachen und versuchten seinen feierlichen Spruch zu wiederholen. Aber keiner brachte ihn mehr zusammen. Einige schwankten schon in die Garderobe und ließen sich von den Ordonnanzen in die Mäntel helfen.
Für mich endete dieses Weihnachtsfest mit einer Explosion nach vorn.

Die Cour und die Assemblée mit Hofspiel

Meine zweite Einladung zu Hofe war zum Abend des ersten Januar. Auf der Einladungskarte stand: Assemblée mit Hofspiel.
„Was ist denn das?" fragte ich Sporen-Grünenwald.
„Sie können doch Verbeugungen machen? Weiter ist nichts nötig."
Diese Auskunft machte mich aber nicht klüger. Wird etwa eine Quadrille à la Cour getanzt?
Schon am Neujahrsmorgen mußten wir ins Schloß, und zwar zur Cour. Das war eine Zeremonie, von der ich schon von Kindheit auf gehört hatte, um dem König zum neuen Jahre Glück zu wünschen.
Am Abend vorher gab es eine Diskussion im Kasino. Wir saßen im Rauchzimmer um den runden Tisch und hatten Gläser mit heißem Punsch vor uns. Da kam der Inka Schimpff herein und sagte nach seiner Verbeugung: „Ich habe mich erkältet und möchte mich ein bißchen voll heißen Alkohol laufen lassen."
„Aber nicht bis zum Überlaufen", antwortete der Regimentsadjutant, Oberleutnant von Montbé, mit vor Feinheit gepreßter Stimme, während er sein Monokel aus dem Auge fallen ließ.
„Tragen wir morgen genau den gleichen Anzug zur Cour wie zur Assemblée?" fragte ich.
„Genau den gleichen", antwortete der Graf Münster.
„Wie?" antwortete Montbé voll Würde. „Sie wollen doch nicht etwa mit Lackschuhen zur Cour gehen? Dazu trägt

man gewichste kalblederne Schuhe, wie es in der Offiziersbekleidungsvorschrift heißt.“

„Na ja, das ist Vorschrift ...“

„Mein Gott!“ rief Montbé. „Wo kommen wir hin, wenn wir von uns aus anfangen, das Zeremoniell zu revidieren! Außerdem trägt man zur Cour weiße wildlederne Handschuhe und zur Assemblée mit Hofspiel weiße Glacéhandschuhe!“

„Na, wer sieht das schon?“ erwiderte Graf Münster geringschätzig. „In Wirklichkeit macht es doch jeder, wie er will.“

Montbé mußte schon wegen seiner Würde als Regimentsadjutant seinen Standpunkt verteidigen. Da er aber außerdem überfein war, zog er nervöse Gesichter und sprach ein ausgesuchtes Hochdeutsch, das aber immer einmal wieder den Sachsen verriet und dann ganz falsch klang. Schließlich, als er sich gegen den liebenswürdigen und natürlichen Grafen Münster nicht durchsetzen konnte, klemmte er sich das Monokel ins Auge und ging ins Nebenzimmer, wo Ehrenthal, Lix Anderten und andere Skat droschen, während die Adjutanten Bridge spielten. Denn das entsprach ihrem höheren Ansehen und den Sporen, die sie trugen.

Montbé erzählte gequetscht den Spielenden von den gewichsten und Lackschuhen.

Aber Lix sagte plötzlich vorwurfsvoll zu Ehrenthal: „Däuser bauen Häuser!“

„Und weiße wildlederne Handschuhe ...“, begann Montbé wieder.

Aber Dietrich Vitzthum, der Adjutant, sagte lachend zu Lix: „Mühselig sucht sich das Eichhörnchen seine Nahrung!“

Montbé senkte den Kopf, verlor sein Monokel – das aber für solche Fälle an einer schwarzen Schnur hing –, kehrte zu seinem Glase zurück und sagte nichts mehr.

Trotzdem hatte er gesiegt. Am nächsten Tage fuhren die meisten unserer Offiziere in gewichsten Schuhen und mit Wildlederhandschuhen ins Schloß. An diesem Morgen war es kalt, und ein eisiger Wind wehte über den Schloßplatz. Offiziere aller Art strebten dem Schlosse zu. Die Zipfel ihrer hellgrauen Mäntel schlugen ihnen um die Beine. Die weißen Federn zerrten an den goldenen Generalshelmen

und drohten abzureißen. Als wir ins Schloß eintraten, erschien es uns drin schön warm. Wir legten in der Herrengarderobe die Mäntel ab und begrüßten ehemalige Kriegsschulkameraden, die von ihren Regimentern zur Cour hergeschickt worden waren.
Nun stiegen wir in den zweiten Stock hinauf, gingen aber in Säle, die ich noch nicht kannte. Da war die sogenannte Reitschule, ein Raum, der mit gewebten, etwas verblaßten Bildern bespannt war, auf denen man große dicke Pferde sah und darauf Reiter in tadellosem Sitz. Von der Reitschule schob sich die Menge der Offiziere durch andere Räume hindurch in einen langen und hohen Saal mit dunkel-bunten Deckengemälden. Das war das Schlafzimmer Augusts des Starken. Hier blieben die Offiziere der Provinzregimenter zurück, und wir bevorzugten Leibgrenadiere, deren Chef der König selbst war, traten in den nächsten Saal.
Hier stand mein Onkel, der alte Kommandierende General von Treitschke, mit dem General von Ehrenthal zusammen, dem Vater meines Freundes. Sie begrüßten mich höflich und wandten sich wieder ihrem Gespräch zu. Bald verschwanden sie im anstoßenden Thronsaal, wo sie in Einzelaudienz empfangen wurden. Der lange Oberstleutnant von Kotsch ordnete die Offiziere unseres Regiments nach dem Dienstalter, einen hinter dem andern, vorn die Majore, dahinter die Hauptleute, Oberleutnants und Leutnants.
Wenn sich die Tür öffnete, sah ich einen Pagen unbeweglich dastehen. Das waren Schüler des Kadettenkorps, die bei solchen Gelegenheiten in einen Pagenanzug gesteckt wurden. Man brannte und puderte ihnen das Haar. Dann fuhren sie in einem altmodischen Omnibus ins Schloß, der nur für diesen Transport diente. Es war bekannt, daß bei jeder Cour ein paar dieser halben Kinder in Ohnmacht fielen, obwohl sie immer nur eine kurze Zeit zu stehen brauchten.
Jetzt ging die Tür wieder auf und blieb stehen. Kotsch ging stramm hinein, und die Majore folgten, fünf Schritt einer vom andern und genau im gleichen Schritt.
„Vorsicht!“ flüsterte mir Rolf Seydewitz zu. „Das Parkett ist sehr glatt.“
Schon stand ich dicht vor der Tür. Seydewitz trat mit dem

linken Fuß an. Ich zählte innerlich: zwei – drei – vier – und trat auch an.
Geradeaus bis zum Pagen.
Stramme Wendung nach links. Es war wirklich sehr glatt.
Bis zum nächsten Pagen.
Wendung nach rechts. Ich sah vor mir Seydewitz seine Verbeugung machen. Er richtete sich auf, während ich ihm schon ganz nahe kam, und marschierte fort. Jetzt stand ich vorm dritten Pagen. Wendung links. Verbeugung. Der König bewegte ein wenig den Arm mit dem Feldherrnstab. Um ihn standen unbeweglich viele militärische und zivile Uniformen mit Orden.
Wendung rechts und fort.
Beim nächsten Pagen ging es rechtsum und gerade aus dem Saal. Im Bankettsaal holte ich Seydewitz ein und fragte: „Ist das alles?"
„Ja, laß uns frühstücken gehen!"

Am Abend nach dem Essen zog ich mich bei Kerzenlicht um und steckte die Einladung zur Assemblée mit Hofspiel in die Manteltasche.
Wir fuhren ins Schloß und legten, genau wie beim Hofball, die Mäntel ab. Es ging dann durch das Labyrinth von Gängen, Galerien und über Treppen zur Rokokogalerie. Von da strömten wir in den großen Hofballsaal.
Als ich nach meiner Dame Ausschau hielt, stand plötzlich eine andere vor mir. Sie hatte eine schmale große Nase und sah einfach und anziehend aus. „Wie nett, Sie hier wieder zu treffen!"
Ich war verblüfft. Aber sie kam mir sehr vertraut vor.
„Ist Onkel Hans auch da?" fragte sie.
„Meinen Sie Onkel Hans Welck?" fragte ich verlegen.
„Nein, nicht ihn, sondern Ihren Vater."
Ich wurde noch verlegener. Denn sie mußte wohl irgendeine Verwandte sein. „Nein", erwiderte ich, „er ist, glaube ich, nur einmal bei Hofe gewesen. Er tanzt nicht gut und liebt das auch nicht."
„Wie vernünftig! Ich würde auch nicht gehen, wenn mein Vater es nicht verlangte. – Aber das ist auch das letztemal. Ich will nicht so eine Zierpuppe werden. Ist es nicht viel richtiger, sich sein Leben selbst aufzubauen, wie es die jun-

gen Leute in Amerika tun? – Und auch viel würdiger!" fügte sie lächelnd hinzu.
Ich sah meine Dame kommen und sagte: „Entschuldigen Sie mich. Ich muß engagieren."
„Na, wir sehen uns noch heute abend." Sie neigte liebenswürdig den Kopf.
Ich begrüßte Fräulein von Haugk, meine Dame für heute. Sie war eine der Töchter des Oberstallmeisters des Königs, und ich konnte sie nicht leiden. Aber Seydewitz, der in sie verliebt war, hatte mich gebeten, sie zu engagieren. „Ich kann doch nicht", hatte er gesagt, „nur immer mit ihr zusammen sein. Dann spricht man im Nu davon, wir wären verlobt. Ich nehme heute deine Fuchs, du meine Haugk, und wir treffen uns am Büfett. Dort tauschen wir die Damen."
Die Ola Haugk galt für schön, aber dumm. Ich empfand ihre Augen als starr und schrecklich kalt. Sie liebte mich übrigens ebensowenig wie ich sie. Daher paßte ich auch nicht recht auf, was sie redete – und das war auch meistens weder interessant noch höflich. Sondern ich sah der Dame nach, mit der ich eben gesprochen hatte. Sie unterhielt sich jetzt mit Lix Anderten, der ihr auffallend artig zuhörte und seine langen Arme und Beine einmal nicht herumzappeln ließ. So gern hätte ich gefragt, wer sie denn wäre.
Aber schon sagte die Ola gereizt: „Was interessiert Sie denn so?"
„Sehen Sie da das merkwürdige Diadem?" log ich.
„Aber das finde ich nicht so besonders schön", antwortete sie mit einem unfreundlichen Lachen.
Ich wahrhaftig auch nicht. Aber während ich nun erst genauer hinsah, fand ich unter dem Diadem mit den drei hochstehenden Barockperlen ein häßliches junges Gesicht mit Stupsnase und klugen, angenehmen Augen. Wenn die Ola so klug aussähe wie die häßliche da, könnte sie froh sein. Aber sie bildete sich wer weiß was ein, weil ihr Vater so reich ist und Oberstallmeister. Die Dame dort hat wahrscheinlich einfach kein Geld und daher kein so schönes Diadem. Auch meine unbekannte Verwandte sah nicht besonders reich aus.
Um die hochmütige Ola zu ärgern, sagte ich: „Ob der Schmuck echt ist?"

„Was Sie immer für Fragen stellen“, antwortete sie übellaunig. „Die Herrschaften kommen. Stellen wir uns ordentlich her!“
Ich war dem König dankbar dafür, daß er kam. Denn ich hatte keine Lust, mich mit der witzlosen Haugk weiter zu unterhalten. Der Gardereiter mit dem aufgesetzten Goldhelm stand schon neben der Tür. Jetzt kam der Schloßwachthabende, klopfte zweimal und stellte sich auf die andere Seite. Andere Offiziere, Kammerherren, Zeremonienmeister und der Oberhofmarschall folgten und dann der König. Hinter ihm waren heute außer den mir bekannten Prinzen und Prinzessinnen einige andere Herren und Damen. Ola hielt sie für Fürstlichkeiten, die gerade zu Besuch da wären.
Nicht lange blieben der König und sein Gefolge im Saal, sondern verschwanden in die inneren Räume.
Ich reichte der Ola den Arm, und wir gingen in der Menschenmenge langsam nach der Tür des Porzellanzimmers. Als wir dahin kamen, wollte eben ein einzelner Herr durchgehen. Aber einer der beiden Kammerherren, die zu beiden Seiten standen, beugte sich leicht vor. „Hier können nur Paare herein. Wollen Sie sich, bitte, dorthinüber bemühen. Sie finden da ein Büfett ganz gleicher Art wie hier.“
Als wir durchgegangen waren, fragte ich die Ola: „Warum lassen sie hier nur Paare durch?“
„Aber sonst könnten doch die ganzen Raubtiere in die inneren Räume! Denken Sie denn, der König würde sich sehr freuen, wenn irgendein Professor – oder sogar ein sozialdemokratischer Abgeordneter vor ihm da drin eine Verbeugung machte? Diese Raubtiere können keine Dame engagieren, weil keine das annehmen würde, und können daher auch nicht zum Hofspiel gehen.“
Wir gingen hinter den anderen Paaren in den nächsten Saal. Rechts saß hinter einem Spieltisch der König mit Karten in der Hand, zu beiden Seiten irgendwelche Würdenträger. Wir machten ihm gemeinsam eine Verbeugung. Dann wandten wir uns um und verbeugten uns vor dem Prinzen Johann Georg, der gerade eine Karte auf den Tisch warf.
Wir machten wieder kehrt zum zweiten Tisch rechts, an dem die Prinzeß Mathilde mit den jungen Prinzen saß. So ging es von Tisch zu Tisch. Niemand spielte richtig – oder

konnte es tun, weil die Herrschaften den Verbeugungen mit einem Nicken oder einer Handbewegung zu antworten hatten.
Nun war kein Tisch mehr da, und wir folgten den anderen Paaren in einen Raum mit reichgedecktem Büfett. Es roch schwer nach Naschwerk und dem berühmten Schwedenpunsch des reichen sächsischen Hofes.
Seydewitz kam uns mit der munteren Fuchs entgegen, die ihrer Cousine Ola so unähnlich war wie möglich und sie auch nicht mochte. Die Fuchs hatte ein eher düsteres Gesicht mit einer Falte über der Stirn und ihrer Warze auf der Backe.
„Der Schwedenpunsch ist gut!" rief sie mir entgegen und fügte leiser hinzu: „Ich habe schon etwas zuviel. Aber das stört wohl einen Leutnant nicht?"
Ich nahm aus einer silbernen Schale Zuckerzeug mit Nüssen und ließ mir ein Glas Schwedenpunsch geben. Es schmeckte herrlich. Aber nach kurzer Zeit hatte ich diese Süßigkeiten über und sah mich nach einem Butterbrot oder einer Tasse Kaffee um. Aber es gab nichts Einfaches und Vernünftiges, nur das Naschwerk.
Plötzlich fand ich mich wieder meiner geheimnisvollen und trotzdem so vertrauten Verwandten gegenüber. Auch Lix Anderten kam dazu. So unterhielten wir uns, bis ich zu meiner eigenen Schönen, der Fuchs, zurückkehren mußte. Denn Seydewitz hatte mir zu meiner großen Erleichterung die Haugk abgenommen und unterhielt sich drüben mit ihr, dicht an der Wand, wobei er nervös mit allen Teilen seines Gesichts zuckte und mit der rechten Fußspitze auf den Boden klopfte. Das tat er immer dann, wenn er ein Wort nicht herausbekam.
„Wie lange dauert dieses sensationelle Vergnügen hier noch?" fragte ich die Fuchs.
„Bis die Herrschaften den Bankettsaal verlassen."
„Sie also sind das Ventil, das den ganzen Hof im Schlauche hält?"
„Ja, das Ventil. – Möchten Sie übrigens so ein Ventil sein?"
„Ich habe mir das wirklich noch nicht überlegt. Habe ich außerdem Aussicht, eins zu werden?"
„Ich möchte es nicht!" rief sie. „Wenn die Hofbälle vorbei

sind, gehe ich mit meiner Mutter nach Italien. Da gibt es für uns keinen solchen Zwang wie hier. Aber wenn man eine Fürstenkrone hat, ist man nie in seinem ganzen Leben frei."

„Und Sie lieben es, frei zu sein?"

„Ja, und sehr! – Ist das etwa schlecht?"

„Ich bin mir darüber nicht recht klar. Mein Bruder schwärmt von kleinen Fürstenhöfen und einem Alter als Hofschranze. Mein Gefühl war immer für Freiheit, und mein Vater war in seiner Jugend ganz demokratisch und gegen den Adel. Das kann ich verstehen – aber meinen Bruder habe ich lieber. Vielleicht verteidigt er doch etwas, was es wert ist?"

„Das Ventil ist fort!" rief die Fuchs. „Jetzt aber schnell nach Hause!"

Es war noch nicht spät, als ich mit Lix Anderten auf die Elektrische stieg. Ich fragte ihn nach der geheimnisvollen Verwandten.

„Aber das ist doch deine Cousine Charlotte von Welck! Ganz fabelhaft finde ich sie, nicht? Und will nicht mehr bei Hofe ausgehen."

Sie war also die Tochter des Kavalleriegenerals, über den mein Vater gern spottete, weil er ihn für reichlich beschränkt hielt.

Kurze Zeit später hörte ich, daß sie sich von ihren Eltern getrennt hatte und sich als Verkäuferin von Seidenstoffen mit guten Sprachkenntnissen selbst das verdiente, was sie brauchte. Am Hofe ist sie nie mehr erschienen.

Das Fest des 2. Januar

Ich weiß nicht, ob jedes Regiment ein Traditionsfest hatte. Jedenfalls hatten wir unseres am 2. Januar, und dazu kam alljährlich der König.

Der Garderobenraum reichte nicht für die vielen Mäntel. Daher hatte man auch auf den obersten Absatz der Treppe Mantelständer gestellt. Viele Grenadiere waren herkommandiert, in neuen Röcken, die mit den Hacken knallten und den alten Herren aus ihren dick gefütterten Mänteln halfen.

Alle Räume waren strahlend erleuchtet. Uralte Exzellenzen mit Knickebeinen und Korkzieherhosen reichten einander die Hand und sprachen dann von Erinnerungen. Das waren Skandalgeschichten des vorigen Jahrhunderts und Erlebnisse aus dem Kriege von 1870. Aber da erzählten sie nicht etwa von den Schlachten, sondern von schönen Französinnen und gutem Wein.
Als der Haushofmeister mit aufgeblasener Brust und besonders scharfem Zusammenschlagen der Absätze gemeldet hatte, das Essen wäre fertig, machte der Oberst dem König eine Verbeugung, und beide betraten gleichzeitig den Saal. Die Kapelle spielte:

Heil dir im Siegerkranz,
Herrscher des Vaterlands,
Heil, König, dir!

Drei lange Tafeln standen nebeneinander, mit viel Silber, Porzellan, Glas und Blumen gedeckt. Wir waren ja ein reiches Regiment – das heißt nicht die einzelnen Offiziere, von denen sogar einige recht knapp lebten. Aber das Kasino war durch Stiftungen reich.
Sogar die Mannschaften hatten es bei uns besser als bei andern Regimentern. Sie bekamen jeden Morgen als Geschenk des Königs eine Semmel. Nun lagen die Tore der beiden Grenadierregimenter nebeneinander, und jedes wurde durch einen Bronzelöwen auf hohem Postament bewacht. Der Bildhauer hatte aber unserm Löwen das Maul geschlossen, während er das des Löwen der Zweiten Grenadiere weit aufgerissen hatte. Man sagte dazu, der hätte Hunger, weil er am Morgen keine Semmel bekommen hatte.
Wegen der vielen Gäste ging heute das Servieren langsam. Aber Wein gab es gleich, und wir tranken reichlich auf den leeren Magen. Da wurden wir schon während des Essens sehr laut.
Als die Lichter aufgesetzt waren, mußten wir heute noch sitzen bleiben, weil der König noch aß. Er unterhielt sich mit dem Oberst und mit irgendwelchen alten Knackern, wie wir diese bejahrten Exzellenzen nannten.
Ab und zu sprangen die Fahnenjunker auf, wenn ihnen ein

Offizier zutrank. Sie hielten das Glas vor die Brust, bis der Offizier seins an den Mund setzte, und tranken dann. Der Leutnant von Tschammer hielt sich für besonders berufen, die Fahnenjunker zu erziehen. Er sprach auch ununterbrochen von Erziehung. Sein System bestand darin, ihnen blöde Fragen zu stellen: „Wie würden Sie grüßen, wenn Sie den Feldwebel Ihrer Kompanie in Generalsuniform anträfen!“ Wenn dann der Fahnenjunker antwortete: „Ich würde ihn durch Anlegen der rechten Hand an die Kopfbedekkung grüßen“, so rief Tschammer: „Aber wissen Sie denn nicht, daß direkte Vorgesetzte im Generalsrang durch Frontmachen zu grüßen sind?“ Wenn aber der Fahnenjunker sagte: „Ich würde vor ihm Front machen“, so rief ihm Tschammer zu: „So ein Dummkopf! Er ist doch gar kein General!“ Und dazu lachte er laut und stoßweise.
Ihm machte es auch Spaß, die Fahnenjunker vor sich aufspringen zu lassen und ihnen zuzurufen: „Austrinken!“
Daß der Untergebene das Glas bei jedem Zutrinken zu leeren hatte, war bei den meisten Regimentern Sitte, nicht aber bei uns. So humane Offiziere wie die Schwalbe, Schönberg, Trützschler oder Weber hätten das nie gefordert. Denn sie wußten, daß die jungen Menschen, die eben erst von der Schule kamen, nicht soviel vertrugen.
Das waren aber auch die einzigen Späße, die sich Tschammer erlauben konnte, denn wer nicht sein Untergebener war, sprach nicht ernsthaft mit ihm. Sogar mit ihm zu tanzen machte mir keinen Spaß, obwohl er das technisch sehr gut konnte. Aber er war langweilig.
Neben mir saß heute Münster. Er rief eine Ordonnanz: „Kennen Sie den Hauptmann von Löben?“
„Jawohl, Herr Graf, den Chef der dritten Kompanie?“
„Nein, den andern. – Sehen Sie dort drüben den Hauptmann Legler?“
„Jawohl, Herr Graf!“
„Rechts von ihm der dritte, mit dem dunkeln Gesicht.“
„Jawohl, Herr Graf.“ Er wollte hinüberlaufen.
„Halt! Erst, was Sie zu sagen haben! – Leutnant Graf zu Münster-Langelage bittet Herrn Hauptmann gehorsamst um die Ehre. – Wiederholen Sie!“
„Herr Leutnant Graf zu Münster-Langelage bittet Herrn Hauptmann gehorsamst um die Ehre.“

„Gut, laufen Sie!"
„Neulich", sagte Münster zu mir, „hat eine Ordonnanz dem Major von Trützschler gesagt: ‚Herr Leutnant von Ehrenthal bittet den Herrn Major gehorsamst um seine Ehre.' – Darauf rief Trützschler dem Ehrenthal zu: ‚Feuer kann ich Ihnen gern geben, aber meine Ehre? Wer weiß, ob es die gibt?'"
Plötzlich standen alle auf. Der König hatte sich erhoben und stand noch eine Zeitlang herum und sprach mit einem und dem andern. Dann verließ er fast unbemerkt das Kasino.
Jetzt schwärmten wir Leutnants schwatzend durch die hell erleuchteten Räume. Als ich ins Empirezimmer kam, standen da Ehrenthal, Seydewitz und andre vor einem krummen Ehrensäbel, der an der Wand hing. Über ihm war ein Messingschild angebracht mit der Inschrift: Oberst von Cerrini di Monte Varchi.
„Ich weiß ein scheußliches altes Portepee!" rief Roderich Grünenwald und lief aus dem Saal.
„Was macht ihr denn?" fragte ich.
„Jedes Jahr", antwortete Teubern, „bekommt dieser Ehrendegen heute zum 2. Januar ein neues Portepee. Aber es wird gleich wieder gegen ein altes eingetauscht. Bei so einem großen Fest wie heute finden sich immer alte in der Garderobe."
Grünenwald kam mit einem Portepee zurück, bei dem das Silber schwarz geworden war und zerrissen um das weiße Futter der Eichel hing.
„Wem haben Sie denn das scheußliche Ding abgehängt?"
„Was weiß ich schon? Nach den Achselstücken ist es ein Hauptmann."
„Und wer war Cerrini di Monte Varchi?"
„Vielleicht war das der Kommandeur des Regiments von 1870?"
„Nein, Cerrini ist heute selbst im Kasino. Und da kann er nicht schon 1870 Oberst gewesen sein."
„Wie?" rief Grünenwald. „Er ist hier? Da laßt uns den Tausch lieber schnell vornehmen, damit der Held nicht dazukommt, wenn wir an seinem Säbel Grabschande begehen!"
Ehrenthal wand das zerrissene Portepee liebevoll um den

Säbelgriff, der dadurch ein richtiges lumpenmäßiges Aussehen bekam.
Zwei Hauptleute kamen vorbei, und einer rief uns zu: „Bildet euch nur nicht ein, ihr hättet den Witz erfunden! Wir haben das schon vor zwanzig Jahren gemacht."
Nun zogen wir mit Cerrinis neuem Portepee in die Garderobe. Die Ordonnanzen, die untereinander geschwatzt hatten, rissen ihre Glieder zusammen und sahen dann grinsend zu, wie wir dem unbekannten Hauptmann unbegreiflicherweise ein neues Portepee an den Säbel banden.
Bei der Rückkehr in den Empiresalon standen dort mit Gläsern in den Händen der Etagenkopf und der Oberstleutnant von Erdmannsdorff, der etwas übereifrig erzählte. Vor diesem Manne hatte ich mich als Kind gefürchtet, wenn er mit der Bartbinde Polstersessel hin und her schob oder in höchster Erregung sonst etwas Überflüssiges tat. Genau wie sein Sohn Otto damals, so machten sich die Leutnants heute über ihn lustig.
Ehrenthal stieß mich an. „Was täten wir, wenn wir nicht solche Geisteshelden unter uns hätten? Wir würden vor Langerweile vergehen!"
Seydewitz neigte sich uns zu und flüsterte: „Ein Windspiel und ein Mops – da möcht ich mal die Kinder sehen."
Wir prusteten vor Lachen. Aber die beiden merkten nichts.
„Und sehen Sie, Herr von Koppenfels", rief Erdmannsdorff im liebenswürdigsten Eifer des Erzählens, „da kamen wir nach Florenz, und nichts klappt! Wo gibt es die Billetts zu kaufen? Ich schieße auf dem ganzen Bahnhof herum und frage überall! Und habe jedes Wort Italienisch vergessen vor Erregung! – Unterdessen saß meine Frau wie eine Glucke auf den Koffern!"
Rolf Seydewitz mußte so lachen, daß er sich verschluckte und ganz rot wurde.
Da zwinkerte mir Ehrenthal zu, ich sollte wieder hinübersehn.
Der Etagenkopf hatte angefangen zu lachen. Seine Augen waren unter den zwei Stockwerken seiner Stirn zum Strich geworden, und wie ein tiefes Bellen kam sein Lachen stoßweise heraus.
Ich rannte aus dem Raum und warf mich im Spielzimmer in

einen Sessel, um freiheraus lachen zu können.
Seydewitz kam mir nach und brachte stotternd die Worte heraus: „Noch nie in seinem Leben hat er gelacht. Aber – wenn Erdmannsdorff witzig wird – dann ...“
Ehrenthal unterbrach ihn: „Ich habe einen Gedanken. – Neulich hat die Schwalbe im Frühstückszimmer erzählt, daß sich der Etagenkopf alles aufschreibt. Er behauptete, er hätte das Notizbuch des Etagenkopfes gefunden, und zog auch tatsächlich ein Heft aus der Tasche und las daraus vor: ‚Hier! Exerzieren. Erstens Gewehrgriffe. Erstens: Das Gewehr – über! – Erstens: Tempo eins. – Zweitens: Tempo zwei. – Drittens: Tempo drei. – Viertens: Hand weg!‘“
Wir wälzten uns vor Lachen.
„Und die Schwalbe behauptet“, sagte Ehrenthal, „daß sich der Etagenkopf auch immer die Garderobennummern aufschreibt, wo er seinen Mantel hingehängt hat.“
„Aber wir haben ja gar keine Nummern in der Garderobe“, sagte Seydewitz.
„Das tut ja nichts. Wir können trotzdem seine Sachen umhängen und dann sehen, was er tut.“
In der Garderobe fanden wir rasch die Sachen des Etagenkopfs. Seinen Mantel hängten wir auf einen Ständer vor der Kasinotür, seinen Säbel woandershin und seinen Helm zu einem Mantel, bei dem aus irgendeinem Grunde keiner war. Darauf nahmen wir die Sachen eines Generals und hängten sie auf den früheren Haken des Etagenkopfs, und zwar so, daß man das rote Futter des Mantels recht deutlich sah.
Auch diesmal sahen uns die Ordonnanzen von ferne zu und begriffen vermutlich besser, was wir taten, als vorhin, wo wir einem Hauptmann sein altes Portepee stahlen und ihm dafür ein neues gaben.
Darauf suchten wir in den Kasinoräumen nach dem Etagenkopf und blieben in seiner Nähe, bis er hinausging. Wir folgten ihm lärmend und lachend und taten so, als hätten wir was in der Garderobe zu tun.
Der Major ging ungeschickt – nicht einmal ordentlich zu laufen hatte er in den zwanzig Dienstjahren gelernt – in den Vorraum und blieb verblüfft vor dem Generalsmantel stehen.
„Habe ich nicht meinen Mantel hierher gehängt?“ brummte

er. Er schüttelte den Kopf und blickte wieder hin. Es blieb ein Generalsmantel. „Aber ...“, grunzte er ärgerlich, „Ordonnanz!“
Ein Riesengrenadier kam angeschossen, knallte die Hacken zusammen und blickte auf den kleinen Major hinunter.
„Ich habe meinen Mantel hierher gehängt!“
Der Riese verdrehte die Augen. Denn er hatte natürlich gesehen, wie wir den Mantel umhängten, und außerdem zwinkerte ihm Ehrenthal drohend zu.
„Wo ist mein Mantel?“ knurrte der Etagenkopf.
„Ich weiß nicht, Herr Major.“
Da näherte sich Ehrenthal dem Etagenkopf und sagte mit geneigtem Kopf und ganz übertriebener Liebenswürdigkeit: „Herr Major suchen gehorsamst Ihren Mantel? Aber es ist doch ganz unmöglich, daß er fort ist!“
„Ich habe ihn hierher gehängt!“
„Vielleicht haben sich Herr Major geirrt? Haben Sie es sich nicht aufgeschrieben?“
Wir wußten kaum, wie wir uns halten sollten, weil Ehrenthal auch noch darauf anspielte.
„Sonst“, brummte der Etagenkopf, „pflege ich das zu tun. Aber hier gibt es keine Nummern.“ Er sagte das mit Vorwurf in der Stimme, über so einen Mangel an Ordnung in einem sonst ordentlichen Regiment.
Das hatte ich nicht erwartet und griff, um nur mein Lachen nicht zu zeigen, nach dem nächsten Helm, der da hing, reichte ihn mit beiden Händen dem Etagenkopf hin und sagte: „Ist das vielleicht der Helm?“
Der Major betrachtete ihn kurz und brummte böse: „Nein!“
Ich hatte auch ausgerechnet den Helm eines Breitkopfs erwischt, und beim Etagenkopf war ja gerade die zweistökkige schmale Höhe das Besondere.
Auch Seydewitz, Grünenwald und Ehrenthal brachten jetzt diensteifrig alle möglichen Kleidungsstücke und boten sie dem Männchen an, das immer böser wurde. Denn so viel begriff er doch wohl, daß wir ihn verhöhnten.
Da brachte Ehrenthal einen Helm, der wirklich schmal war, und sagte unschuldsvoll: „Dieser Helm scheint mir in seiner Besonderheit für Herrn Major geeignet.“
Der Etagenkopf musterte Ehrenthal mißtrauisch. „Das ist mein Helm. Wo haben Sie den her?“

„Von hier", antwortete Ehrenthal, ohne mit der Wimper zu zucken. „Vielleicht gehört der Mantel auch dazu?"
Dieser Mantel war ungeheuer lang und hatte Hauptmannsachselstücke. Der Etagenkopf betrachtete ihn wütend und knurrte: „Lausejungen!"
„Wie meinen Herr Major?" fragte Ehrenthal in ausgesprochen liebenswürdigem Ton.
„Wo ist mein Mantel?" fauchte der Etagenkopf eine Ordonnanz an.
Der Mann stand stramm und kratzte sich vor Verlegenheit mit dem rechten Mittelfinger an der Hosennaht. Mir wurde die Angelegenheit peinlich, und ich wollte den Mantel bringen. Aber da brachte Grünenwald ihn schon.
„Wo haben Sie den her?" fragte der Etagenkopf.
Wir alle führten ihn zu seinem Säbel. Der Major blickte ihn an, dann mißtrauisch uns. Wir standen in höflicher Neigung vor ihm. Er schnallte den Säbel um und stapfte wortlos die Treppe hinunter.
Im Saal gingen Ordonnanzen herum, die Tablette mit Biergläsern trugen. Ich nahm mir eins und stand plötzlich vor einem dicken alten Herrn, der mich auf das liebenswürdigste anredete. Ich war überrascht und betrachtete erstaunt die merkwürdige hellgrüne Uniform des Mannes und seine vielen Orden. Das mußte der Landesforstmeister von Sachsen sein. Aber woher kannte der mich? Oder kannte er mich überhaupt?
Er hielt ein Weinglas in der Hand und zerfloß vor Liebenswürdigkeit. Aber plötzlich begann er zu schwanken und fiel um wie eine dickbäuchige Flasche. Das Glas in seiner Hand zerbrach.
Wir versuchten ihn wieder aufzurichen. Aber er war schwer und nicht mehr in der Lage, sein Gleichgewicht zu halten. Daher setzten wir ihn auf einen Stuhl. Aber jetzt zeigte sich, daß der alte Mann so betrunken war, daß er drohte, sofort einzuschlafen und vom Stuhle zu fallen. Vielleicht hätten wir ihn auch einschlafen und sogar unter den Tisch fallen lassen, wenn Offiziere nicht eine seltsame Verehrung für die Jagd und für Förster hätten und ganz besonders für den Landesforstmeister, der die Gunst des Königs besaß.
So faßten wir ihn an beiden Armen und schleiften ihn mehr als wir ihn führten in die Garderobe. Dort wurde er in sei-

nen Mantel geschoben und mit viel Gelächter die Treppe hinuntergebracht – wir schwankten ja selbst. Unterdessen war nach einer Droschke telefoniert worden. Als die vor der Mitrailleuse ankam, hoben wir ihn hinein.
„Vielen Dank!“ lallte er.
„Wie kommt der aber“, fragte ich, „aus der Droschke in seine Wohnung?“
„Da bleibt er eben auf der Treppe liegen“, sagte jemand.
„In seiner prächtigen Uniform!“ sagte Roderich Grünenwald in einem Tone, der sich eines tiefen Witzes bewußt war.
Wir stiegen die Treppen wieder hoch. Mehrere Generale kamen von oben mit klappernden Säbeln und zogen sich die Handschuhe an.
„Die schienen noch gar nicht richtig blau“, sagte Grünenwald.
Seydewitz neigte sich zu ihm. „Sie wissen doch, wo die jetzt hingehen?“
„Nein, wohin?“
„Aber wissen Sie das wirklich nicht? Zu der Braunschweiger Minna am Jüdenhof gehen sie.“
„Was?“ rief Teubern erfreut. „In den Puff?“
„Ja, natürlich. Irgendwann wollen die alten Knochen doch noch ihren Spaß haben. Es ist bekannt, daß am 2. Januar gewisse bessere Puffs für den Zivilverkehr gesperrt sind. Dort erscheinen dann die Exzellenzen, wie sie aus unserm Kasino kommen, in Uniformen und mit allen Orden.“
„Das ist ja ganz schön und gut“, sagte Grünenwald mit Falten tiefer Überzeugung auf der Stirn. „Aber das Wiederanziehen von so einem alten, halb besoffenen Knacker kann recht schwierig werden.“
„Ach, die ziehn sich doch nicht aus!“ rief Pereira. „Sie kneifen höchstens die Damen ein bißchen in ihr weiches Sitzfleisch, wenn sie dort Kaffee trinken.“
Ich dachte, daß diese Geschichte eine der berühmten Ausmalungen von Seydewitz wäre, jedoch sie stimmte. Aber ich konnte mir an diesem Abend nicht mehr darüber klarwerden. Denn auch ich schwankte plötzlich so stark, daß ich nach Hause ging. Der Flur war vor meiner Tür schlecht erleuchtet. Um den Schlüssel mit beiden Händen ins Schloß zu bringen, stützte ich mich mit dem Kopf gegen die Tür. Als sie dann plötzlich aufging, fiel ich ins Zimmer, konnte

mich aber noch an der Türwandung des Schlafzimmers halten. Auch das Zuschließen von innen hatte seine Tücken. Trotzdem fand ich die Kraft, meine Hosen sorgsam in Falten auf den Stuhl zu legen. Nur ein einziges Mal habe ich das nicht getan, damals, als ich in Zeithain an der Kasinotür hinfiel und mich später an nichts mehr erinnern konnte.

Der neue Oberst

Schon längere Zeit war es klar gewesen, daß der Oberst von Carlowitz General werden würde. Aber wer sollte sein Nachfolger als Kommandeur des Leibgrenadierregiments werden? Eine solche Ernennung geschah nie ohne besondere Einwilligung des Königs. Da hieß es: Leuthold. Man wunderte sich darüber, daß sich der König einen Bürgerlichen ausgewählt hatte. Aber Leuthold galt als ein sehr gescheiter Offizier, auf den der König große Stücke hielt.
Am Tage vor dem Eintreffen des Neuen sagte im Frühstückszimmer der Hauptmann Freiherr von Miltitz mit gepreßter Stimme: „Wir sollen da so einen neuen Oberst bekommen. Ich weiß nicht, wie er heißt: Leukott oder Leupold oder Wappler." Dabei schnippte er die Asche seiner Zigarette in den Porzellanbecher. Man wußte nicht, ob diese Bewegung verächtlich oder elegant sein sollte. Oder ob Miltitz schon wieder betrunken war. Jedenfalls nannten eine halbe Stunde später alle Offiziere den neuen Oberst Wappler.
Miltitz war eine wichtige Figur im Regiment. Er war der reichste von allen unsern Offizieren und besaß bei Meißen das berühmte Schloß Siebeneichen. Sein Geld aber bezog er viel weniger von seinem Gute als von einem Steinbruch, den er dicht an der Elbe besaß. Miltitz war Militärattaché in Teheran gewesen und war, wie manche behaupteten, dorthin gegangen, um sich von irgendeiner unglücklichen Liebe zu befreien. In Persien soll er einmal einen Mann niedergeschossen haben, einfach so. Als er jedenfalls zum Regiment zurückkam, richtete er sich sein Leben so ein, wie ich es kannte.
Er saß im Frühstückszimmer stets am Ende der einen Tafel. Wenn er dann angetrunken war, erklärte er mit viel Haltung

und vornehm gepreßter Stimme: „Ich bin jetzt zehn Jahre Kompaniechef. Aber ich habe mein Kompaniegeschäftszimmer nur einmal betreten, nämlich bei der Übernahme. Trotzdem weiß ich alles, was bei meiner Kompanie vorgeht. Wenn meine Leute schlecht sind, bestrafe ich nicht sie, sondern einige meiner Unteroffiziere."
Sein Rekrutenoffizier war Seydewitz, der ihn sehr verehrte und sich auch mit seinen Leuten viel Mühe gab. Miltitz kam täglich etwas nach elf Uhr ins Frühstückszimmer, setzte sich lächelnd auf seinen angestammten Platz und bestellte sich hundert Zigaretten, einen Kognak und ein helles Bier. Vor der Tür wartete schon der Kompaniefeldwebel. „Ordonnanz!" sagte Miltitz. „Feldwebel!"
Der Feldwebel kam herein, schlug eilig die Dienstmappe vor dem Hauptmann auf, und der unterschrieb, was nötig war. Langweilige Sachen, wie Nachtzeichen für die Mannschaften, zeichnete an seiner Statt Seydewitz. Auch der schöne Hartwig ließ mich das machen.
Nach höchstens zwei Minuten war so die Arbeit für den Tag erledigt. Miltitz richtete sich auf, seufzte, wobei er aber lächelte, und bestellte den zweiten Kognak und das zweite Bier. Das tat er anfangs, indem er rief: „Ordonnanz! Kognak!" Je später es aber wurde, um so schnarrender und kürzer seine Rufe: „Nanz! Kognak!" Nach dem Frühstück gingen die übrigen Offiziere etwas schlafen. Miltitz blieb sitzen. Im Vorraum saß nur noch für ihn eine Ordonnanz. Die hörte ab und zu den Ruf: „Nenz! Jeck!" Jedesmal sauste sie hinein, so schnell sie nur konnte. Denn ebenso einsilbig wie er nach Jeck rief, erteilte er drei Tage Mittelarrest.
Manchmal saß er dort noch allein, wenn wir Leutnants geschlafen hatten, nachmittags zwei Stunden hatten turnen lassen und nun schon hinauf ins Kasino gingen. Da rief er: „Nenz!" und nicht auch Jeck.
Wenn jetzt der Mann sehr stramm vor ihm stand, sagte er mit verschlossenem Gesicht: „Nenz, telefonieren Sie nach einem Droschkon!" Das sprach er französisch aus und ließ den linken Zeigefinger nach vorn schnellen, was bedeutete: „Hinaus mit Ihnen und telefonieren!"
Der Mann sauste hinaus und meldete nach einiger Zeit: „Melde gehorsamst, Herr Hauptmann, die Droschke ist vorgefahren!"

Miltitz erhob sich von seinem Stuhl und ging hinaus, etwas zu stramm. Aber er vermied fast stets das Schwanken.
Als der neue Oberst, der Wappler, zum erstenmal ins Frühstückszimmer kam, erhoben wir uns. Er war eher klein, ein wenig rund und hatte ein hellblondes Bärtchen. Mit einer klaren, feinen Stimme sagte er: „Guten Morgen, meine Herren", und setzte sich lächelnd ans Ende der Tafel, wo Miltitz zu sitzen pflegte. Am Nachbartisch beugten sich die Leutnants vor und malten flüsternd aus, was geschehen würde, wenn Miltitz käme.
Im Vorzimmer hörte man das Zusammenschlagen von Absätzen. Die Tür wurde aufgerissen, und würdig kam Miltitz herein, nicht groß und ein wenig in der Haltung Napoleons. Als er den neuen Oberst auf seinem Platz sitzen sah, begann er fein zu lächeln. Er ging gerade auf den Neuen zu, machte eine liebenswürdige Verbeugung und sagte: „Gestatten Herr Oberst, daß ich bemerke, daß Herr Oberst auf meinem Platz sitzen."
Leuthold erhob sich, ebenso fein lächelnd, und setzte sich auf den Stuhl daneben. Miltitz erwiderte das mit einer ganz kleinen Verbeugung und setzte sich.
Aber jetzt entstand eine neue Schwierigkeit, an die keiner von uns gedacht hatte. Wie sollten sich die beiden Schweiger unterhalten?
Wir beobachteten voll Freude, wie das Schweigen zuerst dem Oberst nach diesem Vorfall unangenehm wurde. Sein stehendes Lächeln ging manchmal plötzlich in einen eher ärgerlichen Gesichtsausdruck über. Miltitz konnte diese Nervenprobe offensichtlich länger aushalten. Denn er besaß ein Schloß und war viel reicher als der andere.
Schließlich blickte Leuthold Miltitz an und lächelte, etwas verlegen. Miltitz lächelte zurück.
Wir am andern Tisch wußten nicht, wie wir unser Lachen verbergen sollten. Seydewitz war so vom Lachen gepackt, daß er sich nicht anders zu helfen wußte, als seinen Teller mit gebratener Leber und Kartoffelmus hinunterzuwerfen, wo er klirrend zerbrach. Sofort kam der weiße Pudel eines unserer Hauptleute angeschossen und schlang die Kalbsleber hinunter. Das gab uns den so erwünschten Vorwand zum Lachen.
Aber die Rettung dauerte nicht lange. Wir sahen nämlich,

wie der Oberst erneut Miltitz ansah und der mit übertriebener Höflichkeit zurücklächelte.
Schließlich befreite der Hauptmann von Criegern den gepeinigten Obersten durch die Frage: „Wie ich höre, wollen Herr Oberst ein Pferd kaufen?“

Kommerzienrat Lingner und die Gräfin Montgelas

Der zweite Hofball kam heran, und ich ging dieses Mal schon mit weniger Begeisterung ins Schloß. Und doch verblüffte mich wieder der Glanz, als ich in den strahlenden großen Hofballsaal trat. Die Tausende von Kristallen, die von den Kronleuchtern hingen, glitzerten in feinem Blau und durchsichtigem Gelb. Die Kleider der Damen, ihre weißen Schultern, ihr Schmuck, das alles war auserlesen. Wo in der Welt gibt es das noch einmal?
Dann freilich begann die Quetscherei. Ich kroch mit einer Dame unter den Armen der Leutnantskette durch, die den Tanzraum erweiterte, und wir drehten uns. Plötzlich wurde mir der linke Fuß weggerissen. Ich ließ die Dame los und kam gerade noch wieder zum Stehen, ohne zu wissen, was eigentlich geschehen war. Durch das schnelle Loslassen wäre auch die Dame beinahe gestürzt. Ich blickte mich um. Da sah ich zwei Paare in einem Knäuel. Ein Schützenleutnant fuhr mit bösem Blick einen Artilleriehauptmann an und zeigte auf dessen Sporen. Auf einmal wurde mir klar, was geschehen war. Dieser Mann hatte zuerst mich und dann den Schützen unter die ledernen Stege der Hosen gehakt.
„So etwas an Rücksichtslosigkeit!“ sagte ich zu meiner Dame. „Dazu gibt es doch Tanzsporen, mit denen man sich nicht festhaken kann!“
Auf diesem Ball hatte es der Teufel. Kurze Zeit später stürzte ein Paar, und ein zweites fiel darüber weg. Und kurz vor dem Essen bekam ich von einem Major einen Hieb mit den Sporen in den Lackschuh, gerade auf meine Hühneraugen, daß ich dem Mann am liebsten nachgelaufen wäre, um ihn anzubrüllen, er sollte nicht tanzen, wenn er es noch nicht gelernt hätte!

Aber da begann die Tirolienne. Alles war vergessen, und ich rannte hinter die Pfeiler, um meinen Helm und den Säbel zu holen, ohne die man ja merkwürdigerweise bei Hofe nicht essen konnte.
Wieder hatten die Majore und Hauptleute das Büfett völlig für sich eingenommen. Die Fuchs, die ich heute zum Essen engagiert hatte, hielt meinen Helm. Als ich ihr dann, den Helm zwischen den Knien, den Teller mit dem unvermeidlichen Rehrücken vorhielt, lachte sie mich ein wenig von der Seite an. „Ein herrlicher Anblick! Das erinnert mich etwas an Australien. Dort auf den Steppen pflegen doch die Känguruhs so knickebeinig herumzuhocken und die Vorderpfoten hängenzulassen. Ich könnte mir sehr gut in diesen Vorderpfoten einen Teller aus Meißner Porzellan vorstellen. – Einige von Ihnen verstehen sogar, mit einer gewissen Eleganz Känguruh zu spielen – womit ich freilich nicht den Grafen Sieberg da drüben meine!"
Sieberg? Ich blickte hinüber. In der dunkelgrünen Uniform der Schützen stand da ein plumper Mann mit einem häßlichen Gesicht. „Ist das der berühmte Sieberg?" fragte ich erstaunt. Denn ich hatte angenommen, daß dieser Skandalheld wenigstens gut aussähe. Ich fügte vorsichtig hinzu: „Sind Sie mit ihm verwandt?"
„Nein!" rief die Fuchs. „Sie können über ihn sagen, was Sie wollen. Ich kann ihn nicht ausstehen. Sie kennen doch seine Abenteuer?"
Ich konnte nicht antworten, weil Lix Anderten mit einer fremden Dame ankam und mich ihr vorstellte. Sie beeindruckte mich sofort stark, war ebenmäßig und groß. Als ich versuchte mich mit ihr zu unterhalten, antwortete sie in einem sehr reinen Deutsch und auf kluge Weise.
Wer ist das? Man müßte doch eine so besondere Erscheinung kennen. Aber es war nicht Sitte, den Namen einer Dame zu nennen, und ich hatte auch nicht Gelegenheit, jemand zu fragen. Später, als das schreckliche Rechtsumdrehen wieder losging, fand ich sie plötzlich vor mir und machte ihr eine Verbeugung. Sie lächelte und tanzte mit einer Leichtigkeit, die selbst die Fuchs nicht hatte.
Als wir uns zu Hause aus den engen verschwitzten Sachen gepellt hatten, ging ich zum Bier hinüber zu Lix Anderten. Einige saßen schon da und rauchten.

„Er hat seiner Mutter Geld gestohlen!“ sagte Roderich Grünenwald geziert und knackte mit seinen langen Fingern.
„Wie?“ antwortete der Inka. „Er wird es durchgebracht haben.“
„Nein“, erwiderte Rabenhorst boshaft, „so fein darf man das bei dem Plumpsack nicht ausdrücken! Richtig gestohlen hat er!“
„Von wem ist denn die Rede?“ fragte ich.
„Von dem Grafen Sieberg“, antwortete Seydewitz. „Seine Mutter hat ihn von Kindheit auf verwöhnt wie ein Schoßhündchen. Jetzt hat sie's!“
„Ein reizendes Schoßhündchen, der!“ Montbé dehnte und preßte seine Worte vor Feinheit. „Ich würde ihn einen ganz gewöhnlichen Fleischerhund nennen.“
„Aber“, sagte Ehrenthal, „zu einem solchen Falle müßte doch der Ehrenrat seines Regiments sprechen?“
„Das wird er wohl auch tun. – Jetzt hat er sich noch eine schöne Geschichte geleistet. Ihr kennt das Fräulein von Radewitz. Zwar ist sie nicht besonders schön, aber er hat sich in sie verliebt, und gleich so toll, daß er Urlaub von seinem Regiment genommen hat.“
„Warum denn das, wenn einer nur verliebt ist?“ fragte Roderich Grünenwald.
„Um eine Dienerstellung anzunehmen.“
„Was? Ein aktiver Offizier? Und wozu denn?“
„Um seiner Angebeteten näher zu sein!“
Rabenhorst lachte teuflisch. „Da gibt es wirklich Leute, die es ernst mit der Liebe meinen – wie in den Romanen!“
„Aber wie denn, seiner Angebeteten näher sein?“ fragte Ehrenthal.
„Ganz einfach. Er ist zu ihrem Vater gegangen. Der empfängt ihn und – erkennt in ihm sofort den Grafen Sieberg!“
„Na und?“
„Er wirft ihn zum Hause hinaus!“
Alle lachten. „Aber“, sagte Ehrenthal ruhig, „da entsteht doch ein wunderbarer ehrengerichtlicher Fall. Er fordert den alten Herrn von Radewitz?“
„Das wäre allerdings die Höhe! Aber ich glaube, daß sich selbst Sieberg nicht so blamieren wollte!“

Das Gespräch wurde uninteressant, und ich beugte mich zu Lix. „Sage mal, wer war denn die Dame, der du mich da vorgestellt hast? Kann die aber tanzen!"
„Na!" rief er. „Das Beste, was es gibt! Du wußtest nicht, wer das ist? – Die Gräfin Montgelas!"
„Die berühmte? Um die sich Lingner so bemüht hat?"
„Natürlich, das ist sie."
„Na, dann verstehe ich Lingner."
Der Kommerzienrat Lingner war der Fabrikant des bekannten Zahnputzmittels Odol. Nicht alle liebten ihn. Mein Großvater hatte eine chemische Fabrik in Moskau gehabt und sagte: „In dem Odol ist nichts drin, was man nicht in jedem andern Zahnputzmittel auch findet. Großartig ist nur die Frechheit, mit der es Lingner als etwas Unvergleichliches hinstellt, und die Skrupellosigkeit, mit der er seinen Angestellten ihre Erfindungen wegstiehlt, ohne sie dafür zu bezahlen."
Eines Tages besuchte ein Fremder Lingners Fabrik. Man ging durch die Räume der Buchführung und besah sich dann das stattliche Haus, in dem die rührige Propagandaabteilung arbeitete. Man schritt durch die Hallen, in denen das fertige Produkt verpackt wurde.
„Und was ist in dem Schuppen da?" fragte der Gast.
„Ach dort?" antwortete Lingner geringschätzig. „Da wird das Odol selbst hergestellt."
Aber das von ihm selbst anscheinend nicht so sehr geschätzte Zahnputzmittel hatte ihn sehr reich gemacht. Er hatte sich mehrere Schlösser gekauft und führte das Leben eines Fürsten. Wenn man auf einem Elbdampfer von Dresden aus aufwärts nach Loschwitz fährt, sieht man links eine grünbewaldete Höhe, aus deren hohen Bäumen heraus drei Schlösser sehen. Die beiden ersten heißen die Albrechts-Schlösser, weil sie von einem Prinzen Albrecht von Preußen gebaut worden sind.
Das große Albrechts-Schloß, das eigentlich Albrechtsberg hieß, befand sich damals in der Hand der Grafen Hohenau, während sich Lingner das kleinere kaufte und nach seinem Geschmack einrichtete. Von der grünen Wiese unten an der Elbe ließ er sich eine Drahtseilbahn den steilen Hang hinauf zum Schlosse bauen. Innen im Saal stellte er eine berühmte Orgel auf. Weiter hinten im Park, auf der Rückseite

des Dienerhauses, hielt er sich Rehe und andere Tiere.
Ab und zu gab er auf seinem Schloß glänzende Essen. Einer, der dabei nie fehlen durfte und die ganze Gesellschaft durch seine Einfälle unterhielt, war die Schwalbe Tschirschnitz. Und noch einer spielte in diesem Kreise eine Rolle, ein Arzt, der sich als Lebensaufgabe die Bekämpfung der Tuberkulose gestellt hatte. Der wußte Lingner so für seine Pläne zu interessieren, daß dieser ihm große Summen zur Verfügung stellte. Dabei soll die heimliche Angst Lingners vor Krankheiten einer der Gründe seiner Freigebigkeit gewesen sein. Ebenso hütete sich Lingner vor Ausschweifungen. Bei seinen großen Essen erhielten alle rings um ihn das Auserlesenste, was Küche und Keller bieten konnte, während er selbst sich ganz alltägliche Gerichte vorsetzen ließ.
Damals lernte er die Gräfin Montgelas kennen. Von diesem Augenblick an war er von dem Gedanken besessen, sie wäre seine Frau. Um jeden Preis wollte er sie gewinnen. Er machte also bei ihrem Vater Besuch. Der war bayrischer Gesandter am sächsischen Hof.
„Herr Lingner", soll der Graf höflich, aber kühl gesagt haben, „ich werde meine Tochter nur einem Mann geben, der adlig ist."
So wurde mir das erzählt. In Wirklichkeit aber ging die Ablehnung von der Gräfin selbst aus, die einen Herrn von Schönberg-Rothschönberg liebte und sich nicht dadurch blenden ließ, daß Lingner für sie das mittelalterliche Schloß Sargans in der Schweiz kaufte und bereits die Schloßkapelle wiederherstellen ließ. Trotz der Ablehnung bemühte sich Lingner weiter um die Gräfin und darum, geadelt zu werden.
Früher war der Adelskauf ein allgemeiner Brauch gewesen, und die Summen, die dafür eingingen, waren eine der Einnahmequellen der Höfe noch im achtzehnten Jahrhundert. Aber das neunzehnte Jahrhundert mit seiner ganz besonderen Heuchelei liebte den direkten Kauf nicht mehr, und da kaufte man sich Ehren in einer leicht verschleierten Form.
Um 1850 kaufte sich ein Herr Wilding eine Standesherrschaft. Diese Standesherrschaften waren ein Rest der mittelalterlichen Feudalverfassung. Es waren das große Güter, an

denen ein Adelstitel und ein Sitz in der ersten Kammer hingen. Herr Wilding kaufte sich also die Standesherrschaft Königsbrück und wurde durch diesen Kauf Graf Wilding von Königsbrück.
Auch zu meiner Zeit kam ein solcher Fall vor. Der Erzherzog Franz Ferdinand von Este wurde in Österreich Thronfolger, als sich Kronprinz Rudolf das Leben genommen hatte. Er heiratete eine tschechische Gräfin Chotek, die dann, um dem Thronfolger einigermaßen ebenbürtig zu werden, von Kaiser Franz Joseph den Titel Herzogin von Hohenberg erhielt. Ihre Schwester heiratete einen Dresdner Herrn von Wuthenau, der stets ohne seine Frau ausging. Er tat das wohl nur, um sich von seiner so vornehmen Ehehälfte nicht belastet zu fühlen. Sie kam nicht mit, weil sie zuviel guten Geschmack hatte und auch in den ihm so lieben Kreisen nicht verkehren konnte. Aber obwohl Herr von Wuthenau so die Möglichkeiten gar nicht ausnutzte, die ihm seine Verschwägerung mit dem künftigen österreichischen Kaiser gab, wünschte er doch für seinen Sohn wenigstens den Grafentitel und kaufte ihm die Standesherrschaft Hohenthurn. Ich kannte den jungen Grafen Wuthenau von Hohenthurn recht gut. Er war in meinem Alter, auch Offizier, und wir gingen zusammen zu den Hofbällen. Er war übrigens ein angenehmer, gut aussehender Mensch.
Von solchen Möglichkeiten hatte auch der Industrielle Naumann gehört. Er war der Inhaber der Firma Seidel und Naumann in Dresden, die Nähmaschinen und Fahrräder herstellte. Er wollte aber zwei Fliegen mit einem Schlage haben. Seine guten Beziehungen zu irgendwelchen Leuten, die mit dem sächsischen Kriegsministerium in Verbindung standen, hatten ihm die Nachricht zugetragen, daß die Militärverwaltung plante, die Ländereien von Königsbrück zu erwerben, um dort einen Truppenübungsplatz zu errichten. Das Land war unfruchtbar und sehr billig. Naumann kaufte die weiten Flächen um Königsbrück für wenig Geld auf, um sie dem Staate teuer wieder zu verkaufen und außerdem um, wie seinerzeit Wilding, Graf zu werden.
Kaum war dieser Doppelplan aus dem Sack, als man in Dresden am Hofe Pläne zu schmieden begann, um Naumann wenigstens um den Grafentitel zu bringen. An der

Hoftafel machte man sich darüber lustig, wie das klingen würde: Graf Naumann!
Der Kommerzienrat machte außerdem kleine Fehler, die in den Hofkreisen schwer wogen. In Königsbrück gab es ein Schloß auf einem hohen Felsen, das zum Teil in Trümmern lag. Wenn Naumann, so sagten die Hofschranzen, wirklich ein Graf werden will, so soll er auch die alten Traditionen ehren und dort wohnen, wo der Standesherr von Königsbrück früher gewohnt hat, und sich nicht in Schwepnitz so ein scheußliches Haus bauen!
Ich kannte dieses sogenannte Herrenhaus von Schwepnitz. In ihm hatte ich mit Hartwig und unserm Major zusammen zu wohnen, als wir einmal auf dem Truppenübungsplatz Königsbrück waren. Jeden Abend saßen wir dann im Speiseraum, und ich mußte mit gerade den Offizieren essen, die mich nicht leiden konnten, und das unter gotischen Zakken, die von der Decke hingen und aus Holz gesägt waren. Mein Zimmer war noch verhältnismäßig erträglich. Aber die Hauptleute, die ja in den besseren Zimmern wohnten, hatten in jedem von ihnen andre Verzierungen auszuhalten, von denen man sicher in der Nacht träumte, daß sie einen stächen. Überall herrschte Jugendstil mit Gotik gemischt und billig zusammengeleimt.
Bei Hofe also hatte man auch den völligen Mangel an Geschmack des Herrn Naumann gegen ihn zu Felde geführt, und die Juristen rieten dem König, Herrn Naumann als Besitzer einer Standesherrschaft mit Sitz in der ersten Kammer zu bestätigen, aber nicht zum Grafen zu machen.
Das war also vor wenigen Jahren geschehen, und was sollte Lingner tun, um adlig zu werden? Er wollte sich nicht der Beschämung aussetzen, die Naumann erlebt hatte. Aber er hatte sein Herz auf die Gräfin Montgelas gesetzt, die nach seiner falschen Meinung ohne Adel nicht zu erwerben war. Da gab ihm sein Freund, der Tuberkulosearzt, den Gedanken, große Stiftungen für Arme und Kranke zu machen. Der König war auch wirklich genötigt, Lingner eine Gnade zu gewähren, und ernannte ihn zum Geheimen Rat, nicht etwa nur zum Geheimrat. Das war eine Auszeichnung, die für einen Kaufmann etwas ganz Neues war. Der nächste Schritt, sagte sich Lingner, wird der Adel sein müssen. Um den König zu diesem Schritt zu zwingen, griff er ganz tief

in seine Tasche und veranstaltete mit Hilfe des Arztes die große Hygiene-Ausstellung in Dresden im Jahre 1911. Das soll ihn zwei Millionen Mark gekostet haben und wurde ein Ereignis von internationaler Bedeutung.
Der König gab ihm aber den Adel nicht, sondern ernannte ihn zum Wirklichen Geheimen Rat und damit zur Exzellenz.
Und was nun? Ob Lingner seinen Plan aufgegeben hatte, die viel jüngere Gräfin zu gewinnen? Wer weiß es! Kurze Zeit darauf starb er. In seinem Testament fand man ein Vermächtnis, das die Leute überraschte, die Bescheid wußten. Er hatte dem König das Schloß Taufers in Tirol vermacht, aber mit der Verpflichtung, dort jährlich für eine Zeit zu wohnen. Das war eine Bedingung, die ein König nicht annehmen konnte. Daher schlug er das Vermächtnis aus. Das Vermächtnis aber, das sich mit aus Lingners Liebe zu der Gräfin Montgelas ergeben hat und das dauernden Wert besitzt, ist das Hygiene-Museum in Dresden.

Winterende

Auf dem dritten Hofball, den wir den Fastnachtsball nannten, wurde es schon nach einer Stunde im großen Saale so heiß, daß mir eine Dame sagte: „Tun Sie mir den Gefallen und tanzen Sie nicht, sondern bringen Sie mich zu dem Büfett dort hinten! Ich muß etwas trinken!“
Je weiter die Nacht vorrückte, desto leerer wurde der Saal. Daher konnte man gut und mit mehr Genuß tanzen als bei der sonstigen Quetscherei.
Bei den Tänzen nach der Tirolienne verabschiedete ich mich von den Damen bis zum nächsten Winter. Denn in den Hofkreisen wurde nach dem dritten Hofball nicht mehr getanzt.
Nun kam auch die Rekrutenbesichtigung heran. Die letzten Tage hatten vor allem die Unteroffiziere zu tun. Die schwarzen Leibriemen und Patronentaschen mußten so geputzt werden, daß sie wie Spiegel glänzten. Am Tage vor der Besichtigung lagen die Leibriemen als lange Streifen auf den Tischen und hatten da zu trocknen. Denn sie waren sorgfältig mit Wichse, Hartwachs und Spiritus behandelt

worden. Die Leute wußten gar nicht mehr, wo sie essen sollten. Denn überall lag etwas, auf dessen Oberfläche eine Brotkrume hätte fallen und so die Arbeit von Stunden ruinieren können. Das Kehren der Stube geschah mit einer besonderen Sorgfalt, damit sich kein Stäubchen auf die Patronentaschen legen konnte.
Am nächsten Morgen war der Feldwebel früh auf den Beinen. Als die Rekruten die Treppe herunter und auf den Hof rückten, hatte der Feldwebel schon die Schnüre am Boden gezogen, hinter die meine Leute mit den Fußspitzen treten mußten, aber vorsichtig, um die Schnur nicht zu verschieben. Jetzt blieben die Füße stehen, und es war nur noch erlaubt, sich auf das Standbein zu stützen und das andre Knie ein wenig zu krümmen.
Jeder Teil der Uniform wurde noch einmal durchgesehen, von vorn wie auch von hinten. So etwas wie ein offenstehender Knopf war natürlich ausgeschlossen. Aber es konnte geschehen, daß sich eine Halsbinde verschoben hatte und vorn statt einer Strohhalmbreite zwei heraussah oder gar nicht zu sehen war.
Der schöne Hartwig ging nervös vor der Front auf und ab. Er hatte mehrere Orden an der Brust. Viel mehr Orden hatte der Major, natürlich sogenannte Frühstücksorden. Denn ein Krieg hatte nicht zur Verfügung gestanden, um sich ernstlich auszuzeichnen. Daher bekam man die Orden so, daß immer derjenige, der nach dem Dienstalter zum Ordenkriegen herankam, zu einem Frühstück mit irgendeinem fremden Fürsten befohlen wurde und dann den Orden des betreffenden Potentaten erhielt.
Der Major kam mit unfreundlichem Gesicht auf mich zu. „Kennen Sie wirklich Ihre Meldung?“
Ich sagte ihm auf, wie viele Unteroffiziere, Gefreite und Rekruten ich hatte, wer krank war und woran.
„Wissen Sie auch die Namen aller Ihrer Leute?“
„Jawohl, Herr Major, und auch ihre Berufe.“
Er schien etwas beruhigt und ging zu Hartwig zurück. Mich hatte seine Frage, ob ich die Namen wüßte, verblüfft. Denn man konnte mir vorwerfen, daß ich ein sehr junger Leutnant wäre und noch nicht viel könnte. Aber daß ich mich nicht für meine Leute interessierte ...? An dieser Frage erkannte ich, daß Seydewitz und Ehrenthal recht hatten,

wenn sie mich vor dem schönen Hartwig warnten. Nur er konnte dem Major dieses Mißtrauen gegen mich eingeflößt haben. Er, dem das Herz für seine Untergebenen fehlte, verdächtigte mich, genauso kaltschnäuzig zu sein!
Jetzt kamen die Exzellenzen langsam in ihren grauen Mänteln angeschritten, hinter sich ein ganzes Gefolge von Offizieren.
Ich ließ stillstehen.
Der Divisionskommandeur mit einem weißen Bärtchen und rotem Gesicht, das wie lackiert aussah – wir nannten ihn daher den Mann mit dem Puppenstubengesicht –, blickte mich mit Feldherrnblick an und sagte etwas übertrieben fein: „Kommen Sie mit!"
Er ging langsam die Front ab und blieb vor Grund stehen. Das war ein Steinbrucharbeiter, stark und schlank.
„Sind Sie Freiwilliger?"
„Jawohl, Euer Exzellenz!" schrie Grund.
„Das sieht man", sagte der Kommandierende General d'Elsa. „Der Mann sieht gut aus." Die andern Leutnants hatten mir schon vorher gesagt, daß d'Elsa das bei jeder Kompanie einmal zu sagen pflegte.
Ich legte die Hand an den Helm und steckte so das Lob ein.
„Und Sie?" fragte das Puppenstubengesicht den dümmsten Mann, den ich hatte. „Was sind Sie von Beruf?"
„Bauernknecht, Euer Exzellenz", antwortete der Dümmste mit schwerer Zunge und ungeheurem Ernst.
„Hat der Mann Schwierigkeiten gemacht?" fragte mich der Divisionskommandeur.
„Jawohl, Euer Exzellenz. Er hat sehr steife Glieder und konnte anfangs nicht rechts und links unterscheiden."
Kaum waren die Exzellenzen bei der nächsten Kompanie, und keiner der Begleiter blickte mehr zurück, als mein Feldwebel die Front entlangsauste, ein paar Leute herauszog und um die Ecke der Exerzierhalle verschwinden ließ. „Aber rasch, ihr krummen Hunde!" zischte er ihnen nach. Das waren die Leute mit den krummen Knien, die nie einen guten Parademarsch lernen konnten.
Als die Exzellenzen wiederkamen, standen meine Rekruten Mann hinter Mann mit genau gleichen Abständen und machten nun einzeln Parademarsch vor, mit genau sieben

Schritt Abstand von Mann zu Mann. Obwohl man dabei jeden kleinsten Fehler sehen mußte, klappte das vorzüglich.
Wieder gingen die Exzellenzen zu einer andern Kompanie. Da kamen die Krummknie hinter der Ecke der Exerzierhalle vorgerannt, und an ihrer Stelle verschwanden die, deren Hände oder Arme nicht zu den Gewehrgriffen taugten. Einmal sah ich, wie sich der schöne Hartwig umsah, um sich zu überzeugen, daß die schlechten Leute auch rechtzeitig verschwanden. Denn er war es, der diesen Schwindel angeordnet hatte.
Bei der Kritik bekam ich von den Exzellenzen ein Lob. Danach gab mir der Major die Hand und sagte etwas weniger unfreundlich: „Ihre Rekruten waren nicht schlecht. Aber kommen Sie jetzt mit mir. Sie sollen sich anhören, wie ein erfahrener Offizier seine Rekruten vorinstruiert!"
Ich war gespannt, wer der erfahrene Offizier sein sollte; etwa der Inka? Der konnte wirklich gut Unterricht geben.
Wir stiegen hinunter in den Keller. Dort lagen die muffigen und halbdunklen Duschräume und daneben die nur wenig helleren Unterrichtsräume, in die jeder Mann seinen Schemel mitbrachte.
„Achtung!" schrie der Hauptmann von Criegern. Er war wirklich der älteste aller Rekrutenoffiziere und war, während er Rekruten ausbildete, sogar schon Hauptmann geworden.
„Ich möchte Sie", sagte der Major, „über Kriegsartikel instruieren hören."
„Zu Befehl, Herr Major, Kriegsartikel." Er wandte sich an seine Rekruten: „Setzen! – Was ist die erste Pflicht des Soldaten? – Der erste hier!"
Der Mann sprang auf und brüllte: „Dreie ist die erschte Pflicht des Soldaten."
„Gut! – Was soll der Soldat bei allen Dienstobliegenheiten haben? – Der nächste!"
Der Rekrut sprang auf, und man sah ihm die Verlegenheit an.
Criegern wartete ein wenig und wiederholte dann: „Was bei allen Dienstobliegenheiten?"
Der Mann wußte nichts zu sagen, und Criegern wurde unruhig. „Sagen Sie mal den ersten Kriegsartikel her, und zwar

das, was nach der Treue kommt!"
Der Mann schwieg.
„Der nächste!" sagte Criegern.
Aber der Major unterbrach ihn: „Herr von Criegern, Sie dürfen sich damit nicht begnügen. Holen Sie nur die Antwort von ihm heraus!"
„Der folgende Satz beginnt mit ‚demnächst'", sagte Criegern.
„Demnächst erfordert ...", begann der Rekrut und steckte wieder fest.
„Der Beruf ...", half Criegern ein.
„Demnächst erfordert der Beruf des Soldaten Mut bei allen Dienstobliegenheiten."
„Gut. Der nächste, fahren Sie hier fort!"
„Tapferkeit vorm Feinde ...", auch er kam nicht weiter.
So stockrig ging das fort.
Dann kam die Kritik. Der Major sagte nicht gerade einen Tadel, denn schließlich war Criegern schon Hauptmann und mir als besonders erfahrener älterer Offizier angepriesen.
Wir gingen aus dem feuchten, halbdunklen Unterrichtsraum, ich als Jüngster am Ende.
Mich freute im geheimen der Hereinfall des Majors, und ich wollte ihm jetzt zeigen, wie ich ganz grüner Leutnant so was machte. Ich hatte den Rekruten bei der letzten Unterrichtsstunde gesagt, sie sollten sich gar nicht fürchten, wenn da so viele hohe Herren vor ihnen stünden. Wenn einer mal was nicht wüßte, so würde ich ihm eine Hilfsfrage stellen. Er sollte da nur aufpassen, welches Wort ich betonte, und das sollte er dann nachsprechen.
Wir traten in den nächsten Raum.
„Achtung!" schrie der Feldwebel.
„Lassen Sie die Leute sich setzen! Und beginnen Sie!" sagte der Major in einem Ton, der schon vorsah, daß meine Leute nichts wissen würden.
„Sagen Sie den ersten Kriegsartikel her!" sagte ich dem rechten Flügelmann.
Er sprang auf und schnarrte diesen schrecklichen Spruch herunter.
Der nächste war ebenso gut.
Da griff der Major ein: „Fahren Sie mal da fort!" Er schien

anzunehmen, daß ich meine Leute ganz genau auf jede einzelne Frage eindressiert hätte, wie es unsere Lehrer auf Kriegsschule für die mündliche Schlußprüfung getan hatten. Der Major hatte aber gerade auf Proß gezeigt, der allerdings, wenn man ihn nicht kannte, eher einen langsamen, schwerfälligen Eindruck machte.
„Erklären Sie mir", sagte ich ihm, „warum hier in den Kriegsartikeln gerade die Treue an erster Stelle genannt wird."
Proß sah mich ganz ruhig an und sagte mit natürlicher Stimme: „Die Treue steht an erster Stelle, weil sich alle andern Pflichten des Soldaten aus der Treue ergeben. Auch die Tapferkeit gehört zur Treue."
Ich sah, wie meine Rekruten, die am Anfang eher etwas ängstlich gewesen waren, immer munterer wurden. Ich selbst hatte meine Gedanken auch gut beisammen und fragte den Klugen etwas Schwieriges, den Dummen etwas Einfaches. Kein einziges Mal hatte ich einem wirklich einzuhelfen.
Der Major mußte bei der Kritik loben, wenn auch nicht recht freundlich. Ich hatte ihm ja auch eine Niederlage beigebracht. Denn Criegern hatte sich mit anhören müssen, wie ich junger unerfahrener Offizier das machte. Sogar der schöne Hartwig gab mir die Hand und sagte: „Das hat ja gut geklappt."
Am Abend gab es Bier für die Rekruten. Ich ging eine Zeitlang ins Kompanierevier und beobachtete erstaunt, wie sich diese Leute über die gute Besichtigung freuten. Was für Menschen! dachte ich. Was haben sie eigentlich davon? Aber sie freuen sich so ehrlich.
Am folgenden Tage wurden andre Kompanien besichtigt. Meine Rekruten durften heute in ihren guten Sachen ausgehen. Das freute mich für sie, während ich mit den übrigen Rekrutenleutnants des Regiments zu den Besichtigungen ging. Dabei sah ich zum erstenmal genau, was die andern Rekrutenoffiziere erreicht hatten. Wir, die wir täglich diesen Dienst machten, sahen jeden kleinsten Fehler, und es machte uns Spaß zu beobachten, wie wenig die Exzellenzen bemerkten.
So kamen wir auch zu Tschammers Rekruten. Der Quatschke, gut angezogen, stand sehr stramm da und gab

scharfe Kommandos ab. Aber plötzlich stieß mich Seydewitz an. Auch ich hatte natürlich den Fehler bemerkt. Einer hatte rechtsum kehrtgemacht. Auf den Gesichtern sämtlicher Leutnants zeigte sich ein Lächeln.
„Der Quatschke scheint bei einem Turnlehrer die Kommandos gelernt zu haben“, flüsterte mir Ehrenthal ins Ohr. „Aber im Exerzierreglement gibt es das nicht!“
Wir staunten immer mehr. Selbst Exzellenz d'Elsa schien sich einmal über etwas zu wundern. Oberst Leuthold, der Mann der kurzen Worte, stand mit kaltem Blick da. Nicht einmal sein blondes Bärtchen zuckte.
Schließlich meldete Tschammer: „Befehl ausgeführt, Herr Hauptmann!“
Der Hauptmann meldete dem Major. Der begann nun seine Kritik mit vielen Worten. Er hatte sicher einiges bemerkt, aber wollte das wohl nicht so offen sagen. Dann hob er die Hand vor Leuthold an die Mütze.
Der Oberst trat einen Schritt vor und sagte schneidend: „Herr Leutnant von Tschammer und Osten, ich gebe Ihnen den einzigen Rat: sehen Sie zum erstenmal in Ihrem Leben in das Exerzierreglement!“

Eine Wache

Wieder zog ich auf Wache. Es war der erste warme Tag des Jahres, eigentlich zu warm für den Winter, der noch bestand. Ich war in ausgezeichneter Stimmung und sah mir die heute so fröhlichen Menschen an, die am Straßenrand standen oder uns begleiteten.
Da begegnete ich zwei hellen Augen. Im ersten Augenblick sah ich nur sie und dann erst den kleinen, dünnen Mann, dem sie gehörten. Es war da irgend etwas. Aber als ich ihn genauer betrachtete, fand ich gar nichts Besonderes. Dann ließ ich meine Augen wieder schweifen, wie es Offiziere tun, um nichts zu verpassen, was zu ihren Pflichten gehört. Ich hatte mich auch schnell daran gewöhnt, trotz des Blikkes nach vorn den Boden zu beachten und zu bemerken, wenn sich an der Seite etwas auffällig bewegte. So sah ich auch, daß jemand an mir vorbei nach vorne rannte. Als ich nun hinsah, war es der kleine Mann mit den hellen Augen.

Später auf der Elbbrücke stand er zwischen größeren Leuten und blickte mich unverwandt an. Sein Ausdruck war gespannt und freundlich.
Wir marschierten an der katholischen Hofkirche entlang und kamen zur Wache. Dort geschah das übliche. Ein Soldat riß das Eisengitter auf. Die beiden Wachen, die alte und die neue, stellten sich mit scharfen Bewegungen voreinander auf und präsentierten sich gegenseitig an.
Als ich dann die Wache hatte wegtreten lassen und den Säbel in die Scheide steckte, stand der kleine Mann am Gitter. Er hatte beide Hände an die Eisenstäbe gelegt und blickte mich an.
Ich ging in die Offizierswachtstube und unterschrieb die richtige Übernahme.
Der bisherige Wachtoffizier grüßte höflich und sagte: „Gute Wache!"
Ich begleitete ihn zum kleinen Ausgang, und als ich ihm da zum Abschied die Hand gab, lächelte von der Seite der kleine Mann mit den hellen Augen.
Schön, dachte ich. In der Offizierswachtstube kannst du mich nicht sehen. Ich ging also dahin zurück, nahm mir ein Buch, das irgendwer da hatte liegenlassen, und setzte mich damit in den großen Lehnstuhl, der mit Wachstuch überzogen und sehr bequem war.
Ich las den Titel des Buches: „Der deutsche Gedanke in der Welt" von Paul Rohrbach.
Gegen einen aufdringlichen Nationalismus hatte ich eine starke Abneigung. Meine Mutter hatte uns immer auf die unangenehmen Seiten des deutschen Charakters aufmerksam gemacht. Denn ihr Herz war in Rußland geblieben, als ihr Vater nach Deutschland übersiedelte. Freilich für fast alle unsre Offiziere war Deutschland das einzige Land, von dem sie sich vorstellen konnten, daß man darin als kultivierter Mensch leben könnte. Manche betrachteten sogar Sachsen als dieses einzige Land. Ich aber war als Kind viel in Österreich gewesen. Am glücklichsten hatte ich mich in der französischen Schweiz und in Italien gefühlt.
Auch mein Vater, der ein deutscher Nationalist war, sprach verächtlich von dem Hurra-Patriotismus. Und soweit meine Eltern noch nicht erreicht hatten, mir den lauten Nationalismus unangenehm zu machen, hatte es die Schule fertig-

gebracht. Die Professoren des Gymnasiums mit dicken Bäuchen und hängenden Schnurrbärten hatten uns zu Königs Geburtstag oder zum Sedanfest mit deutschen Heldentaten gelangweilt. Sonst erzählten sie die Heldentaten der alten Römer. Unwillkürlich stellte ich mir die alten Römer auch mit hängenden Schnurrbärten und schrecklich langweilig vor, wenn sie in sächsischem Dialekt Reden gegen Catilina oder sonstwen hielten. Nationalistisch und humanistisch war für mich genau dasselbe und genau gleich unmenschlich und professorenhaft.
Also wieder so ein heldischer Schmöker! dachte ich. Aber da ich kein anderes Buch hatte, blickte ich in das Inhaltsverzeichnis. Dort kamen die Worte Mesopotamien und Ukraine vor. Diese östliche Welt erinnerte mich an die Erzählungen meiner Mutter vom bunten Moskau. Es war mein Traum, etwas Geld zu sparen und dann einmal eine größere Reise nach Rußland zu machen.
Da bemerkte ich eine Bewegung am Fenster und blickte auf. Der kleine Mann sah herein und lachte mich an. Außen an der Mauer lief ein Sims, auf den man leicht steigen konnte.
Ich stand auf und drehte den Lehnstuhl um, der hoch genug war, mich ganz zu verbergen. Dann versuchte ich, trotz der Störung zu lesen. Das Buch war übrigens gar nicht lehrerhaft geschrieben.
Es klopfte ans Fenster.
Ich ging aus dem Raum und in die Säulenhalle vor der Mannschaftswache, schlenderte da auf und ab und blickte auf die sonnenbeschienene Straße.
Plötzlich war der Mann wieder am Gitter und winkte sogar mit der Hand.
Ich sah hinüber zum Alarmposten am kleinen Eingang, ob auch der das gesehen hatte. Ja, er blickte mich neugierig an. Na, ich habe ja nicht gewinkt, dachte ich und kehrte in meine Stube zurück.
Es klopfte wieder ans Fenster.
Bald darauf kam die erste Wachtablösung.
Der Mann stand am Gitter und lächelte mich an.
Ich ging in die Stube und las.
Wieder klopfte es ans Fenster. Aber ich las. Die Zeit schritt vor. Um fünf Uhr war die zweite Ablösung. Immer noch

war der Mann da, jetzt schon vier Stunden lang.
Ich gab meine Kommandos, ließ die Posten anmarschieren und die Wache wegtreten. Ohne es zu wollen, sah ich zu dem Mann hinüber. Da winkte er mir – und diesmal war die ganze Wache von über dreißig Mann noch auf dem Waffenplatz und mußte das gesehen haben.
Ich wandte mich ab, aber bemerkte noch, wie ein Polizist von der andern Straßenseite her auf das Gitter zukam.
Eilig ging ich in meinen Raum und sah aus dem Fenster. Der Polizist sagte zu dem Mann etwas, nicht unfreundlich, und machte dabei ein Handzeichen fortzugehen. Ich war ihm dankbar, daß er die auffälligen Freundschaftsbezeugungen so friedlich erledigte.
Wieder las ich.
Die Ukrainer, schrieb Rohrbach, können nicht Russisch. Ihr Land ist reich, aber unentwickelt. Mit deutscher Hilfe könnte es zu unerhörter Blüte gebracht werden.
Das verstand ich. Zum ersten Male ein Nationalismus, der nicht nur scheinheiliges Geschwätz um irgend etwas anderes herum ist. Freilich die Ukraine militärisch besetzen – denn darum handelt es sich doch, um einen Eroberungskrieg! Wer gibt uns eigentlich das Recht dazu? Selbst wenn man etwas Gutes damit will, wer gibt uns das Recht?

Ich hatte Seydewitz gebeten, mich auf der Wache zu besuchen, um die endlosen Stunden etwas abzukürzen. Er kam, und kurze Zeit später Teubern mit irgendeinem Mädchen. Ich begrüßte ihn kühl. Aber er schien das gar nicht zu bemerken und ließ seine Freundin sich auf den Diwan setzen.
„Wohnen Sie auch in dem Café Kanone?“ fragte sie mich.
„Ja“, erwiderte ich, ohne sie anzusehen.
Bei den Straßenmädchen hieß der Offiziersbau unsrer Kaserne Café Kanone, wegen der Mitrailleuse, die davor stand.
„Warum so kurz angebunden“, fragte Teubern. Er schien etwas angeheitert zu sein.
„Weil ich der Meinung bin, daß eine Wache nicht der Platz für jede Art von Besuchen ist.“
„Also wirfst du uns hinaus?“ Er lachte und schien das für unmöglich zu halten.

„Ich verstehe nicht“, antwortete ich, „wie ein Offizier noch fragen kann!“
Er blickte mich erstaunt und verständnislos an.
Da riß mir die Geduld, und ich stand auf. „Ich gehe jetzt, die Posten zu kontrollieren.“ Dann wandte ich mich an Seydewitz: „Ich hoffe dich noch hier anzutreffen, wenn ich zurückkomme.“ Darauf machte ich Teubern und dem Mädchen eine stumme Verbeugung und ging hinaus. Hinter einer der Säulen des Wachttempels beobachtete ich, was geschehen würde.
Die beiden zogen ab. Der Alarmposten riß ihnen die Gittertür auf. Ich trat wieder in meine Stube und fragte Seydewitz: „War das richtig?“
„Ja, natürlich. Aber diese ehemaligen Kadetten haben für gewisse Dinge gar kein Verständnis. In der Zeit, in der wir in halbzerrissenen Sportanzügen im Wald herumgelaufen sind und tun konnten, was wir wollten, steckten sie schon in Uniform und waren eingesperrt und immer unter Aufsicht. Die Regeln, wie sich einer benimmt, haben die Kadetten sehr gut gelernt. Aber man benimmt sich doch nicht immer so ganz nach der Regel. Dann wäre man ja eine Puppe. Und das ist es, was ihnen fehlt. Sie wissen nicht, wie weit man gehen kann. Das eine Mal sind sie zu formell, und das andre Mal fallen sie völlig aus der Rolle. – Aber dafür kann ja der gute Teubern nichts. Er ist nicht der Schlauste. Ich will ihm nach und ihn beruhigen, falls er sich beleidigt fühlt.“

Die Gräfin Kielmansegg

Als Königs Geburtstag herankam, sprachen wir darüber, wie der Oberst die Königsrede halten würde. „Er mag ja sonst sehr gescheit sein“, sagte Seydewitz, „aber bisher hat er im Regiment noch nie mehr als einen Satz auf einmal gesprochen.“
„Aber er muß mehr sagen“, erklärte Roderich Grünenwald, „weil wir das Regiment des Königs sind!“
Es war Sommer. Als wir feierlich in den Saal zogen, standen die großen Fenster offen, und draußen schien die Sonne.
Wir setzten uns. Sektflaschen wurden von Ordonnanzen

aufgestellt, noch bevor die Suppe kam. Und als könnte er es gar nicht aushalten, bevor er die Rede heraus hätte, stand der Oberst auf, kurz, rundlich und etwas geziert. Er hob sein Glas hoch in die Luft und rief: „Den ersten Tropfen Sekt, den letzten Tropfen Blut – dem König!"
Wir tranken die Gläser aus und setzten uns, noch ganz erschlagen von der Kürze der Rede. Aber dann gleich entstand eine Diskussion, was er das nächste Jahr sagen würde.
„Ich wette", sagte Ehrenthal, „er wird dieselbe Rede halten!"
„Aber das kann er doch nicht!" erwiderte Seydewitz.
„Na, wie denkst du dir das, Seydenspitz? Wie soll er eine andre Rede halten? Denn sie müßte aus nur einem Satz bestehen. Denkst du, daß es so viele Reden von der Kürze gibt? Ich wette drei Flaschen Sekt, daß er sie genauso wieder halten wird!"
„Ich wette drei Flaschen", rief Friesen, „daß er eine andre hält!"
Noch andre hängten sich der Wette an, so daß die Austragung in einem Jahre eine ungeheure Besoffenheit versprach. Aber sie ist nie ausgetragen worden, weil im nächsten Jahre der Oberst Leuthold schon nicht mehr beim Regiment war. Die Vorbereitungen auf den Krieg hatten große Heeresverstärkungen zur Folge, und die bewirkten ein schnelleres Aufrücken aller Offiziere in höhere Dienststellen.
Bei diesem Geburtstag des Königs mit der Kurzrede tranken wir aber so viel, daß ein noch stärkeres Begießen der Nase im nächsten Jahre kaum mehr möglich war. Bei diesem Fest erschien übrigens der Etagenkopf zum letztenmal bei uns in Uniform. Kurze Zeit später saßen wir einmal im Frühstückszimmer. Einer unsrer neusten Hauptleute, der eben von einem Kommando auf die Unteroffiziersschule zurückgekehrt war, saß da und erzählte Geschichten. Er hatte graue Krokodilsaugen und einen scheußlich verzogenen Mund. Aber dieser häßliche Mensch, den wir Blitzer nannten, konnte großartig erzählen.
Der Hauptmann von Hingst kam herein und rief: „Wißt ihr schon, daß der Etagenkopf nicht mehr Vorstand der Zentralregistratur und Druckvorschriftenverwaltung ist?"

„Ja“, sagte der Blitzer, „er hatte seinen Burschen dazu abgerichtet, ihm jeden Morgen das Wort ‚Zentralregistratur und Druckvorschriftenverwaltung‘ vorzulesen. Ich kenne den Burschen, denn ich habe ihn selbst ausgesucht. Und damit der Abstand zwischen Herrn und Diener nicht zu peinlich wäre, habe ich den dümmsten und krümmsten aller Leute der Kompanie dem Reichskobaan geschickt, sozusagen als Muster ohne Wert und zur gefälligen Ansicht. – Am nächsten Tage traf ich den etagenstirnigen Reichskobaan auf der Straße und erschrak etwas. Denn Sie werden doch zugeben, meine Herren, daß man den zweigeschossigen Kopf nicht ohne Schaden für seine Seele betrachtet! – ‚Hören Sie‘, sagte er mir, ‚Sie haben mir da einen Mann zugeschickt, der mir als Bursche wenig geeignet erscheint.‘ – Ich dachte, er meint die Dummheit des Mannes, und antwortete ihm, leider gäbe es in unsrer Kompanie viele von der Sorte. – ‚Noch mehr davon?‘ brummte der Etagenkopf. ‚Es ist doch schrecklich, wie die Bildung in unserm Volk zunimmt!‘ – Ich war etwas erstaunt über diesen Gang des Gesprächs und fragte vorsichtig, ob er der Meinung wäre, daß der Mann gebildet sei? – ‚Na, hören Sie!‘ knurrte der Etagenkopf. ‚Ich lege da das Dresdner Journal auf den Abort – Sie begreifen schon, wozu. Und was macht der Mann? Er liest es!‘“

Sämtliche Offiziere platzten heraus. Denn das Dresdner Journal war die Zeitung, die wir alle lasen und die wir selbst für saudumm hielten.

„Na, und?“ fragte Hingst. „Haben Sie daraufhin den Burschen zurückgenommen?“

„Aber wie sollte ich? Er war doch schon der Dümmste, den ich auftreiben konnte. Und daß ihn der Etagenkopf für maßlos gebildet hielt, na, das war sogar besonders günstig für meine Absicht, ihm den Burschen anzudrehen. Denn von Charakter ist dieser Dummkopf, der auch noch schielt und krumm läuft, sehr gut und absolut ehrlich.“

„Was haben Sie denn dem Etagenkopf gesagt?“ fragte Rabenhorst.

„‚Herr Major‘, sagte ich betrübt, ‚wir wissen alle, wie schwer Ihr Amt ist – und es hat auch noch einen Titel, den kein Mensch behalten kann! Oder könnte ich mich etwa des Wortes Zentralregistratur und Druckvorschriftenverwaltung erinnern?‘ – Der Reichskobaan wurde von soviel Mitgefühl erweicht und erwiderte mit geringem Gebrumm: ‚Da haben Sie recht, wie soll man sich das merken? Ich habe gehört‘, fährt er fort, ‚daß es irgend so eine Technik gibt, um so schwere Sachen besser zu behalten.‘ – ‚Ja‘, erwiderte ich, ‚gerade damit habe ich mich befaßt. In solchen Fällen raten die Spezialgelehrten, sich das Wort täglich vorlesen zu lassen. Nun haben Sie ja einen so gebildeten Burschen. Der könnte vielleicht lernen, das vorzulesen.‘ – Der Reichskobaan schien von diesem Vorschlag tief beeindruckt und sagte mir: ‚Sie sind wirklich sehr gescheit!‘ Aber dann kamen ihm doch Zweifel. ‚Wenn der Bursche das vorlesen soll‘, sagte er, ‚wer schreibt ihm den Titel auf?‘ – ‚Ach, Herr Major‘, antwortete ich, ‚das werde ich gern veranlassen. Ich persönlich kann das natürlich auch nicht auswendig.‘ – Da blickte mich der Etagenkopf voll Mitleid an. ‚Sie auch nicht?‘“

Wieder schrien die Offiziere vor Lachen.

„Und sehen Sie“, fuhr der Blitzer fort, „seitdem hat ihm der Bursche den Titel ‚Zentralregistratur und Druckvorschriftenverwaltung‘ täglich vorgelesen. Aber weil es ihm so schwer wurde, so was Langes zu lesen, hat er ihn auswendig gelernt und nur so getan, als läse er.“

„Und was weiter?“ fragte Legler ungeduldig.

„Na, der Bursche kann jetzt den Titel, und sein Herr immer noch nicht! – Aber das hätte ja niemand bemerkt, denn Exzellenz d’Elsa pflegt schließlich nicht seine Abteilungsvorstände abzufragen, ob sie auch die Titel ihrer Abteilungen aufsagen können. Da sind jedoch seine Schreiber rebellisch geworden und haben sich beschwert, sie verlören soviel Zeit damit, ihrem Chef, dem Herrn Major von Koppenfels, zu erklären, was er, der Chef, ihnen, den Schreibern, für Anweisungen zu geben hätte. Und diesen Zustand fand man dann anormal.“

An die Stelle des Etagenkopfs kam der gute Major von Trützschler zum Falkenstein. Als er das nächste Mal bei uns im Kasino aß, wünschte ich ihm Glück dazu.

„Wozu eigentlich?“ fragte er lächelnd. „Um Vorstand der Zentralregistratur und Druckvorschriftenverwaltung zu werden, pflegt man eine ganz besondere Beurteilung zu be-

nötigen. Und sind Sie der Meinung, daß ich schon diese Höhe der Vertrottelung erreicht habe?"
Ich wurde verlegen und wußte nicht, was ich sagen sollte.
Er lachte. „Kommen Sie und trinken Sie mit mir eine Flasche Rotwein!" Er lud auch Seydewitz und Ehrenthal ein. Und diese beiden hörten ihm so ohne Spott zu, als kämen sie eben von der Beichte und hätten sich vorgenommen, von jetzt an besser zu werden.
„Der Hof geht in diesen Tagen nach Pillnitz", sagte der Major. „Das erinnert mich immer an die Gräfin Kielmansegg."
„Welche Gräfin Kielmansegg?" fragte Seydewitz. „Unser Major Graf Kielmansegg ist doch wohl immer Junggeselle gewesen?"
„Ich meine die berühmte Gräfin, die Geliebte Napoleons des Ersten. Ich hatte nämlich eine Tante, die sie ab und zu einmal besuchte, und weil sie Hofdame war und ich sie als Kind oft im Schloß Pillnitz sah, erweckt mir die bloße Erwähnung des Schlosses alte Erinnerungen."
„Ich habe nie von dieser Geliebten Napoleons gehört", sagte Ehrenthal.
„Hören Sie her!" antwortete der Major und lehnte sich im Stuhl zurück, als wollte er recht lange erzählen. „Meine Tante, die Hofdame, war eine der wenigen Personen, die von der alten Gräfin überhaupt empfangen wurden. Denn die Alte war etwas sonderbar und wollte vor allem niemand sehen, der zum sächsischen Hof gehörte. Das ist verständlich, wenn Sie sich überlegen, wie es zur Zeit der Jugend der Gräfin in Dresden aussah. Der Kurfürst Friedrich August, der später König wurde und der den Beinamen der Gerechte trägt, begann seine Regierung mit großen Festen, Feuerwerken und Umzügen, wie das August der Starke eingeführt hatte. Aber er besaß nicht die Kraft und die Nerven Augusts des Starken und verabscheute den ganzen Prunk. Daher ließ er sich im großen Park des Schlosses Moritzburg an einem der Seen im Walde ein Schlößchen bauen. Sie kennen das vielleicht als Fasanenschlößchen. Im ersten Stock hat es einen recht netten Saal. Er ließ sich darunter ein kleines quadratisches Zimmer herrichten. Die Wände sind über und über mit kleinen verschiedenfarbigen Holzplättchen in Rhombenform bedeckt. In diesem Raume

hauste er, und um ja niemand zu sehen, ließ er sich das Essen durch eine Klappe hereinschieben."

„Wie die Gefangenen in Einzelhaft?" sagte Seydewitz.

„Ja. Und auch an anderen Stellen ließ er sich, zum Teil unterirdisch, solche Räume bauen. Er hatte – und das geschah damals bei vielen Fürsten – einige merkwürdige Vorstellungen. Es war ja die Zeit der Französischen Revolution, wo alle Welt von dem Zurück-zur-Natur angesteckt war."

„Aber", sagte ich, „es scheint mir doch sehr wenig Zurück-zur-Natur, wenn sich einer von der Natur möglichst zurückzieht."

„Das scheint Ihnen so. Aber für ihn war das Zurück-zur-Natur ein Zurückziehen in die Zelle und in die Beschaulichkeit. Wir Menschen von heute denken beim Zurück-zur-Natur an die Wandervogelbewegung oder überhaupt das Gehen ins Freie. Aber die Französische Revolution hatte dafür noch gar kein Verständnis. Das waren alles Stubenhocker, die ihren Körper nie der Sonne aussetzten. Für die damalige Zeit bedeutete das Zurück-zur-Natur etwas ganz anderes. Für den Kurfürsten Friedrich August in seiner Perücke, in einem gestickten Rock, engen weißen Hosen, seidnen Strümpfen und Schnallenschuhen mit hohen Absätzen bedeutete es schon, ein neues Leben zu beginnen, wenn er sich nicht öffentlich mit sieben Geliebten zeigte, von denen die eine in einer Muschel fuhr, die nächste in einem goldlackierten Seeungeheuer saß, und alle mit riesigen Straußenfedern. Stellen Sie sich diesen Prunk vor, der natürlich sehr viel Unechtes hatte. An einen solchen ausschweifenden Hof kam die Gräfin Kielmansegg. Und der Kurfürst, das wußte man, war heute auf einer der glänzenden Kavalkaden und kehrte von da schleunigst in seine Einsiedelei, den kerkerähnlichen Raum im Walde von Moritzburg, zurück. Und wenn er noch etwas Vernünftiges getan hätte! Aber wahrscheinlich hat er durch seine Klappe nicht nur das Essen hereinbekommen, sondern auch die Mappe zum Unterschreiben von irgendwelchen Schriftstücken, die sich um ein Land drehten, das für heutige Begriffe nichts war als ein recht großes Gut. – Da brach in diese falsche Beschaulichkeit ohne wahre Verantwortung und ohne Kenntnis der Leute des Volkes und ihrer wahren Sorge der Kaiser Napoleon herein. Ist es nicht begreiflich, daß die junge und lebhafte Gräfin Kielmansegg in dem französischen Eroberer ein großes Ideal sah? Das war ein Mann, der das Leben kannte, der anzuordnen verstand und ein Held war – nicht so ein nervenschwaches Männchen, das sich versteckte und vielleicht persönlich sehr anständig, wenn auch gänzlich belanglos war, wie der Kurfürst. Die Gräfin, eine Frau von Temperament und Phantasie, scheint sich dem Kaiser recht deutlich genähert zu haben. Und er nahm sie. Er war nicht zaghaft wie der Kurfürst, der ihr außerdem nicht imponieren konnte, denn die deutschen Fürsten dachten alle nur an eins: ihre kleinen Thrönchen nicht zu verlieren. Keiner raffte sich zu einer Tat auf. Und der Kurfürst war auch noch doppelt abhängig. Schon von jeher war er den Vorschlägen gefolgt, die ihm von der Hofburg in Wien gemacht wurden. So ging er mit Österreich zu Napoleon über. Aber als sich dann Preußen und Österreich von Napoleon abwendeten, blieb der sächsische Kurfürst Napoleon treu. Er hatte das freilich damit zu bezahlen, daß er später der Gerechte genannt wurde, was doch kein guter Fürstenbeiname ist. Außerdem gab es in seinem Lande eine ganz beträchtliche Gärung."

„Das", rief ich, „hat in der Geschichte unserer Familie, der Vieths, eine große Rolle gespielt. Der Freiherr von Miltitz auf Siebeneichen war mit meinem Urgroßvater eng befreundet, und sie gründeten, zusammen mit dem General von Justus von Vieth, dem Bruder meines Urgroßvaters, das Banner der Freiwilligen Sachsen. Das war ein Freikorps gegen Napoleon und den eignen Kurfürsten. Der General Justus von Vieth wurde dann vom Freiherrn vom Stein und dem russischen Fürsten Repnin mit der Aufstellung sächsischer Landwehren gegen Napoleon beauftragt, mußte aber bei Rückkehr des sächsischen Königs – des früheren Kurfürsten Friedrich August – nach Böhmen fliehen und blieb dort als Verbannter."

„Na, da sehen Sie selbst, wie die Patrioten behandelt wurden, als Napoleon besiegt war. Und der König von Napoleons Gnaden, der für irgendwelche Tat überhaupt kein Verständnis hatte, zog sich wieder in sein kleines Zimmer im Fasanenschlößchen zurück und ließ sich das Essen durch die Klappe hereinschieben. – Aber auch die Gräfin Kielmansegg zog sich zurück. Sie kaufte sich hier in Dresden ein Haus. Als dann im Jahre 1821 Napoleon auf Sankt Helena starb, ließ sie einen breiten schwarzen Streifen rings um ihr Haus malen, sozusagen einen riesigen Trauerflor. Nun wurde sie immer einsamer und sonderbarer. Vielleicht wäre es möglich gewesen, sie später wieder an den Hof zu bringen, wenn nicht der Nachfolger des Sonderlings Friedrich August noch viel trauriger gewesen wäre. König Anton war vollkommen schwachsinnig. Etwa gleichzeitig hatte auch Österreich einen schwachsinnigen Kaiser, Ferdinand den Gütigen. Der konnte trinken und Karten spielen. Er scheint auch anfangs noch in der Lage gewesen zu sein, mit seinem Namen zu unterschreiben. Später scheint er selbst das nicht mehr gekonnt zu haben. Die Gräfin Kielmansegg, diese Frau mit dem Ideal eines wahren Kaisers, sah diese Figuren auf den Thronen sitzen. Das war für sie die neue Ordnung, das kriegslose Metternichsche System. Die Welt schien ihr mit Napoleon zugrunde gegangen zu sein. Sie fing jetzt merkwürdige Praktiken an. Warum sie gerade auf die Kabbala verfiel, weiß ich nicht. Aber in der Zeit vor der Französischen Revolution hatten diese Dinge eine gewaltige Rolle gespielt. Der Graf Cagliostro, einer der großen Abenteurer des ausgehenden Rokoko, hatte seine Kunstgriffe mit angeblicher ägyptischer und jüdischer Mystik aufgemacht. Was sie da eigentlich in ihrem Hause trieb, weiß man nicht recht. Jedenfalls beleuchtete sie ihre Räume merkwürdig und schlich darin in wallenden Gewändern umher. Keiner ihrer Dienstboten wollte bei ihr bleiben, aus Furcht vor dem nächtlichen Spuk. Angeblich versuchte sie, als Höhepunkt ihrer Künste, den Geist des Kaisers Napoleon erscheinen zu lassen. Aber das sind wohl mehr Phantasien von Leuten, die alles glauben. Meine Tante, die sie ja manchmal besuchte und damals noch sehr jung war, hat mir erzählt, daß die Gräfin Kielmansegg keinen verrückten Eindruck machte, sondern nur sehr böse wurde, wenn die Rede auf die Wettiner kam. Sie konnte auch den König Johann nicht leiden, obwohl das wieder ein Mann mit vernünftigen Sinnen war. Aber auch er lebte mit Vorliebe ganz für sich – freilich nicht in dem winzigen Raum im Fasanenschlößchen. Der Ort, den er bevorzugte, war ein Herrenhaus auf dem Lande, wo er wie ein reicher Gutsbesitzer behaglich seine Zeit verbrachte. Er übersetzte da unter dem Namen

Philaletes Dantes Göttliche Komödie in deutsche Verse."
„Ach, er stand mit der literarischen Bewegung seiner Zeit in Verbindung?" fragte ich.
„Nein." Der Major lachte. „Er ging in das von ihm unterhaltene Hoftheater nur, wenn eines der langweiligen Stücke seiner Schwester Amalie aufgeführt wurde. Seine eigenen literarischen Bestrebungen hatten nichts mit seiner Zeit zu tun. Es war reinstes l'art pour l'art. Mit den geistigen Größen seiner Zeit hatte er auch nichts zu tun. Damals war Dresden die große Musikstadt. Hier lebten Carl Maria von Weber, Robert Schumann und Richard Wagner. Aber die waren ja alle liberal, wenn nicht gar revolutionär. Nach 1848 mußte Wagner aus Sachsen fliehen, trotz des Dichters auf dem Thron!"
„König Johann hat doch", sagte Seydewitz, „gar nicht mehr wirklich regiert?"
Der Major wiegte lächelnd den Kopf. „Sachsen war zur Zeit Augusts des Starken eine Großmacht für die damaligen Verhältnisse. Es war viel reicher als Brandenburg-Preußen. Aber unter seinen schwachen Nachfolgern kam es in Abhängigkeit, meistens von Österreich, und im Jahre 1866 kämpfte es mit Österreich gegen Preußen und wurde geschlagen. Daß es trotzdem als Scheinkönigreich bestehenblieb, ist vielleicht gerade mit auf die sehr unpolitischen Neigungen König Johanns zurückzuführen. Der Dante-Übersetzer war für den Hohenzollernkaiser keine Gefahr. Seitdem haben wir immer noch diese beinah lächerliche sächsische Armee."
„Wieso lächerlich?" fragte Ehrenthal. „Wir gehören doch dazu und auch Sie, Herr Major!"
„Aber hören Sie mal, lieber Freund!" antwortete der Major. „Stellen Sie sich doch nur einmal vor, der König von Sachsen wollte plötzlich einen Krieg beginnen, sagen wir, gegen den türkischen Sultan – kann er das? Nein. Aber der Kaiser kann einen solchen Krieg führen und wird auch die sächsische Armee mit verwenden – wobei aber der sächsische König zu Hause zu bleiben hat."
„Aber wozu haben wir dann diese Armee noch?" fragte Seydewitz.
„Ja, das ist eine ganz andere Frage. Wozu haben wir einen Säbel? Jeder weiß, daß er einem beim Laufen immer zwi-

schen die Beine kommt und daß er im modernen Gefecht zu nichts wert ist. Wozu haben wir ein Portepee? Es hat absolut keinen Sinn mehr. Und wozu haben wir Fahnen?"
„Aber die Fahnen …", rief Ehrenthal und blieb mitten im Satz stecken. Der Major lachte herzlich.
„Versuchen Sie nur, den Satz weiter auszusprechen! Dann werden Sie merken, daß da was nicht stimmt."
„Aber die Fahnen sind doch heilig?" sagte Seydewitz in fragendem Tone.
„Jaja", rief der Major. „Und was ist heilig?"
Wir lachten.
„Heilig ist", der Major lächelte ganz fein, „was überflüssig geworden ist."
Wir alle wurden plötzlich ernst und starrten den Major an.
„Ja", fuhr er fort, „nichts ist heilig, was noch einen Gebrauchswert hat. Ein Kamm, zum Kämmen der Haare, ist doch nicht heilig. Wenn er aber von der Königin Louise gebraucht wurde, bevor sie Napoleon traf, wird ihn niemand mehr zum Kämmen verwenden. Mit bewundernden Augen wird man ihn betrachten. Nicht wahr?"
Seydewitz nickte. „Aber", sagte er, „es sträubt sich etwas in mir, das anzuerkennen."
„Natürlich! Denn wir leben zum Teil von diesen Traditionen. Wir", er flüsterte fast und sah uns gütig an, „sind ja selbst ein bißchen überflüssig geworden – ich meine wir, der Adel. Und in vielen Ländern ist auch die Monarchie überflüssig."
„Aber nicht bei uns!" sagte Ehrenthal ernst.
„Wie es mit dem Kaiser ist, das will ich nicht entscheiden", antwortete der Major freundlich. „Aber bei uns in Sachsen ist die Monarchie doch sicher sinnlos geworden."
„Aber wir können nicht ohne sie leben", sagte Ehrenthal mit Nachdruck.
„Wehe Ihnen, wenn Sie nicht ohne sie leben können! Das Leben eines Menschen muß einen gütigen und wahren Inhalt haben."

Im Sommer nahm die Geselligkeit ab. Wir waren auch nur selten in Dresden. Zuerst gingen wir zum Zug- und Kompanieschießen nach Königsbrück. Dort auf dem alten Schloß hatte sich die Schwalbe Tschirschnitz eingerichtet. Er war nicht mehr bei unserm Regiment, sondern war Major geworden und hatte das neuste Bataillon der sächsischen Armee erhalten, das dritte Bataillon des Regiments 177, das noch keine eigne Kaserne besaß und daher vorläufig in Baracken bei Königsbrück untergebracht war. Auch die Aufstellung dieses neuen Truppenteils war ein Teil der Kriegsvorbereitungen.

Eines Abends waren unsre Offiziere bei der Schwalbe auf seinem Schloß eingeladen. In dem alten Burghof zwischen dem noch stehenden Teil des Schlosses und zerfallenden Mauern hatte man bunte Lampions aufgehängt, und darunter standen rohe Tische, an denen wir saßen und tranken. Der Mond kam am Himmel herauf. Das war so eine gefühlvolle Stimmung, daß Roderich Grünenwald und ich uns zurückzogen, um gemeinsam Verse zu machen, die ich auch gleich auswendig lernen mußte. Dann bekam ich ein Betttuch um und kletterte über Mauertrümmer zu dem tiefen Ziehbrunnen der Burg, daß mich niemand von der Gesellschaft sehen konnte. Ich tauchte dort so auf, als stiege ich aus dem Brunnen, und machte mich so dünn und lang, wie es der Burggeist sein mußte, der Tschirschnitz als standesgemäßen Herrn der Burg begrüßte.

Das hatte eine leichte Spitze gegen Naumann, den Möchtegern-Grafen, dem ja eigentlich das Schloß gehörte. Übrigens betrank ich mich diesen Abend einmal nicht. Warum, weiß ich nicht mehr.

Dann kamen die großen Manöver in der Sächsischen Schweiz. Dabei spielte für uns der Frühstückskorb der Offiziere eine besondere Rolle. Das war ein Wagen mit vielen schönen Sachen zu essen, dessen oberster Chef Miltitz war, und es gehörte zu seinen festen Ansichten, daß beim Abendessen im Biwak unter freiem Himmel nur Tucherbier getrunken werden durfte und kein andres. Er gab also einem Grenadier seiner Kompanie den strengen Befehl, ein

Faß Tucherbier zu beschaffen, andernfalls ...! Das wurde nicht ausgesprochen. Aber Miltitz war imstande, auch dafür Arrest zu geben, daß in der ganzen Gegend kein Tucherbier vorhanden war.
Die Stunde des Abendessens mit rohem Schinken und rundem, rotem Edamer Käse rückte heran. Aber noch war kein Bier da. Miltitz setzte sich sehr förmlich ans Ende der Tafel, die aus gehobelten Brettern auf Böcken bestand. Sein Vorgesetzter, der Major, mußte sich mit dem bescheideneren Platz an seiner Seite begnügen. Und niemand wagte es, Miltitz zu widersprechen, selbst wenn er einen höheren Rang hatte.
„Ordonnanz, Kognak!" rief Miltitz und rauchte.
Als er zum zweiten Male rief: „Ordonnanz, Kognak!", beugte sich Seydewitz zu mir und flüsterte: „Der Mann, den er weggeschickt hat, ist mein bester Rekrut. Es täte mir leid, wenn er wegen dieses dummen Tucherbräus in Arrest flöge."
Zum dritten Male rief Miltitz: „Ordonnanz ..."
Da hörte man ein rumpelndes Geräusch. Kurz darauf tauchte ein Grenadier im Schein der Windlichter auf, die auf dem Tisch standen. Sein Atem ging stoßweise. Von seiner schweißglänzenden Stirn rann es über die Nase und tropfte von da auf seinen Waffenrock. Er riß sich vor Miltitz zusammen und stand still, soweit das bei seiner pumpenden Brust möglich war. „Befehl ausgeführt, Herr Hauptmann! Das Faß Tucherbräu ist da!"
Miltitz fragte, ohne sich zu bewegen: „Wie haben Sie das gemacht?"
„Es war schwierig, Herr Hauptmann!" schrie der Mann. „Ich mußte das Faß von weit her holen, und wie ich es auf die Schulter nahm, fiel ich mit dem Fahrrad um."
„Wie haben Sie sich da geholfen?" fragte Miltitz.
„Oben und unten habe ich je einen Nagel in das Faß geschlagen, in die Mitte, als Achse. Da habe ich Stricke angebunden und habe das Faß hinter dem Rad hergezogen. Aber als es abwärts gegangen ist, da ist mir das Faß ins Fahrrad hereingelaufen."
„Aber schließlich haben Sie es hergebracht." Miltitz wandte sich an den Major und sagte verbindlich, aber stolz: „Das ist die zwölfte Kompanie, Herr Major!" Darauf wandte er sich

wieder an den Grenadier: „Wie heißen Sie?“
„Böhm drei, Herr Hauptmann!“
„Böhm drei, Sie haben sich gut benommen! Sie sind Gefreiter!“
„Danke gehorsamst, Herr Hauptmann!“ schrie der verschwitzte Mann und machte eine scharfe Kehrtwendung.
Miltitz schielte jetzt lächelnd den Major an seiner Seite an, und wir alle waren gespannt, was geschehen würde. Denn Miltitz hatte gar kein Recht, einen Grenadier zum Gefreiten zu machen. Das konnte nur der Major, und Miltitz hatte ihn nicht einmal gefragt.
Aber der Major war dick und friedfertig, außerdem nicht adlig. Er sagte gemütlich: „Hoffentlich bekommen wir nun bald unser Bier.“
Miltitz lächelte.
Am nächsten Tage stand im Bataillonsbefehl die Ernennung des Grenadiers Böhm drei zum Gefreiten.

An einem Morgen brachen wir früh auf und marschierten einige Stunden, bis wir den Gegner auf der Hochfläche bei Hohnstein trafen und schlugen. Wir verfolgten ihn noch viele Kilometer über Sturzäcker, und erst dann wurde das Gefecht abgebrochen.
Nach der Kritik hieß es, man würde noch weit marschieren. Der Tag war nicht heiß, aber es war staubig. Nach den ersten zwei Stunden Marsch machten wir eine Pause von zwanzig Minuten. Dann ging es weiter.
Die Sonne ging unter, und es wurde Nacht und sehr dunkel. Ich ging hinter der Kompanie im schweren Staub, während der schöne Hartwig vorne ritt. Hinter mir hatten sich in dem Zwischenraum bis zur nächsten Kompanie einige Reiter eingeschoben.
Da hörte ich die Stimme des Obersten: „Können Sie auf der Karte erkennen, wo wir sind?“
Die Stimme von Miltitz antwortete: „Gestatten, Herr Oberst, daß, bevor ich antworte, ich erst einmal meine Stimmung zu Spindler in die Reinigungsanstalt schicke.“

Erstaunliche Toaste

Wir hatten im Regiment einen Offizier der schwedischen Leibgarde in Stockholm, den Hauptmann von Uggla. Er war nicht der erste ausländische Offizier, der zur Dienstleistung und zum Lernen der deutschen Ausbildungsmethoden in unser Regiment kommandiert war. Vorher hatte es bei uns zwei japanische Hauptleute gegeben.
Ugglas Zeit in Deutschland war abgelaufen, und er sollte nach Schweden zurückkehren. Beim letzten Fest, das Uggla im Kasino mitmachte, hielt der Oberst eine Rede auf ihn, natürlich kurz, nach seiner Art.
Darauf erhob sich der Schwede. Er trug einen schwarzen Rock mit gelben Aufschlägen und Silberstickerei darauf. „Meine Herren!" sagte er mit einer sonderbaren Aussprache, denn sein Deutsch war trotz einiger Jahre in Deutschland sehr ärmlich. „Ich danke Ihnen für alle Gute, die ich in das Regiment erfahren habe, das ein so schönes ist, muß."
Alle lächelten, denn das wirkte wie eine Verhöhnung der deutschen Sprache, wo ja immer mal am Ende irgendein „gewesen sein soll", „muß", „soll" oder so etwas kommt, von dem der Ausländer nicht weiß, was es da zu tun hat.
„Besonders", fuhr er sehr unsicher fort, „danke ich den Hausmannsfrauen für ihren Trunk."
Man schnaufte vor Lachen und verbarg die Gesichter hinter Taschentüchern. Uggla brachte noch ein Hoch auf das Regiment aus, setzte sich dann erleichtert und trank nun bedeutende Mengen Alkohol.
Nach dem Essen stand ich mit Ehrenthal da, und wir betrachteten den Etagenkopf, der da mit einem Glase in der Hand im Saale stand. Er steckte in einem schwarzen Anzug, der einen zu kurzen Rock hatte und winzige Aufschläge.
„Als ich konfirmiert wurde", sagte Ehrenthal, „bekamen die armen Jungen solche Anzüge von der Stange gekauft, die sie nachher nie mehr tragen mochten, weil sie sich schämten."
„Ist denn der Etagenkopf so arm?" fragte ich. „Aber schließlich hat er eine Majorspension, ist unverheiratet und hat überhaupt keine Liebhaberei, die kostspielig wäre."
„Ach, eine Geldfrage ist das nicht", antwortete Ehrenthal.

„Er ist recht wohlhabend und fährt auf der Eisenbahn nur erster Klasse."

Lix Anderten kam recht auffällig durch den ganzen Saal rasch auf uns zu. Er hatte eine tiefe Falte auf der Stirn. Sollte er sich wieder über seinen Bruder William geärgert haben? „Dieses Hoch", sagte er zu mir mit blitzenden Augen, „ist doch eine Unmöglichkeit!"

Ich war betroffen.

„Wieso?" fragte ich. „Wenn der Hauptmann von Uggla so schlecht deutsch spricht, daß er Hausfrauen mit Hausmannsfrauen verwechselt ...?"

Er hörte mich gar nicht an, sondern lief weiter. Ich blickte ihm erstaunt nach und ging zum Spielzimmer. Von dort kamen mir viele Offiziere in zufriedenem Gespräch entgegen. Mir fiel das auf. Es sah geradeso aus, als hätten sie dort eine Versammlung gehabt.

Da sah ich Seydewitz. „Höre, mir sagt da eben der Lix, daß man über Ugglas Rede so empört ist?"

Er blickte mir in die Augen und flüsterte: „Nicht hier! Komm mit in meine Wohnung!"

Welche Heimlichkeit über die mißglückte Rede des harmlosen Uggla?

Wir stiegen schweigend die Treppe hinunter. Er schloß sein Wohnzimmer auf. Wir traten ein, und er brannte seine Lampe an. „Sie haben", sagte er, „im Bibliothekszimmer ein Hoch auf ihren König ausgebracht."

„Und was ist dabei?"

„Na, macht man das nicht etwa im großen Saal und offiziell beim Essen?"

„Das ist allerdings richtig. Aber was bedeutet das?"

„Es war kein Hoch auf unsern König!"

„Sondern auf wen?"

„Es waren nur die Hannoveraner, die das Hoch ausgebracht haben. Die machen doch die Hälfte der Offiziere unsres Regiments aus."

„Aber ich verstehe noch immer nicht."

„Der König, auf den sie getrunken haben, war der Herzog von Cumberland, der Kronprätendent von Hannover. Der hat heute Geburtstag."

„Ach so!" rief ich und wollte hinaus.

„Wo willst du denn hin?" fragte er überrascht.

„Mit Lix Anderten sprechen."
„Aber du kommst dann wieder? Ich habe hierher Bier bestellt."
„Ich komme zurück."
Im Kasino lief ich herum, bis ich Lix traf. „Sage mir mal", fragte ich ihn, „warum bist du gegen das Hoch? Du bist doch auch Hannoveraner."
„Das ist doch ganz gleichgültig! Ich bin Hannoveraner, und meine Vorfahren haben den Welfen gedient. Aber ich habe auch dem Kaiser geschworen und mache so eine Demonstration gegen Preußen nicht mit!"
„Das ist ja meine Ansicht auch. Aber sage mir, wie denken sich die andern das? Es ist doch eine Verrücktheit, auf einmal das Königreich Hannover wiederherstellen zu wollen!"
„Verrückt, wirklich! Diese Hartschädel von richtigen Welfen! Daß der schöne Hartwig so was mitmacht, das wundert mich ja nicht, aber auch Tschirschnitz war dabei! Dort ist er ja!" Lix stürmte auf die Schwalbe zu. „Herr Major, ich verstehe nicht, wie man das Hoch im Bibliothekszimmer ausbringen konnte!"
Tschirschnitz kniff ein Auge zu und blickte nicht Lix, sondern mich an. „Und Sie, Vieth von der Golßenau, von der Goldenen Aue! Auch Sie lassen sich dadurch aus Ihrem seelischen Gleichgewicht bringen?" Er legte den großen Kopf zurück und lachte. „Ihr seid richtige Grünschnäbel! – Wenn eine Kuh einen falschen Ton muht, dann regt sich nur ein Kuhologe auf. Und laßt euch gesagt sein: Der Herzog von Cumberland sitzt ruhig auf seinem Schloß in Gmunden. Und der Kaiser sitzt in seinem in Berlin. Beide sitzen und werden sich nicht rühren, weil ein paar traditionstreue Offiziere einen von ihnen leben lassen. – Also, Vieth, ich habe Sie ja nicht mehr unter meinem Befehl; wie lebt es sich eigentlich auf der Goldenen Aue?"
„Gut!" rief ich. „Dort muhen auch die Kühe goldene Töne!"
Tschirschnitz lachte noch breiter. „Also schön ist es auf der Goldenen Aue? Ich möchte auch dort leben!" Er wandte sich an Carlowitz, der gerade zu uns trat: „Gestatten, Herr General, der Vieth hier lebt auf einer goldenen Aue. Möchten Herr General nicht auch dort leben?"

Ich glaube, Carlowitz war an so poetische Stilblüten nicht gewöhnt. Er hob sein Glas. „Also dann auf die Goldene Aue!"
Sie stießen mit mir an. Dann verwickelte ihn Carlowitz in ein weniger jenseitiges Gespräch. Ich war etwas benommen vom vielen Trinken und auch von der Ehrung, daß gerade diese beiden auf mich getrunken hatten, die ich als Offiziere und Menschen besonders schätzte. So stieg ich wieder die Treppe hinunter und trat bei Seydewitz ein.
Er war über den Tisch gebeugt und malte etwas mit Buntstift auf Goldpapier. Die Farben hafteten nicht darauf. Aber ich sah sofort, was er wollte, und die Farbenzusammenstellung war sehr reizvoll.
„Vielleicht versuche ich es einmal mit Tusche auf Gold", sagte er. „Das müßte etwas Hübsches ergeben. – Ich konnte es oben im Saal nicht mehr aushalten. Dieses Geschwätz!"
Laute Stimmen draußen im Gang.
Mit einer raschen Bewegung ging er zur Tür und verschloß sie. Dann blies er die Lampe aus. Dicht an meinem Ohr flüsterte er: „Sie wollen uns sicher ins Kasino zurückholen. Halte dich still!"
Es klopfte an die Tür.
Wir verbargen den Glimmer unsrer Zigaretten in der Hand.
Vielleicht sahen sie durchs Schlüsselloch.
Die Türklinke wurde gedrückt.
„Sie sind da!" hörte ich Tschammer sagen. „Ich habe sie selbst hier verschwinden sehen."
„Dann werden wir die Türe eintreten!" sagte Friesen.
Seydewitz packte mich am Arm und zog mich in sein Schlafzimmer. „Ist eins deiner Fenster offen?" flüsterte er.
„Ja."
Man trat gegen seine Tür.
Er öffnete das Fenster und stieg als erster hinaus auf den Steinsims, der da an der Mauer entlanglief. Ich stieg ihm nach und sah tief unter uns die Büsche des schmalen Parks und jenseits die Laterne auf der Straße.
Wir legten beide Hände und die Brust an die Wand und schoben uns zur Seite. So kamen wir bald an mein erstes Fenster. Aber ich wußte, erst das dritte war offen. Wir schoben uns also langsam weiter und stiegen dann in mein

Schlafzimmer hinein. Seydewitz schlich sofort zur Tür und horchte, was draußen auf dem Gange geschah. Wir hörten sie mit Schlüsseln hantieren und dann in lautem Gespräch fortgehen.

Nachdem nichts mehr zu hören war, traten wir hinaus und untersuchten Rolfs Tür. Sie war nicht eingetreten. Wahrscheinlich hatten sie einen passenden Schlüssel. In der Kaserne paßten viele Schlüssel für mehrere Schlösser.

„Jetzt", sagte Seydewitz, „werden wir sie überraschen."

„Wie?"

„Wir gehen ins Kasino zurück."

Als wir vom Saale aus ins Spielzimmer traten, begegneten wir Roderich Grünenwald. Er wich erstaunt zurück. „Sie sind hier?"

„Warum?" fragte Seydewitz mit Unschuldsmiene.

„Weil wir unten bei Ihnen waren. Aber wir fanden das Nest leer."

„Wir waren die ganze Zeit hier", sagte Seydewitz. „Sie könnten mir übrigens einen Gefallen tun, lieber Grünenwald."

„Womit?"

„Bitte, erzählen Sie doch heute – und auch morgen – jedem, den Sie treffen, Sie hätten mich heute nachmittag auf der Bürgerwiese in Zivil gesehen."

„Und warum?"

„Ich möchte meinen Hauptmann ärgern. Er wird mich zur Rede stellen, und dann kann ich nachweisen, daß ich bei meinen Rekruten auf dem Kasernenhof war."

„Nicht schlecht!" rief Grünenwald. „Das werde ich tun!"

Ich zog Seydewitz ins Bibliothekszimmer. „Sage mal – das stimmt doch nicht, daß du deinen Hauptmann ärgern willst!"

„Nein, natürlich nicht."

„Sondern?"

„Es hängt mit der Ola Haugk zusammen. Aber damit Grünenwald das nicht merkt, habe ich ihn gebeten, auch heute davon zu sprechen, daß ich auf der Bürgerwiese gewesen wäre. Es kommt nur auf morgen an. Denn ich weiß, daß er da die Fuchs trifft, die doch eine Cousine der Ola ist und sie nicht leiden kann."

„Er wird das vergessen."

„Ich werde ihn erinnern lassen. Und dazu bitte ich dich, Grünenwald zu sagen, daß wir wirklich nicht die ganze Zeit im Kasino waren, sondern die Schlafsäle unserer Kompanien revidiert haben."
„Ich sehe da nicht ganz durch."
„Weiter kann ich dir das auch nicht erklären." Er biß sich lächelnd auf die Unterlippe und blickte mich an.
Warum wollte er mir nicht sagen, was er vorhatte? Mich verletzte das. Seit unserer Kindheit hatten wir uns alle Geheimnisse mitgeteilt.
Er bemerkte wohl meine Mißstimmung und rief eine Ordonnanz, die Bier herumtrug. „Da, nimm ein Glas!" sagte er und nahm selbst eins. „Auf unsre alte Freundschaft!"
Ich trank widerwillig mit. Es verletzte mich noch mehr, daß er mir so unsre alte Freundschaft vorhielt. – Was will er nur mit seinen Intrigen? Wegen der dummen Ola braucht er sich wahrhaftig keine solche Mühe zu geben. Die kann er auch mit geringeren Künsten fangen.

Das Vergnügen wird vom Dienst unterbrochen

Es war jetzt der zweite Winter, seit ich Offizier war. Wieder mußte ich jeden Morgen auf dem Kasernenhof stehen und Rekruten ausbilden. Das war für mich der angenehmere Dienst. Der unangenehmere war die Geselligkeit. Wie im Jahre vorher begann sie mit den Empfängen bei der pompösen Exzellenz von der Gablenz und der liebenswürdigen Exzellenz d'Elsa. Ich ließ mir erneut zweihundert Visitenkarten drucken und gab sie dem Schloßwachtdiener zum Austragen. Dann kam die Remonteschau, der erste Hofball mit seinem Glanz und seinen Schrecken, und hinterher tranken wir bei irgendeinem Leutnant Bier und erzählten mit Genuß Klatschgeschichten.
Das alles war äußerlich gesehen genauso wie früher. Aber ich hatte nicht mehr die Unbefangenheit des ersten Jahres. Ich wußte jedesmal schon, was kommen würde, und ich fürchtete mich davor. – Ja, ich fürchtete mich. Denn mein schwacher Magen spielte mir jedesmal einen Streich. Während andre mit Genuß alle die guten Dinge aßen, den Kaviar und Hummer mit Mayonnaise, wußte ich, was für mich

die Folge sein würde. Besonders konnte ich das kalte Trinken nach dem Tanzen nicht vertragen. Aber es gab ja bei diesen Bällen nichts anderes als kalte Getränke. In den Nächten danach trieben mich quälende Träume umher. Am Morgen konnte ich kaum frühstücken, und ich fror auf dem Kasernenhof noch ärger als die andern, obwohl ich einen dick wattierten Mantel hatte und Pelzhandschuhe trug. Aber der beste Mantel kann einen Menschen nicht erwärmen, der so klapperdürr ist und einen verdorbenen Magen hat.

Besonders schwer wurde es allen, nach den Bällen, die erst gegen zwei Uhr nachts endeten, schon wieder um sechs aufzustehen, um Unterricht über die berüchtigten Kriegsartikel zu geben. Früher waren die Leutnants überhaupt nicht zu diesem Dienst erschienen und hatten es den Unteroffizieren überlassen, über irgend etwas zu sprechen. Aber zu meiner Zeit wurde der Unterricht meistens wirklich gegeben. Rabenhorst und der Inka Schimpff waren sogar vorzügliche Lehrer. Dagegen wurden William Anderten und Pereira täglich nachlässiger im Dienst.

„Mein Bruder", sagte Lix Anderten, „liegt am Morgen mit seinem Mädel im Bett, wenn der Bursche kommt, um zu wecken. Bei ihm darf wenigstens der Bursche nicht ins Schlafzimmer. Aber Pereira ist weniger delikat. Wenn er zum Dienst muß, läßt er seinem Mädel das Frühstück im Bett servieren. William schreit durch den Türspalt seinem Burschen zu, er sollte zur Kompanie hinüberlaufen und sagen, der Unteroffizier Krabelt müßte für ihn unterrichten. Du weißt ja, was dabei rauskommt! Der arme Hund von Unteroffizier war Kutscher auf einem Gutshof, bevor er zum Militär kam. Dem wird es schwer, zwei Sätze richtig hintereinander zu sprechen. Und weißt du, woran das alles liegt? Warum verkommt denn mein Bruder so? Weil sein Hauptmann so ein faules Stück ist, daß er den William nie kontrolliert. Man könnte meinen Bruder vielleicht noch aus seiner Verlumpung retten, wenn sein Hauptmann ein klein wenig Verantwortungsgefühl hätte!"

Im Kasino liebte es der Leutnant Graf Münster, die Art, wie die Unteroffiziere Unterricht gaben, bis in die kleinsten Einzelheiten zu schildern. Er erzählte aber auch gern, wie ein besonders begabter Leutnant Stunde hielt. Er war zu

fein und gutmütig, um zu sagen, wen er damit meinte. Aber wir fanden, daß die Geschichte nur auf Tschammer, den Quatschke, passen konnte. – Und wenn nicht auf ihn, so auf einen seiner herrlichen Brüder.
„Die Rekruten", erzählte Münster, „kommen früh sechs Uhr dreißig mit ihren Schemeln in der Hand die schlecht beleuchteten Treppen hinunter in den Keller. Sie haben weiße Drillichröcke an, die überhaupt nur noch aus eingesetzten Stücken bestehen. Neulich soll mal ein Rekrut erwischt worden sein, der noch ein Stück seiner ursprünglichen Hose hatte. Wutschnaubend schleppte ihn der Kompaniefeldwebel ins Kammergebäude hinüber und brüllte den Kammerunteroffizier an: ‚Sehen Sie sich mal das an! Glauben Sie etwa, daß Seine Majestät der König überhaupt noch schlafen könnte, wenn er wüßte, wie Sie hier mit dem Heeresgut umgehen! Zählen Sie nur mal die Flikken in dieser Hose! Eins, zwei, drei, vier, fünf, sechs, sieben! Nur sieben! Zwanzig, ja dreißig Flicken hatten die Rekruten zu meiner Zeit, als noch nicht die heutige Leichtfertigkeit eingerissen war!'
Bevor die Rekruten zum Unterricht in den Keller kommen, haben sie im ungeheizten Küchensaal heißen Kaffee getrunken und dazu mehrere Pfund Kommißbrot gegessen – und natürlich auch das königliche Geschenk der Morgensemmel. Wenn ich früh Unterricht gebe, hoffe ich immer, daß die Wirkungen des Kommißbrotes erst dann eintreten, wenn wir im Freien sind.
Der Unteroffizier vom Dienst schreit einen Rekruten an: ‚Setz deinen Schemel her, du Rindvieh!'
Der Mann stellt den Schemel hin. Der Unteroffizier steigt darauf und schnauzt: ‚Ein Streichholz!'
Drei Rekruten kommen mit Streichhölzern angerannt.
‚Ein Streichholz, habe ich gesagt, und nicht drei! – Aber ihr könnt wohl noch nicht eins und drei unterscheiden, als ob ihr Dummköpfe Pastoren wärt, die so eine Heilige Dreieinigkeit zu vertreten haben!'
Er zündet die Gaslampe an, die von der Decke in der Mitte des Raumes herunterhängt und die Rekruten so beleuchtet, als ob sie eben aus der ‚Ahnfrau' von Grillparzer kämen.
Jetzt erscheint der Leutnant, stramm, pünktlich und mit einem solchen Blick der Sicherheit, wie ihn nur jemand auf-

setzt, der sich auf den Unterricht nicht vorbereitet hat.
‚Achtung!' brüllt der Unteroffizier und meldet: ‚Rekruteninspektion mit siebzig Mann zur Stelle. Einer ist krank.'
‚Was fehlt ihm?'
‚Filzläuse, Herr Leutnant!'
Einige Rekruten lachen. Der Unteroffizier blickt sich wütend um, und der Leutnant ist froh, daß er gleich zu Anfang seine Autorität zeigen kann. ‚Ruhe da!' schreit er. Dann aber fällt ihm ein, daß ihm der Zwischenfall die Möglichkeit gibt, seinen Geist blitzen zu lassen, und er sagt zu dem Unteroffizier: ‚In einem solchen Falle brauchen Sie nicht gerade dieses Wort zu gebrauchen. Übrigens sind die Filzläuse nicht das, was dem Manne fehlt, sondern er hat im Gegenteil zu viele von ihnen.' Wieder lacht man, aber diesmal mit allerhöchster Erlaubnis des Herrn Leutnants.
‚Setzen!' schnarrt der Leutnant. ‚Wir sprechen heute über die Kriegsartikel, die von Seiner Majestät dem Kaiser, unserm Obersten Kriegsherrn, erlassen worden sind – wann, weiß ich nicht! – Die Kriegsartikel heißen so, weil sie erstens Artikel sind und zweitens mit dem Kriege zu tun haben – manchmal auch nicht! – Sie sollen euch zeigen, was ihr sollt und was ihr nicht dürft – besonders das letztere! – Der erste Kriegsartikel ist weit über die Grenzen Deutschlands hinaus berühmt – wegen seiner Güte und schönen Sprache natürlich! – Er lautet: Unverbrüchliche Treue ist die erste Pflicht des Soldaten. Was bedeutet das? – Was unverbrüchlich heißt, wißt ihr! Und was Treue ist, auch! – Treue ist außerdem – wie schon unsre Vorfahren, die alten Germanen, wußten – kein leerer Wahn!'
Bei dieser Rede hat der Leutnant zwar das Gefühl, daß ihn jemand wegen seiner affenartigen Behaarung nicht für einen echten Germanen halten könnte. Aber andererseits schwellt Stolz seine Brust, weil er den Satz geprägt hat, der erste Kriegsartikel wäre weit über die Grenzen Deutschlands hinaus berühmt. Und das ist in der Tat völlig neu.
Aber als seine Brust etwas abgeschwellt ist und er weitersprechen will, stellt er mit Schrecken fest, daß er alles über die Treue gesagt hat, was ihm sein ebenfalls sehr gebildeter Inspektionsoffizier auf der Kriegsschule mit viel Mühe eingetrichtert hat.
Er sieht sich also hilfesuchend im Zimmer um. Die Hälfte

seiner Rekruten ist schon in süßen Schlummer gesunken. Doch er weiß als erfahrener Rekrutenoffizier, wie er sich helfen kann.
‚He, Sie!' schreit er einen an. ‚Wie heißen Sie?'
Der Rekrut fährt aus seinem mit Kommißbrot geheizten Halbschlaf auf und schreit: ‚Büchner, Herr Leutnant!'
‚Was habe ich eben gesagt?'
Der Mann dreht seine Augen hin und her. ‚Die Treue …'
‚Geschlafen haben Sie! – Ihr seid wohl alle noch nicht recht munter? Na, wartet! Alles auf! – Setzen! Auf! – Setzen! – Auf! – Setzen! – So, jetzt wird das wohl besser gehen! – Also ich habe gesagt, daß es natürlich nötig ist, treu zu sein! – Wiederholen Sie das! Sie da! Hat Ihr Vater auch so eine schlaue Fratze wie Sie?'
Am selben Tage", beendete Münster seine Erzählung, „steht der Leutnant stramm auf dem Kasernenhof und quatscht mit Anderten, Seydewitz und Vieth. Und dabei sagt er mit einem Gesicht voll Entrüstung und Überlegenheit: ‚Nein, was ich für Leute habe! Sie machen sich keinen Begriff davon, wie die vernagelt sind!' – Und Anderten, Seydewitz und Vieth hören das ernsthaft an und glauben es sogar!"

Mir war der Unterricht über die Kriegsartikel verhaßt, und einmal, als Seydewitz bei mir Kaffee trank, sagte ich ihm: „Nichts als Drohungen stehen in diesen Artikeln. Außer den ersten zwei beginnt jeder ungefähr so: wer stiehlt, der wird … und wenn der Diebstahl gegenüber Kameraden begangen ist – na, du kennst das ja! Aber wir sollen doch unsre Rekruten in diesem Unterricht zur Militärbegeisterung erziehen! Sieh dir nur mal an, mit was für matten Augen die Rekruten vor dir sitzen!"
Seydewitz zuckte nervös mit den Augen und stotterte noch stärker als sonst: „Ich drehe die Sache einfach um."
„Das verstehe ich nicht."
„Paß auf! Ich stelle mich vor die Rekruten hin und frage: ‚Was denkt ihr eigentlich von einem Manne, der sein Maschinengewehr ausgeschossen hat, und rings um ihn sind alle gefallen? Der hat doch keine Möglichkeit mehr, zu kämpfen. Soll er nun vorne liegenbleiben? Ist das Treue, dann vorne liegenzubleiben?'"

„Und was sagen deine Rekruten dazu?" fragte ich gespannt.
„Da wissen sie meistens gar nicht, was sie sagen sollen. Und wenn ich einen direkt frage und so dazu zwinge, eine Meinung zu haben, so sagt er bestimmt: Er muß vorne liegenbleiben, auch wenn er keine Munition mehr hat."
„Und was sagst du dann?"
„Im Grunde weiß ich selbst nicht, wie man das lösen soll. – Ich sage ihnen, daß sich in einem solchen Falle der Mann selbst entscheiden muß. Niemand kann ihn dafür tadeln, wenn er zurückgeht. Wenn er nämlich vorne liegenbleibt, sage ich ihnen, und sich totschießen läßt und wenn dadurch das Maschinengewehr in die Hand des Gegners fällt, dann sind doch er selbst und seine Waffe für das Heer verloren."
„Du diskutierst also mit den Rekruten Fälle, die dir selbst nicht ganz klar sind?"
„Ja", antwortete er und sah mich etwas unsicher an. „Hältst du das etwa für falsch?"
„Nein, es ist nur ein völliger Bruch mit unsrer Unterrichtstradition. Aber vermutlich ist es die einzige Methode, um mal überhaupt Sinn in unser Geschwätz hineinzubringen."
Als dann Seydewitz in seine Wohnung gegangen war, um sich fürs Essen umzuziehen, dachte ich: Die Sache ist gut. Er sucht nach den Fällen, wo die primitiven Regeln des Militärs nicht stimmen – und vermutlich besteht die Wirklichkeit des Krieges aus lauter solchen Fällen.
Ich müßte mir auch solche anregenden Geschichten ausdenken, um die armen abgestumpften Rekruten zu etwas Leben zu erwecken.
Aber es war sehr wenig, was mir einfiel. Trotz aller Bemühungen brachte ich es auch nur fertig, daß ein Teil meiner Leute auf meine Worte hörte. Andre – besonders Leute vom Lande – waren nicht in der Lage, länger als ein paar Minuten zuzuhören. Dann fielen ihnen die Augen zu. Oder es erschlafften ihnen auffällig die Gesichtsmuskeln. Natürlich versuchte ich, sie durch öfteres Fragen wach zu halten. Aber ich konnte sie nicht tadeln, wenn sie nicht aufpaßten. Das war ja nicht ihre Schuld. Sie hatten vielleicht schon als Kinder gearbeitet, statt in die Schule zu gehen.

Was ich beim Militär von der Schreibkunst der Soldaten sah, überzeugte mich auch nicht von der Herrlichkeit der deutschen Schule, die man in nationalistischen Kreisen so sehr lobte. Ich selbst war als Kind von den Lehrern völlig verängstigt worden. Auch viele meiner Rekruten hatte man vielleicht so getreten. Verzweifelt hatte ich mir damals gesagt: Wenn ich schon so dumm bin, warum schreit ihr dann noch immer? Da hat es doch keinen Sinn, wenn ich mir Mühe gebe! – Und dann hatte ich es aufgegeben, den Lehrern überhaupt zuzuhören.
Als ich an einem kalten, trüben Tage auf dem Kasernenhof stand und meine Unteroffiziere rings auf die Leute einbrüllten, empfand ich plötzlich eine heftige Abneigung gegen sie. Die Rekruten hier geben sich doch fast alle ernstlich Mühe, und trotzdem werden sie nur beschimpft, nur immer getreten! Die Hände der Bauern sind steif, und meistens ist es auch ihr Geist. Dort schreit wieder der Unteroffizier Weidlich den Hemmann an! Hemmann ist ein sehr nervöser Arbeiter, der hastig raucht und sich nirgends wohl zu fühlen scheint. Aber so einen soll man doch nicht anschreien und noch unsicherer machen!
Mich störte dieses Anschnauzen so, daß ich rief: „Hemmann!"
„Herr Leutnant!" schrie er, kam angerannt und stellte sich stramm vor mich hin. Seine Augen waren unruhig. Ich sah darin Angst – nicht Furcht, Angst!
„Sagen Sie", begann ich, selbst unsicher, wie ich dieses Gespräch anknüpfen sollte, „wo haben Sie gearbeitet?"
„In den Burgkschen Kohlengruben am Windberg."
„Ach, Sie sind Bergarbeiter?"
„Nein, ich habe über Tage gearbeitet, so Aufräumungsarbeiten, was es gerade gab."
„Wie kommt es, daß Sie so nervös sind?" Ich empfand diese Frage selbst als dumm. So kann man doch einen Menschen nicht fragen.
Er sah mich traurig und etwas erschrocken an. „Bei uns zu Hause war es nicht schön. Mein Vater hat getrunken."
„Und haben Sie sich mit irgendwelchen andern Dingen beschäftigt, ich meine am Abend?"
„Nein – manchmal bin ich zum Fußball gegangen." Er schien sich wegen irgend etwas zu schämen.

„Und selbst haben Sie nicht gespielt?"
„Nein, ich ..." Mir war klar, daß er irgendwie nicht genügt hatte. Um ihn nicht unnötig bekennen zu lassen, unterbrach ich ihn: „Sehen Sie, ob Ihnen das Militär gefällt, weiß ich nicht. Aber selbst wenn es Ihnen schwerer wird als andern, so kann es Ihnen vielleicht dazu verhelfen, kräftiger zu werden und eine bessere Haltung zu bekommen. Auch das hat einen gewissen Wert. – Wenn Sie irgendwelche Schwierigkeiten haben, bei denen ich Ihnen helfen kann – Sie wissen, ich bin in meiner Wohnung für alle zu sprechen, und niemand erfährt etwas davon, was Sie mir da sagen." Ich grüßte. Er machte eine stramme Kehrtwendung und lief in seine Abteilung zurück.
Ich war unzufrieden mit mir. Was hilft es diesem Mann, wenn ich ihn so über seine Verhältnisse ausfrage? – Vielleicht ist er am Abend zu sozialdemokratischen Versammlungen gegangen. Fast alle Leutnants schwören darauf, daß sie unter ihren Rekruten keinen einzigen Sozialisten hätten, sondern nur anständige Menschen. Aber das ist lächerlich. Wo sollen denn die vielen sozialistischen Wähler herkommen?
Der einzige richtige Sozialdemokrat, den ich bewußt kennengelernt hatte, war ein Mann bei der zweiten Kompanie gewesen, als ich dort Fahnenjunker war. Das war ein sehr großer und starker Mensch, von Beruf Flußschiffer. Er sagte wenig und betrachtete mich ohne jede Hochachtung. Sein Gesichtsausdruck war beobachtend und gescheit. Die Unteroffiziere behandelten diesen Menschen schlecht. Sie nannten ihn „Roten Hund" und hatten sich geschworen, daß er nie Gefreiter werden sollte, obwohl er es als Soldat unbedingt verdiente. Aber mich zog gerade er an. Ich versuchte mehrmals, mit ihm zu sprechen, so wie man das macht, über nichts Besonderes. Er lachte dann stets und antwortete treffend. Aber er bewahrte seine Zurückhaltung. Ich hatte mir in den Kopf gesetzt, alles zu tun, daß gerade dieser Mensch mit seinem besonderen Stolz Gefreiter werden sollte. Aber dann war ich auf Kriegsschule gekommen und hatte ihn nicht wiedergesehen.
Als der Vormittagsdienst zu Ende war und die Korporalschaften in die Kaserne rückten, um zu essen, rief ich den Unteroffizier Weidlich. Es war das der intelligenteste mei-

ner Unteroffiziere.
„Ich habe vorhin“, sagte ich ihm, „mit dem Hemmann gesprochen. Sagen Sie mir, macht Ihnen der Schwierigkeiten?“
„Nein, Herr Leutnant. Wenn er nicht vor lauter Diensteifer gerade das Falsche tut, ist er nicht schlecht.“
„Und warum haben Sie ihn trotzdem vorhin so angeschrien?“
Weidlich sah mir forschend in die Augen und erwiderte etwas verlegen: „Ich glaubte – ich glaube, Herr Hauptmann wünscht das so?“
„Aha. – Ich glaube auch, daß er das so wünscht. Es ist nur die Frage, wie wir die Rekruten am besten ausbilden. Ich bin der Meinung, daß man Leute, die so guten Willens sind wie der Hemmann, nicht so schroff behandeln sollte.“ Ich machte eine Pause.
„Wenn ich mir eine offne Meinung erlauben darf“, sagte er, „so glaube auch ich, daß man fast alle Leute meiner Korporalschaft besser erziehen könnte. Wenn uns Herr Leutnant also die Erlaubnis dazu geben ...“ Er sprach den Satz nicht zu Ende und dachte vielleicht, er wäre schon etwas zu weit gegangen.
„Sie haben meine Erlaubnis“, antwortete ich. „Und noch etwas: Wenn Sie glauben, daß irgend etwas besser anders angeordnet werden könnte, so kommen Sie zu mir. Ich habe selbst als Unteroffizier Rekruten ausgebildet und weiß, welche Last auf dem Korporalschaftsführer liegt. Manchmal braucht auch der Unteroffizier die Hilfe des Offiziers.“
In den nächsten Tagen beobachtete ich auf dem Kasernenhof, wie sich der Unteroffizier Weidlich bemühte, seine Leute etwas mehr nach ihrer Eigenart zu behandeln. Binnen kurzer Zeit wurde seine Korporalschaft die beste.
Wenn jetzt der schöne Hartwig zum Dienst kam – was er nicht zu oft tat –, wurde herumgeschnauzt. Aber sobald er außer Hörweite war, ging bei uns der Dienst stiller weiter.
Nur mit einem Unteroffizier hatte ich Schwierigkeiten. Der hieß Zahle und hatte ein grobes und häßliches Gesicht. Zu ihm stellte ich mich jetzt besonders oft und sagte ihm seine Fehler, aber so leise, daß es seine Leute nicht hören konnten. Seine Korporalschaft war die schlechteste.
Da, eines Morgens, als er eben ein falsches Kommando ge-

geben hatte, blickte er sich ängstlich nach mir um. In diesem Augenblick bemerkte ich, wie gierig er nach etwas Hilfe war. Ich lächelte ihn an, und von nun an gelang es mir, meine Abneigung gegen diesen rohen Typ zu überwinden. Aber zunächst blieb er zu primitiv, um seine Arbeit zu verbessern.

Wir saßen, wie so oft am Nachmittag, bei einem der Leutnants und tranken Kaffee. Und es geschah immer dasselbe, bald hatte niemand mehr etwas zu sagen. Vom Dienst zu sprechen war verpönt, und wir lasen auch nicht.
„Na, sag nur was, mein Alter!“ rief mir Ehrenthal zu.
Ich ärgerte mich darüber. Das wurde jeden Tag gesagt. Warum sagst du nicht selbst was? Immer soll sich der andre Mühe geben, man selbst aber ist faul. Das ist ja auch der Ton der Damen bei Hofe. Sie wollen unterhalten sein und werden unfreundlich, wenn man müde ist oder ernst.
„Na, erzähl nur was!“ wiederholte Ehrenthal nach einer Weile. Aber das Gespräch kam nicht wieder in Gang. Ich war verstimmt, so verstimmt, daß ich bald in meine Wohnung zurückkehrte. An den alten Königshöfen muß das genauso gewesen sein. Die Leute lasen nicht. Da hielt man sich dann die Spaßmacher, die Hofnarren, und wenn denen der Witz ausging, erlaubte man sich mit ihnen die bösesten Scherze. Den Reichskobaan gebrauchen wir, wie sich die alten Könige Narren hielten. Es gibt eine Regel des Zusammenlebens unter freien Menschen: Gib etwas, leiste etwas, und wäre es auch nur eine Kleinigkeit. Vielleicht sind wir gar nicht frei hier in der Kaserne.
Mir fiel da ein, daß der Unteroffizier Zahle jetzt gerade Unterricht über Rangordnung und Gradabzeichen hielt. Ich bin doch noch nie zu dem Unterricht der Unteroffiziere gegangen. Ich habe auch noch nie gehört, daß ein anderer es getan hätte. Aber gehört das nicht auch zu unsern Pflichten?
Ich ging aus meiner Wohnung mit Säbel und Mütze und wünschte nur, keinem von den Leutnants zu begegnen. Sie würden sich totlachen, wenn sie erführen, daß ich zu dem Unterricht eines Unteroffiziers ging.
Auf dem Wege zum Unterrichtsraum unten im Keller fiel mir eine Szene aus der Zeit ein, als ich selbst noch Rekrut

war. Wir hatten da als Ausbildenden einen sehr strammen und scharfen Sergeanten Mühle gehabt. Der hatte auch – ich weiß nicht mehr, worüber – Unterricht zu geben. Aber er war nicht in der Lage, auch nur einen Satz klar herauszubringen, und verquatschte sich schon völlig beim zweiten. Dann blickte er verzweifelt zum Fenster hinaus. Dort war nichts zu sehen als eine Regenröhre und ein Busch.

„He!" rief ein Einjähriger. „Es geht wohl nicht weiter?"

Der Sergeant starrte die Regenröhre an.

„Ja, schnauzen kann man!" rief ein andrer. „Aber wo bleibt der Verstand?"

Der Sergeant blickte auf die Regenröhre, bis die Zeit seines Unterrichts um war. Und das geschah jedesmal in genau derselben Weise. Er hat nie jemand wegen dieser Verhöhnung angezeigt, und Lix Anderten hielt das für ein Zeichen von großem Anstand bei dem Sergeanten. Es ist auch richtig, daß ein Mensch von der Art Tschammers durch Herumschnauzen die Leute zur Ruhe gebracht hätte. Tschammer wußte dabei sicher auch nicht mehr als der gute Sergeant. Aber ich glaube doch, daß der Grund für sein Schweigen ein andrer war. Wenn er dem Oberleutnant von Rabenhorst, seinem Vorgesetzten, die Sache gemeldet hätte, so würde der erfahren haben, wie unfähig er, der Sergeant, war. – Wer weiß, ob es bei Zahle nicht so ähnlich aussieht.

Ich öffnete die Tür des Unterrichtsraumes. Erschrocken blickte mich Zahle an und brüllte: „Achtung!"

Die Schemel der Rekruten standen etwas wirr durcheinander. Es war also eine ziemliche Unordnung gewesen.

„Fahren Sie fort!" sagte ich.

Zahle blickte in sein Buch und sagte: „Mühlhafen, wodurch zeichnet sich der Offizier aus?"

„Der Offizier zeichnet sich durch seine Achselstücke aus."

Gut, dachte ich. So eine schlechte Frage kann man nicht besser beantworten. Aber zu meiner Überraschung sagte Zahle: „Falsch! Der nächste!"

Alle drucksten, und ich druckste innerlich mit. Zahle aber begann zu schwitzen, weil ich hier sah, wie nach so viel Unterrichtsstunden keiner die richtige Antwort fand.

Schließlich sagte ich ruhig: „Na, wenn niemand es weiß, sagen Sie es uns doch!"
Er riß die Hacken zusammen, daß es knallte. „Der Offizier zeichnet sich durch seine Stellung im Heere aus."
„Schön", antwortete ich. „Für heute ist es genug. Lassen Sie die Leute unter Führung des Gefreiten in das Revier gehen! Und wir treffen uns hier draußen auf dem Flur."
Er gab seine Anordnungen. Als er mir dann stramm gegenüberstand, erwartete er sichtlich einen Anschnauzer. Aber ich dachte gar nicht daran, sondern sagte: „Sie verstehen noch nicht, zu unterrichten. Und ich will Ihnen einige Fehler erklären, die Sie machen."
Er riß seine Augen noch größer auf und platzte heraus: „Noch nie hat mir jemand gezeigt, wie man das machen muß!" Das war ein offener Vorwurf, und vielleicht bedauerte er das schon. Aber ich dachte: Recht hast du. Und nun erklärte ich ihm, warum die Leute nicht antworten konnten.
„Jawohl, Herr Leutnant", antwortete er, „aber das wissen die Leute schon alle. Und wenn ich dieselben Sachen immer wiederhole, dann passen sie nicht mehr auf."
„Ach, Sie sind mit Ihrem Thema fertig? Und ich kann mir das nächste Mal die Sache anhören, so als ob wir Besichtigung hätten?"
„Jawohl, Herr Leutnant."
Als ich ihn entließ, hatte ich das Gefühl, selbst der Geschlagene zu sein. Toll ist das! Ich habe doch wahrhaftig noch nie daran gedacht, daß die Unteroffiziere nicht bis in die Puppen über ein so dürftiges Thema unterrichten können. Wir selbst erzeugen also durch unsere Gedankenlosigkeit den berüchtigten Stumpfsinn der Unteroffiziere!
Diese Entdeckung regte mich sehr auf. Miltitz sagt, er bestraft die Unteroffiziere, wenn seine Leute nicht gut sind. Aber müßte man nicht vielmehr die Leutnants bestrafen, weil sie sich um nichts kümmern? Lix Anderten freilich meint, unsre Hauptleute wären so unverantwortlich faul. Aber schließlich warum? Weil die Majore noch viel fauler sind und ihre Hauptleute nicht zur wahren Verantwortlichkeit erziehen. Wenn aber die Majore an dem ganzen Stumpfsinn schuld sind, so doch wahrscheinlich auch nicht

sie, sondern die Obersten und dann die Generale. Da kommt man am Ende beim Kriegsminister und beim Kaiser an.
Ich sprach aber über diese Gedanken mit niemand, nicht einmal mit Lix. Ich hatte keinen Mut dazu. Noch war ich zu jung und unsicher – vielleicht auch zu schwach. Es wäre doch unangenehm gewesen, den andern Leutnants Wahrheiten zu sagen, die sie nicht hören wollten. Aber ich wollte auch meine Tätigkeit nicht aufgeben. Ich dachte immer an solche Leute wie Proß, obwohl er schon lange nicht mehr Rekrut war und vermutlich auch viel mehr innere Stärke hatte als andere. Ihnen wollte ich helfen, gegen den schönen Hartwig und andere, die in ihrer eitlen Einbildung ihre Untergebenen beleidigten – und zu schlechten Soldaten machten.
Das alles dachte ich in meinen vier Wänden, und ich verachtete mehr und mehr das prunkvolle äußere Leben bei Hofe, auf den Hausbällen und im Kasino. Aber natürlich für so einen Tschammer war das gerade umgekehrt. Ihm und dem William Anderten und Pereira wurden beim Dienst von den höheren Offizieren die unangenehmsten Dinge gesagt. Mir ja gelegentlich auch, aber ich sah auf meine Rekruten, und ihnen zu helfen war mir wichtiger, als wenn man mich einmal heftig anfuhr.
Viele der Leutnants versuchten allabendlich, die unangenehmen Erinnerungen des Dienstes abzuschütteln. Deshalb wollten sie auch kein Wort davon hören, sondern sie sonnten sich im Glanz des offiziellen Lebens. Freilich hatten sie auch alle bessere Mägen, während ich mich vor all den Bällen und großen Essen fürchtete.

Ein kalter Wachtaufzug

Es gab ein Mittel, sich vor einem Ball zu drücken, auf den man aus irgendeinem Grunde nicht gehen wollte. Man tauschte mit einem andern Leutnant die Wache, so daß dieser zu dem Ball konnte, auf dem er vielleicht die offizielle Königin seines Herzens treffen wollte. Die wirkliche Königin des Herzens zu treffen, dazu bedurfte es keiner Einladung und keiner glänzenden Uniform.

So hatte ich auch eine Wache übernommen, diesmal von Ehrenthal, der behauptete, er wollte zum Grafen Bär gehen. Diesen Grafen gab es nicht, und man fragte nicht weiter, was die Einladung beim Grafen Bär wirklich bedeutete. Der Morgen war bitter kalt. Wir übten eine halbe Stunde lang die verschiedenen Bewegungen, die bei dem Einmarsch auf den Waffenplatz und später auszuführen waren. Dann kehrte ich in meine Wohnung zurück. Dort freilich war es auch kalt. Als die Kaserne vor einigen Jahren Zentralheizung erhielt, hatten es die Offiziere abgelehnt, Heizröhren in ihre Wohnungen zu bekommen, weil sie häßlich waren. Wenn daher unsre Burschen beim Dienst waren und nicht den Ofen heizen konnten, mußten wir frieren. Denn den Ofen selbst zu heizen, welche Zumutung!
Heute außerdem stand der Wind auf die lange Fassade und machte meine Tür brummen. Denn hinter ihr war wieder nur ein Gang mit Fenstern.
Ich setzte mich auf das Sofa und blickte in das Dresdner Journal, von dem der Etagenkopf behauptete, sein so gebildeter Bursche läse es. Vielleicht liest er es, aber ich kann es nicht. Ernennungen von höheren Beamten, ein Leitartikel von tadelloser Gesinnung und ohne die leiseste Abweichung vom konservativen Geist. Ich blätterte die Zeitung durch und legte sie weg. Dann holte ich mir eine Decke, legte mich hin und blickte in die Höhe. Wenn ich jeden Abend etwas vorhabe, träume ich davon, was ich alles tun würde, wenn ich einmal Zeit hätte. Und beim ersten Male, wo ich Zeit habe, bringe ich die Energie nicht auf, etwas zu tun.
Nachdem ich so eine Zeitlang gelegen hatte, zog ich mich für die Wache um und ging hinunter in das Frühstückszimmer. Dort saßen die Hauptleute wie immer, und die Leutnants kamen vom Dienst mit Gesichtern, die von der Kälte rot waren. Da ging die Tür auf, und der Major von Tschirschnitz trat ein.
„Die Schwalbe! Die Schwalbe!“ rief man, und alle umringten ihn.
Er lächelte listig und setzte sich neben den Hauptmann von Miltitz, der vor sich ein Zigarettenetui liegen hatte, in das vier Lagen Zigaretten hineingingen, was aber für eine Sitzung im Frühstückszimmer nicht reichte.

„Wissen Sie schon", sagte die Schwalbe, „daß der Etagenkopf, unser geliebter Reichskobaan …"
Er blickte um sich.
„Na, was denn?" fragte der Hauptmann von Löben mit gequetschter Stimme. „Wenn er verunglückt ist, so hoffentlich nur am Kopf verletzt. Denn das ist nicht sein edelster Körperteil."
„Nein", sagte die Schwalbe, „so jemand verunglückt nie! – Sie haben ihn abgeholt."
„Was, ins Gefängnis?" rief der Inka Schimpff und lachte schallend. „Der Etagenkopf im Gefängnis! Da muß man ihm aber eine eiserne Maske vors Gesicht binden, damit sich die Mitgefangenen nicht allzusehr vor dem finstern Brummer fürchten!"
„Aber, mein Gott!" erwiderte die Schwalbe im Pastorenton und mit einem heiligen Augenaufschlag. „Glauben Sie wirklich, daß der Reichskobaan so begabt ist, Geld zu unterschlagen – oder eine Frau zu rauben?"
„Aber wohin haben sie ihn denn geholt?" fragte Löben lachend.
„Zu denen!" Die Schwalbe deutete sich auf die Stirn.
„Das ist ausgeschlossen!" erwiderte der Blitzer. „So geistreich ist er doch nicht, um den wilden Mann zu spielen!"
„Es gibt auch", entgegnete die Schwalbe still und mit gespitztem Munde, „einen so großartigen Mangel an Geist, daß selbst der hohe Titel eines Reichskobaans nicht vor dem Irrenhause schützt."
„Der in der Gummizelle!" rief der Inka. „Man stelle sich vor, daß der Etagenkopf tobt oder auch nur aufgeregt ist!"
Alle lachten und hielten das Ganze für eine von den erfinderischen Erzählungen der Schwalbe. Aber er sagte, auf einmal ernst: „Meine Herren, ich weiß, daß er im Irrenhaus ist! Und ich bin sogar überzeugt, daß er schon wahnsinnig war, als er hier unter uns als Kompaniechef herumbrummte."
Löben sagte ungläubig: „Und das sollte wirklich niemand gemerkt haben?"
„Wer sollte es gemerkt haben?" fragte Tschirschnitz. „Wir Offiziere sind sehr nachsichtig – und die Landser bekanntlich auch."

Alle blickten ihn an, einige begannen etwas zu lachen. Aber niemand verstand ihn genau.

Er machte ein Auge ganz groß. „Wieviel Geist träufelt wohl unser mit Recht so beliebter Leutnant von und zu Quatschke seinen Rekruten ein? – Ach, da kommt er ja gerade, der Herrliche!"

Tschammer trug einen Teller mit sauren Fischchen, Butter und Wurst in der Hand und blickte sich erstaunt um, weil alle ihn anlachten.

„Die Leuchte des Geistes", rief die Schwalbe, „wurde auch in der Kompanie des Etagenkopfes nicht entzündet! Und weil es so völlig dunkel war, so konnte eben niemand in den architektonisch so bedeutenden Kopf hineinsehen."

Einige lächelten, aber für die meisten war diese Sprache etwas zu hoch. „Glauben Sie nicht auch, meine Herren", fuhr die Schwalbe fort, „daß man die Leute einer Kompanie zu einem solchen Stumpfsinn erziehen kann, daß sie Herrn von Tschammer – ach, entschuldigen Sie, daß ich mich versprochen habe! –, ich meine, daß die Soldaten den Etagenkopf für normal hielten?"

Ich konnte der Schwalbe nicht länger zuhören. Denn ich mußte zum Antreten der Wachen auf den Kasernenhof. Dort sah ich die Uniformen kurz durch. Es blies ein Wind, der einem durch und durch ging. Daher befahl ich: „Warmmachen!"

Die langen, meist hageren Grenadiere nahmen die Gewehre zwischen die Beine und schlugen sich die Arme um den Leib oder rieben sich die Hände, um später ordentliche Gewehrgriffe machen zu können.

Vor unsrer Front stand die Regimentskapelle in einem Kreis und blies auf ihren blitzenden Instrumenten, aber man hörte fast nichts davon, so stark war der Wind.

Vom Mittelbau her kam mit kurzen raschen Schritten der Hauptmann von Miltitz, den Helm auf dem Kopf und mit wehendem Mantel.

Wir ließen die Wachen stillstehen.

Er ging die Front ab. Als er auf dem linken Flügel meiner Wache angekommen war, kam der Musikmeister anmarschiert. Er hatte eine Art Leutnantsuniform an, mußte aber strammstehen wie ein Unteroffizier, wobei er seinen Taktstock an die Hosennaht legte. „Melde gehorsamst, Herr

Hauptmann, es ist so kalt, daß die Instrumente einfrieren und falsche Töne geben. Kann die Musik unter diesen Umständen von dem Marsch durch die Stadt befreit werden?"
Miltitz sah ihn kalt an. „Die Musik spielt!"
Der Musikmeister machte stramm kehrt, ging zur Kapelle zurück und sagte etwas, was man bei dem Winde nicht hören konnte. Die Musiker blickten sich um, ob Miltitz herübersähe, und spuckten dann in ihre Instrumente.
Meine Leute flüsterten und lachten.
„Hände reiben!" befahl ich. Dabei hatte ich nicht bedacht, daß es nun so aussah, als ob sich alle vor Freude die Hände rieben.
Miltitz trat vor die Front.
Die Musik formierte sich aus dem Kreise zur Linie.
„Erste Gruppe geradeaus! – Mit Gruppen rechts schwenkt! – Wachen – marsch!"
Wir warfen die Beine heraus, die im ersten Augenblick noch vom Stehen steif waren.
Die Musik spielte, aber man hörte nur die Pauke deutlich. So marschierten wir zum Tore hinaus und den allen bekannten Weg zur Stadt hinunter. Dort zwischen den Häusern war es nicht so windig, und man konnte die Musik besser hören. Sie bestand aus zwei Teilen, vorn der Kapelle mit ihren blitzenden Blasinstrumenten, dem hohen Schellenbaum mit seinen langen Pferdeschwänzen auf beiden Seiten, dem Triangel, den dröhnenden Becken und der großen Pauke. Dahinter marschierte geziert stramm der Tambourmajor, ein riesiger Feldwebel mit einem langen, messingblitzenden Stock in der Hand. Nach einem besonders lauten Schlag der Pauke hob er diesen Stock und stach ihn mit der Spitze hoch in die Luft. Die Hornisten hinter ihm hoben, alle gleichzeitig, ihre Querpfeifen vor den Mund. Mit einem strammen Griff drehten die Tamboure ihre Trommeln vor ihr Beinleder und machten die Trommelschlegel bereit.
Scharf riß der Tambourmajor den Messingstab nach unten. Die Tamboure schlugen und wirbelten auf den Trommeln, und die Querpfeifen wimmerten dazu. Nach Beendigung dieser Unmusik setzte die Kapelle mit einem Marsch ein. Plötzlich schnappte eine Trompete über. Andre Instrumente gaben auch eigenartige Töne von sich.

Neben mir gingen zwei halbwüchsige Burschen. Sie hatten das Aussehen von Schlosserlehrlingen.
„Du", sagte der eine, „ich gloobe, die spieln falsch."
„Nee, das verstehst du nur nich. Die spieln Moll-Tonart."

Der sächsische Kronprinz

Im Jahre 1913 machten die beiden ältesten Söhne des Königs ihr Abschlußexamen auf der Prinzenschule im Taschenbergpalais. Darauf traten sie zur Dienstleistung in unser Regiment ein, und da saßen sie oft mit uns im Kasino zusammen.
Beide sahen gut aus. Der elegantere von beiden war der etwas dunklere Prinz Friedrich Christian. Aber mir gefiel der blonde Kronprinz viel besser. Er pflegte dicht vor die Leute hinzutreten und mit einem sehr freundlichen Lächeln zu ihnen zu sprechen.
Beide Prinzen hatten rauhe Stimmen, wie sie auch der König hatte, von dem man allgemein behauptete, die Rauheit käme vom vielen Trinken. Aber bei seinen Söhnen konnte diese Erklärung nicht stimmen. Denn sie tranken sehr wenig. Meistens schenkten sie sich beim Essen nur Wasser ein. Als ich einmal neben dem Kronprinzen saß, sagte er: „Ich glaube, daß der Offizier von heute etwas mäßiger sein sollte als früher, wo er nichts tat als müßig herumsitzen. Meinen Sie nicht auch?"
Mit den beiden Prinzen, die unserm Regiment einen neuen Glanz gaben, war ein Teil ihrer ehemaligen Schulkameraden bei uns als Fahnenjunker eingetreten, von denen einer Antialkoholiker war. Das war eine völlige Neuheit unter Offizieren, die wohl auch nur durch die Stellungnahme des Kronprinzen möglich war. Wenn Offiziere andrer Regimenter von unserm Antialkoholiker hörten, war stets ihre erste Frage: „Aber auf den König kann er doch nicht mit Wasser trinken?"
„Doch, auch auf ihn."
„Bei uns wäre das ganz ausgeschlossen!"
Den Grund, warum er nicht trank, kannten wir alle. Schon sein Vater war in unserm Regiment gewesen und hatte Verhältnisse mit Männern gehabt. Deshalb hatte er schließlich

auch seinen Abschied nehmen müssen. Er ging ins Ausland, seine Frau aber blieb in Dresden. Sie war von der vornehmen Kälte der eben erst Geadelten. Ihr Bruder hatte nämlich den Adel erst vor wenigen Jahren erhalten. Wenn sie überhaupt von ihrem Manne sprach, so konnte sie doch nicht offen über seine Veranlagung reden, weil sich solche Dinge nicht schickten. Daher machte sie den Alkohol für das ganze Unglück verantwortlich, und sie verbot auch ihrem Sohne zu trinken, damit er nicht wie der Vater würde.
Der Eintritt der Prinzen brachte Veränderungen ins Regiment. Wir hatten seit Jahrzehnten dauernd zu wenig Offiziere gehabt, weil früher zuviel getrunken und gespielt worden war. Die Väter wollten ihre Söhne nicht in ein solches Regiment geben. Vielleicht hätten das Neureiche doch ganz gern getan, aber da war wieder die Schwierigkeit, daß bei uns fast nur adlige Offiziere waren, und die Bürgerlichen wollten sich keiner Ablehnung aussetzen. Jetzt zogen die Prinzen eine Menge Fahnenjunker an. Wahrscheinlich sagten sich ihre Väter: Es kann meinem Sohne bestimmt nicht schaden, wenn er mit dem künftigen König in einem Regiment gestanden hat.
Diese neuen Fahnenjunker waren außerdem gebildeter als Tschammer, Pereira oder Hingst. Sie rechneten damit, daß ein Krieg kommen würde, und da wollten sie so bald wie möglich Offiziere werden. In normalen Zeiten aber hätten sie studiert.
Für mich persönlich hatte dieser Zustrom eine große Bedeutung. Ich hatte auf dem Gymnasium nicht nur das Fähnrichsexamen gemacht, sondern noch zwei Jahre länger bis zur Universitätsreife gebüffelt. Deshalb hatte ich ein sogenanntes Vorpatent von zwei Jahren bekommen. Jetzt rückte ich rasch in die Reihe der älteren Leutnants auf, und das hatte mancherlei Vorteile. Bald zog ich nicht mehr auf die unfreundliche und verantwortliche Altstädter Hauptwache, sondern auf die bequeme Schloßwache. Vielleicht im Herbst 1914 würde ich keine Rekruten mehr ausbilden und dadurch Zeit gewinnen, mich für die Kriegsakademie vorzubereiten. Ehrenthal hatte nicht den geringsten Ehrgeiz in dieser Beziehung. Aber ich und Seydewitz, wir wollten Generalstabsoffiziere werden. Dazu hatte ich auch Aussicht – wenn ich nur nicht soviel getrunken hätte! Jede Woche be-

trank ich mich mehrmals, freilich nie bis zur Sinnlosigkeit. Aber ich merkte doch, wie meine Fähigkeit, mich zu konzentrieren, abnahm und wie meine Magenverfassung immer schlechter wurde.

Eines Abends lud mich der Kronprinz im Kasino zu einer Flasche Wein ein. Ich war in großer Stimmung und begann – ohne das eigentlich beabsichtigt zu haben – ihm zu erzählen, wie ich da, hinter dem Rücken des schönen Hartwig, versuchte, meinen Rekruten zu helfen, sie als Menschen anzusehen, die ein Recht auf eine eigne Entwicklung haben.
Er blickte mich lächelnd an und nickte ein paarmal. So kam ich immer mehr in Begeisterung. Denn ich hatte ja niemand, mit dem ich wirklich von Herzen sprechen konnte.
„Ich versuche", sagte er, „das zu tun, was man von mir erwartet – ich meine als Kronprinz und künftiger König. Das ist nicht so leicht. Es ist ja leider so, daß gegen den Königsgedanken eine starke Propaganda gemacht wird, und nicht nur in den Kreisen der Sozialdemokratie. Das zwingt uns Fürsten von heute zu vielem, was in früheren Jahrhunderten unnötig gewesen wäre. Freilich hätten sich die Fürsten auch damals etwas mehr Mühe geben sollen. Man kann nicht nur nehmen wollen, man muß auch etwas dazu tun. – Was ich will, das ist – in meiner Lage – dasselbe, was Sie, lieber Vieth, in Ihrer Lage wollen. Deswegen verstehe ich Sie vollkommen." Er blickte überlegend auf seinen Teller und hob den Kopf plötzlich mit einem besonders freundlichen Lächeln. „Nennen wir uns du!"
Ich war so überrascht, daß ich nur stumm nach meinem Glase griff.
„Nein, nicht so!" rief er. „Sondern wie sich das gehört!"
Er stand auf und fuhr mit seinem Weinglas unter meinem rechten Oberarm durch. In dieser halben Umarmung tranken wir Brüderschaft.
In den nächsten Tagen bemerkte ich, daß er auch mit zwei oder drei andern Leutnants Brüderschaft trank, ebenso wie Prinz Friedrich Christian. Sie hatten sich also vorher besprochen. Aber das war ja selbstverständlich. Ich selbst war auch nicht zu meinen Untergebenen plötzlich nett, nur weil

ich so eine Laune hatte, sondern ich wollte etwas damit erreichen, was bisweilen sogar mit der Person nicht mehr viel zu tun hatte.
Aber diese Brüderschaften der Prinzen hatten unerwartete Folgen. Es waren unter uns Leutnants zwei Cliquen in Bildung begriffen. Den Kern der einen bildeten Seydewitz, Ehrenthal, der gutmütige Haugk, Lix Anderten und ich. Das Haupt der andern Clique war mein Vetter, der dicke Leutnant Freiherr von Welck. Mit ihm und seinen Freunden verbrüderte sich der Prinz Friedrich Christian. Und von unsrer Clique hatte der Kronprinz nur mir das Du angeboten. Das war also kein wirkliches Gegengewicht gegen die andern. Aber gerade diese Stärkung der Gegenclique brachte uns einen mächtigen Bundesgenossen ein, den Hauptmann von Miltitz. Einmal kam im Frühstückszimmer die Sprache auf diese andere Clique.
Miltitz schnippte die Zigarettenasche in den Becher von Meißner Porzellan und sagte mit dem hochmütigsten Ausdruck, dessen er fähig war: „Das – und auch der Prinz Friedrich Christian – sind ordinäre junge Schnapper! Sie sind vorlaut und haben keine gute Kinderstube!“
Niemand lachte laut darüber. Das war ja auch fast eine Majestätsbeleidigung. Aber man freute sich über die Bemerkung mit der ganzen Bosheit, die unsre Unterhaltung würzte. Mit derselben Bosheit wurde in dem Streit der beiden Cliquen gekämpft, mit halben Worten und ohne klare Argumente, obwohl ich das Gefühl hatte, daß es dabei gar nicht so sehr um persönliche Gegensätze ging, sondern um verschiedene Auffassungen. Mich stießen Welcks Freunde durch ihr blödes Geschwätz ab, und ich mißtraute der Ehrlichkeit des Prinzen Friedrich Christian. Etwas Klareres konnte ich darüber auch nicht sagen.
Seydewitz, Lix und Ehrenthal schienen gar nicht darüber nachzudenken, was hinter dieser Gruppenfeindschaft steckte. Sie weigerten sich einfach, mit den andern zu verkehren. Das führte aber zu täglichen Reibungen, denn wir saßen im selben Frühstückszimmer und Kasino. Meine Freunde sprachen auch möglichst wenig mit den Prinzen, weil sie fanden, daß sie sich der andern Clique angeschlossen hatten. Ich stand unglücklich zwischen den Parteien, da meine Freundschaft mit dem Kronprinzen täglich enger

wurde und ich ihm nicht sagen wollte, welcher Gegensatz hier entstand, von dem er bei seiner harmlosen Gutmütigkeit sicher nichts ahnte.
Wenn es im Kasino spät geworden war, fuhr er nicht mehr nach seinem Schloß, sondern übernachtete in der Kaserne in der Leutnantswohnung über mir. Sonst aber fuhren die beiden Prinzen nach dem Dienst in ihren stattlichen Autos nach Strehlen. Neben dem Kühler wehte im scharfen Winde ihre Standarte. Sobald der Kronprinz in der königlichen Villa angekommen war, ging dort auf dem Dache seine Fahne hoch.
Der Dienst wurde ihm nicht leicht. Sein Vater hatte ihn zur Leibkompanie gegeben. Wenn ich mich schon bei der zweiten Kompanie klein gefühlt hatte, wieviel mehr der mittelgroße, etwas rundliche Kronprinz. Er war auch noch Führer des ersten Zuges und stand neben dem größten Mann der sächsischen Armee. Wenn dann der Kommandeur der Leibkompanie, Lionel Graf Vitzthum, auf seinem runden, ruhigen Pferde saß und mit rotem Gesicht seine Kompanie Bewegungen ausführen ließ, so bewegte sich der rechte Flügelriese mit sicheren, ruhigen Bewegungen, während der Kronprinz mit seinen kurzen Beinen ganz unsinnig große Schritte machen mußte. Beim Parademarsch blieb er natürlich zurück.
„Königliche Hoheit", rief Vitzthum, daß man es noch bei den Nachbarregimentern hören konnte, „Sie sind nicht in der Linie!"
Der Prinz Friedrich Christian war ebenfalls bei einer der größten Kompanien, nämlich der dritten. Das fiel uns sofort auf. Denn der Chef dieser Kompanie, der Hauptmann von Löben, war der einzige Freund von Lionel Vitzthum, und beide waren betont protestantisch, bis zum sektenhaften Fanatismus. Dagegen war Miltitz katholisch, wie es die Prinzen waren. Wir erklärten das damit, daß der König gegen die Pfaffen wäre und ja schon den Hofrat Jacob, einen protestantischen Theologen, zum Direktor der Prinzenschule gemacht hatte.
Der Kronprinz war an religiösen Fragen so interessiert, daß er oft im Kasino mit mir darüber sprach. Ich war wohl auch der einzige, mit dem er das tun konnte. Denn auch ich hatte für den Protestantismus gar nichts übrig, in dem mich

die Professoren unseres Gymnasiums hatten erziehen wollen. Bei ihrer Greisenhaftigkeit war das Gegenteil herausgekommen. Die religiös gestimmte Menschenfreundlichkeit des Kronprinzen aber konnte ich nur achten. Sie entsprach vollkommen seinem Wesen, war echt und warm. Alles, was er an Idealen in sich trug, drückte er darin aus.
Als wir eines Abends über solche Probleme sprachen, beugte sich der Prinz Friedrich Christian über den Tisch zu mir. „Mein Onkel, Prinz Max, fastet oft wochenlang!"
Ich sah ihn wohl etwas betroffen an. Denn wir hatten gar nicht von seinem Onkel noch vom Fasten gesprochen.
„Sie können es mir glauben", fuhr er noch eindringlicher fort, „er nimmt oft wochenlang nichts zu sich!"
Verlegen sagte ich ja. Zwar glaubte ich es nicht. Aber wozu sich darüber streiten, ob er drei Tage oder ganze Wochen fastete?
Als ich mich diesen Abend auszog, dachte ich noch mit einem peinlichen Gefühl an dieses Gespräch. Merkte der Prinz denn gar nicht, wie unehrlich diese plötzlich zur Schau getragene Frömmigkeit wirkte? Wir wußten, daß der Prinz Max es mit seinem Glauben ernst nahm. Und der Kronprinz sprach nicht über das Fasten. Das war für ihn gar nicht wichtig. Seine Religion richtete sich auf den Menschen, sie wollte den Menschen helfen. Dazu brauchte man übrigens überhaupt kein Christ zu sein.

Die Prozession mit dem Herzen des Königs

Ende Januar war Kaisers Geburtstag. An diesem Vormittag mußten wir zur Paroleausgabe. Dabei standen wir frierend auf dem Platz zwischen der katholischen Hofkirche und der Königlichen Oper herum. Die Generale und höheren Offiziere bildeten einen Kreis, und wir jüngeren standen auch so in Klumpen herum und erzählten uns mit viel Gelächter Geschichten, die meistens keinen rechten Witz hatten. Nach einiger Zeit ging man dann nach Hause.
In den ersten Jahren hatte ich das hingenommen. Es gehörte zu den Veranstaltungen, von denen man sagte: Die Hälfte seines Lebens steht der Soldat vergebens.

Aber im dritten Jahre war ich weniger menschenfreundlich gestimmt und sagte zu dem Hauptmann Hingst: „Was ist das für eine sonderbare Zusammenkunft? Sie nennt sich Paroleausgabe, aber die einzigen Parolen, die ausgegeben werden, sind die, wer sich am Ende dieses Ballwinters mit wem verloben wird."
„Aber da sind Sie in einem Irrtum! Natürlich wird eine Tagesparole für die Wachen ausgegeben."
„Aber wo denn?" fragte ich erstaunt.
„Dort drüben im Kreise der Generale."
„Aber ich habe doch nie etwas davon bemerkt."
„Na, Parolen sagt man doch nicht laut!"
„Ach so!" rief ich. „Ach so!"
Hingst lachte. „Sie sind ein Ketzer! – Es ist natürlich gut, daß wir auch Ketzer haben, aber Sie sollten das nicht so laut sagen."
„Oh, ich gebe Herrn Hauptmann das Ehrenwort, daß ich wirklich nicht wußte, daß eine Parole ausgegeben wird. Ich hatte gedacht, daß man das noch zur Zeit Napoleons gemacht hätte und daß seitdem nur die Zusammenkunft übriggeblieben wäre. Seitdem steht doch die Parole, ganz ungeflüstert, jeden Tag im Regimentsbefehl."
Hingst hob drohend den Finger. „Ich habe gehört, daß Sie sich sogar schon über Karl Mays Schriften lustig gemacht haben!"

Am Todestage König Georgs wurde in der Katholischen Hofkirche eine Messe gelesen. Daran hatte unser ganzes Offizierskorps teilzunehmen. Weil wir aber protestantisch waren, gingen wir nicht ins Kirchenschiff, sondern saßen oben auf einer Empore – oder vielmehr saßen nur die älteren Offiziere und blickten auf die Zeremonien hinunter. Wir Jüngeren standen dahinter und sahen gar nichts. Da schwatzten wir denn wie gewöhnlich.
Der Major Trützschler kam etwas zu spät und fand daher keinen Platz mehr zum Sitzen. Ich trat zu ihm und fragte, was diese ganze Sache bedeutete.
Er war gleich bereit zu antworten. „Der Kern der Zeremonie ist die Prozession mit dem Herzen des Königs."
„Das Herz? Das heißt also: irgendeine Darstellung des Herzens?"

„Nein, das Herz selbst wird herumgetragen. Es ist in einer goldenen Kapsel beerdigt worden."

„Wie? Da hat man es nach dem Tode herausgeschnitten? Aber warum das?"

„Sie sollten nicht fragen, warum. Es handelt sich hier um prähistorische Gebräuche."

„Prähistorisch?"

„Ja. Haben Sie noch nicht bemerkt, wieviel Reste prähistorischer Anschauungen sich gerade der Adel bewahrt hat – und innerhalb des Adels besonders der Hochadel, die Fürsten? Nehmen Sie nur die Ahnen, die als Geister in den alten Schlössern spuken. Ist es Ihnen noch nicht aufgefallen, daß es, nach Ihrem eignen Gefühl, in einer Arbeiterwohnung nicht spuken kann? Darin zeigt sich ein Rest Ihres prähistorischen Bewußtseins. Ein Arbeiter ist nämlich für dieses Bewußtsein noch ein Sklave und hat keine Seele. Daher kann auch die nicht existierende Seele nach dem Tode nicht weiterbestehen noch ein Spuk werden. Nach seinem Tode ein Geist zu werden, das ist eben ein Adelsvorrecht, ein ganz großes. Nur sehr bedeutende Herren können spuken – und Frauen nur in einer Gesellschaft, die schon tief zersetzt ist."

„Ich verstehe das nicht ganz."

„Na, auch die Frau hat doch in einer patriarchalischen Gesellschaft – und unser deutscher Adel baut seine Vorstellungswelt auf einer patriarchalischen Ordnung auf – keine Seele. Daher spuken in Schlössern, deren Herren auf gute alte Sitte halten, nur Männer."

„Aber im Berliner Schloß geht die Weiße Dame um."

„Das eben, lieber Vieth, ist typisch für die Hohenzollern. Wissen Sie nicht, daß dieses Fürstengeschlecht unter seinesgleichen als eine üble Emporkömmlingsfamilie gilt? Und haben Sie schon einmal gehört, daß es bei den Habsburgern einen weiblichen Spuk gäbe? – Nein, nur Männer und nur große Herren können als Geister umgehen, wo gute Sitte herrscht."

Ich war betroffen. Es ist richtig: kein Diener oder Schlossergeselle kann ein Spuk werden. „Aber", sagte ich, „es gibt doch bei uns eine Vorstellung, daß zum Beispiel ein alter, etwas sonderbarer Apotheker, der in einem alten, sonderbaren Hause gestorben ist, nachher wiederkommt und nächt-

lich in seinem Kräutergewölbe umgeht und allerhand Geräusche macht. Und ein Apotheker ist doch das Bürgerlichste, was man sich vorstellen kann."
„Das empfinden Sie nur so", sagte der Major lächelnd, „weil Sie Literatur des neunzehnten Jahrhunderts gelesen haben. Nach der Französischen Revolution, die wirklich energisch mit den Adelsvorstellungen aufräumen wollte, kam eine recht schwächliche Generation, die alles romantisch versüßlichte. Die Romantik besteht eben darin, daß das Bürgertum die alte Adelswelt falsch hinstellte. Das taten die Literaten der damaligen Zeit natürlich unbewußt. Und bilden Sie sich ja nicht ein, daß an dieser Arbeit des Umschneiderns eines alten Rocks das ganze Bürgertum teilnehmen durfte! Nur die Reichen waren da zugelassen. Gerade an der unteren Grenze dieser neuen Reichen stand der Apotheker. Gerade er eignete sich zu dem Mummenschanz und konnte zum Spuk werden, weil er es mit Kräutern und anderen geheimnisvollen Dingen zu tun hatte, die in das Mittelalter hineinpaßten. Daß Sie, lieber Freund, einen Apotheker als möglichen Spuk ansehen, zeigt, wie zersetzt Sie selbst sind."
„Und Herr Major?" fragte ich.
Trützschler zog ein sehr vergnügtes Gesicht. „Ich bin schon so zersetzt, daß ich durch den ganzen Kram hindurchsehe. – Da fällt mir ein: Sie sehen die prähistorischen Reste im Adel noch deutlicher an der Jagd. Sie wissen, daß die Jagd unter Fürsten eine Pflicht ist und zu den unumstößlichen Traditionen gehört. Die Fürsten sind die Traditionserben von prähistorischen Jägern. Wenn heute der König auf die Jagd geht, so ahmt er getreulich die Beschäftigung der Höhlenmenschen nach."
„Auch noch der Höhlenmenschen?" rief ich.
„Sie vergessen, wo Sie sind!" sagte er lachend. „Wenn Sie hier während der Prozession so schreien, so kann ich Ihnen das nicht erklären. – Viele Jäger von heute bezeichnen die Treibjagden des Fürsten als eine wüste Barbarei. Für diese gewiß sehr wohlmeinenden Herren erscheint der Anstand als die Form der Jagd, die der Kavalier ausübt. Aber der Anstand konnte erst entstehen, als es einigermaßen weit reichende Waffen gab. Auch die Feindschaft gegenüber der Treibjagd ist eine Zersetzungserscheinung – natürlich im-

mer nur, wenn man darauf aus ist, die alte Adelstradition zu erhalten. Und das tun wir ja hier, wenn wir in dieser Kirche der Prozession mit dem Herzen des Königs beiwohnen."
Merkwürdig! dachte ich. Auch Trützschler macht sich über alles lustig wie wir Leutnants. Aber es ist doch etwas wie Respekt in ihm – und irgend etwas sehr Positives. Aber was eigentlich?
„Es ist auch ein uralter Brauch", fuhr der Major eifrig fort, „daß der Jäger, der ein Tier erlegt hat, einen bestimmten Teil bekommt, zum Beispiel die Leber. Dieser Brauch war ursprünglich ein sehr heiliges Gesetz und sollte verhindern, daß der Jäger mehr als einen Teil des erlegten Tieres gleich roh verschlang. Durch diesen Brauch wurde er gezwungen, alles übrige ins Lager zu bringen, zu den alten Leuten, Frauen und Kindern."
Ich spürte während dieser Erzählung das Schloß, das gleich hinter uns lag, die etwas düstere Kirche und den König, der drüben in einer Loge saß. Welche sonderbare Welt mitten in unserm sonstigen Dasein!
„So ist es auch", fuhr er fort, „mit den alten Beerdigungsformen. Es gab einmal die Sitte, den Körper nicht in einem Stück zu begraben, sondern den Kopf für sich, das Herz für sich und den übrigen Körper für sich. So wurde auch der ägyptische Gott Osiris in Teile geschnitten. Und mit ägyptischen Traditionen ist die katholische Kirche getränkt. Die Religionen und der Hochadel haben sich eine Fülle von alten Gebräuchen erhalten. Das haben Sie ja gerade heute, hier bei dieser Prozession, vor sich. Der verstorbene König ist ein bißchen wie der Gott Osiris behandelt, man hat ihn zerschnitten, und nun trägt man das Herz herum. – Aber Sie sollten jetzt zuhören. Gleich wird einer der schönsten Kirchengesänge beginnen, die es gibt."
Die Orgel intonierte, und Chorknaben setzten ein.

Am Nachmittag kamen Seydewitz und Ehrenthal zu mir zum Kaffee. „Habt ihr die Uniform von Pereira gesehen?" fragte Seydewitz.
„Nein, was war damit?"
„Na, es war ein Skandal! Jetzt ist er schon so auf den Hund gekommen, daß er sich keine neue Uniform mehr kauft. Bei der letzten Rekrutenbesichtigung wollte er sich seinen bes-

seren Rock anziehen. Aber da stellte sich heraus, daß er zu dick geworden war. Der Rock ging ums Verrecken nicht mehr zu. Schließlich ließ er ihn offen und zog einen Mantel darüber. Als er so auf den Kasernenhof kam, fauchte ihn sein Hauptmann an, ob er nicht wüßte, daß er ohne Mantel zu erscheinen hätte. Pereira sauste also in seine Stube zurück und zog sich den alten Rock an. Als er nun wieder auf den Hof kam, brüllte ihn der Hauptmann wegen dieses schlechten Rockes an. – In diesem selben schäbigen Dienstrock hat er heute das Herz des Königs herumgetragen."

„Warum denn gerade er?" fragte ich. „Pereira ist doch kein besonders würdiger Vertreter unsres Regiments."

„Weil er und Miltitz unsre einzigen katholischen Offiziere sind."

„Da mag ihn ja", sagte Ehrenthal lachend, „Miltitz schön angeguckt haben! Er kann Pereira sowieso nicht leiden und sagt immer: Da haben wir so einen portugiesischen Judenjungen beim Regiment, der sächsisch spricht und auch sonst stockordinär ist."

„Ich hatte heute ein ganz großes Erlebnis!" sagte ich. „Trützschler hat mir den Sinn der Zeremonie mit dem Herzen des Königs erklärt. Wir sind doch schrecklich unwissend! Wenn ich ihn höre, möchte ich mal etwas studieren."

„Ja", erwiderte Ehrenthal, „ich interessiere mich für die Naturwissenschaften. – Aber was haben wir schon gelernt? Auf der Schule bin ich zweimal sitzengeblieben, und jetzt säuft man sich noch den Rest von Verstand fort. Glaubt ihr denn, daß wir überhaupt noch fähig sind, etwas wirklich zu studieren?"

„Ich", sagte Seydewitz und stotterte auf einmal so stark, wie er es sonst in unsrer Gesellschaft nicht tat, „stehe jeden Morgen um sechs auf und zeichne. Ihr wißt ja, ich war vor einem Jahr mehrere Monate in einem Stottererheim. Wenn es nicht besser würde, hatte man meinem Vater gesagt, könnte ich nicht höher kommen als bis zum Hauptmann, weil ich kein Kommando abgeben kann, wenn ein Vorgesetzter neben mir steht. – Aber es ist nicht besser geworden." Er rauchte hastig ein paar Züge. „Wenn ich umsatteln muß, will ich Maler werden." Er war sehr rot geworden und zuckte heftig mit Augen und Mund.

Wohl um ihn abzulenken, sagte Ehrenthal: „Trützschler hat bewiesen, daß auch ein Offizier etwas lernen kann, außer auf dem Kasernenhof herumzubrüllen. Aber als Kompaniechef war er lächerlich, mit seinem Zweifel an der eignen Würde. Einmal rückte er zu einer Felddienstübung aus und erklärte seiner Kompanie die militärische Lage. Aber plötzlich sagte er ganz laut: ‚Das ist ja alles Quatsch!' und gab den Befehl zum Einrücken. – Ich kriege Zweifel, wenn ich mir einige von unsern Offizieren ansehe, die von der Kriegsakademie zurückkommen. Da sehen sie blaß aus. Manche lassen sich gar die Haare lang wachsen, und sie haben auch die militärische Haltung verloren. – Ihr könnt mich einen Reaktionär nennen, aber es ist etwas an dem alten Offiziersideal, wie es Blücher verkörperte, der keine Flasche ungetrunken ließ und kein Kartenspiel unberührt. Und sonst wußte er herrlich vorwärts und hurra zu brüllen Aber einen schriftlichen Befehl machen, ausgeschlossen! – Höre, Vieth! Kannst du nicht was deklamieren? Seydewitz hat mir gesagt, du könntest das."
„Wie paßt das mit deinem Blücherideal zusammen?" fragte ich. „Blücher hat bestimmt keine Gedichte aufgesagt."
Er lachte. „Es ist eine Schweinerei! Ich weiß, daß alles das uns entnervt – aber trotzdem, bitte deklamiere!"

Gegen den Strich

An einem heißen Nachmittag hatte ich auf dem Kasernenhof dem Üben der Gewehrgriffe zugesehen. Als ich dann meine Wohnung aufschließen wollte, fand ich sie offen. Ich trat ein und sah Seydewitz auf einem Stuhle stehen. Er hatte meinen Rasierpinsel in der einen Hand und in der andern meinen Malkasten.
„Sieh mal", sagte er, „wenn ich mit Preußischblau auf deine rote Wand male, gibt das einen satten braunen Ton."
Er hatte einen Tscherkessen in Lebensgröße neben die Tür gemalt. Ich war begeistert davon.
„Jetzt", sagte er und stieg vom Stuhl, „nageln wir noch den krummen Säbel, der dort drüben hängt, dem Tscherkessen an die Hüfte."
Am nächsten Tage malte er wieder, diesmal einen deut-

schen Soldaten. Ich hatte ein altes Gewehr, das wir ihm über die Schulter nagelten, so daß der Soldat die Wand entlang Parademarsch übte. Übrigens wirkte das wie eine Verhöhnung des militärischen Drills.
Als ich dann wieder einmal nach Hause kam, saß über der Tür ein dicker Pfaffe, ließ seine Beine vom Türrahmen baumeln und blickte einen dumm an. So füllte sich mein Wohnzimmer mit Bildern.
Einmal kam der Freiherr von Waldenfels zu mir zum Kaffee. Er blickte sich betroffen um und sagte: „Aber das ist ja scheußlich!"
Ich hatte eine rechte Freude daran, ihn zu ärgern, und sagte: „Wenn Ihnen schon die Wandbilder nicht gefallen, so finden Sie dort an der Wand ein kleines nettes Ölgemälde. Aber es ist dort ein wenig dunkel. Sie nehmen es besser von der Wand."
Waldenfels hängte das Bild ab und hielt einen leeren Rahmen in der Hand. Denn auch das Ölbild hatte Seydewitz auf die Wand gemalt, mit einiger Mühe, weil sie ziemlich rauh war und auch gar nicht zum feineren Malen vorbereitet.

Ich pflegte schlecht zu schlafen und beim leisesten Geräusch aufzuwachen. So hörte ich auch eines Sonntags früh, wie jemand sehr vorsichtig die Tür meines Wohnzimmers aufschloß. Ich wunderte mich und blickte nach der Uhr. Es war genau die Zeit, zu der mich mein Bursche wecken sollte. Aber die leisen Schritte drüben waren nicht seine. Die Klinke der Tür zum Schlafzimmer wurde fast geräuschlos niedergedrückt. Und dann schaute das rote Gesicht eines meiner ehemaligen Rekruten herein, der Rösch hieß.
„Was ist?" fragte ich.
Plump und ungeschickt kam der Mann noch ganz herein. „Herr Leutnant", sagte er mit singender Stimme, „der Vieth hat Sehnenscheidenentzündung."
Ich verstand ihn nicht gleich. Wieso hatte ich Sehnenscheidenentzündung, und warum nannte er mich einfach mit meinem Namen? Da erschrak er selbst, und jetzt verstand ich erst den Sinn seiner Rede. Die Landser pflegten die Burschen mit dem Namen ihrer Herren zu rufen, und er

hatte sagen wollen, mein Bursche wäre krank. Jetzt war er in schwerer Verlegenheit, seine blauen Augen drückten Angst aus, und seine roten verarbeiteten Hände fingerten an seinen Hosennähten, daß ich ihn befreien wollte und fragte: „Und wer hat Sie bestimmt, meinen Burschen zu vertreten?“

„Er selbst hat mir's gesagt, Herr Leutnant.“

„Gut“, erwiderte ich und wunderte mich nur über die Wahl. Rösch war Erdarbeiter aus einem kleinen Städtchen bei Dresden und ein Mann von ungewöhnlicher Unbeholfenheit.

„Darf ich jetzt den Kaffee bringen?“ fragte er singend.

„In einer Viertelstunde.“

Er ging auf den Zehenspitzen hinaus. Ich wunderte mich, daß ein so plumper Mensch überhaupt leise sein konnte.

Später kam er wieder, in den Händen ein Tablett, auf dem der Kaffee stand, die Brötchen lagen, auch Butter und die Zeitung. Es war das alles genauso, wie es mein Bursche zu tun pflegte. Wieder trat er so auf, als wäre der Boden aus einem besonders zerbrechlichen Material.

„Der Feldwebel läßt daran erinnern“, sang er mich an, und sein rotes Gesicht schimmerte vor Gutmütigkeit, „daß die Kompanie um neun Uhr zum Kirchgang antritt.“

Ach ja, Kirchgang! dachte ich ärgerlich. Wenn man einen verdorbenen Magen hat, auch noch einen solchen Weichredner anhören! Das ist wahrhaftig eine Zumutung! Und hier liegt das unvermeidliche Dresdner Journal. Was muß der Rösch nur denken, wenn er sieht, was wir uns da für ein idiotisches Blatt halten?

Ich blickte ihn an. Er wischte Staub und zeigte nicht die geringste Entrüstung über das, was mich aufregte. Im Gegenteil, er schien jedes Ding zu lieben, was er bei mir vorfand, die Wappengläser und die Kissen auf meinem Sofa.

Das Frühstück schmeckte mir nicht, und ich zündete mir eine Zigarette an. Aber das kam mir vor wie Gift für meinen armen Magen. Mir wurde auch schwindlig, und ich drückte die Zigarette im Aschenbecher aus.

Mißgestimmt ging ich hinunter auf den Kasernenhof. Der Weg zur Garnisonkirche führte über eine breite Brücke, die den tief eingeschnittenen Prießnitzgrund überquerte. Dort unten floß zwischen Fichten und gelbem Sand ein Flüß-

chen mit klarem Wasser, und hier oben marschierte ich zur Zwangskirche, die schon zu sehen war. Sie hatte überall dort Ausbuchtungen, wo man sie nicht erwartete, so als ob jemand die Nase auf der Backe hätte und das Ohr vorn. Diese Mißgeburt war dadurch entstanden, daß es unter den Soldaten viele Protestanten und wenige Katholiken gab und daß sich irgendeine Exzellenz ausgedacht hatte, wieviel schöner das Kirchenexerzieren sein würde, wenn alle zusammen zur Kirche marschierten. Um diese poetische Idee Gestalt werden zu lassen, waren eine kleine katholische und eine große protestantische Kirche aneinandergebaut worden, beide im gleichen Stil von 1900.
Ich ließ die Kompanie vor der Kirche zur Linie aufmarschieren und ging zum Offizier vom Kirchendienst. Das war heute Lionel Vitzthum. Mit seinem stets zornroten Gesicht und blendendweißen Zähnen gab er den strammen Befehl aus, in welcher Reihenfolge die Kompanien in die Kirche rücken sollten.
Das Weitere überließen wir Leutnants den Feldwebeln und stiegen auf die Empore. Von da aus sahen wir, wie die Mannschaften unten im Schiff abgezählt wurden und dann stoßweise in die Kirchenbänke einrückten. Einige Unteroffiziere blieben auf dem Mittelgang stehen, um die Soldaten anzustoßen, die einschliefen. Wenn sie dabei einen nicht erreichen konnten, gaben sie den Nachbarn Zeichen, den Mann anzustoßen. Da aber meistens ganze Reihen schliefen, wurde der Flügelmann angestoßen und hatte den Stoß weiterzugeben. So wiederholte sich während der ganzen Predigt dieses Anpuffen, das sich durch die Reihen fortpflanzte.
Ich setzte mich neben Lix Anderten und sagte ihm: „Wie mag sich wohl Lionel Vitzthum den Himmel vorstellen? Sicher im Parademarsch vor dem lieben Gott, vorher Anzugsdurchsichten, und am Abend Briefschreiben an die lieben Angehörigen. Die Erzengel mit ihren Flammenschwertern leiten das Strafexerzieren an freien Nachmittagen.“
Da setzte die Orgel ein. Sie stand uns gegenüber auf der andern Empore. Der Organist trug keine Uniform, sondern einen schwarzen Rock. Aber er wußte, was sich für eine Garnisonkirche gehört. Er zog stets möglichst viele Register und donnerte so auf seinen Pfeifen, daß die Wände der Kir-

che, die Pfeiler, lose Teile an Lampen, kurz, alles, was eine Echostimme besaß, am Ohrenzerreißen mithalf! Das geschah, wie die Unteroffiziere meinten, damit die Landser nicht so leicht einschliefen. In Wirklichkeit aber schliefen sie bei dem Getöse ganz ausgezeichnet.
Nun sangen wir einige Choräle. Dann kam aus einer Tür ein langer schwarzer Rock heraus und wallte die Kanzelstufen hinauf. Er bewegte sich so stetig, als wäre da eine langsam laufende Rolltreppe. Als er oben angekommen war, hob er den Kopf, blickte zur Kirchendecke, faltete die Hände und schloß die Augen.
„Liebe Kameraden", sagte er mit sanfter Stimme, „ihr fragt euch so oft, woher das Böse auf der Welt kommt."
„Idiot!" sagte ich etwas zu laut und flüsterte dann dem Lix zu: „Hast du schon einmal einen Landser gesehen, der sich gefragt hätte, wie das Böse auf die Welt gekommen ist? So vernagelt sind doch unsre Leute nicht!"
Der Kirchenrat hatte noch immer die Augen geschlossen – wahrscheinlich, um nicht zu sehen, daß auch seine Zuhörer die Augen geschlossen hielten. Er träufelte weiter mit honigsüßer Stimme: „Einst gab es ein schwer gepeinigtes Volk, das Volk Israel, das in die Fremde fortgeführt worden war, an das Ufer des Euphrat, nach Babylon, der großen Hauptstadt der damaligen Welt. Dort saßen sie am Ufer und holten ihre Harfen hervor – vielleicht das Erbe vieler Generationen von Gläubigen – und sangen das Lied der Klage."
Im Kirchenschiff unten hatten die Unteroffiziere zu tun mit Anstoßen. Aber der Kirchenrat sprach in nachtwandlerischer Verzückung weiter von Babylon.
Einmal hatte ich versucht, den Gedankengang eines der andern Kirchenräte festzustellen. Er war von einer armen, aber frommen Frau zu den Lastern der Großstadt übergegangen, von da zu dem Lieblingsjünger Johannes und dem Ideal, etwas um seiner selbst willen zu tun. Dann war es auf einmal aus.
Noch ein andres Mal versuchte ich, dem Gedankengang einer solchen Soldatenpredigt zu folgen. Aber die Sprache, die so milde fortlief, schien nichts mit einem durchlaufenden Gedanken zu tun zu haben.
Eines Sonntags tauchte eine neue Figur auf. Der Mann hieß

nur Pastor und noch nicht Kirchenrat. Er schloß die Augen nicht und war auch nicht so gottgefällig sanft. Aber er sagte immer dasselbe. Und auch das hatte mit unserm Leben nichts zu tun.

„Liebe Kameraden", sagte der schlafende Heilige auf der Kanzel, „wenn euch das Leben anficht, müßt ihr tapfer widerstehen wie ein Krieger, der in das Feuer der Kugeln des Gegners hineinstürmt, ohne an eine Deckung zu denken."

„Na, weißt du", sagte ich zu Lix, „wir erziehen unsre Rekruten gerade dazu, jede nur mögliche Deckung auszunutzen."

„Sei still!" antwortete Lix. „Der Mann schwebt nun einmal in einer andern Sphäre."

„Der Anfechtungen des Lebens sind viele, schwere und ..."

Unten im Schiff hatten sie einen Grenadier zu stark angestoßen. Mit einem lauten Schnaufer wachte er auf. Seine ganze Reihe lachte.

„Spottet nicht des Heiligen! Denn der Herr liebt den, des Herz rein ist!"

Ach Unsinn! dachte ich wütend. Die Landser haben ihre Mädel und treffen sie nicht an den Ufern des Euphrat, sondern auf dem Reitweg gegenüber der Kaserne. Dort solltest du heiliger Jammergreis einmal um neun Uhr abends hingehen. Da würdest du eine andre Reinheit des Herzens finden. Da hat auch keiner eine Harfe mit und singt Klagelieder.

Mit einem Ruck setzte das Donnern der Orgel ein. Der Kirchenrat hatte die Augen geöffnet, um die Kanzeltreppe selig hinunterzuwallen.

Wir gingen hinunter auf den Platz. Ich kommandierte den Abmarsch meiner Kompanie und ging mit dem Feldwebel hinterher.

„Heute haben viele geschlafen", sagte ich.

„Jawohl, Herr Leutnant", antwortete er stramm, „man müßte da ganz andere Maßnahmen ergreifen, zum Bei ..."

„Nein", unterbrach ich ihn, „man müßte Leute auf die Kanzel stellen, die das Leben kennen!"

Der Feldwebel blickte mich erschreckt an.

Als ich ins Frühstückszimmer kam, erzählte da Tschammer etwas mit lachendem Gesicht. Mich brachte dieses Dürrhirn noch mehr auf, und ich ging bald hinauf in meine Wohnung. Aber ich fand auch dort keine Ruhe.
Rösch kam herein und fragte mit seiner singenden Stimme: „Brauchen Herr Leutnant noch etwas?"
„Nein!" erwiderte ich barsch.
Er verschwand lautlos und eingeschüchtert.
Jetzt habe ich noch diesen harmlosen Menschen erschreckt, diesen Menschen, der eine wahre Seele hat, die das fromme Weichtier da auf der Kanzel vielleicht auch besitzt, aber an der falschen Stelle!
Ich wollte etwas lesen, aber konnte nicht aufpassen. Jedesmal ging es mir nach der Zwangskirche so, daß ich zwei Stunden brauchte, in denen ich innerlich tobte und mir selbst und allen andern unerträglich war.
Am Abend wollte Seydewitz mit mir in der Stadt essen. Ich ging auch mit ihm, aber völlig lustlos. Den nächsten Morgen fühlte ich mich so schwindlig und schlecht, daß ich zwar zum Dienst ging, aber von da gleich zum Bataillonsarzt.
Nach kurzer Untersuchung sagte er: „Sie haben einen schweren Magen- und Darmkatarrh und müssen bei strenger Diät einige Zeit liegen. Alkohol dürfen Sie überhaupt nicht trinken und auch nicht rauchen." Er machte eine Pause und sah mich eindringlich an. „Ich habe Sie im Kasino beobachtet. Vielleicht denken Sie, daß ich ein Fanatiker bin mit meiner Feindschaft gegen den Alkohol und das Rauchen. Aber ich kann Ihnen sagen, hier beim Regiment gehen viele zugrunde am Alkoholismus. Sie kennen selbst die Offiziere, die ich meine. Und dazu haben wir in letzter Zeit drei Fälle von Nikotinvergiftung allein unter den Leutnants. Wenn der Alkohol und das Rauchen für die andern schon schlecht ist, für Sie ist es Gift. Ihre Natur verträgt das nicht."
Ich antwortete nicht darauf, denn ich wußte, daß er recht hatte. Aber wie sollte ich in der Offiziersatmosphäre nicht trinken und rauchen?
Als ich dann zu Hause im Bett lag, wollte ich etwas lesen. Aber ich schlief fast sofort ein und erwachte erst am Nachmittag von Röschs Stimme.

Er war diesmal so leise hereingeschlichen, daß selbst ich es nicht gemerkt hatte.
„Herr Leutnant", sang er, „hier ist der Haferschleim. Und ich soll melden, daß ich vom Dienst befreit bin, um Herrn Leutnant zu pflegen."
Einen besseren Pfleger konnte ich überhaupt nicht haben. Dieser plumpe Mensch war von einer Zartheit und Aufmerksamkeit, die ich sehr brauchte. Denn während meiner Krankheit gingen mir schwere Gedanken durch den Kopf. Der Inka Schimpff kam an einem Nachmittag zu mir und erzählte, frisch und energisch, wie es seine Art war, daß er das Militär satt hätte. Ich wußte von seinem Verhältnis zu einem Mädchen, das er nicht heiraten konnte, solange er Offizier war, denn er hätte die Erlaubnis vom Kriegsministerium für diese Heirat nie bekommen.
„Hier trägt man", sagte er, „zwar eine schöne Uniform, aber man lebt im Grunde recht knapp und muß etwa zwölf Jahre diesen Kasernenhofstumpfsinn durchmachen, bis man Hauptmann und damit vom Zuschuß des Vaters unabhängig wird. Aber draußen im Zivilleben kann ich gut verdienen. Und ich bin vor allem ein freier Mann!"
Ich gab ihm recht, und doch widerstrebte es mir. Schon allein die Zwangsgottesdienste genügten mir und diese schrecklichen Hofbälle. Aber dann hätte ich auch den Umgang mit den Landsern verloren. Und der Gedanke zu studieren stieß mich ab. Ohne den Mann aus dem Volke zu leben, das erschien mir so inhaltslos. Nein, ich mache es nicht wie der Inka! Ich hasse diese Gesellschaft, in der ich leben muß, aber ich bleibe, um derer willen, die nicht zu meiner Gesellschaft gehören. Schwer wird das sein. Und ich muß weniger trinken.
Als es mir besser ging, versuchte der Doktor mit mir eine Mastkur. „Sie wiegen nur sechzig Kilo", sagte er, „und das ist bei Ihrer Größe viel zuwenig."
Das sah ich ja auch ein. Aber wenn Rösch mit einem großen Tablett hereinkam und gutmütig lächelnd die vielen Teller vor mich stellte, faßte mich eine Wut – nicht gegen ihn, sondern gegen die Absicht, mich zu mästen. Das war ganz ohne Sinn, aber ich konnte diese Abneigung nicht überwinden und nahm auch nicht die Spur zu.
Dann tat ich wieder Dienst und aß auch wieder im Kasino

mit, obwohl mir das schwere Essen gar nicht zusagte. Da kam ein neues Mißgeschick. Von jeher liebte ich das Schießen nicht, und zwar wegen des Knallens. Es tat meinen Ohren weh. Beim Dienst auf dem Schießstand hatte ich zwei Stunden neben dem Schützen zu stehen, und wenn ich dann in die Kaserne zurückkam, hallte alles um mich wie in einer Muschel. Ich konnte dann keinem Gespräch mehr zuhören, ohne durch dieses Sausen gestört zu werden.
Einmal mußten auf dem Schießstand mehrere Leute mit dem Karabiner schießen, der infolge seines kurzen Laufes ein starkes Mündungsfeuer hat und viel heftiger knallt als ein Gewehr. An diesem Tage war das Ohrensausen schon auf dem Rückweg durch den Wald sehr stark. Bei meinem Eintritt in die hallenden Räume der Kaserne aber erschien mir das Geräusch der Meeresbrandung fast unerträglich. Jedoch es gab keinen Ort, wohin ich vor dem Lärm hätte fliehen können.
An diesem Abend war im Kasino ein Fest. Als dann die Musik mit einem Marsch einsetzte, hörte ich einen schrillen Lärm. Das war so auffallend scheußlich, daß ich nicht mehr sprechen konnte. Das Schrillen zog meine Aufmerksamkeit ganz auf sich. Was war das? Ich horchte angestrengt hin. Ohne Zweifel, ich hörte doppelt. Bei einigen Tönen konnte ich sogar genau feststellen, daß der Unterschied zwischen dem linken und dem stärker angegriffenen rechten Ohr ein Ganzton war und noch etwas mehr. Schon bald nach dem Essen verschwand ich aus dem Kasino, um die quälende Musik nicht mehr zu hören. Aber zu Hause konnte ich nicht bleiben. Denn wenn nur irgendein Leutnant bemerkte, daß bei mir Licht war, so hätten sie mich ins Kasino zurückgeholt. Ich band mir also den Säbel um, setzte die Mütze auf und ging auf die Straße.
Es war eine schöne warme Nacht, und ich ging langsam an der Kasernenfront entlang. Die Liebespaare, denen ich begegnete, mußten sich bei meinem Anblick stets trennen, damit die Soldaten grüßen konnten. Das störte mich. Warum sollten sie keine Stunde ohne Dienstklotz leben? Vielleicht war auch Rösch hier irgendwo unter den Bäumen. Vermutlich war er ein sehr zarter Liebhaber und wurde von seinem Mädchen sehr ausgenutzt. Aber das kam wohl darauf an, was für ein Mädchen er hatte. Die hier waren zum großen

Teil die Köchinnen und Stubenmädchen der älteren Offiziere. Bei meinen Eltern war einmal ein Artillerist mit einem großen Säbel entdeckt worden, der trotz seines kriegerischen Aussehens vor meinem Vater einc furchtbare Angst hatte. Diese Stubenmädchen waren ebenso vom Lande wie Rösch.
Um hier nicht weiter als Schreck der Liebespaare herumzulaufen, ging ich zu meinen Eltern. Da traf ich meine Mutter allein und erzählte ihr von meinem Doppelthören.
„Das muß ja schrecklich sein", erwiderte sie. „Wenn ich mir vorstelle, ich könnte nicht mehr Konzerte besuchen! – Aber du weißt, in der Familie deines Vaters ist die Schwerhörigkeit erblich. Geh unbedingt zum Arzt, noch morgen!"

Ich wurde vom Regimentsarzt zu einem Spezialisten geschickt, der mit mir viele Gehörprüfungen mit Stimmgabeln vornahm. „Sie hören ganz ausgezeichnet", sagte er zum Schluß. „Nur sind bei Ihnen einige der höchsten Töne zerstört, was an sich im gewöhnlichen Leben gar nichts ausmacht. Aber damit die Sache nicht schlimmer wird, müssen Sie für mindestens einige Monate vom Dienst auf dem Schießstand befreit werden. Und wenn es sich nicht vermeiden läßt, schützen Sie sich mit einem Präparat aus Wachs und Watte, das Sie sich ins Ohr stecken. – Im übrigen wollen wir eine Kur mit einem Jodpräparat versuchen."
Schon nach zwei Tagen war es klar, daß ich das Jod nicht vertrug und daß die Kur nicht fortgesetzt werden konnte. Das Doppelthören verminderte sich, verschwand auch manchmal für ganze Monate, kam aber dann immer wieder.
Ich wurde wirklich vom Dienst auf dem Schießstand befreit, und zwar gerade, als der schöne Hartwig die Kompanie verließ. Kurz vorher war es zu einer weiteren Verschärfung meines Verhältnisses zu ihm gekommen. Wieder einmal hatte er in meiner Abwesenheit unfreundlich im Frühstückszimmer über mich gesprochen. Seydewitz war darüber wütend. Aber er konnte bei seinem Stottern am allerschlechtesten etwas erwidern. Und Ehrenthal war langsam. Als er ansetzen wollte, etwas zu sagen, schnippte Miltitz die Asche seiner Zigarette anmaßend in den Becher

und wandte sich mit gequetschter Stimme an Hartwig: „Es gibt wirkliche Vornehmheit und stockordinäre Gesinnung. Mit denen, die eine stockordinäre Gesinnung haben, muß man natürlich so machen!" Er tat so, als ob er ein Stück Holz zerbräche, und sagte dazu: „Knäck!"
Alle Offiziere betrachteten aufmerksam die beiden Hauptleute und wußten nicht, wo Miltitz hinauswollte. Da sagte der mit kaltem Blick: „Die Vornehmheit hängt nicht vom Dienstgrad ab. Manchmal ist es nicht der Leutnant, der die stockordinäre Gesinnung hat!"
Hartwig wurde rot und erwiderte mit erzwungenem Lächeln: „Sie meinen doch nicht etwa, daß ich und Vieth ..."
„Doch", unterbrach Miltitz, „das meine ich!" Er wandte sich betont von Hartwig ab und sagte zu dem Major Graf Kielmansegg mit liebenswürdigem Lächeln: „Wir haben auch noch andre, die man ‚knäck' machen müßte! Da ist ein ganz alberner Pinsel, der bis vor kurzem seines Zeichens Regimentsadjutant war und mit dem ich das Pech habe, nahe verwandt zu sein, Herr von Montbé, der auch mit Monokel nicht vornehm aussieht. – Der portugiesische Judenjunge Pereira und sein Freund William haben vor Weibertollheit jede Form verloren. Und Herr von Tschammer und Osten, genannt von Quatschke, hat dort Haare, wo andre sich rühmen, nichts zu haben. Und er hat nichts, wo andre etwas zu haben pflegen, nämlich im Kopf."
Der schöne Hartwig wollte etwas sagen, aber Miltitz rief lachend und recht zum Hohn besonders laut: „Nanz! Jack!"

Hartwig übergab die Kompanie dem Hauptmann von Meysenbug, der gerade von der Kriegsakademie kam. Er begann sofort, mir und den Feldwebeln der Kompanie Unterricht zu geben, und das war gut. Denn ich hatte bei Hartwig zwar einiges Praktische gelernt. Aber theoretisch hatte ich mich seit der Kriegsschule überhaupt nicht weitergebildet.
Bevor wir jetzt eine praktische Übung im Gelände machten, pflegte uns der Hauptmann darauf vorzubereiten. So marschierten wir auch an einem heißen Sommertage aus und entsandten dann über eine Höhe Sicherungspatrouillen. Als die Übung beendet war, ließ Meysenbug die Kompanie antreten und besprach mit ihr die Fehler, die gemacht worden

waren. Er saß dabei auf dem Pferde und hatte einen Reitstock in der Hand.
„Wo hätte die Patrouille über die Höhe gehen sollen?" fragte er den Brückner.
„Dort drüben", antwortete der und zeigte mit der Hand nach der Stelle.
„Ach so?" fragte der Hauptmann hämisch. „Dort drüben?" Er trieb sein Pferd dicht vor Brückner hin und schlug ihn mit dem Leder seines Reitstocks rechts und links an die Nase, immer wieder. Das waren kleine Schläge, die nicht weh tun konnten, aber Brückner veränderte sein Gesicht. Er war kein schlechter Soldat und eher ein Durchschnittsmensch. Jetzt wurde er weiß. Trotzdem fuhr Meysenbug mit seinen kleinen Schlägen fort. „Wo würden Sie über die Höhe gehen?"
Brückner blickte zu dem Hauptmann hinauf. Ich sah, er würde nie den Mund öffnen oder höchstens, um Meysenbug anzuschreien, wie ein Vizefeldwebel einmal den schönen Hartwig angeschrien hatte, als der zu gemein geworden war.
Diesmal geschah nichts weiter. Meysenbug wandte sich an einen andern. Aber ich mochte ihn von diesem Tage ab nicht mehr. Dafür, daß ein Vorgesetzter in der Erregung einen Untergebenen anfuhr oder gar anstieß, hatte ich Verständnis. Ich selbst hatte mich nicht immer ganz richtig benommen. Aber wie man einen Untergebenen ohne Anlaß ganz kühl beleidigen konnte – das verstand ich nicht. Und dadurch, daß er einen meiner ehemaligen Rekruten verletzt hatte, war er mir verdächtig geworden.

Miltitz unterrichtet uns

Als bei einem Kasinofest die Zeit schon ziemlich fortgeschritten war, rief mich Seydewitz zu Miltitz, der mitten im Saale auf einem Stuhle saß, das linke Bein wie gewöhnlich hochgezogen, so daß er wie ein dicklicher Buddha in Hauptmannsuniform aussah. Um ihn saßen eine Reihe Leutnants und hörten seinen Lehren zu.
„Sie jungen Schnapper", sagte er und schnippte die Zigarettenasche auf das Parkett. „Sie kennen einige Regeln des An-

standes nicht, die vielleicht irgendein Kaufmann oder Hochschullehrer nicht braucht, wohl aber ein Offizier. – Es gibt Leutnants, die sich von Mannschaften Feuer geben lassen und überhaupt nicht danken. Das sind natürlich stockordinäre Lümmel, die abgeschafft werden müssen, knäck! – Sie müssen diese Dinge beizeiten lernen. Ich kann mich nicht daran gewöhnen, die Hand eines Soldaten zu berühren. Aber das ist falsch! – Wenn Sie auf einer Felddienstübung sind und eine Zigarette herausnehmen, pflegt irgendein Grenadier angelaufen zu kommen und Ihnen Feuer zu geben. Dann müssen Sie Ihren Handschuh ausziehen und seine Hand wie zufällig berühren. Damit stellen Sie sich mit ihm in diesem Augenblick gleich und gewinnen etwas von seinem Vertrauen – auch wenn sich der Mann gar nicht bewußt wird, was Sie tun und warum Sie es tun. – In diesen kleinen Dingen soll man ausgesucht höflich sein. Dann können Sie auch, wenn es darauf ankommt, von Ihren Untergebenen Großes verlangen, und das wird ihnen selbstverständlich erscheinen. – Aber wenn Sie ein Lümmel sind, dann werden Sie von Ihren Soldaten als ein Lümmel behandelt werden. Und wenn Sie noch dazu ein Rindvieh sind, so werden Sie das nicht einmal merken. Übrigens sind Lümmel im allgemeinen Rindviecher, und das sind die, die abgeschafft werden müssen. Knäck!"

Dieser Unterricht im Offiziersbenehmen, den Miltitz nur dann gab, wenn er schon reichlich getrunken hatte, wurde von den beiden Cliquen verschieden aufgenommen, von unsrer zustimmend. Einige ahmten ihn sogar in seiner Art zu sprechen nach. Die andern aber gingen ihm aus dem Wege und machten sich heimlich über ihn lustig. Miltitz aber machte über sie seine giftigen Bemerkungen.

Bei einem Kasinofest kam der Oberleutnant Freiherr von Weber zu mir. Er war ein großer, eleganter Mann mit einem ausgesprochen jüdischen Gesicht.

„Bitte", sagte er, „kommen Sie doch mal mit herüber zu Miltitz. Ich möchte, daß Sie und auch Seydewitz bei unsrer Aussprache zugegen sind."

Wir nahmen Stühle und setzten uns zu Miltitz.

„Nun", sagte Weber, „erklären Sie mir bitte, was Sie gegen mich haben!"

Miltitz antwortete, aber ohne seine sonstige Gespreiztheit: „Wir müssen das Offizierskorps rein halten."
Weber lächelte. „Bin ich etwa nicht sauber?"
„Es geht nicht um Ihre Gesinnung, sondern darum, daß Sie jüdisches Blut haben."
„Das kann ich leider nicht abschaffen. – Übrigens kann ich mir nicht denken, daß alle hier mit dem Hauptmann von Miltitz einverstanden sind."
„Es ist meine Meinung auch", sagte Roderich Grünenwald, und seine Stimme klang recht unangenehm.
„Und Sie, Seydewitz?" fragte Weber.
Da ich neben Seydewitz saß, rechnete ich damit, daß Weber gleich nach ihm mich fragen würde. Mir war die Diskussion höchst unangenehm, und ich hätte mich gern um eine Stellungnahme gedrückt. Aber Miltitz war das ungekrönte Haupt unsrer Clique, zu dessen Ansicht ich nach unsrer Auffassung von Treue stehen mußte, ob es mir paßte oder nicht. Ich hatte auch etwas gegen Weber, freilich nicht gegen sein jüdisches Blut, sondern gegen seine Frau. Sie war eine hübsche Person, die nur das eine Interesse hatte, zu gefallen – und das denen, die ihr oder ihrem Manne nützlich sein konnten. Für mich war sie einfach eine adlige Dirne, die ich als eine Schande für das Regiment empfand – obwohl ich gar nichts Besonderes von ihr wußte. – Aber davon konnte ich doch nicht sprechen.
Nachdem Seydewitz etwas gestottert hatte, wandte sich Weber an mich: „Und Sie? Sie sind doch nicht so!"
„Doch, ich bin so", erwiderte ich, etwas zu stramm.
„Aber wie begründen Sie das?"
„Das kann ich nicht, jedoch an meiner Seite hier sitzt mein Freund Seydewitz, und ich habe stets dieselbe Meinung wie er."
Er blickte mich traurig an. Ich schämte mich.
Weber erhob sich. „Dann wird es besser sein, ich gehe zu denen, die mich mehr schätzen." Er sagte das leise und ruhig und lächelte dazu.
Mir imponierte diese Selbstbeherrschung. Er hatte uns vollkommen geschlagen, und ich hätte in den Boden kriechen mögen vor Scham. So stand ich auf, mit Ekelgefühl gegenüber Miltitz und Grünenwald – ja sogar gegen Seydewitz.

Ich wollte an dieses peinliche Vorkommnis nicht erinnert werden, bei dem ich die traurigste Rolle von allen gespielt hatte.
Ich ging durchs Empirezimmer, das Spielzimmer, das Rauchzimmer und kam so in den hintersten Raum, der eben mit graublauem Rips bespannt worden war und heute eingeweiht wurde.
An dem runden Tisch saß mit dem breiten Rücken zu mir ein Major und spielte mit einigen andern Stabsoffizieren. Vor ihnen lagen ganze Stöße von Geldscheinen.
Jemand faßte mich am Arm. Das war Ehrenthal. „Komm fort von hier!" sagte er gedämpft. „Wenn die alten Herren hier im Kasino um Tausende spielen, so geht uns das nichts an. Wir sollten nicht einmal zusehen. – Der Lix weiß wenigstens, was sich gehört. Er spielt mit dem Blitzer und mit Rochow, aber unten in seiner Wohnung und nicht im Kasino."
„Lix Anderten spielt? Das habe ich von ihm nie gesehen. Und hoch?"
„Weiß ich nicht. Aber er ist zu nüchtern, um sich zu ruinieren."
„Du!" sagte ich, aber da fiel mir ein, daß ich gerade zu ihm nicht über den Vorfall mit Weber sprechen sollte. Vielleicht war die ganze Sache mit seinem Negerblut nichts als Klatsch. Aber er konnte empfindlich sein.
„Na, was willst du denn?" fragte er mit einem Ton der Anteilnahme.
Ich dachte krampfhaft nach, was ich sagen könnte. „Hättest du nicht Lust, ein bißchen unten beim Spiel zuzusehen?"
„Packt dich auf einmal das Spielfieber? Ich habe dich noch nie beim Glücksspiel gesehen."
„Ich und Spielfieber? Nein, ich pflege dabei nicht in Schwung zu kommen. Natürlich habe ich den Romanen geglaubt, die behaupten, das Spielen machte die Leute ganz verrückt. Aber weißt du, wie es mir geht? Wenn ich selbst verliere, ärgere ich mich über das sinnlose Ausgeben. Und wenn ich gewinne, so schäme ich mich vor den andern. Es ist doch einfach eine Gemeinheit, besonders einem armen Kerl Geld abzuknöpfen. Sind wir denn Kaufleute? Nein, wir sind Offiziere und sollten ein Ehrgefühl haben. – Übrigens habe ich mich noch jedesmal, wenn ich spielte, so be-

trunken, daß ich nicht mehr weiterspielen konnte."
„Na, mein Alter", erwiderte er lachend, „du scheinst ja nicht in Gefahr zu sein. Gehen wir also hinunter!"
Lix Anderten bewohnte die große Mittelstube gerade unter dem Kasinosaal. Seine Tür stand offen, und heraus kam eilig Rochow und ging zu seiner Wohnung hinüber.
Irgend etwas schien nicht in Ordnung.
Als wir in Andertens Zimmer traten, stand Lix vom Tische auf. Seine Augen zuckten im Licht des Kronleuchters aus Hirschgeweihen mit aufgesetzten Kerzen, der über ihm brannte. Er machte uns eine Kopfbewegung, wir sollten wieder gehen.
Der Blitzer saß mit dem Rücken zu uns, tief über den Tisch gebeugt. Neben ihm lag eine goldene Uhr, und Spielkarten waren auf dem Tisch verstreut.
„Lix", wimmerte er, „ich bin ein elender Kerl! Aber vernichte mich nicht!"
Wir zogen uns zurück und begegneten Rochow, der eben wieder aus seiner Wohnung kam.
„Was ist denn da drin geschehen?" fragte Ehrenthal.
Rochow blieb wie abwesend stehen und schnatterte plötzlich aufgeregt los: „Der Blitzer hat im Spiel betrogen. Er hat die Bank gehalten und die Karten gegeben. Aber vor ihm lag seine Uhr, und in deren Deckel hat er die Karten gesehen, bevor er sie gab. Der Lix verlor und verlor. Auf einmal schreit er: ‚Blitzer, du Schwein, betrügst ja!' – Jetzt versucht der Blitzer, den Lix zu begütigen, und bettelt vor ihm wie ein Wurm. Ich habe das nicht mehr mit ansehen können. So benimmt sich ein Offizier nicht, und noch dazu ein Hauptmann!"
„Beruhige dich jetzt, Blitzer!" sagte Lix hart. „Geh nach Hause und benimm dich wieder wie ein Mann!"
„Aber ich bin kein Mann. Und ich liebe dich, Lix!"
„Wenn du das tätest", rief der lange Lix, schon halb lachend, „hättest du besser daran getan, mir nicht das wenige Geld aus der Nase zu ziehen!"
„Ach, Lix!"
„Geh lieber nach Hause jetzt! Und trink nicht soviel!"
„Ja, das ist mein Unglück. – Aber wenn du mir nicht mehr böse bist, so spiele ich dir vor."
„Schön. Aber bei wem?"

„Hallo, Ehrenthal! Ihr seid hier?“ Der Blitzer hatte uns jetzt erst bemerkt. „Ich spiele euch jetzt vor, euch allen! Und was ihr wollt! Holt mir nur den Müller her, daß er seine Wohnung aufschließt! Auf seiner Drahtkommode läßt sich gerade noch spielen. Wenn der Müller nicht will, kann ich euch auch aus dem Stegreif Gedichte machen. Ihr gebt das Thema an, und ich mache sofort das Gedicht.“
Um uns von seiner gemeinen Schwindelei abzulenken, machte er sich zu unserm Amüsierer, zum Kabarettkünstler, wozu er allerdings besser getaugt hätte als zum Offizier.
Der Leutnant von Müller kam, schloß seine Wohnung auf, und wir setzten uns. Der Blitzer öffnete das Tafelklavier, von dem behauptet wurde, daß schon Katzen in ihm zur Welt gekommen wären, und das alle als Aschenbecher benutzten. Der Blitzer lächelte mit seinen Krokodilsaugen aus dem schwammigen, verkommenen Gesicht, das in keiner Weise zu einer Hauptmannsuniform paßte. Man hielt auch von seinen militärischen Fähigkeiten nichts, und in letzter Zeit hatte er wegen seines Saufens mit dem Herzen zu tun und war kaum mehr dienstfähig.
„Also was soll ich spielen?“
„Ungarische Rhapsodie von Liszt!“
„Da gibt es mehrere. Also erst mal eine.“
„Fledermaus!“ – „Rosenkavalier!“
Fast sofort konnte er von einer in die andre Melodie hinübergleiten, und seine Übergänge waren interessant. Sie gefielen mir besser als die Stücke selbst, die er zu spielen hatte.
Nach einiger Zeit kehrten wir ins Kasino zurück.
Auf der Treppe hielt mich der junge, schlanke Leutnant von Falkenstein auf. „Ich habe versprochen, dir meine Wohnung zu zeigen. Sie ist jetzt eingerichtet. Können wir gleich mal hingehen?“
Ich dachte mir seine Wohnung voll süßlicher englischer Stiche von Landfamilien und Rassepferden oder mit Säbeln und ausgestopften Vögeln geschmückt wie bei anderen. Aber beim Eintritt war ich überrascht. An den Wänden hingen Glaskästen mit einer großen Schmetterlingssammlung.
„Und was liest du?“ fragte ich. Denn er hatte ganze Kästen

voll Bücher. „Liest du etwa Karl May wie der Hauptmann von Hingst?"
„Nein, das ist ja lächerlicher Unsinn! – Ich habe nur Reisebeschreibungen, vor allem sämtliche Bände von Sven Hedin."
„Die mußt du mir leihen", rief ich. „Das ist auch mein Geschmack. Wenn der Krieg kommt – und er steht doch dicht bevor –, dann müßte jemand ihn so beschreiben, wie es Sven Hedin mit seinen Reisen gemacht hat, ganz kühl wie eine Meldekarte beim Felddienst, mit genauen Zeitangaben und nur Tatsachen."
„Ja, ich denke, in einem Jahr oder zweien haben wir den Krieg. Ich weiß nur nicht, ob wir uns so sehr bewähren werden. Wir sind doch reichlich verkommen, alle zusammen."
Das sagte er mit einem Lächeln.

Ehrengericht

Im Sommer wurde jede Woche einmal auf dem Offizierschießstand geschossen. Gegen den Herbst hin, bevor die Manöver begannen, gab es dann ein Preisschießen. Und dazu kam der König stets in Zivil wie auch wir. Er stiftete den ersten Preis.
Danach ging alles ins Kasino und aß mit dem König in Zivil. Es war das eine Besonderheit unseres Regiments und erregte bei preußischen Offizieren Kopfschütteln.
Diesmal lud der Blitzer den Lix Anderten und mich ein, mit ihm zu trinken. Es gab Krebse zu essen. Alles brach Schalen auf und saugte an Krebsscheren. Die Musik spielte, und man war vergnügt.
„Wissen Sie eigentlich", fragte mich der Blitzer, „wie das Bild des Königs, das da drüben an der Wand hängt, zustande gekommen ist? Nur der Kopf selbst ist von Bantzer gemalt worden und nach dem König selbst. Das sehen Sie auch an den viel frischeren Farben. – Das übrige Bild ist von einem unbedeutenderen Maler gemalt, und zwar nach mir."
„Nach dir?" rief Lix. „Du hast doch eine ganz andere Figur!"
„Ja, heute. Aber damals, als ich junger Leutnant war, paßte

mir die Uniform des Königs ganz ausgezeichnet. Dort könnt ihr mich sehen. So schön war ich mal!"
„Auch dein Gesicht?" fragte Anderten.
„Aber Lix! Ich weiß doch, daß ich aussehe wie eine alte Wanderratte, die schon zehnmal Junge gekriegt hat."
Lix betrachtete ihn mit Augen, denen jede Bewunderung fehlte.
„Aber ich habe etwas Gutes", sagte der Blitzer, „das kannst du nicht leugnen."
„Daß du dich zu Tode säufst, das hast du!"
„Warum so grob? Du hast natürlich recht. Aber ich habe doch auch eine gute Seite."
„Na, da bin ich gespannt."
„Meine gute Seite ist, daß ich nicht behaupte, etwas zu taugen. – Ich bin für das Kabarett geboren und nicht dazu, Jahr für Jahr krumme Rekruten geradezumachen und dabei zu denken: Eigentlich möchte ich dich lieber im Bett haben, so krumm wie du bist."
„Du weißt, Blitzer, daß ich für diese Dinge gar nichts übrig habe."
„Ach, du bist mein Unglück!"
Lix machte eine ungeduldige Bewegung.
„Schon gut, ich spreche nicht weiter davon." Er sah zur Decke hinauf und wandte sich rasch zu Lix: „Ja, was hast du denn hier?" Er zog ihm aus dem Ohr ein silbernes Markstück. „Und auch Sie?" sagte er zu mir und holte eine Apfelsine hinter meinem Rücken hervor. Wir alle kannten diese Taschenspielerei von ihm.
„Ich werde euch jetzt was erzählen", begann er wieder. „Ihr kennt doch den Herrn von Krauß und wißt, er ist eben erst geadelt. Daher hat er auch überall Kronen. Nicht nur in seinen Hemden hat er über dem K eine Krone – mit sieben Zinken, die ihm gar nicht zusteht. Er dürfte nur fünf haben. Sogar auf seine Badehose hat er sich eine Krone sticken lassen, nämlich hinten. Warum hinten und nicht vorn, das weiß ich nicht. Aber das könnte doch für ein gewisses Maß von Anstand sprechen. – Als dann seine Tochter den Grafen Pfeil-Kleinellgut heiratete – es ist das der Major, der einmal beim Manöver an seinen Oberst eine Meldung schickte. Der Gefreite, der sie überbrachte, meldete sehr stramm. ‚Gut der Mann!' sagte der Oberst. ‚Wer hat Sie ge-

schickt?' – ‚Herr Major Graf Pfeil-Eilgut!' – Also als seine Tochter den Grafen Pfeil geheiratet hatte, schwamm Herr von Krauß in Wonne und lud sich eine große Gesellschaft ein. Aber leider mußte er aus irgendeinem Grunde auch einen gewissen Herrn Schulze einladen, keinen von Schulze, einen ganz gewöhnlichen Schulze. Bei Tisch klopfte er an sein Glas, erhob sich in geradezu fürstlicher Förmlichkeit und redete die Gesellschaft folgendermaßen an: ‚Sehr verehrte Standesgenossen, und auch Sie, mein lieber Herr Schulze!'"

Der Oberleutnant von Friesen mischte sich in das Gespräch. „Diese Geschichte von Krauß ist ja stadtbekannt. Aber ihr kennt doch alle den Freiherrn von Burgk."

O ja, ich kannte vor allem seinen Sohn, der mit so großartiger Haltung in einer schmutzigen Hose Kaffee trank und von dem mir mein Bruder Viktor immer wieder erzählt hatte, wie hinderlich es sein kann, so vornehm zu sein.

„Die Burgkschen Kohlen", fuhr Friesen fort, „werden überall in der Stadt herumgefahren und besonders billig verkauft, weil sie so schlecht sind, daß sie sonst niemand kaufen würde."

„Und in den Burgkschen Schächten", fügte Lix hinzu, „kommen die meisten Unglücke von allen sächsischen Gruben vor!"

„Wißt ihr auch", fragte Friesen, „wie der zu seinem Adel gekommen ist? Sein Großvater war noch der Bauer Dathe in dem Dörfchen Burgk. Der fand unter seinen Feldern Kohlen und wurde reich. Sein Sohn wurde dann unter dem Namen Freiherr Dathe von Burgk geadelt, denn schon er war der reichste Mann Sachsens. Aber der heutige Burgk hat seinen ersten Namen vergessen, und wenn ihn jemand furchtbar ärgern will, braucht er ihn nur Herr Dathe zu nennen. Trotz seines riesigen Geldes bekommen übrigens seine Töchter keinen Mann."

Plötzlich standen alle auf. Der König ging fort.

Kaum war er hinaus, als jemand rief: „Der Blitzer soll spielen!"

Er sträubte sich, aber immer mehr riefen: „Der Blitzer soll spielen!"

Dann wurde auch gegen seinen Willen von vielen schwitzenden Grenadieren ein Klavier die Treppen heraufge-

schleppt. Man hatte sie dazu aus den Betten geholt.
Jetzt stand das Klavier im Saale. Der Blitzer erschien mir noch verfallener als sonst. Nervös zündete er sich eine Zigarette an und stellte ein Glas Portwein neben sich auf einen Stuhl. Dann setzte er sich. Aber noch bevor er begann, goß er es hinunter.
Er spielte matt. Man rief ihm Opernnamen zu, aber es ging nicht recht. Manchmal kam er in den Rhythmus nicht hinein, und manchmal verschwammen seine Melodien in nebelhafter Ferne.
„Es ist aus mit ihm", flüsterte mir Rochow zu.
Kurze Zeit später verschwand er – in ein Säuferheim, wie man sagte. Und dann kam er zurück und konnte wieder spielen. Er war auch witzig wie vorher, und doch stimmte etwas mit ihm nicht.
Plötzlich tauchte das Gerücht auf, der Blitzer käme vor das Ehrengericht. Andre sagten, nicht nur der Blitzer, auch Pereira und William Anderten. Mit diesen beiden ging es ebenfalls zu Ende. Sie kamen zum Dienst zu spät. Man sah sie in der Stadt mit Mädeln, besonders in den Bars, aber im Kasino erschienen sie nur noch selten. Jetzt waren sie auch noch Wucherern in die Hände gefallen. Niemand im Offizierskorps sprach für sie, am wenigsten Lix Anderten, der seinen älteren Bruder wie einen Fremden behandelte.
An einem Vormittag versammelte sich das gesamte Offizierskorps zum Ehrengericht im großen Kasinosaal. Man war feierlich und ernst.
Hinter einem langen Tische saßen der Oberst und die drei Mitglieder des Ehrenrats, ein Hauptmann, ein Oberleutnant und ein Leutnant, die gewählt waren, der Hauptmann von den Hauptleuten, der Oberleutnant von den Oberleutnants und der Leutnant von uns. Der Ehrenrat dieses Jahres war etwas merkwürdig zusammengesetzt. Vorsitzender war der reiche Schloßbesitzer Hauptmann von Schönberg, ein eleganter und gescheiter, aber trockener Schweiger, der nur über Jagd und Kunstausstellungen zum Sprechen zu bringen war und der sich von Jahr zu Jahr bemühte, eine Frau zu bekommen. Aber vor seiner so wohlanständigen Langeweile fürchteten sich alle Damen zu sehr.
Der Oberleutnant war der Freiherr von Weber, und der Leutnant war Ehrenthal. Also den Juden und den Neger

hatte man als in Ehrensachen besonders zuverlässig gewählt.
Der Oberst erhob sich und verlas wie jedes Jahr eine kaiserliche Verordnung über das Verhalten der Offiziere, die mit den Worten begann: „Je mehr anderwärts Luxus und Wohlleben um sich greifen, desto mehr ist es Pflicht ..."
Schon als ich diese Verordnung das erstemal hörte, wunderte ich mich. Wenn Deutschland reicher wird, so wächst natürlich der Luxus. Dagegen hilft doch eine allerhöchste Kabinettsorder nichts. Was für schiefe Vorstellungen vom Leben muß man in der Umgebung des Kaisers haben! – In Preußen gibt es allerdings Generale, die gegen den Luxus dadurch protestieren, daß es bei ihren Gesellschaften geschmacklos trocken zugeht. Aber das ist doch nichts als protestantische Heuchelei.
Nach dieser Vorlesung erhielt Schönberg das Wort. Er erzählte, daß der Blitzer einen Strafprozeß gehabt hätte. Einer seiner Zöglinge von der Unteroffiziersschule hatte ihn angeklagt. In dem Prozeß sagte der Schüler aus: „Der damalige Oberleutnant rief mich in seine Wohnung, ließ mich ihn befühlen und sagte zu mir: ‚Nenne mich Gert und du!'"
Der Richter hatte so entschieden, daß der Unteroffizierschüler augenscheinlich schon vorher nicht unberührt war, und hatte den Hauptmann freigesprochen.
„Diese Entscheidung des ordentlichen Gerichts", fuhr Schönberg fort, „ist wohl deshalb erfolgt, um das Offizierkorps in der Öffentlichkeit von Vorwürfen frei zu halten."
Der Richter hat, dachte ich, bewußt ein falsches Urteil gefällt. Also stimmt es, was die Sozialdemokraten sagen, daß die Richter das Recht zugunsten ihrer Klasse beugen!
„Das Ehrengericht", sagte Schönberg, „hat nicht die Frage der Schuld im Sinne des Strafgesetzbuches zu untersuchen. Es ist uns also die Handlung selbst verhältnismäßig gleichgültig. Wir haben zu fragen, ob das Verhalten des Hauptmanns geeignet ist, das Ansehen des Offizierkorps in der Öffentlichkeit zu schädigen. Der Ehrenrat ist bei der Untersuchung der Frage, ob eine Schädigung der Standesehre vorliegt, zu der Überzeugung gekommen, daß dies zutrifft.

Aber noch mehr. Darin, daß es zu dem Prozeß gekommen ist und daß so die Öffentlichkeit von dem Vorfall erfahren hat, erblickt der Ehrenrat eine Verletzung der Standesehre unter erschwerenden Umständen und beantragt daher die Erteilung des schlichten Abschieds unter Entziehung des Rechts, die Uniform zu tragen."

Der Oberst erhob sich. „Wir machen jetzt eine Pause, die dazu dienen soll, daß sich die Herren über den Fall aussprechen und sich ein Urteil bilden. Der angeklagte Hauptmann hat es abgelehnt, vor Ihnen zu erscheinen, wir können also seine eigne Darstellung des Falles nicht hören. – Nach der Pause hat jeder Offizier sein Urteil schriftlich abzugeben, und zwar der jüngste zuerst."

Wir standen auf und stellten uns in Gruppen zusammen. Lix Anderten sagte mir: „Die Aussage des Unteroffizierschülers klingt richtig. So pflegt der Blitzer zu sprechen. Aber was ist der Blitzer für ein Rindvieh, es so weit kommen zu lassen!"

„Na", erwiderte Friesen, „dem dürften Erpressungsversuche von seiten des Schülers vorausgegangen sein. Vielleicht hat der Blitzer nicht mehr zahlen können, und so ist es zu dem Prozeß gekommen."

„Er tut mir leid", sagte Grünenwald. „Es ist mir auch ganz gleichgültig, ob er etwas mit dem Unteroffizierschüler gehabt hat. Aber herauskommen darf so was natürlich nicht. Außerdem ist der Blitzer doch nicht ernstlich vom Suff geheilt. In ein paar Jahren hätte er sowieso den Abschied bekommen."

„Meine Herren!" rief der Oberst.

Wir traten einer nach dem andern an den Tisch und schrieben unser Urteil. Es gab nur drei mögliche Urteilssprüche, unschuldig, schuldig der Gefährdung der Standesehre und schuldig der Verletzung der Standesehre unter erschwerenden Umständen.

Wir schrieben alle das gleiche, wie es der Ehrenrat beantragt hatte. Zum Schluß schrieb der Oberst selbst, legte dann die Feder hin und richtete sich auf. „Meine Herren, das Urteil des Ehrengerichts ist geheim. Und bis es von Seiner Majestät dem König bestätigt oder auch verworfen ist, darf niemand den Hauptmann besuchen."

Ich hatte am folgenden Nachmittag keinen Dienst und zog mir Zivil an, um bei dem schönen Wetter etwas spazierenzugehen.
Auf dem Tennisplatz unseres Regiments spielte Lix Anderten in langen, weißen Hosen mit der Fuchs und der Pawel. Ich ging zu ihnen hinein und sah zu. Bald machten sie eine Pause im Spiel. Wir ließen uns Kaffee geben, aßen Streuselkuchen dazu und schwatzten, wie wir das bei den Bällen getan hatten. Aber ich war nicht dazu aufgelegt und verabschiedete mich unter einem Vorwand. In Wirklichkeit hatte ich gar kein Ziel.
Die Gärten waren grün und voll Blumen.
Ich bog in die nächste Straße ein. Ja, wohnt denn nicht hier der Blitzer? Gräßlich muß es für ihn sein, in seiner Einsamkeit! Sollte ich ihn trotz des Verbotes besuchen?
Ich stieg die Treppe hinauf und klingelte. Ein langer Grenadier öffnete mir.
„Ist Herr Hauptmann zu sprechen?"
„Ich werde fragen, Herr Leutnant."
Gleich darauf kam er wieder. Sein Gesicht sah düster und mißtrauisch aus.
Was ist das wieder? Hat er auch mit ihm ein Verhältnis? Und hat er ihm vielleicht im Suff, in einem Gefühlsausbruch gestanden, worum es geht? Und nun denkt vielleicht der Bursche, ich will ihm etwas Schlechtes mitteilen? Und das macht ihn feindlich?
„Herr Leutnant möchten eintreten."
Der Hauptmann lag im Schlafanzug auf seinem Bett. Daneben am Boden standen leere Flaschen. Er hatte also schon wieder sehr viel getrunken.
Auf dem Nachttisch lag ein Stoß von Velhagen und Klasings Monatsheften. Das war ein gut illustriertes Blatt, das damals sehr in Mode war.
„Ich komme", sagte ich, „Sie zu besuchen, weil ich annehme, daß Sie keine Gesellschaft haben."
„Sehr nett von Ihnen!"
Weder er noch ich berührten seinen Fall, sondern wir sprachen über die letzte Kunstausstellung und über seine Bücher. Er war, obwohl etwas oberflächlich, doch einer der belesensten Offiziere unsres Regiments.
Als uns das Gespräch ausging, erhob ich mich.

Sein Bursche ließ mich mit lauerndem Blick zur Tür hinaus.
Ich ging zwischen den blühenden Gärten die Straße entlang und konnte mich nicht freuen. Da sprechen alle davon, er würde an ein Kabarett gehen, vielleicht nach Italien, wo er aufgewachsen ist. Aber kann er denn das? Offizier des Leibregiments und dann Kabarettkünstler? Da wird er doch noch mehr trinken. Und ob er es überhaupt kann? Ob es nicht schon zu spät ist? – Er ist an Bedienung gewöhnt und muß jetzt vielleicht sehr bescheiden leben. Wie endet so ein Mensch? – Auch ich trinke immer mehr. So wie er gehe ich ja kaum zugrunde, aber ...?

Nicht lange danach hieß es wieder Ehrengericht. Diesmal ging es gegen William Anderten und Pereira. Bisher hatte ich erst einen Teil dessen gewußt, was sie getrieben hatten. Wenn ich einmal in eine Bar kam, so hatte ich sie meistens dort getroffen. Aber da mich Bars langweilten und ich ihren Reiz nie begriff, so kam ich nur dann dahin, wenn ich dringend dazu eingeladen wurde.
Ich wußte, daß sie ganze Nächte da verbrachten, und wenn jemand nach Hause gehen wollte, sagte Pereira: „Schlafen kann man noch, wenn man alt ist!" oder etwas andres, was man auch von allen andern hören konnte. Überhaupt störte mich an beiden ihre fürchterliche Banalität. Ihre krampfhafte Lustigkeit erfand nie etwas Neues. Da wurden uralte Witze wiederholt und auch noch schlecht erzählt.
Zu diesem Paar phantasieloser Verschwender hatte sich ein dritter gesellt. Das war der holländische Graf Limburg-Styrum. Schon vor einiger Zeit hatte sein Bruder, der Gesandter war, erklärt, er käme nicht mehr für die Schulden seines Bruders auf. Aber das hielt die drei nicht ab, weiter Schulden zu machen. Sie stellten Wechsel aus. Die kamen in die Hände von Erpressern. Jetzt geriet die Familie Anderten in Schwierigkeiten. Denn William war nach dem Tode seines Vaters Inhaber eines Familienvermögens geworden. Um das für die Familie zu retten, übertrug man es auf den zweiten Bruder, meinen Freund Lix, der so wenig verschwenderisch war, daß er mit Vorliebe andern die Streichholzschachteln beim Skat wegstahl und sie auch dann nicht wiedergab, wenn man es bemerkte.

Als das Ehrengericht gegen William und Pereira stattfand, gab es keine Möglichkeit mehr, sie zu retten. Aber dadurch, daß sie aus dem Offizierskorps ausgestoßen wurden, hatten sie kein Einkommen mehr und entledigten sich so ihrer Schulden. Beide blieben an Mädchen hängen, die vermutlich nun auf die beiden aufpaßten und deren mangelnden Charakter durch beträchtliche weibliche Energie ausglichen.

Diskussion um das Duell

Ein Hauptmann eines der Dresdner Regimenter hatte um diese Zeit einen Skandal wegen seiner Frau, der ein anderer Offizier ein bißchen zu stark den Hof gemacht hatte. Das wurde als einer der Fälle betrachtet, wo er den andern fordern mußte. Aber er lehnte das ab. Denn er war katholisch, und seine Kirche war gegen das Duell. Wir fanden das unerhört. Das heißt, um die Wahrheit zu sagen, ich hatte gar keine eigne Meinung.
Eines Abends im Kasino sagte Grünenwald: „Ich kann nicht verstehen, daß der Hauptmann noch nicht den Abschied bekommen hat!“ Er sagte das mit hervorgekehrter Schneidigkeit, die ihm aber nicht stand.
„Aber das wäre doch eine unerhörte Vergewaltigung“, erwiderte der Kronprinz. „Wer will ihn verurteilen, wenn er Katholik ist und seinen Glauben ernst nimmt – was nicht jeder tut.“
Alle blickten den Kronprinzen erstaunt an.
„Aber Königliche Hoheit“, rief Lix Anderten, „die Offiziersehre verlangt nach alter Sitte den Zweikampf!“
„Dann muß eben mit der alten Sitte gebrochen werden!“ sagte Prinz Friedrich Christian hitzig.
Wieder schwiegen alle einen Augenblick.
„Was soll aus uns und dem Staate werden“, begann Hingst wieder, „wenn wir selbst die alten Sitten zerstören?“
„Oh, da ist mir nicht bange“, antwortete der Kronprinz lächelnd. „Keine Sitte ist unumstößlich, wenn sie sich überlebt hat. – Und sagen Sie mir bitte, woher nehmen Sie das Recht, einen Menschen in eine Lebensgefahr zu zwingen – zumal wenn er eine Familie zu erhalten hat?“

„Unerhört!“ sagte Ehrenthal mit leiser, dumpfer Stimme. „Sitzt die Zersetzung schon im Königshause?“
„Es scheint mir eine ganz andre Frage“, sagte Grünenwald, „ob die Familie zu versorgen ist oder ob die Ablehnung des Duells aus religiösen Gründen geschieht.“
„Nein“, antwortete der Prinz Friedrich Christian mit auffallender Schärfe. „Das Verbot der Kirche hat einen Sinn. Sie erblickt im Duell eine unsittliche Handlung aus den verschiedensten Gründen, und natürlich auch aus dem, daß dadurch die Familie ihres Ernährers beraubt werden kann.“
„Vor allem“, fügte der Kronprinz etwas ruhiger hinzu, „wird doch der Ehekonflikt durch das Duell nicht gelöst. Wie der Zweikampf auch ausfällt, die beiden Duellanten müssen sich am Schluß versöhnen. Und die Frau? Ist sie denn damit einverstanden? Sie wird nach dieser Sitte gar nicht nach ihrer Meinung gefragt, als ob sie das Eigentum der Männerwelt wäre.“
„Und ich bin der Meinung, das ist ganz richtig“, sagte Hingst.
„Ich bezweifle das“, entgegnete der Kronprinz. „Wenn Sie eines Tages heiraten sollten, glaube ich nicht, daß Sie Ihre Frau wie ein orientalischer Haremsbesitzer behandeln würden.“
„Nein, das nicht. Aber ich glaube, daß die alten Sitten – ich meine natürlich nur die alten europäischen Sitten –, die eine Reihe von Rechten dem Manne vorbehalten, nicht abgeschafft werden dürfen.“
„Damit leugnen Sie das humanistische Ideal.“ Der Kronprinz lächelte ein wenig.
„Aber das verstehe ich nicht mehr!“ rief Hingst. „Was haben wir mit dem humanistischen Ideal zu tun? Das ist doch eine Angelegenheit von Schullehrern und Demokraten!“
„Ihr Standpunkt ist also ein Rückschritt zur Unkultur?“ fragte der Kronprinz.
Alle sprachen durcheinander.
Ich fühlte mich in einen Strudel widersprechender Empfindungen gerissen. Auf der einen Seite erschien mir die Eheauffassung von Hingst einfach barbarisch. Mein Vater war darin genau der gleichen Meinung wie Hingst und hatte meine Mutter und uns Söhne darin gegen sich. Auf der andern Seite mutete es mich fremd und unbegreiflich an, daß

der Kronprinz, dieser freundliche und menschliche Charakter, auf einmal von Humanismus sprach. Wirklich, wir haben weder mit dem steifen Cicero noch mit den Gymnasialprofessoren etwas zu tun.

Die Prinzen wurden sehr erregt und sagten, daß Humanismus etwas ganz anderes bedeutete und daß der Katholizismus die einzige wahre Religion wäre. Dann verließen sie ziemlich erregt das Kasino.

Da trat der Major von Trützschler in den Saal. Seydewitz und ich gingen sofort zu ihm.

„Herr Major", sagte ich, „es hat hier eben einen Streit gegeben. Wir würden gern Ihre Meinung darüber hören."

„Aber dazu wollen wir uns bequem hinsetzen. Und ich werde meinen geliebten Rotwein trinken, der meinen alten Knochen wohltut."

Wir setzten uns ins Rauchzimmer und erzählten ihm den Streit zwischen den Prinzen und uns.

Er lächelte ab und zu. „Ja, meine jungen Freunde", sagte er kopfschüttelnd, „das ist ja ein ganzer Rattenschwanz von Mißverständnissen. Das größte ist beim Kronprinzen selbst. Er liebt eben seine Kirche und bildet sich nun ein, das katholische Prinzip wäre fortschrittlich oder gar humanistisch."

„Auch Herr Major sprechen von Humanismus", sagte ich beinah ärgerlich, „als wäre er fortschrittlich. Aber er ist doch die verstaubteste Öde der verfluchten altklassischen Philologen!"

Er blickte mich ein wenig spöttisch an. „Das ist wieder ein andres Mißverständnis und ein recht gefährliches. Weil Ihre Gymnasialprofessoren Trottel waren und das Wort Humanismus für ihre verstaubten Weisheiten mißbraucht haben, glauben Sie, der Humanismus wäre ein reaktionärer Unsinn. Er war aber im Gegenteil bei seinem Auftreten revolutionär."

„Was haben wir mit revolutionär zu tun?"

„Aber Kindchen, es gibt keinen Fortschritt im Geistesleben, der nicht in der Zeit seiner Entstehung irgendwie revolutionär gewesen wäre. Ihre Lehrer müssen wirklich sehr schlecht gewesen sein, daß Sie von dieser Grundwahrheit nichts wissen. – Nehmen Sie mal die Lehre von der Erbsünde. Danach müssen die Menschen wegen der Sünde von

Adam und Eva leiden, die doch mythische Wesen sind, die niemals gelebt haben. In der Renaissancezeit dämmerte den fortgeschrittensten Geistern, daß diese ganze Geschichte nicht stimmen kann. Sie wollten sich nicht mehr nach den Gesetzen einer sehr zweifelhaften höheren Welt richten, sondern erkannten den Menschen als den, der die Gesellschaft geschaffen hat und sie auch umschaffen kann. Das ist im Grunde doch die Idee des Humanismus, der, wie Sie sehen, so unkatholisch war, wie nur etwas sein kann."
„Da kann ich nicht mit", sagte Seydewitz, und ich hörte etwas Unfreundliches in seiner Stimme. „Die höhere Welt erscheint mir nicht zweifelhaft."
Ich war von seinen Worten unangenehm betroffen. Das war doch einfache Heuchelei! Er kümmerte sich das ganze Jahr über um keine Religion, und jetzt kam er auf einmal mit so einer Redensart an. Auch Trützschler hatte sein gütiges Lächeln verloren. Daher fragte ich schnell: „Aber wie ist es mit dem Duell?"
Der Major nahm einen Schluck Rotwein und sagte nachdenklich: „Das ist eben das dritte Mißverständnis. Der Kronprinz will da in die Frage einen moralischen Gesichtspunkt hineinbringen. Aber man duelliert sich nicht, weil man beleidigt ist oder ein besseres Zusammenleben erzielen will. Das Duell dient der Erhaltung der Kampffähigkeit des Adels. In der großen Zeit der Duelle, die ja schon ein paar Jahrhunderte vorbei ist, wurde der Zweikampf provoziert. Es gehörte zur Standesehre, recht rauflustig zu sein. Was wir heute davon haben, ist ein kümmerlicher Rest, und den kann man nicht moralisieren."
„Herr Major", fragte ich, „Sie sind also gegen das Duell, weil es nicht mehr zeitgemäß ist?"
Er wiegte den Kopf. „Hier fragen Sie besser nicht weiter. Denn da kämen Sie bald zu der Frage, ob Sie selbst als Berufssoldat nicht unzeitgemäß sind. Setzen Sie sich nicht auf eine Wolke, sondern bleiben Sie auf der Erde. Solange es Armeen gibt, sind auch Offiziere da, und die haben eine Standesehre."
„Aber im Vertrauen, Herr Major, was sagen Sie da?"
„Im Vertrauen, mein Freund? Da halte ich mich selbst für überflüssig – und natürlich auch Sie!" Er lachte herzlich. Alle kannten wir diese seine Ansicht, und seine Vorgesetz-

ten liebten diese Offenherzigkeit weniger.
Er wurde plötzlich ernst. „Aber sagen Sie diese Gedanken nicht Herrn von Tschammer und Osten und ähnlichen Geistern. Denn diese Leute sind wirklich und völlig überflüssig. Wenn Sie aber diese Gedanken annehmen, so werden sie Ihnen, die weniger Schmarotzer sind, vorwerfen, die einzigen Schmarotzer zu sein. Diese Flachköpfe sind nämlich in praktischen Dingen nicht so dumm, wie Sie denken. Sie erstreben die Alleinherrschaft der Flachköpfe, und dabei sind sie imstande, alle zu erledigen, die sich ein menschliches und kulturelles Gefühl erhalten haben!"
Mich beeindruckten diese Worte tief. Schon immer hatte ich das Gefühl gehabt, daß der banale Mensch mein Feind wäre und daß man eine bessere Welt der andern schaffen müßte. Aber wer waren diese andern eigentlich?
Auch die Frage des Duells beschäftigte mich weiter.
Ich war für den Zweikampf, der auch mir als ein notwendiger Bestandteil des Offizierslebens erschien, obwohl ich nicht sagen konnte, warum.

Ein Fall von Spionage

Heute zog ich das erstemal auf Schloßwache. Vor mir marschierte der junge Leutnant von Falkenstein und hatte aufzupassen, ob ein großes Tier auftauchte und zu grüßen war. So konnte ich mir sehr bequem die Straße und die Leute ansehen. Es war Sommer, und das Leben schien leicht.
Hinter der Augustusbrücke bog Falkenstein nach rechts ab zu seinem Säulentempel mit Gewehrständern davor. Ich marschierte geradenwegs durch das niedrig gewölbte Georgentor mit seinem hohen Überbau, in dem der König wohnte, wenn er in Dresden war.
Dahinter lag die schmale Schloßstraße, links mit den Schaufenstern der Meißner Porzellanmanufaktur, rechts dem düstern Schloß.
Der Posten am Schloßtor riß hastig die beiden Flügel auf. Ich bog im Parademarsch mit der Wache hinein. Im Torweg hallten der feste Tritt und meine Kommandos.
Nachdem ich meine Posten hatte abmarschieren und die

Wache wegtreten lassen, steckte ich den Säbel in die Scheide und begrüßte nun persönlich den Oberleutnant des 2. Grenadierregiments, den ich ablöste.
„Sie sind“, sagte er, „zum erstenmal auf Schloßwache? – Dann wundern Sie sich nicht, wenn Sie morgen früh nur eine halbe Semmel zum Frühstück bekommen.“
„Warum nicht eine ganze?“
„Der König ist in Pillnitz, und daher ist hier nur ein Wachtoffizier und nicht auch der von der Herrenwache, der die Posten vor den Gemächern Seiner Majestät stellt. Wenn auch er da wäre, so würden Sie zusammen eine der riesigen Semmeln bekommen, die der Hofmundbäcker nur für den Hof liefert. Jetzt aber schickt er nur diese Ihre halbe Semmel ins Schloß.“
„Und was wird mit der andern Hälfte?“ fragte ich belustigt.
„Vielleicht wird sie von der Frau des Hofmundbäckers gegessen – die davon täglich dicker wird. – Also gute Wache!“
Ich sah mir erst einmal das Wachtzimmer an. Es war gewölbt und hatte alte Stiche an den Wänden. An einer Seite stand ein großes geschwungenes Liegesofa aus der Zeit Napoleons des Ersten. Gegenüber waren zwei Türen, die beide in einen schlauchartigen Raum führten, in dem zwei Betten standen.
Am Fenster war, wie in allen Wachen, ein Podium mit Tisch und Stühlen, wo man sitzen und durch die schweren schmiedeeisernen Gitter auf die Straße sehen konnte.
Der Schloßwachtdiener trat ein. „Wünschen Herr Leutnant etwas?“
„Ja, bringen Sie um vier Uhr Kaffee!“
„Um vier Uhr Kaffee. – Am Abend gibt es heute kein Essen aus der Küche seiner Majestät, weil der Hof nicht da ist. Wollen Herr Leutnant schon jetzt bestellen? Ich bringe dann etwas aus einem der umliegenden Restaurants. Hier ist die Speisekarte.“
„Gut. Nach der Siebenuhrablösung möchte ich Gänsebraten mit Knödeln haben.“
„Nach sieben Gänsebraten mit Knödeln.“ Der Diener verschwand.
Ich dehnte mich vergnügt. Hier konnte mich keine Prinzeß

Mathilde zum Präsentieren herausrufen. Meine einzigen Pflichten waren die Postenablösungen alle zwei Stunden und das Kontrollieren der Posten, wobei ich mir aber hier alles sehr genau ansehen konnte.
Ich ging hinaus und durch den kleinen in den großen Schloßhof. Da waren einige Ausländer, die die merkwürdigen Treppentürme mit schiefen Fenstern in den Ecken des Hofes betrachteten, die Schnecken genannt wurden und aus der Zeit der Reformation stammten, als hier der Herzog Moritz von Sachsen herrschte, der Protestant war und sich trotzdem mit dem katholischen Kaiser Karl dem Fünften gegen seinen protestantischen Vetter, den Kurfürsten von Sachsen, verbündete. Als er erreicht hatte, was er wollte, die Kurfürstenwürde, verriet er als echter Renaissancefürst den Kaiser, nahm ihn gefangen und erpreßte so noch ein bißchen.
Dann ging ich hinüber in den Stallhof, der zur selben Zeit erbaut worden war. Dort hatten die letzten Ritter und die späteren feudalen Herren ihre Turniere abgehalten. An einer Seite des Hofes stand das Johanneum, in dessen großem Saal zu ebener Erde die alten Karossen mit ihren goldenen Zieraten verwahrt wurden. In den ersten Stock hinauf führte eine stark geneigte Brückenstraße, so daß auch Pferde hinaufkonnten. Dort gab es alte Sättel, reiche Zelte, die den Türken in der Schlacht bei Wien abgenommen worden waren, und Ritterrüstungen.
Gegenüber in einer langen, langen Galerie hingen die Ölporträts sämtlicher sächsischer Fürsten. Der älteste war der Sachsenherzog Wittekind, der von Karl dem Großen geschlagen worden war. Man sah ihn auf dem Bilde in einer Art Uniform, die Wittekind sicher nie getragen hatte, wohl aber am Hofe Augusts des Starken bei einem Maskenball möglich gewesen wäre. Wittekind, der noch ein Heide war, hatte auch gar nicht im heutigen Königreich Sachsen geherrscht, sondern recht weit weg in Niedersachsen. Obersachsen war damals noch ein völlig slawisches und fast unerforschtes Land, von dem man nur wußte, daß dort der wilde Miriquidiwald läge, den es auch wirklich gab. Dort wurden einige Jahrhunderte später reiche Silberadern und auch Zinn gefunden, später auch noch Kohle. Das war es, was Sachsen so reich gemacht hatte.

Am nächsten Morgen bekam ich meine halbe Semmel und war damit völlig zufrieden. Denn sie war sehr groß. Dann ging ich wieder auf Entdeckungsfahrten in die unteren Teile des weiten Schlosses. Jetzt war das Grüne Gewölbe offen, in dem August der Starke seine Schätze an Gold, Perlen und Bergkristall aufgehäuft hatte.

Einige Zeit später war ich Offizier vom Kasernendienst und saß zusammen mit unserm neuen Regimentsadjutanten, Graf Dietrich Vitzthum, im Kasino.
Es war kurz nach zehn Uhr abends, und der Trompeter der Kasernenwache hatte eben den Zapfenstreich zum zweiten Male geblasen – mit einigen Fröschen, wie die falschen Töne genannt wurden –, als eine Ordonnanz hastig hereinkam. „Der Feldwebel vom Kasernendienst und der etatsmäßige Feldwebel der fünften Kompanie bitten, Herrn Leutnant dringend sprechen zu dürfen."
Ich sprang auf.
Draußen standen beide Feldwebel mit umgeschnallten Säbeln und sichtlich erregt.
„Herr Leutnant", meldete der Feldwebel in sich überstürzenden Worten, „bei der fünften Kompanie revidiert ein Leutnant vom Regiment 178 die Stuben!"
„Von 178? Ja, was macht denn der hier?"
„Ich habe ihn gefragt. Er sagt, er wäre zu einer Reserveübung eingezogen, und zwar zu unsrer Kompanie."
„Nein, das müßten wir ja wissen. Außerdem sind jetzt überhaupt keine Reserveoffiziere beim Regiment."
„Jawohl, das kommt uns eben verdächtig vor."
„Warten Sie einen Augenblick! Ich spreche gleich mal mit dem Regimentsadjutanten."
Ich stürzte zu Vitzthum hinein und trug ihm den Fall vor.
„Bringen Sie den Leutnant hierher ins Kasino!" sagte er hastig. „Und halten Sie ihn fest! Ich laufe unterdessen ins Regimentsgeschäftszimmer und sehe in den Geheimakten über Spionage nach, was zu tun ist."
In der Garderobe schnallte ich mir den Säbel um und nahm Handschuhe und Mütze. „Wo ist der Leutnant jetzt?"
„Wahrscheinlich noch bei der Kompanie!" schnarrte der Feldwebel, die Hände an der Hosennaht.

„Gut, dorthin!"
Wir rannten die Treppen hinunter und kamen halb außer Atem ins Kompanierevier. Dort stand der Unteroffizier vom Dienst und zeigte gleich hinüber zur sechsten Kompanie.
Wir trafen den fremden Leutnant, wie er gerade aus dem Schlafsaal kam. Er war mittelgroß und rundlich und hatte ein Gesicht, das jedermann haben konnte, ebenso ein Studienrat wie ein Gemüsehändler.
Ich grüßte ihn höflich. „Ich bin Offizier vom Kasernendienst, und man meldet mir, daß Sie zu einer Reserveübung einberufen wären. Aber das ist weder der Kompanie noch dem Regiment bekannt."
„Es ist trotzdem so."
„Aber wie kommen Sie zu dieser Uniform, wenn Sie ein Reserveoffizier unseres Regiments sind?"
„Ich war bis vor kurzem aktiv bei 178."
Das klang sehr unwahrscheinlich. Denn dann wäre er sicher nicht sofort wieder zu einer Reserveübung einberufen worden. Außerdem sah er nicht wie ein aktiver Offizier aus. Er hatte weder die scharfen Augen noch die straffe Haltung eines aktiven Leutnants.
Ich sagte: „Es trifft sich gut, daß der Regimentsadjutant da ist. Würden Sie sich bitte bemühen, mit mir ins Kasino zu kommen?"
„Mit Vergnügen."
Die beiden Feldwebel schlossen sich hinter uns zusammen, ernst und den Säbel in der Hand. So zogen wir durch die nächtlichen Gänge und stiegen hinauf ins Kasino.
„Wollen Sie bitte hier ablegen", sagte ich im Garderobenraum. „Und entschuldigen Sie mich einen Augenblick!"
Die Feldwebel hatten sich vor den einzigen Ausgang des Raumes gepflanzt und sahen gefährlich – oder hilflos aus.
In der Tür des Ordonnanzzimmers standen dichtgedrängt die sämtlichen Köche und Ordonnanzen und starrten neugierig herüber.
Im Kasino war Vitzthum noch nicht wieder erschienen. Ich ging im Spielzimmer auf und ab, bis ich im Vorzimmer eine Stimme hörte. Als ich hinausblickte, sah ich, wie Vitzthum, einen Stoß Akten unter dem Arm – sicher die Geheimakten

über Spionage –, mit dem Leutnant an der Tür voll starrender Ordonnanzen vorbei in den Saal ging. Die Feldwebel folgten stramm. Sie gingen in das Billardzimmer, vor dessen Tür die Feldwebel stehenblieben wie Posten vor den Gemächern des Königs.
Gleich darauf kam eine Ordonnanz mit einer Karaffe Rotwein und verschwand im Zimmer.
Dann kam Vitzthum heraus. „Bitte", sagte er mir, „stellen Sie fest, was der Leutnant gemacht hat."
„Herr Graf", antwortete ich, „er hat mir erklärt, er wäre bis vor kurzem im Regiment 178 aktiv gewesen. Das muß sich ohne Schwierigkeit in der Rangliste feststellen lassen."
„Gut, tun Sie das auch. Er gibt als seinen Namen Bader an. – Ich habe ihn zu etwas Rotwein eingeladen." Er verschwand wieder im Billardzimmer. Wollte er etwa dort in Gegenwart des Spions die Geheimakten über Spionage lesen?
„Herr Leutnant", meldete der Kompaniefeldwebel. „Der Fremde hat den untersten Überrockknopf offen, und sein Portepee ist falsch an den Säbel gebunden." Er war schon weniger ernst und wagte sogar zu lächeln. Darauf wagte das der andre auch.
Ich ging hinüber zur Kompanie.
Auf dem Gang stand der Schießunteroffizier an den Gewehrständern und nahm die Schlösser heraus, was in der Nachtstille knackende Geräusche machte.
„Was tun Sie denn da?" fragte ich.
„Nachsehen, Herr Leutnant, ob der fremde Offizier nicht etwas mitgenommen hat."
„Wie? Ein ganzes Gewehrschloß in die Tasche stecken?"
„Wenn schon nicht ein ganzes Schloß, so doch vielleicht einen Sicherungsflügel."
Daß der Spion vielleicht einen Sicherungsflügel – einen wirklich unbedeutenden Teil des Gewehrs – für die Franzosen stehlen wollte, brachte mich außer Fassung, und ich lachte laut heraus, worauf mich der Schießunteroffizier verständnislos und vorwurfsvoll ansah.
Ich hörte Murmeln von vielen Männern und blickte den düster beleuchteten Gang entlang, konnte aber nichts entdekken. Daher ging ich dem Geräusch nach.
Es kam aus dem Schlafsaal. Dort saßen beim Schein der

kleinen Nachtlampen alle auf ihren Betten und unterhielten sich. Das war natürlich verboten, und wer mich sah, verstummte und wickelte sich in seine Decke.
„Mal herhören!“ rief ich. „Wer kann etwas aussagen über den Leutnant, der heute abend die Kompanie revidiert hat?“
„Ich, Herr Leutnant!“ schrie es von allen Seiten. Sie sprangen in ihren kurzen Hemden von den Betten und umringten mich.
„Na, was wissen Sie?“
„Er kam in unsre Stube – ich meine, der fremde Herr Leutnant tat's –, und ich schrie Achtung und meldete. Da fragte er mich: ‚Wieviel sind krank?‘ – ‚Keiner, Herr Leutnant!‘ tat ich sagen.“
„Ist das alles?“
„Jawohl, Herr Leutnant.“
„Ich weiß mehr!“ rief einer vergnügt.
„Und was?“
„Als er in unsre Stube kam, warf er einen Schemel um, und dann hat er ihn selber wieder aufgehoben.“
„Und – was wollen Sie damit sagen?“
„Ein richtiger Offizier tut das doch nicht, einen Schemel selbst aufheben“, antwortete er in freundlich singendem Tone.
Wir alle lachten.
„Und wer weiß noch was?“
„Mich hat er gefragt, wie ich heiße.“
„Und was weiter?“
„Da habe ich meinen Namen gesagt.“

Im Kasino ließ ich Vitzthum aus dem Billardzimmer rufen und erzählte ihm, was mir die Grenadiere gesagt hatten und daß es beim Regiment 178 keinen aktiven Leutnant Bader gegeben hätte.
Er lächelte und sagte erleichtert: „Und ich habe in den Geheimakten gefunden, daß man in einem solchen Falle einfach die Geheimpolizei rufen soll. Daraufhin habe ich ans Polizeipräsidium telefoniert.“
Eine halbe Stunde später erschienen zwei gedrungene Männer in Zivil mit runden schwarzen Hüten, die man damals Eiersieder nannte.

Das waren unverkennbar Geheimpolizisten.
Ich führte sie an den beiden Feldwebeln vorbei ins Billardzimmer.
Der eine ging gleich an den Tisch, auf dem die Mütze des Fremden lag, drehte sie um und blickte hinein. Darauf wandte er sich an den Spion: „Und wann bekommt der Maskenverleiher seine Mütze zurück?"
Die beiden stellten kühl einige Fragen an den Leutnant, der schrecklich schwitzte und seinen Überrock um einige Knöpfe mehr geöffnet hatte. Dann ließen sie eine Droschke rufen und fuhren mit dem Fremden ab.
Die beiden Feldwebel stellten sich stramm vor mich hin. „Gestatten Herr Leutnant, daß wir wegtreten?"
Sie sahen sehr befriedigt aus und haben sicher noch die halbe Nacht ihren Frauen von dem Spion in allen Einzelheiten erzählt.

Wenige Tage später traf ich in der Stadt einen Reserveoffizier unseres Regiments und erinnerte mich, daß er Richter war. Ich ging also auf ihn los und fragte ihn, ob er zufällig wüßte, was aus dem Fall Bader geworden wäre.
„Natürlich", erwiderte er mit einem etwas höhnischen Lächeln, „diesen Fall habe gerade ich behandelt. Der Mann ist in Wirklichkeit ein arbeitsloser Schlosser. Wir müssen ihn wegen groben Unfugs verurteilen. Aber hoffentlich reißt er vorher aus. Das kann er ganz leicht, weil er keine feste Wohnung hat. Und damit er es kann, haben wir ihn aus der Haft entlassen."
„Aber warum wünschen Sie, daß er ausreißt?"
„Ach Gott, weil wir das Militär nur lächerlich machen, wenn wir solche Dinge in die Öffentlichkeit kommen lassen. Wenn der Mann ausreißt, wird er nicht davon sprechen, um nicht gefaßt zu werden. – Sie kennen doch die Geschichte von dem Hauptmann von Köpenick? Das war ein Schuhmacher, der in Hauptmannsuniform Wachen revidiert hat und sogar den Bürgermeister von Köpenick verhaften ließ. Die ganze Welt hat darüber gelacht und gesagt: Seht ihr, nicht der Verstand entscheidet in Preußen, ob jemand etwas bedeutet, sondern allein die Verpackung, die Uniform. – Wir wollen natürlich nicht einen zweiten

Prozeß von der Art des Hauptmanns von Köpenick haben."
„Aber ich verstehe noch immer nicht, warum der Bader zu uns gekommen ist, zwei Kompanien zu revidieren. Das hat doch sehr wenig Sinn."
„Das will ich Ihnen erklären. Sie haben in einer Kneipe an der Theke gestanden und über den Hauptmann von Köpenick gesprochen, und da hat Bader gesagt: ‚Das kann ich auch!' – Die andern haben das bezweifelt. Es ist zu einer Wette gekommen. – Das ist die ganze Geschichte."

Offizierstollheiten

Noch vor dem Herbst wurde ich zu einer anderen Kompanie versetzt, zur vierten. Das war mir angenehm. Denn dadurch kam ich nicht nur von Meysenbug fort und von dem Major, der mich nicht verstand, sondern ich kam zu dem Bataillon des Majors Graf Kielmansegg. Diesen mittelgroßen Mann mit den grauen Augen hielt man weder für besonders gescheit noch auch für interessant. Aber er war ein alter Kavalier, der das Gute sehen und das Schlechte nicht bemerken wollte. Aber was ich nicht wußte, war, wie sich mein neuer Kompaniechef, der Hauptmann von Rabenhorst, zu mir stellen würde.
Ich setzte mir den Helm auf, band die grünsilberne Feldbinde um und ging, mich bei ihm zu melden. Er hatte mich ausgebildet, als ich Fahnenjunker war. Er war ein vorzüglicher Lehrer. Aber daß er jeden Abend ein andres Mädchen hatte, gefiel mir nicht besonders, und ich hielt ihn für sehr brutal.
Ich trat in die Schreibstube der vierten Kompanie ein. Der lange Hauptmann erhob sich und schickte die Feldwebel und die Schreiber hinaus. Dadurch entstand eine völlige Stille, in der er mir plötzlich die Hand hinstreckte und mit Nachdruck sagte: „Ich weiß, daß Sie ein guter Offizier sind! Ich habe Vertrauen zu Ihnen."
Ich wußte nicht, wie ich aus der Stube hinauskam. Mich hatte dieser warmherzige Empfang so überrascht, daß ich zunächst gar nichts um mich herum sah.
Du sollst das nicht bereuen! dachte ich. Das sollst du nicht

bereuen! Bei dir werde ich mir doppelt Mühe geben!
An diesem Abend lud mich Rabenhorst im Kasino ein. Uns gegenüber saß Meysenbug mit Lix Anderten, der an meine Stelle gekommen war. Rabenhorst erzählte mir einiges, was ich nicht gewußt hatte. Er war ein Bewunderer der Wissenschaft.
„Ihr Vater", sagte er, „hat etwas viel Vernünftigeres getan als wir. Er hat studiert und ist ein Mann geworden, von dem alle mit der größten Hochachtung sprechen."
„Ja", antwortete ich. „Aber er selbst ist entgegengesetzter Meinung. Er weiß auch über Kriegsgeschichte viel mehr als wir alle – vielleicht mit Ausnahme des Majors von Trützschler."
„Da haben Sie's ja!" rief der Hauptmann. „Eben weil er nicht Berufsoffizer geworden ist, hat er auf militärischem Gebiet mehr los als wir – außer im Exerzieren auf dem Kasernenhof. Und das werden Sie doch wohl nicht als Kulturtat ansehen? – Heute, wo ich schon Hauptmann bin und nicht mehr gut umsatteln kann, würde ich es am liebsten tun. – Aber ich wollte mit Ihnen über unsere Unteroffiziere sprechen."
Und nun charakterisierte er jeden einzelnen mit viel Wohlwollen. Das machte auf mich einen sehr guten Eindruck.
Aber schon nach wenigen Tagen, die ich bei der neuen Kompanie war, bemerkte ich, daß ihn niemand liebte, ja, sie haßten ihn. Für die Landser war er der abscheulichste Vertreter eines brutalen Militarismus. Und, merkwürdig genug: manche sagten mir das offen.
„Aber Menschenskinder!" antwortete ich. „Ihr betrachtet euch als von ihm unterdrückt und könnt doch gerade in seiner Kompanie offen über so etwas sprechen! Da solltet ihr einmal zu anderen Kompanien kommen! Da ist so etwas unmöglich!"
Aber man glaubte mir nicht. Ich sagte ihnen und den Unteroffizieren: „Euer Hauptmann ist euch ins Gesicht grob. Aber hinter eurem Rücken, wenn ich zum Beispiel mit ihm allein bin, spricht er mit so viel Verständnis von euch, daß ihr einen besseren Vertreter eurer Interessen gar nicht haben könnt."
Alle meine Überredungskünste waren umsonst. Hartwig, der wirklich nur ein Herumschnauzer war, bildungsfremd

und kalt ehrgeizig, hatte nie einen solchen Haß gegen sich vereinigt wie Rabenhorst, der nichts als widerhaarig war, aber kein schlechtes Herz hatte und sich manchmal bei mir entschuldigte, wenn er glaubte, unrecht gehabt zu haben oder auch nur zu grob gewesen zu sein. Häufig erntete ich das Gute, das er getan hatte. Alles Schlechte sprach man ihm zu und alles Gute mir. Das beschämte mich, und ich versuchte seinen Ruf zu bessern.

Ich lebte also bei der neuen Kompanie in einer Atmosphäre, die für mich denkbar angenehm war, während sich gleichzeitig Lix Anderten bei mir beschwerte, wie scheußlich die Stimmung bei meiner bisherigen Kompanie wäre. Schon bald geriet er scharf mit Meysenbug zusammen. Als der wieder einmal einen Landser verhöhnte, trat Lix offen gegen ihn auf. Meysenbug wollte ihn zum Schweigen bringen. Aber Lix war ihm im Temperament und im raschen Mundwerk so überlegen, daß wir bald den merkwürdigen Fall sahen, daß bei der fünften Kompanie der Leutnant den Hauptmann beschimpfte und der sich feige zurückzog.

Da ich dort alle Grenadiere ausgebildet und auch die jüngeren Unteroffiziere erzogen hatte, kam jetzt Lix oft zu mir, um sich über einzelne zu erkundigen. Dabei sah ich erst, wie ernst er seinen Beruf nahm, und ich begriff nicht, warum ich ihn in den letzten Jahren etwas vernachlässigt hatte. Gewiß, er spielte ununterbrochen Skat, was Seydewitz als ein Verhauen der Zeit ansah, in der man Besseres tun könnte. Lix hatte auch nicht die Spur einer künstlerischen Veranlagung, die ich an Seydewitz so liebte. Aber er war auch kein Intrigant, sondern lebte für das – ihm wohl selbst unbewußte – Ideal der Echtheit bis ins kleinste, das Miltitz predigte. Er war ganz gerade, und wenn er sich für jemand interessierte, so hatte er keine Nebengedanken. Um diese Zeit begann er auch, seine Maske der Leichtfertigkeit abzulegen, die vielleicht nichts als eine Unsicherheit gewesen war. Immer öfter besuchte ich ihn jetzt am Abend, um mich mit ihm über dies oder das zu besprechen.

An einem Abend, als gerade wenige Offiziere im Kasino aßen, erschien der Major von Trützschler mit einem Gast im Smoking, den er uns als einen ehemaligen Offizier des Regiments vorstellte, noch aus der wilden Zeit, die von

dem leicht gewonnenen Kriege von 1870 bis um die Jahrhundertwende angedauert hatte, als die Offiziere so übermütig gewesen waren.
Wir saßen im großen Saale, ich ihnen gegenüber und hörte zu, wie sie Erinnerungen austauschten.
„Besinnst du dich", rief der Gast, „wie einmal bei einer Sauferei die Schwalbe Tschirschnitz am Tische eingeschlafen war. Wir sollten ihn wecken. Aber er schlief zu fest. Da legte einer einen Stuhl auf die Seite und trat ein Bein ab. Das war ein Gedanke! Auch andere taten das und schlugen dann mit den kantigen Stuhlbeinen dem Tschirschnitz auf den großen Kopf, der atmend auf dem Tische lag. Er bewegte sich und lallte unzufrieden etwas. Dann schlief er wieder. Nun schlugen wir ihn so lange auf dem Kopf herum, bis er richtig aufwachte. Unterdessen rann ihm aber auch das Blut durch die Haare."
„Aber jetzt", fügte Trützschler hinzu, „hat er seinen dicken Schopf verloren, und man sieht auf seiner Glatze die parallelen Narben der Hiebe. Und er schämt sich dessen. Wenn man ihn danach fragt, lenkt er stets mit einem Witz ab."
„Und dann Miltitz und Holleben!" sagte der Gast. Er nahm einen Schluck Rotwein und fuhr dann fort: „Miltitz und Holleben schlossen eine Wette ab. Die hieß: ‚Du reitest nicht dorthin, wohin ich reite.' Zuerst versuchten sie sich dadurch zu überbieten, daß sie im Prießnitzgrund recht steile Hänge aufsuchten. Aber das führte zu nichts. Denn was der eine vormachte, das machte der andre gleich nach. So blieb die Wette lange unentschieden. Aber bei einem Regimentsfest zu vorgerückter Stunde hörte man hier im Saal ein schweres Trampeln im Vorraum. Ich besinne mich noch, als ob es gestern gewesen wäre, wie der Leutnant von Hodenberg die Tür öffnete, um nachzusehen. Er prallte vor einem Pferdekopf zurück. Miltitz war die vier Stockwerke heraufgeritten und kam zu Pferde in den Saal. Es lief auf dem glatten Parkett wie auf Eis, und Miltitz stieg überlegen lächelnd ab und sagte zu Holleben: ‚Gibst du dich endlich geschlagen?' – ‚Ja, aber wie kommt das Pferd jetzt wieder hinunter?' – Miltitz mit seiner hochmütigsten Miene antwortete: ‚Man weckt eine Kompanie und befiehlt ihr, das Pferd wieder hinunterzubringen. Ich erwarte jetzt von dir, Holleben, Sekt!' – Die Kompanie wurde auch geweckt, und

die beiden tranken.“

„Aber Holleben“, sagte Trützschler eifrig, „suchte nach einer Gelegenheit, den Ritt ins Kasino durch eine andre Tollheit zu überbieten. Eines Nachts bemerkte ein Leutnant, daß außerhalb eines der großen Doppelfenster des Saales hier eine Fledermaus saß. ‚Die hole ich!‘ rief Holleben. – ‚Aber wenn du das Fenster öffnest, wird sie fortfliegen!‘ – ‚Deswegen werde ich das Fenster nicht aufmachen. Bitte, halte mir einer den Rock!‘ – Er zog seinen Überrock aus, streifte den Hemdsärmel hoch und fuhr mit der straff gestreckten Hand durch die beiden Fensterscheiben durch. Die Fledermaus hatte er in der Hand, aber er hatte sich auch die Arme zerschnitten und blutete wie ein Schwein. Wir redeten ihm zu, er sollte die Fledermaus loslassen, weil er nicht mit geballter Faust durch das Splitterloch zurückkonnte. Aber er wollte das Tier eben lebend dem Miltitz in die Hand drücken. Da brachen wir vorsichtig rings um seinen blutenden Arm das Glas aus. Als er dann Miltitz die Fledermaus hinhielt, sagte der mit erhobener Nase: ‚Ich bin doch kein Zoologe, daß ich kleine Drecktiere aufbewahre. Und laß dich jetzt verbinden! Du ruinierst ja das ganze Parkett hier mit deinem Blut!‘ – Holleben band sich aber einfach ein Taschentuch um den Arm wie damals, als er über die Mitrailleuse wegsprang, sich die Schnauze aufschlug und dann weitersoff.“

Nicht nur Miltitz und Holleben hatten sich überbieten wollen, sondern jetzt auch Trützschler und sein Gast in alten Geschichten. Sie bemerkten, wie wir gespannt zuhörten, und es machte den alten Herren Spaß, von ihrer tollen Leutnantszeit zu erzählen.

Der Gast beugte sich vor. „Das mit der Fledermaus mußte Miltitz wieder überbieten. Bei einem Kasinofest stieg er aus dem Fenster des Empirezimmers auf den Sims, also vier Stockwerke über der Straße. Er blieb aber dort nicht stehen, sondern wollte um den Vorbau herum, in dem der Saal hier liegt, und dort drüben wieder zum Fenster des Billardzimmers herein. Es war Nachmittag. Wir standen dichtgedrängt an den Fenstern. Unten auf der Straße blieb die Elektrische stehen, und alles starrte herauf. Miltitz war doch in Uniform, im Überrock. Durch den inneren Winkel kam er leicht durch, aber die Schwierigkeit war der äußere. Er griff mit einem Arm um die Ecke und – kam herum. Nun ging es Schritt für Schritt seitwärts an den fünf großen Saalfenstern vorbei, um die andere gefährliche Ecke, dann durch den inneren Winkel und schließlich zum offenen Fenster des Billardzimmers herein. Wir empfingen ihn mit Klatschen und Zutrinken. Er setzte sich lächelnd nieder. – Wir ahnten an diesem Tage nicht, daß diese Simskletterei zu einer Sucht werden würde. Denn seitdem, wenn er getrunken hatte, stieg er aus dem Fenster."

„Scheußlich war das!" unterbrach ihn Trützschler. „Man mußte das jedesmal ansehen. Niemand klatschte mehr, wenn er es tat. Aber er hatte es sich in den Kopf gesetzt und stieg eben jedesmal zu einer gewissen Zeit aus dem Fenster in die Nacht hinaus. Ich ging immer möglichst in einen andern Raum, um das nicht sehen zu müssen. Dazu fing er an, einen Bauch anzusetzen. Es würde nicht mehr lange dauern, und er stürzte einmal ab, weil er mit dem Bauch nicht mehr auf dem schmalen Sims stehen konnte. Und wirklich, auf einer seiner Simsklettereien verlor er das Gleichgewicht. Aber das war gerade vor einem Fenster. Er griff noch durch die Fensterscheibe durch und hielt sich am Fensterkreuz fest. Wir aber hatten es satt. Es war Nacht, und niemand konnte von der Straße aus sehen, was oben vorging. Wir öffneten den andern Fensterflügel, und obwohl er blutete, verprügelten wir ihn erst gründlich, bevor wir ihn hereinzogen. Das hat er wortlos eingesteckt und ist nie wieder aus dem Fenster gestiegen."

„Ich entsinne mich einer viel schlimmeren Geschichte", sagte der Gast. „Wir hatten damals einen Rabenhorst im Regiment, einen Onkel des heutigen Hauptmanns. Der wettete eines Abends in der Betrunkenheit, daß er ein Weinglas mit der Hand zerdrücken und dann die Splitter aufessen würde. Er saß genau, wo heute Sie sitzen", sagte er zu Falkenstein, „und nahm so ein Weinglas, wie es hier vor mir steht. Das ist ziemlich stark. Aber er hatte Kräfte und drückte so, daß ihm die Halsadern heraustraten. Endlich zersprang es wirklich. Aber es rann ihm auch Blut aus der Hand. Er hatte sich mächtig geschnitten. Alle an der Tafel beugten sich vor, um besser zu sehen. Die verletzte Hand ließ er hängen und steckte sich mit der unverletzten einen Glassplitter in den Mund. Irgend jemand schrie: ‚Er ge-

winnt die Wette!' Jetzt hatte Rabenhorst schon den zweiten Splitter in der Hand und wollte ihn in den Mund schieben. Aber er legte ihn wieder weg. Das tat er in einer besonderen Art, erhob sich mit aufgerissenen Augen und hielt den Atem an. Einige Leutnants lärmten noch. Aber die meisten, so wie ich – obwohl ich ziemlich blau war –, begriffen, daß da etwas Schreckliches geschehen war. Rabenhorst stand fast unbeweglich mit seinen aufgerissenen Augen da. Tschirschnitz lief zum Regimentsarzt, der im Nebensaal gewesen war. Als dieser den Rabenhorst so stehen sah, ließ er eine Decke holen und Rabenhorst sehr vorsichtig hinaustragen."
„Und ist er gerettet worden?" fragte ich.
„Nein", antwortete der Gast.
Trützschler blickte ihn an. „Ich denke, wir können jetzt von etwas anderem sprechen." Und er fuhr in herzlichem Tone an uns gewendet fort: „Aber diesen Unsinn sollten Sie sich nicht zum Vorbilde nehmen. Eine solche Art, sich zum Mut zu erziehen, ist trotz aller Bravour unsittlich! Ich habe mich nach dem Tode von Rabenhorst tief geschämt – das heißt, mein Gefühl des Ekels war viel stärker, als ich es überhaupt ausdrücken kann, und ob die so erzogenen Offiziere im Kriege wirklich mehr leisten als andere, die bescheidener sind – das weiß ich nicht."

Auf Ehrenwache für Großfürst Kyrill

In diesem Jahre 1913 war der hundertste Jahrestag der Völkerschlacht bei Leipzig, in der Napoleon geschlagen wurde. Dieses Jubiläum fiel in eine Zeit stärkster Spannung zwischen Deutschland und Frankreich. Vor zwei Jahren hatte es den Zwischenfall von Agadir gegeben, wo das deutsche Kriegsschiff „Panther" gegen die Besetzung Marokkos durch Frankreich demonstrierte und der Ausbruch des Krieges schon fast unvermeidlich erschien. Jetzt, zwei Jahre später, wurde in Frankreich die dreijährige Dienstzeit eingeführt, um die Armee auf eine höhere Mannschaftsstärke schon in Friedenszeiten zu bringen. Denn Deutschlands Bevölkerung wuchs immer weiter, und sein Heer wurde dauernd verstärkt.

Unter uns Offizieren wurde viel darüber gesprochen, und wir erwarteten den Krieg für dieses oder die nächsten Jahre.
Jetzt, zum Andenken an die Völkerschlacht, baute man in Breslau eine Ehrenhalle, in der ein Festspiel Gerhart Hauptmanns aufgeführt werden sollte. Hauptmann war auf der Höhe seines Ruhmes. Alle Theater spielten seine Stücke „Hanneles Himmelfahrt", „Einsame Menschen" und „Die versunkene Glocke". Gerade lief im Königlichen Schauspielhaus sein Stück „Gabriel Schillings Flucht", von dem die jungen Prinzen so begeistert waren, daß sie es immer wieder besuchten.
Aber das Festspiel in Breslau ärgerte unsere Offiziere. „Da fehlt auch jede Spur von Begeisterung!" sagten sie. „Wo ist die große Zeit der Befreiungskriege zu sehen? Nur irgendwelche zivilen Probleme werden gewälzt, daß man das Kotzen kriegt."
Aber nicht nur die Offiziere waren unzufrieden, sondern auch die demokratischen Kreise. Welcher Verrat Gerhart Hauptmanns, sagten sie, an seinen alten Idealen! Zuerst hat er „Die Weber" geschrieben, wo er für Arbeiterrechte eintritt, und jetzt macht er ein Feststück für den Kaiser und seinen nationalistischen Rummel!
Ich kannte Hauptmanns „Weber", und sie waren mir als das beste Stück der modernen deutschen Literatur erschienen. Daher hatte ich auch ein etwas unklares Gefühl dafür, was die Demokraten wollten. Aber wenn man in einem Feststück zu viele, ganz individuelle Probleme aufrollt, so ist das auch nicht das richtige.
Am lautesten schimpften Tschammer und Hingst, und das machte mir wieder ihre Sache verdächtig. Diese banalen Flachköpfe konnten doch nicht recht haben.

Auch Sachsen sollte seine Festlichkeit haben, denn schließlich lag Leipzig im Lande. Freilich hatte 1812/13 der von Napoleon zum König beförderte Kurfürst Friedrich August der Gerechte auf dessen Seite gestanden. Es war das der Mann, der im Fasanenschlößchen in der mit chinesischen Intarsien eingelegten Zelle gelebt und sein Essen durch die Klappe in der Tür hereinbekommen hatte. Aber die offiziellen Stellen Sachsens taten so, als hätte die sächsische Armee

bei Leipzig auf der Seite der verbündeten Preußen und Russen gekämpft.
Auf dem Schlachtfelde hatte man einen massiven Kuppelbau errichtet, der nun im Beisein der Vertreter aller Nationen eingeweiht werden sollte, die damals Napoleon geschlagen hatten, also auch Rußlands. Das interessierte uns Offiziere, weil bei solchen offiziellen Besuchen immer Orden abfielen.
Bald erfuhren wir, daß der Zar nicht selbst kommen würde, sondern in seiner Vertretung der Großfürst Kyrill. Nun packten alle aus, was sie über ihn wußten. Die einen sagten, er wäre einer von denen, die den schwachen und unbegabten Zaren gegen Deutschland aufhetzten. Andre sprachen von überaus schmutzigen Geldgeschäften des Großfürsten. Aber das hinderte uns nicht, einen schönen russischen Orden von ihm zu begehren. Jetzt erhob sich die Frage, wer Orden bekommen sollte. Natürlich einer, der noch keinen hatte. Das war Rochow. Aber der sagte, ihm gefiele der Annen-Orden nicht. Ich fragte ihn, ob es die Farbe oder die Form wäre, die ihm mißfiele. Da sah er mich verständnislos an. „Ach, gar nicht deshalb, sondern ich finde es lächerlich, vor dem Großfürsten zu präsentieren und dafür einen Orden zu kriegen, von dem man niemand sagen darf, für welche Heldentat man ihn bekommen hat."
Man sagte ihm: „Wenn Sie wirklich nicht wollen, so zieht Vieth auf Ehrenwache und kriegt den Orden."
Dabei blieb es. An dem Tage, an dem der Großfürst in Dresden ankommen sollte, marschierte ich mit einer Wache im Paradeanzug zum Schloß. Der Wind blies uns die hohen schwarzen Haarbüsche auf den Helmen zur Seite. Aber wir hatten die silbernen Schuppenketten unter das Kinn gemacht, so daß wir die Helme nicht verlieren konnten. Ich hatte einen unglaublich engen, noch ganz neuen Rock an, der nur für Paradezwecke gebaut war. Ich konnte in ihm stehen und gehen, aber beim Sitzen war er schon sehr beschwerlich. Und darin zu essen und zu trinken, das war so, daß man lieber Hunger und Durst ertrug. Auch der gestickte Kragen dieses Rockes war ein Marterinstrument. Er war so hoch und eng, daß die Hals- und Stirnadern heraustraten, sobald ich ihn schloß. Als ich mich damit zum er-

stenmal im Spiegel betrachtete, fand ich, daß ein geschwollenes Gesicht nicht zur Erhöhung der Eleganz beitrüge. Aber bei einer so bunten Aufmachung beachtet man hoffentlich das Gesicht nicht.
Seydewitz hatte mir wieder helfen müssen, die Schärpe mit den langen, schweren Silbertroddeln ganz fest um den Bauch zu binden. Dann hatte ich, halb erstickt, meinem Burschen, der mit ernstem Gesicht danebenstand, gesagt: „Sie bringen mir den nächstbesten Waffenrock, ein weiteres Paar weiße wildlederne Handschuhe und ein Paar weiße Glacéhandschuhe auf die Wache, damit ich mich etwas bequemer anziehen kann, wenn die wichtigsten Dinge vorbei sind."
Außer dem Rock, in dem ich nicht anders als sehr aufrecht gehen konnte, hatte ich die langen schwarzen Hosen aufs äußerste straff gezogen. Dazu gab es besondere Hosenträger, die wie alle andern an die Hose geknöpft wurden. In diesem Zustand konnte man noch – wenn auch mit ausgestreckten Beinen – sitzen. Zu einer Gelegenheit wie heute aber hatte der Hosenträger auf jeder Seite eine Schlaufe, die man herunterziehen und anknöpfen konnte, was die Hose nach dem System des Flaschenzuges hochzog. Jetzt saß die Hose straff, aber man bekam auf die Dauer Schulterschmerzen.
Als ich von der Kaserne aus durch die ganze Neustadt bis zum Schloß marschiert war, fühlte ich mich eigentlich wohler als beim Abmarsch, außer daß mir die Füße von den zu engen Schuhen schmerzten und der Kopf unter dem buschbeschwerten Helm. Den konnte ich aber in der Wachtstube sofort absetzen.
Kaum hatte ich mich hingesetzt, die Beine weit von mir gestreckt – denn ich konnte doch die verschiedenen Spannungen nicht lösen, bevor der Großfürst vorbei war –, als die Tür aufging und ein großer schwerer Gardereiterleutnant hereinkam. Ich sprang auf. Das war mein alter Schulfreund Rochus von Rochow, ein Vetter dessen, der auf den Orden verzichtet hatte.
Wie schüttelten uns herzlich die Hand und setzten uns, so gut das bei unsern engen Uniformen ging, einander gegenüber.
„Besinnst du dich noch", sagte er in seiner langsamen, tö-

nenden Sprache, „wie wir zusammen auf der Schulbank gesessen haben?“
„Ja, ganz am Klassenschwanz.“
Er lachte. „Wir waren die beiden einzigen Adligen, und ich hielt mich für schrecklich dumm.“
Mir gefiel seine Offenheit. Er war, trotz seines äußerlich langsamen Wesens, einer der geistig regsamsten Offiziere seines Regiments.
„Wir beide“, sagte ich, „haben unsern Lehrern ihren großen Irrtum gezeigt.“
„Leider nicht“, entgegnete er. „Denn diese Lehrer fahren fort, formal gute Schüler statt schöpferische Menschen zu erziehen.“
„Ja, das ist wahr. Von unsern guten Mitschülern ist kein einziger ein schöpferischer Mensch geworden. – Entsinnst du dich übrigens der Brüder Tschammer, die in den Klassen um uns saßen?“
„Die Schwarzbehaarten? Ihr habt doch einen aus dem Tschammerschen Stall in eurem Regiment?“ Er zögerte und fragte vorsichtig: „Ist der eigentlich klug?“
Ich mußte so lachen, daß die verschiedenen Straffheiten meiner Uniform in Gefahr gerieten zu platzen. „Das ist es ja, was ich dir sagen wollte. Solche banalen Dummköpfe fielen den Lehrern überhaupt nicht auf. Sie waren gute – oder wenigstens leidliche – Schüler!“
Ich betrachtete unterdessen seinen hellblauen Waffenrock mit dem weißen Kragen und den goldenen Borten. Dieser Rock wurde mit etwa dreißig Haken und Ösen von oben nach unten geschlossen.
Rochow bemerkte mein Interesse. „Meine Uniform erinnert dich wohl an deinen Bruder? Er ist, wie ich höre, jetzt aktiver Offizier beim Karabinierregiment. Da trägt er ja einen ganz ähnlichen Rock – und ebensolche Kürassierstiefel.“ Er hob ein Bein in der sehr engen weißen Reithose und dem riesigen schwarzen Lackstiefel, der vorn bis über das Knie reichte und hinten tief ausgeschnitten war, damit man das Knie überhaupt beugen konnte.
„Ja“, erwiderte ich, „mein Bruder hat mir erzählt, welche Plage diese Stiefel sind, sobald man zum Gefecht vom Pferde absitzt.“
„Und besonders hier in Dresden, weil der große Exerzier-

platz, der Heller, so tiefen Sand hat. Der Teil der Stiefel über dem Knie wirkt als Schaufel, und wenn sich der Mann erhebt, um vorwärts zu springen, rieselt der ganze hereingeschaufelte Sand in seinen Stiefelröhren hinunter. Dann kann er bald nicht mehr anders als humpelnd laufen."
„Aber man kann die Stiefel doch ausziehen und ausschütten?" fragte ich.
„O nein, wenn soviel Sand darin ist, geht das sehr schwer. Dazu müßte sich einer auf den Rücken legen. Er stemmt sich mit einem Bein gegen den Rücken eines anderen, der ihm so versucht, den Stiefel herunterzuzerren. Und dann bedenke, wie das aussieht, wenn nach dem Gefecht die Leute ächzend am Boden liegen und an Schuhen ziehen."
„Aber wie marschiert ihr denn da nach Hause?" fragte ich, interessiert an diesem Problem.
„Na, hast du das noch nicht gesehen? Dann kommt eben eine betrübliche Kolonne lahmer Gardereiter die Heerstraße entlanggehumpelt!"
„Und zu Hause? Wie bekommt ihr dort die Stiefel herunter?"
„Da haben wir die hohen Stiefelknechte. Hier steht ja auch so ein Ding." Er stand auf und trat zu der Maschine, die ihm bis zum Bauch reichte. Ich kannte das schon von meinem Bruder, sah aber immer wieder mit Genuß, welche Hilfsmittel die militärische Eleganz brauchte.
Der Stiefelknecht der Schloßwache war natürlich poliert und hatte gedrechselte Griffe, um sich darauf zu stützen. Die lange Klappe, die dazu diente, die Fußspitzen hinunterzudrücken, war außerdem mit Seidensamt überzogen, damit dem Lack der Stiefel kein Schaden geschähe.
„Aber sieh mal", sagte Rochus, „auch unser Helm ist ein Wahnsinn. Über euren will ich ja nicht sprechen. Über den mit seiner hohen Spitze lacht das ganze Ausland seit einem Jahrhundert. Und wenn ihr mit dem Busch ins Gefecht gingt, so könntet ihr nicht schießen, weil die Haare auf das Visier fallen würden und ihr den Gegner nicht sehen könntet. Bei uns ist das aber viel schlimmer. Wir können mit unserm Helm auch dann nicht schießen, wenn wir den Löwen herunterschrauben."
„Warum nicht?"
Er nahm seinen Helm in die Hand. „Der Nackenschutz hier

ist in der Zeit erfunden worden, als man noch zu Pferde mit dem Säbel focht. Dazu taugt er allerdings auch nicht. Denn das Blech ist zu dünn, um einem starken Säbelhieb standzuhalten. Aber jetzt kämpfen wir doch zu Fuß. Und wenn ich mich hinwerfe und den Kopf zurückbiege, drückt mir der Nackenschutz den Helm ins Gesicht."
„Aber", erwiderte ich, „ihr schießt doch auf dem Schießstand. Und einige der Schießübungen müssen nach der Schießvorschrift mit Helm gemacht werden."
Er lachte. „Wir tun so, als wüßten wir das nicht, und setzen einfach Mützen auf."
„Und im Kriege?"
„Ich denke, da werden wir die Helme aus Versehen verlieren."
Von der Straße hörte ich das Geräusch vieler Stimmen. Das kam von den Schülern, die unter Anweisung ihrer Lehrer die Straßen absperrten. Polizeioffiziere mit erstaunlichen Goldhelmen gingen auf und ab.
Der Schloßwachtdiener kam herein und meldete: „Seine Majestät ist soeben aus dem Jagdtor hinausgefahren, um den Großfürsten auf dem Bahnhof zu begrüßen."
Ich ging, noch einmal den Anzug meiner Wache durchzusehen. Aber bevor ich in die Wachtstube hinein konnte, wurde das große Tor aufgerissen, und herein marschierte die Paradewache, voran ein Leutnant mit gezogenem Säbel. Er kommandierte dann herum, bis seine Wache genau dort stand, wo sie sollte, nämlich im kleinen Hof, Front zur Haupttreppe.
Ein Kanonenschuß verkündete, daß der Vertreter des Zaren auf dem Bahnhof angekommen war.
Ich stellte nun meine Grenadiere mit den hohen Helmbüschen im engen Toreingang auf, auf jeder Seite ein Glied. Damit der königliche Wagen durchkam, mußten sie ganz dicht an die Wand treten.
Wir hörten hurra schreien. Draußen ritt in scharfem Trab ein Herr in großer Uniform vorbei, der Polizeipräsident.
„Wache stillgestanden!" kommandierte ich. „Das Gewehr – über! Achtung, präsentiert das …"
Ein Wagen mit zwei Pferden bog rasch ein.
„Gewehr!" kommandierte ich, sprang in die Linie zurück und senkte die Säbelspitze – etwas zu schnell, um das

Pferd, das dicht an mir vorbeilief, nicht in den Bauch zu stechen.
Die Räder rollten an meinen Fußspitzen vorbei. Auf dem Hof präsentierte die Paradewache.
Ich hatte nichts im Wagen gesehen, so schnell ging alles. Russische Großfürsten ließen sich aus Furcht vor Attentaten keine Zeit zu Besichtigungen. Zar Alexander der Dritte soll an den Ehrenkompanien fast entlanggerannt sein.
Wir kehrten in unsre Wachtstube zurück. Jetzt hatten wir Zeit. Denn man ging nun oben im Schloß zum Galadiner. Da konnte für längere Zeit keine Fürstlichkeit unsre Ruhe stören. Am Abend würde dann „Falstaff" von Verdi als Galaoper gegeben werden, die nur für diesen Besuch einstudiert worden war.
Eine Stunde vor Beginn der Aufführung kam ein gewaltiger Gardereiter mit dem Getrampel seiner großen Stiefel und dem Klirren seiner Sporen herein und trug etwas in einem weißen Tuch auf seinem Arm.
Rochus klingelte nach dem Schloßwachtdiener und verschwand dann mit beiden Männern im Nebenraum. Dort hörte ich sie sprechen, das Herunterfallen ausgezogener Stiefel, und – ich wurde allmählich neugierig, wozu er eigentlich zwei Mann zum Umziehen brauchte. Ich schlich mich also auf den Fußspitzen zur zweiten Tür des Nebenraumes und blickte hinein, ohne daß man mich bemerkte.
Rochus stand in Unterwäsche auf seinem Bett. Vor ihm hielten die beiden in halber Kniebeuge, alle Muskeln angespannt, eine offene weiße Reithose.
Rochus ging ebenfalls in die halbe Kniebeuge und sprang vom Bettrand mit beiden Beinen in die Hose hinein. Er war aber groß und schwer und riß mit seiner Wucht die beiden nach unten. Als man sich wieder aufrichtete, stand Rochus auf den äußersten Fußspitzen wie eine Balletteuse. Denn er war noch nicht richtig in der Hose. Darauf ruckten sie an beiden Seiten die Hose nach oben. Ich staunte, daß sie das überhaupt aushielt und nicht einfach oben abriß. Nach beträchtlichen Anstrengungen war Rochus in die Hose gebracht. Und beide Diener zogen zu gleicher Zeit ihre Taschentücher heraus, um sich den Schweiß abzuwischen. Noch als ich zu meinem Stuhl zurückgeschlichen war, hörte ich sie heftig atmen.

Ich zündete mir eine Zigarette an und tat so, als hätte ich gar nichts gesehen. Wunderbar! dachte ich fast mit Neid, Rochus ist vielleicht noch eitler als ich?
Bald gingen die beiden Diener fort, und schließlich kam Rochus opernfertig aus dem Nebenraum. Ich blickte sofort nach der Hose und dachte, sie völlig ohne Falten zu finden. Aber nein! Das war auch kein Wunder. Denn die Knie sind nun einmal dicker als der Teil unmittelbar darüber.
Ich hatte unterdessen auch alles an mir zu besonderer Strammheit zusammengezogen und blickte noch einmal in den Spiegel. Dann setzten wir die Helme auf und gingen sehr brüderlich auf die nächtliche Straße hinaus. Ich weiß nicht, ob auch er die Enttäuschung so wie ich empfand, daß die größten Anstrengungen, elegant zu sein, schon wieder zur Uneleganz führen.
Wir gingen über den Opernplatz, auf dem viele Wagen anrollten, und hinein in die Oper. Dort hatten die beiden Wachtoffiziere aus dem Schloß täglich zwei Plätze in der zweiten Reihe des Parketts. Wenn Mitglieder der königlichen Familie in der großen Mittelloge des Ersten Ranges saßen, so hatten wir den Helm aufzusetzen und mit der Front zu ihnen zu stehen, aber nur in den Pausen. Jetzt warteten wir, den Helm in der Hand.
Die Geiger stimmten, und die Klarinettisten bliesen ihre Instrumente an.
Das Licht ging aus. Die Ouvertüre begann.
Nach dem ersten Akt standen wir sofort auf und blickten nach der Königsloge. Sie war noch immer leer.
Das Publikum strömte hinaus auf die Gänge. Heute waren die Damen dekolletiert und trugen großen Schmuck. Im Parkett und in den Logen waren die Herren in Uniform oder Frack.
Da erschien jemand in der Königsloge. Es war der Großfürst. Nach ihm traten Offiziere ein, sehr zurückhaltend, mit hohen Stiefeln aus feinem, weichem Leder.
Wir setzten die Helme auf und blieben mit der Front zum Großfürsten stehen, wobei wir uns bemühten, recht wenig Verkehrshindernis zu sein. Schon als alle andern wieder saßen, standen wir noch da im Parkett wie besonders hohe Unkräuter in einem sonst gleichmäßigen Feld. Erst als das Licht ausging, setzten wir uns und nahmen die Helme ab.

In der zweiten Pause erschien der König. Er liebte Musik nicht. Aber gar gute Musik, die war ihm ein Greuel.
Der dritte Akt begann. Als dann das Licht wieder anging, war der König schon geflohen. Aber auch der Großfürst und sein Gefolge waren verschwunden.
Wir schoben uns durch die vielen festlichen Menschen, die aus der Oper strömten, und gingen gemächlich ins Schloß zurück.
Als wir in unsern gemeinsamen Raum eintraten, fanden wir den Wachtdiener beim Tischdecken. Er hatte buntes Meißner Porzellan hingestellt und sagte feierlich: „Meine Herren, Sie haben Glück. Es ist noch nie vorgekommen, daß die Herren Wachthabenden nicht nur das gesamte Souper, sondern auch eine Flasche Sekt vom Tisch Seiner Majestät erhalten!"
Unterdessen hatte mein Bursche einen Waffenrock von menschlicher Weite gebracht, so daß ich mich umziehen und dann mit dem Gefühl einer luxuriösen Bequemlichkeit zu Abend essen konnte. Auch Rochus schien sich sehr zu Hause zu fühlen und plauderte fröhlich. Und das wunderte mich. Denn das Ausziehen der engen Hosen mußte ihm doch schon als Alpdruck vorschweben. In so engen Sachen pflegen einem die Glieder zu schwellen. Ich hatte mir ein Paar besonders elegante hohe Stiefel machen lassen. Und wenn ich mit denen eine oder zwei Stunden unterwegs gewesen war, mußte ich mich zwei Stunden im ungeheizten Zimmer still hinlegen, um dann zu versuchen, ob meine Beine so weit abgeschwollen wären, daß ich mit Ächzen aus den Stiefeln käme. Aber Rochus erzählte mir voll guter Laune, wie groß die Langeweile bei seinem Regiment wäre, wo man am Abend stundenlang zusammensaß, ohne ein Wort zu sprechen, in einer Haltung, die in ihrer Lässigkeit absolut erster Geschmack war.
„Und weißt du, wozu das führt?" fragte er. „Es gibt wohl kein Regiment, aus dem so viel Dichter und Maler hervorgegangen sind wie aus dem Gardereiterregiment."
„Wieso kann diese Langeweile zum Künstlertum führen?"
„Weil man das nicht aushalten kann, wenn man über ein gewisses Alter hinaus ist, und weil unsre Offiziere alle reich genug sind, um unabhängig zu leben."

„Du erblickst also in diesem Umsatteln zur Kunst eine Art von Protest?“
„Ja, nimm nur den Maler Fritz von Uhde, der zuerst bei uns Offizier war und nachher solche Bilder malte wie den Christus in einer modernen Arbeiterwohnung. Er hat ungewaschene Haare, und das gehört sich doch nicht! Siehst du das nicht ein?“
Wir lachten beide. Dann stand er auf und ging in den Nebenraum.
Jetzt! dachte ich und schlich wieder zu meinem Beobachtungsposten.
Er band sich die Schärpe ab, heftelte sich den hellblauen Rock von oben bis unten auf, löste den Taillenhaken und setzte sich gemächlich auf sein Bett.
Jetzt wird er nach dem Wachtdiener klingeln, und vielleicht läßt er seinen riesenhaften Burschen aus der Wachtstube holen?
Nein. Er griff in die Tasche, zog ein kleines Federmesser heraus, klappte es auf und machte rechts an der Hose einen Schnitt, dann links. Er legte das Messer weg und zog ein bißchen. Da trennten sich rechts und links von oben bis unten die Nähte auf, und die Hose, die vorher so gewaltige Ansprüche gemacht hatte, fiel kraftlos zu Boden.
Ich war erschüttert. Die Gardereiter überboten uns wirklich an Eitelkeit. Hosen, die nur einmal getragen, dann aufgetrennt, gewaschen und neu gemacht wurden, die hatten wir nicht.
Übrigens bekam ich keinen Orden dafür, daß ich vor dem Großfürsten präsentiert hatte – was er freilich ebensowenig gesehen hatte, wie ich ihn dabei sah.

Neue Hoffestlichkeiten

Das Leibgrenadierregiment und das Gardereiterregiment stellten die beiden Vortänzer bei Hof. Das war kein überwältigend schweres Amt. Sie mußten die Polonaise anführen und dafür sorgen, daß die Tänzer Platz bekamen, wenn die Musik zu spielen begann.
Meistens war der Regimentsadjutant zugleich Vortänzer. Aber unser neuer, Dietrich Vitzthum, war im Tanzen so un-

begabt, daß er beim Einsetzen der Musik erst einmal mit seiner Dame stehenblieb und mit dem linken Fuß versuchte, in den Takt zu kommen. Wenn er dann glaubte, den Schritt herauszuhaben, sprang er los und zerrte die Dame so plötzlich mit, daß sie fast umfiel und auch in Gefahr kam, ihren Rock zu zerreißen, um mit seinen großen Schritten mitzukommen. Wegen dieser geringen Tanzkunst wurde an seiner Stelle der Leutnant von Haugk Vortänzer, und das bedeutete einen Machtzuwachs für unsere Clique. Freilich war Haugk viel zu gutmütig, um daraus viel zu machen.
Am Abend des ersten Hofballs fragte er mich: „Willst du heute zur Nacht mein Gast beim Vortänzersouper sein? – Dann warte bitte nach dem letzten Tanz in der Rokokogalerie."
Nach dem Essen zog ich mich um und fuhr müde und ohne Freude ins Schloß. Mein Magen war schon wieder zu Beginn der Ballsaison in Unordnung. Aber als ich in den großen Hofballsaal trat, in dieses Licht, und die schönen, ausgeruhten Menschen sah, da war ich doch wieder berauscht von all der Pracht. Danach freilich kam das Tanzen, immer rechtsherum, und das unfeierliche Essen, den Helm zwischen den Knien – und schließlich die Qual der letzten Tänze, wenn schon alle müde waren.
Endlich war auch das zu Ende. Man strömte hinaus. Mit schmerzenden Füßen ging ich hinter den letzten Paaren in die Rokokogalerie. Dort wartete schon Seydewitz mit einigen hellblauen Gardereitern.
Die beiden Vortänzer kamen aus einer reich ornamentierten Tür und luden uns höflich und lässig ein, in einen Raum mit reicher Decke zu treten. An den Wänden hingen große Bildteppiche, und in der Mitte war auf einem dicken Teppich der Tisch gedeckt.
Wir setzten uns, und ich empfand das als eine solche Erholung, daß meine Stimmung sofort stieg. Lakaien kamen lautlos herein und servierten. Sonst war ich immer nach den Hofbällen in einer Erregung der Übermüdung nach Hause gekommen, daß ich nicht schlafen konnte oder nur gequält von greulichen Träumen. Aber morgen würde ich ausschlafen können. Denn Rabenhorst hielt sich an die Sitten des Regiments und verlangte nicht, daß man am Tage nach dem Hofball zum Dienst auf dem Kasernenhof erschien.

Ich blickte mich um und bemerkte, daß ich wieder die Schönheit dieser Umgebung sah. Ich empfand, daß ich nicht mehr zu den jüngsten Leutnants gehörte, sondern schon zu einem erleseneren Kreise. Wir, die man zu diesem Vortänzersouper eingeladen hatte, waren es, die vielleicht in zwei, drei Jahren selbst Vortänzer sein würden. – Das heißt, Seydewitz kam dafür kaum in Frage. Zwar war er ein vorzüglicher Tänzer. Aber ob man ihn bei seinem Sprachfehler zum Adjutanten machen würde, das war fraglich. Und dann – ich stockte und wies den Gedanken zurück, der mir da berückend aufstieg. Sollte es möglich sein, daß ich einer der nächsten Vortänzer und auch noch Regimentsadjutant werden sollte?

In diesem Winter war ich auch sonst aufgerückt. Ich wurde jetzt nicht mehr nur zu den Hofbällen befohlen, sondern auch zu den zwei Kammerbällen und zum Hofkonzert.
Die Kammerbälle galten, im Gegensatz zu den Hofbällen, als sehr angenehm. Dazu wurden viel weniger Personen eingeladen. Wir trugen da auch nicht den Busch auf dem Helm. Alles war intimer. Im Hofballsaal blühten unter der Musikempore auf Teppichen ganze Wälder von Blumen. Dort stand der König unter einer Palme. Wir hatten reichlich Platz zum Tanzen. Raubtiere waren nicht da, sondern nur Adlige und Offiziere.
Als das Souper begann, engagierten wir in Ruhe und zogen in Paaren durch das Porzellanzimmer in den Bankettsaal. Wie verändert der aussah! Statt der langen Büfette waren quadratische Tische aufgestellt, immer für vier Paare. Ich setzte mich mit Haugk, Seydewitz, Anderten und unsern unvermeidlichen Damen an einen Tisch. Lakaien schoben uns die Stühle in die Kniekehlen. Den Helm, das Eßhindernis der Hofbälle, stellten wir unter den Stuhl.
Fräulein von Fuchs hatte sich die langen weißen Handschuhe von den Händen gestreift, aber die oberen Teile an den Armen gelassen, weil es zu mühsam war, sie später wieder anzuziehen. Sie deutete auf die Menükarte, die vor jedem lag. „Können Sie das lesen?"
Ich blickte auf die lange Speisenfolge. Sie war in französischer Sprache gedruckt.
„Bei unsrer herrlichen Schulbildung", erwiderte ich, „würde

ich vielleicht so ein Menü aus der Zeit Ludwigs des Vierzehnten lesen können, aber ein modernes nicht."
„Es soll einmal", sagte die Fuchs lachend, „ein deutscher Gymnasialprofessor nach Paris gekommen und schon nach zwei Tagen ins Irrenhaus gebracht worden sein, weil man glaubte, er hielte sich für Heinrich den Vierten und hätte sogar seine Sprache völlig angenommen. Es machte beträchtliche Schwierigkeiten, ihn wieder herauszubekommen, weil die Ärzte es nicht für möglich hielten, daß man in Deutschland das Französisch aus der Zeit des Absolutismus lehrt."
Nach der Suppe kamen silberne Teller auf den Tisch, um von ihnen die Vorspeise zu essen. Als ich einmal auf der Schloßwache gewesen war, hatte ich die königliche Silberkammer besucht und da das Tafelgeschirr und die riesigen Servietten gesehen, die aus der Zeit Augusts des Starken stammten und noch in Gebrauch waren. Dabei hatte ich auch erfahren, daß die silbernen Teller nach jedem Gebrauch von einem Spezialisten geglättet wurden, weil ja die Stahlmesser darauf Kratzer machten.
Der König aß übrigens bei solchen Gelegenheiten von goldenen Tellern.
Kaum hatte ich die Vorspeise gegessen, als der Silberteller auf geradezu geheimnisvolle Weise verschwand. Man hatte mir schon vorher erzählt, wie schnell bei Hofe serviert wurde. Im Dresdner Schloß waren zweihundert fest angestellte Lakaien, meist ehemalige Unteroffiziere. Zu den großen Festlichkeiten wurden aber noch weitere Hunderte gemietet, die man dann alle in Hellgelb und Weiß einkleidete, was sehr festlich aussah.
Ehrenthal wurde als Nichttänzer zu den Kammerbällen nicht eingeladen und ersparte sich überhaupt das Tanzen vieler Nächte. Dafür richtete er sich sein Leben immer bequemer ein. Am Morgen trank er aus einer riesigen Meißner Porzellantasse, „wie mein Großvater", sagte er dazu, „den man durch nichts so aufregen und ärgern kann, wie wenn man ihn bei seinem Frühstück anredet. Er will das eben genießen."
Er hatte sich einen Schrank bauen lassen, wo in vielen flachen Fächern übereinander seine Taschentücher lagen und seine Handschuhe: sechs Paar weiße aus Rentierleder, vier

Paar weiße Glacéhandschuhe, viele braune für den Dienst und dann noch Handschuhe für seine Zivilanzüge, schwarze, gelbe und graue in verschiedenen Tönen. Alles war bei ihm ausgezeichnet. Er war eine sehr stattliche Erscheinung. Und doch merkte ich manchmal, wie gedrückt er sich fühlte. Da lud er sich öfters ins Kasino den Leutnant von Labourde de la Valière vom Regiment 177 ein. Das war ein Mensch von unscheinbarem Aussehen, der vermutlich arm war und zu genießen schien, in unser vornehmes Regiment eingeladen zu werden.
„Also prost, lieber Labourde de la Valière!" sagte Ehrenthal und hob sein Glas. „Ihr Adel muß doch sehr alt sein?"
„Ja, wir sind im achtzehnten Jahrhundert nach Deutschland gekommen."
„Ach, wie interessant!" antwortete Ehrenthal mit intrigantem Lächeln. „Waren Ihre Vorfahren schon in Frankreich so interessant?"
„Ich weiß nicht, vielleicht. Wir wissen eigentlich recht wenig von ihnen, besonders nichts Schlechtes."
„Oh, wie schade! Zu gute Menschen finde ich immer etwas langweilig."
La Valière blickte Ehrenthal mißtrauisch an. Aber der unterdrückte sofort sein Lächeln. „Wir müssen jetzt auf das Wohl des Herrn von Tschammer und Osten anstoßen, der einer ebenso alten und hochbegabten Familie angehört wie Sie, lieber Herr von Labourde de la Valière. Lieber Tschammer, würden Sie uns die Ehre geben? Wenn ich mich recht erinnere, waren Ihre Vorfahren dabei, als die Buchdruckerei erfunden wurde?"
Ich habe nie recht verstanden, ob La Valière begriff, daß er als Hofnarr eingeladen wurde, und ob Ehrenthal ihn nur zum Spaß einlud. Oder hatte er diesen Menschen um seiner Gedrücktheit willen heimlich gern?
Sicher war Ehrenthal viel ernster, als er sich hinzustellen versuchte. Er hatte zwar nicht den Ehrgeiz wie Seydewitz und ich, zu malen und zu schreiben und einmal Generalstabsoffizier zu werden. Er sagte: „Ich möchte ein guter Frontoffizier werden, und ich liebe meine Soldaten. – Wir sind uns doch auch alle heimlich darüber einig, daß sie wichtiger sind im Leben als wir – und viel netter!"
Während Lix Anderten einfach explodierte und seine Vor-

gesetzten laut und rücksichtslos angriff, wenn sie ihm nicht paßten, schwieg Ehrenthal und wartete auf seine Stunde. Dann aber konnte er einem Hauptmann berechnet und scharf eine Wahrheit sagen. Darin war er Seydewitz ähnlich, der sich gern über den Hauptmann von Hingst lustig machte, aber so, daß man nie wußte, ob er gerade Hingst verhöhnte oder – sich selbst.

Böse Unruhe

Eines Abends rief mich Seydewitz eilig in seine Wohnung. Auf seinem Schreibtisch lagen eine Menge Zeitungen.

„Wer mag das sein?" sagte er nervös. „Da hat ein R. v. S. in der Zeitung annonciert, genauso als ob ich es wäre, Rolf von Seydewitz. Er ist auch Leutnant und sucht zwecks Ehe Bekanntschaften zu machen. Er sagt, er sähe gut aus und liebte die Kunst."

Unterdessen sah ich in den Zeitungen Massen von Antworten, alle unter den groß gedruckten Buchstaben R. v. S.

Er sprach immer weiter über den sonderbaren Fall und versuchte zu erraten, wer denn dieser R. v. S. wäre. Aber ich überlegte mir: Daß er eine solche Antwort zufällig in der Zeitung findet, ist möglich. Aber daß er zufällig die Uranzeige gefunden hat, wo er kein besonderer Zeitungsleser ist, das glaube ich nicht.

Ich sagte: „Ja, merkwürdig!" und tat so, als suchte ich auch nach einem zweiten Leutnant, der sich R. v. S. abkürzen könnte. Aber ich konnte dabei nicht recht froh werden. Warum sagte er mir nicht offen, daß er das in die Zeitung gesetzt hat? Hatte ich denn kein Verständnis für so einen Spaß?

Voll Unruhe suchte ich nach einem Vorwand, um fortzugehen, und blieb dann nicht in der Kaserne, damit er mir nicht beweisen konnte, daß es nur ein Vorwand gewesen war. Zum hinteren Kasernentor ging ich hinaus, an der Kaserne des Regiments 177 entlang in den Wald. Mir fiel La Valière ein, und mich quälte etwas. Das Wetter war naßkalt und der Nachthimmel trotz der Wolken hell. Da hörte ich einen Ton. Ich blieb stehen, obwohl ich im Grunde genau wußte, was ich gehört hatte. Es war ein ziehender, schleppender Geigenton gewesen. Einmal – ich war damals vielleicht achtzehn Jahre – hatte ich im Bette wach gelegen, wach wie fast jede Nacht in dieser Zeit eines heftigen geistigen Wachstums. Da hörte ich – ganz klar und nah vor dem Fenster – Geigenspiel. Wie war das möglich? Dort vor dem Fenster war Luft. Da konnte niemand schweben und Geige spielen! Ich stand auf, und schon als ich ans Fenster trat und auf die stille, nächtliche Straße hinabblickte, wußte ich, es war eine Gehörstäuschung. Damals gab mir eine Schwester meiner Mutter Unterricht in Harmonielehre. Sie lebte in einem Zimmer, von dem sie möglichst alle Geräusche fernhielt. Sie empfing auch fast keinen Menschen. Alle waren ihr zu laut. Denn sie litt schwer an Geräuschen und schlief fast nie richtig. Aber mir war es erlaubt, zu ihr zu kommen, wann ich wollte. Wir lasen dann zusammen Noten von Opern und Fugen und Oratorien. Sie spielte mir auch auf ihrem Flügel vor. Und manchmal sang sie sogar mit ihrer wunderbaren klaren Stimme schwermütige Lieder von Schumann und Brahms.

Das war, bevor sie die Musik ganz aufgab und anfing zu malen. Damals also hatte ich das Geigenspiel gehört, klar und nahe, als ob es wirklich gewesen wäre. Und jetzt hier im Walde, in dieser feuchtkühlen Nacht hörte ich wieder Geigenspiel. Aber ich war seitdem ein andrer Mensch geworden. Da stand ich in Uniform, mit dem Säbel an der Seite, vor einer Fichte, die nur dadurch schön aussah, weil man sie im Dunkeln nicht genau erkennen konnte. Und auch die Gehörstäuschung war nichts Richtiges. Sie war doch Theater vor mir selbst. Konnte ich denn nichts mehr unmittelbar fühlen? Auch Seydewitz, ich wußte das aus vielen Anzeichen, konnte das nicht mehr. Bei ihm war es sogar viel schlimmer. Mit zuckenden Augen und hastigen Atemzügen konnte er jetzt in die Landschaft blicken und sie verhöhnen, wie unter einem Zwang – obwohl es ihm weh tat. Denn es waren ja seine alten Ideale, die er damit verhöhnte. Und hier die Dunkelheit! Was stehe ich vor der dummen Fichte?

Ich schritt hastig weiter und fühlte mich müde. Da war wieder der Geigenton. Oder waren es viele gräßliche schleppende Geigen? Ich bin es ja selbst, der sie spielen läßt – und habe doch keine Herrschaft darüber!

Vor mir weitete sich der Wald zu einer Blöße. Dort stand ein Pulverhaus, um das ein Posten unsres Regiments patrouillierte. Wenn ich weiterginge, würde er mich sehen oder hören und mich mit „Halt! Wer da?“ anrufen. Viele Soldaten fürchteten sich vor diesem Ort und erzählten sich untereinander, was sie da Unheimliches gehört hätten, und daß dort schon öfters der einsame Posten ermordet worden wäre.
Ich wollte den Posten nicht ängstigen und bog nach links in den Wald ab. Vorsichtig schritt ich zwischen den dichtstehenden Fichten durch. Es war da sehr dunkel, und ich hörte bei dem langsamen Vorwärtstasten die gräßliche schleppende Musik. Sie hatte gar keine Melodie, und ich konnte auch keine hineinbringen.
Plötzlich ein Blitz im Auge.
Ich hatte mich an einem vorstehenden Ast leicht gestoßen. Geht das Leben so weiter? So ohne Hoffnung? Andre würden sagen, daß mein Leben große Hoffnungen hat. Aber ist es eine Hoffnung, wenn man einmal Oberleutnant wird? Oder einen Orden kriegt? –
Ich hatte mir einen sehr eleganten, hellgrauen Anzug in Berlin bestellt und einen noch eleganteren kurzen Mantel und Smokinghemden nach dem letzten Geschmack und Schlips und Manschettenknöpfe mit Mondsteinen – alles auf Pump! Und wozu eigentlich?
Seydewitz lehnt das Kartenspiel ab, weil das nur Dummköpfe täten, die nichts zu denken wissen. Und weiß ich denn, was ich denken soll? Wie kann man etwas denken, wenn es nichts in der Zukunft gibt, was einen Wert hat? Ja, andre sind noch schneidig, wie der schöne Hartwig. Zwar ist er sonst nicht besonders erfreulich, aber er ist wenigstens eine Figur. Worin soll eigentlich mein Wert liegen – außer im guten Anziehen? Und da mache ich auch noch diesen Wahnsinn da mit den ekelhaften Geigen! Keine Melodie ist in mir, und doch spiele ich mir das vor und weiß, daß es ein Spiel ist, und kann doch nicht verhindern, daß es mir kommt – beinah, als ob es wahr wäre. Aber es ist nur Gaukelei, um mir selbst vorzumachen, daß ich etwas Besonderes wäre und echte Gehörstäuschungen hätte!
Ich tappte erregt durch den stockdunklen Wald und wußte nicht, wohin.
Aus Gutmütigkeit hatte ich mehrmals Wachen getauscht.

Bei der Schloßwache tauschte man dann, wenn an diesem Abend eine Oper gespielt wurde, die man schon gesehen hatte und die man nicht noch einmal hören wollte. Durch dieses Eintauschen der weniger beliebten Opern hatte ich schon dreimal Mignon gehört und gar fünfmal den Zigeunerbaron, der mir freilich sehr gefiel. Es war darin eine Romantik ganz nach meinem Sinne, mit etwas Wald und sonst Natur und recht viel Altösterreich, wie ich es aus meiner Kindheit teils wirklich, teils aus den Erzählungen von Verwandten kennengelernt hatte.

Aber einmal ließ ich mir die Wache nicht abschwatzen, als nämlich „Eugen Onegin“ gespielt werden sollte. Ich wußte, daß diese Oper sehr russisch ist, und ich wollte sie absolut hören.

Der König war gerade nicht in Dresden, und daher war der Gardereiter-Offizier nicht da, der sonst die Posten vor den königlichen Gemächern aufziehen ließ. Daher ging ich auch allein in die Oper.

Die Ouvertüre begann. Dann ging der Vorhang langsam auf. Es war eine Szene vor einem russischen Herrenhaus des vorigen Jahrhunderts. Diese Säulen vor dem einfachen Hause, die Kopftücher, alles das war mir bekannt. Und es erwachten in mir alle Erinnerungen aus den Erzählungen meiner Mutter von ihrer glücklichen Kindheit in Rußland. Aber es war nicht die harmlose Kinderwelt meiner Mutter, sondern das gesellschaftliche Leben, das Eugen Onegin führte, ein eleganter junger Mann, Offizier, der tanzte und mit sich selbst unzufrieden war. Er wurde höhnisch aus Leere und schroff aus Anstand. Und dann am Schluß stand er vernichtet vor der Frau, die sein Leben hätte ausfüllen können und – was dann? Da endete das Stück. Und da begann das, was mich anging!

Mir zitterten und schwitzten die Hände, als ich aufstand. Rasch versuchte ich, aus dem Strom der Theaterbesucher herauszukommen, und ging über den weiten Platz zwischen der Oper und der barock geschwungenen Hofkirche, dort wo die Laternen weniger hell brannten.

Am Schloßtor öffnete mir der Nachtposten. Ich trat in die Mannschaftswachtstube. Der Unteroffizier sprang auf. Es war ein warmer Soldatengeruch da. Einige schnarchten auf den harten Holzpritschen.

„Ich bin von der Oper zurück", sagte ich, nicht zu laut, um niemand unnötig zu wecken.
„Wann wünschen Herr Leutnant zu schlafen?" fragte der Unteroffizier.
„Jetzt nicht." Wenn er nur nicht merkt, wie mir die Hände glühen und zittern! „Jetzt können Sie schlafen", fuhr ich fort, „bis zur Einuhrablösung. Und dann können Sie wieder schlafen bis drei."
„Und Herr Leutnant?" fragte er fast besorgt.
„Das werden wir später sehen."
Ich ging sehr stramm hinaus und in die Offizierswachtstube. Da setzte ich den Helm ab und blickte mich um. Das war hier dieselbe Eleganz des vorigen Jahrhunderts wie im „Eugen Onegin". Hier könnte er stehen, unbefriedigt und – ja, was und? Das ist es ja eben, daß es kein „und" gibt! Dumm! Alles ohne Sinn! Leer wie er, so bin ich! Und dann? Dort, wo das Stück endet, dort lebe ich und weiß nicht, was kommt.
Ich stand in der Mitte des Raumes und blickte mich jäh um. Aber das war nur ein Suchen nach irgend etwas, wo nichts war. Was soll ich hier tun? Nichts! Hier ist nichts! – Aber ich muß etwas tun. Ich kann doch nicht hier in der Mitte der Stube stehenbleiben wie ein Schauspieler, der einen Monolog halten soll – und keinen hat! Da geht es einem wie im Traume. Man soll etwas und weiß nicht, was.
Ich riß mich aus diesem erregten Nichtstun, setzte den Helm auf und ging die Posten revidieren. Das würde über eine halbe Stunde in Anspruch nehmen. Ich ging durch dunkle Gassen. Manche fürchteten sich, in dieser Gegend allein zu sein. Aber mir war eine solche Furcht fremd. Durch uralte Pforten kam ich in weite nächtliche Höfe und hörte mir die Meldungen der Posten an. Dann schritt ich weiter durch Gassen zwischen Mauern des sechzehnten Jahrhunderts, wo nur mein eigner Schritt hallte. Kein Mensch war weit und breit zu sehen. Die Stadt schlief, ganz ohne Ton.
Aber als ich wieder in meiner Wachtstube war, empfand ich meine Unruhe erst ganz und schwer und mit Entsetzen.
Wieder hatte ich mich unwillkürlich mitten in den Raum gestellt und wußte nicht, was ich tun sollte. Dann setzte ich mich. Aber das war ebenso sinnlos. Ich stand wieder auf

und ging in die Höfe des großen, schweigenden Schlosses. Wieder kehrte ich zurück in diese schrecklich leere Wachtstube – die doch in Wirklichkeit ein schöner gewölbter Raum war, angenehm geheizt –, und ich ging auf und ab.
Um ein Uhr ließ ich die neuen Posten aufziehen und ging dann wieder auf und ab.
Um drei Uhr gab ich wieder meine Kommandos ab.
„Wünschen Herr Leutnant jetzt zu schlafen?" fragte der Unteroffizier.
„Nein, schlafen nur Sie!" antwortete ich.
Er blickte mir forschend ins Gesicht. Wahrscheinlich sah ich gerade nicht heiter aus. Mir war das unangenehm. Ich wandte mich ab und ging nach meiner Wachtstube.
„Eugen Onegin!" murmelte ich vor mich hin und schritt durch den Raum, hin und her, hin und her.
Aber das ist doch nicht möglich! Es muß doch einen Ausweg geben! – Nein, es gibt doch wohl keinen. Keinen? Absolut keinen? Ja, aber ... Na, tröste dich nicht mit Flausen! Wenn es einen Ausweg gäbe, müßte man ihn doch sehen, irgendwo – oder wenigstens fühlen!
Auch um fünf Uhr befahl ich dem Unteroffizier zu schlafen. Ich würde weiterwachen.
Endlich, nach der Siebenuhrablösung, erschien langsam ein fahler Dämmerschein am Fenster. Straßenkehrer kamen und sprachen unverhältnismäßig laut. Der Schloßwachtdiener kam herein und brachte auf einem Tablett Geschirr und die halbe Semmel des Hofmundbäckers. Er deckte mit raschen Bewegungen den Tisch und lud mich ein, Platz zu nehmen. Wie angenehm der Kaffee in der großen weißen Porzellantasse mit dem roten Drachenmuster duftete!
Nach dem Frühstück setzte ich mich ans Fenster und schlief still, fast glücklich – bis mich schrill die Klingel zur Ablösung herausrief.

Von dieser Nacht nach der Oper „Eugen Onegin" habe ich nie jemand erzählt, weder Seydewitz noch Lix Anderten – der freilich auch nicht dramatisch gestimmt war. Wenn ich mich abends zum Schlafen hinlegte, hörte ich allnächtlich – außer wenn ich sehr betrunken war – die gräßlich schleppenden Geigen. Niemand wußte davon. Das ging Monate so. War ich im Begriff, verrückt zu werden?

In einem der Dresdner Theater wurde ein neues Stück gegeben, und Seydewitz forderte mich auf, mit ihm dahin zu gehen. Was es wäre, davon hatte ich keinen klaren Begriff, irgend etwas Modernes. Es begann damit, daß ein alter Mann, der vermutlich weise war – zum mindesten hatte er so einen Bart –, um sein Haus herumschlich und Blumen pflegte. Aber als Begleitung dazu – ich horchte mit Entsetzen hin – meine Geigen! Diese gräßlich schleppenden Töne! Ohne Melodie. Diese scheußliche Begleitung ging durch das ganze Stück. Und ich sah da den alten weisen Mann schleichen und sprechen. Aber ich verstand wenig. Zu sehr belästigte mich diese sogenannte Musik, obwohl sie nicht laut war. Und ich hatte auch, nun schon seit mein Doppelthören begann, Tag und Nacht Ohrensausen, und das übertäubte manchmal alles andre so, daß ich kaum mehr das verstehen konnte, was auf der Bühne gesprochen wurde.
Mitten im Stück fragte ich mich plötzlich: Du müßtest jetzt halb verrückt werden vor Aufregung, wo du deine eignen Geigen hörst. Aber nein, ich war eher uninteressiert. Was geht mich denn der alte, weise Mann an? Und diese Musik ist wirklich kein Genuß! Sie ist einfach ohne Einfälle, ohne Linie, ohne Bewegung.
Wir gingen aus dem Theater und nach Hause. Ich zog mich aus und legte mich ins Bett. Keine schleppenden Töne waren heute zu hören. Ich hatte sie satt und habe sie auch nie wieder gehört. Ich begriff sogar meine Erregung von vorher nicht mehr recht. Was habe ich eigentlich mit Eugen Onegin zu tun? Er war Offizier und nicht viel wert. Das ist mit mir auch so ähnlich. Aber ich bin doch gar nicht zynisch wie er.
Wozu bin ich nur die ganze Nacht in der Wachtstube auf und ab gegangen? Es ist sicher eine wahre Verzweiflung gewesen. Aber worüber denn? Andre Leute regen sich doch auch nicht auf, wenn sie nichts sind als Schwätzer. Die Tschammers würden ja überhaupt nicht zur Ruhe kommen, wenn sie sich über ihre innere Leere aufregen wollten. Warum also ich? – Aber – vielleicht ist es das: wenn man sich darüber aufregt, so muß man das Gefühl einer Pflicht verletzt haben. Aber was für eine Pflicht? Was für eine Pflicht habe ich – natürlich außer der militärischen? Was

für eine moralische Pflicht der Gestaltung meines Lebens? Ich fühle sie und weiß nicht, was sie ist. – Das kann nichts mit einem Gott zu tun haben. Womit also? Wem bin ich verantwortlich, der nicht antwortet, wenn ich frage? Mir selbst? Ja, gut, aber was steht da hinter mir, wenn ich das fühle? Steht da überhaupt etwas? – Ich weiß, was ich zu tun habe, wenn ich bei irgendeinem meiner Rekruten eine Schwierigkeit sehe. Und wenn ich so eine Pflicht nicht habe, stürze ich in eine Unruhe, eine bitterböse Unruhe, deren Grund – wer kennt sich da aus?

Tango tanzen

Seydewitz wurde zur Maschinengewehrkompanie versetzt und mußte sich dazu ein Pferd kaufen. Sein Vater, der General geworden war, half ihm beim Aussuchen. Seydewitz war nicht groß, außerdem leicht und kaufte sich ein kleines, bewegliches Pferd und nannte es nach dem Tanz, der gerade aufkam, Tango.

Wir lernten den Tango zuerst ein bißchen im Linkeschen Bad, in dem alle jungen Offiziere in Zivil tanzten und sich von den Mädchen dort die neuesten Schritte zeigen ließen, worauf sie häufig ihre Tänzerinnen mit in das Café Kanone nahmen.

Dieses Linkesche Bad war zur Zeit meines Großvaters ein Ausflugslokal außerhalb der Stadt gewesen. Man fuhr dahin im Wagen. Denn in der Mitte des vorigen Jahrhunderts gingen vor allem die Frauen sehr wenig spazieren und waren auch nicht danach angezogen. Jetzt aber war das Linkesche Bad längst in die Stadt hineingewachsen, und noch jenseits war die Kasernenstadt entstanden und das Viertel, wo die vielen Offiziere der großen Garnison Dresden wohnten und wo auch ich aufgewachsen war. Jetzt lebte dieses alte Lokal zum großen Teil vom Militär und hatte sich ungeheuer vergrößert. Außer dem Tanzsaal gab es ein Häuschen an der Elbe, in dem man auf besonders romantische Weise Kaffee trinken konnte. Im weiten Garten standen Würstelbuden und andre kleinere Gebäude. Da war vor allem ein Konzertplatz, auf dem im Sommer Militärkapellen spielten, während man an den Tischen saß und Bier trank.

Besondere Anziehungskraft hatten die Konzerte, die Schlachtenpotpourris genannt wurden. Dabei spielte die Kapelle sämtliche bekannten Militärmärsche, untermischt mit gewaltigen Paukenschlägen und anderen Geräuschen, die den Lärm der Schlacht angenehm darstellen sollten. Diese Schlachtenpotpourris wurden von den Unteroffizieren und auch den primitiveren Offizieren, wie den Tschammers, besucht. Leider konnte der König nicht dahin gehen. Ihm hätte diese Musik sehr gefallen.
Verschiedentlich haben mir Unteroffiziere, noch ganz berauscht von dem Eindruck, davon erzählt. „Ich glaube, Herr Leutnant", sagte einer mit nationalistischem Feuer in seinen blauen Augen, „das ist das Großartigste, was es auf dem Gebiete der Musik gibt!"
Leider hatte ich meine eigne Meinung sowohl über die Schlachtenpotpourris wie über den damals beliebten Berliner Walzerkönig Lincke, der mir als ein Ausbund der musikalischen Flachheit erschien. Aber die Unteroffiziere empfanden das anders. Dick und die Brust aufgeblasen, kamen die Feldwebel mit ihren aufgeputzten Frauen ins Linkesche Bad und nickten mit den Köpfen zum Takt der Märsche – wenn ihnen das nicht ihre Würde verbot, was mit einem gewissen Dienstalter einzutreten pflegte. Wenn aber gar der Marsch ihres Regiments gespielt wurde, so wandten sie sich an ihre Frauen und zeigten voll Stolz auf die Musik.
Ähnlich problemlos verlief das Leben der Offiziere. Da geschah etwas Aufwühlendes. Seine Majestät der Kaiser hatte seinen Offizieren verboten, in Uniform Tango zu tanzen.
Seydewitz kam entsetzt in meine Wohnung gestürzt. „Ich weiß wirklich nicht, was sich der in Berlin denkt!"
„Aber du bist doch selbst aus Berlin und legst sogar großen Wert auf deine preußische Geburt?"
„Ja, aber nicht, wenn sich der Kaiser zum Sprecher einer so kindischen Reaktion macht!" Er geriet immer weiter in antimonarchische Opposition. „Wir können doch nicht dazu zurückkehren, wie am Berliner Hofe, Menuett zu tanzen, als ob der alte gute Mozart in seiner Perücke auf der Musikempore säße und auf einem dünnen Spinett spielte. – Und was mache jetzt ich? Mein Pferd heißt Tango. Das muß ich umtaufen! – Was denkst du", fragte er etwas friedlicher, „wenn ich es nach einem anderen Tanz nenne? Boston?"

Gut, sein Pferd wurde in „Boston“ umgetauft. Aber er hatte einen sehr primitiven, gutmütigen Bauernknecht als Burschen. Dem war das Wort „Boston“ unbekannt, und er konnte außerdem als Sachse nicht B und P unterscheiden. So verstand er „Boston“ als „Postholer“, und im Nu war dieser Name in der Kompanie herum. Da blieb Seydewitz nichts andres übrig, als es dabei zu belassen; daß sein Pferd den für ein Reitpferd besonders unbegreiflichen Namen „Postholer“ führte.

Unser Hohn über die Allerhöchste Verordnung Seiner Majestät des Kaisers ging noch weiter. Man kann sogar sagen, daß er sich dadurch bei uns wirklich unbeliebt – wenn nicht gar verdächtig – gemacht hatte. Bei dem nächsten Regimentsfest dachten wir uns etwas aus, um trotz des Verbots in Uniform und sogar im Kasino Tango zu tanzen. Aber wir wollten uns vor Überraschungen sichern und gingen erst einmal zu dem Major von Trützschler und trugen ihm unsern Plan vor. Trützschler hörte uns zuerst mit seiner ganzen väterlichen Güte an. Dann sagte er mit Kopfschütteln: „Ihr Kindsköpfe!“ und verfolgte mit stillem Vergnügen unser Tun.
Jetzt gingen Seydewitz und ich zu einer Gruppe von Stabsoffizieren und fragten sie, ob sie schon einmal den Tango gesehen hätten.
Nein, sie hatten noch nicht.
„Ach, wie schade!“ sagte ich. „Er ist nämlich wirklich schön.“ Und Seydewitz fügte hinzu: „Würden Herr Major sich nicht selbst ein Urteil bilden wollen, ob der Tango wirklich so unsittlich ist? Wir brauchen nur einen bei der Musik zu bestellen und können ihn dann vortanzen.“
Die Majore waren viel zu uninteressiert an dieser Geschichte, um die Falle zu merken, die wir ihnen da stellten, und willigten ein.
Nun lief einer zu der Musik hinauf. Ich alarmierte unterdessen alle Leutnants, die schon Tango konnten. Und dann spielte die Musik über eine Stunde lang nur noch Tango, und wir tanzten dazu, in Uniform!
Die älteren Offiziere sahen kurze Zeit zu und sprachen dann wieder über ihre Angelegenheiten, die uns grauenhaft langweilig erschienen.

Einige von uns nahmen privaten Unterricht im Tango und auch anderen modernen Tänzen bei einer gewissen Madame Brosatis, von der sie erzählten, sie wäre eine exzentrische Erscheinung, die außer sich selbst noch sehr hübsche Mädchen zur Verfügung hätte. Auch ich, Lix Anderten und Seydewitz beschlossen, zu ihr zu gehen, als uns ein anderes Angebot gemacht wurde, das alle unsre Wünsche erfüllte.
Im einem der reichsten Viertel der Stadt, nahe der Bürgerwiese, wohnte der Generalkonsul Reichel, Besitzer des Reichelbräus von Kulmbach in Bayern. Er war dick und hatte ein so rotes Gesicht, daß es ziemlich sicher war, daß er recht viel von seinem berühmten, aber schweren dunkeln Bier trank.
Bei den Hofbällen sah man ihn groß und würdig in irgendeiner fremdartigen Uniform herumstehen. Er war dann meistens mit dem türkischen Konsul zusammen, der einen Fez aufhatte, aber darunter ein recht biederes sächsisches Gesicht zeigte. Die Frau des Generalkonsuls Reichel war bürgerlich geboren und konnte daher nicht bei Hofe erscheinen. Sie war aber eine Frau mit einem gewaltigen gesellschaftlichen Ehrgeiz. Zwei ihrer Töchter hatte sie schon verheiratet – oder, wie wir sagten, placiert. Die eine hatte einen Grafen aus wüsten Schulden gerissen, die andre irgendeinen Baron. Beide hatten außer ihren glänzenden Namen keine Vorzüge aufzuzeigen. Die dritte Tochter sollte nun einem möglichst nicht verschuldeten Leutnant unseres Regiments angehängt werden. Und dazu gab das Tangoverbot des Kaisers die Gelegenheit.
Frau Reichel lud uns zur Tanzstunde im Smoking in ihr Haus ein und mietete für den Unterricht die Madame Brosatis, was uns etwas gewagt erschien. Aber den Müttern der jungen Mädchen, die sich zu diesem Heiratsmarkt zusammentaten, kam es auf ein wenig mehr oder weniger Anstand nicht an, wenn nur der kommende Schwiegersohn dann anständig war. Frau Reichel erkundigte sich auch noch, wer die Damen unseres Herzens wären, und kam uns weit entgegen.
Wir nahmen die Einladung an, natürlich. Und schon bald betraten wir die große Reichelsche Villa im Smoking mit steifer weißer Hemdbrust.
Die Tür zum Tanzsaal mit spiegelglattem Parkett stand weit

offen. Vor Eintritt küßten wir der Mutter die Hand. Sie stand da in einem einfachen, aber sicher sehr teuren schwarzen Kleide, groß und schlank, konnte aber ihr böses Gesicht nicht verbergen.
„Herr von Vieth", sagte Haugk und stellte mich vor.
Während ich mich verbeugte, musterte sie mich so, als rechnete sie: ich weiß, du wirst ein gutes Vermögen erben, auch sonst guter Ruf, Offizier mit Zukunft. Das wäre etwas für meine Tochter! Mal sehen, was sich machen läßt – denn auch die Baronin Fuchs-Nordhoff ist hinter dir her, die leider recht reich ist und deren Tochter ich habe mit einladen müssen.
Neben ihr stand der Generalkonsul, der in seiner behäbigen Gutmütigkeit gar nicht zu wissen schien, was gespielt wurde – oder verstand er nur die Verstellung besser?
Die Tochter war schlank und munter, hatte aber das häßliche Gesicht der Mutter, und das fiel um so ungünstiger auf, als neben ihr die Fuchs stand und die Ola Haugk, die entweder schön oder noch anziehend und interessant waren.
Frau Reichel trat jetzt in die Mitte des Saales und sagte: „Ich möchte Ihnen jetzt Madame Brosatis vorstellen. – Ach, Helene, bitten Sie doch Madame, hereinzukommen!"
Aus einer Tür am andern Saalende trat eine magere, kleine Frau, die in ein schwarzes, schleierartiges Gewand gekleidet war. Ihr Gesicht war alt und zu einem Lächeln gekünstelt. Mit zwei Fingern hielt sie vor sich an einem langen Stiel eine rote Rose. Sie bewegte sich mit ganz langsamem Wiegen ihrer schmalen Hüften nach den Seiten und machte eine leichte Verbeugung.
„Mein Gott!" sagte ich zu der Fuchs. „Gibt es so was auch in Natur?"
„Vielleicht", erwiderte sie, „hat die Brosatis in gewissen mäßigen Romanen studiert, wie man seinen Beruf unterstreicht."
Ich blickte die Fuchs an. Was meinte sie denn da mit Beruf? Tänzerin? oder ...?
Sie lachte. „Wir sind doch nicht mehr im Mädchenpensionat und können schon sagen, was wir denken."
„Gut", entgegnete ich, „das war es auch, was ich dachte."

Am 1. Januar 1914 ging ich, wie jedes Jahr, ins Schloß. Wir formierten uns einer hinter dem anderen und gingen mit fünf Schritt Abstand in den Thronsaal, machten die Verbeugung und hatten es dann eilig, gut zu frühstücken.
Am Abend war die Assemblée mit Hofspiel. Dazu hatte ich die Fuchs engagiert. Lix Anderten die Pawel. Wir beiden Paare gingen unmittelbar hintereinander durch das Porzellanzimmer in den Bankettsaal, wo die Spieltische der königlichen Familie standen. Paarweise machten wir unsere Verbeugungen. Heute saßen die drei jungen Prinzen alle an einem Tisch und waren etwas zu laut. Der Kronprinz, der am Ende saß, lachte mich an, hob eine Karte über seinen Kopf und knallte sie so auf den Tisch, wie man auf dem Dorfe Skat spielt, wo angeblich häufig Tische kaputtgehen, weil so gedroschen wird. Das war gefundenes Fressen für die beiden andern Prinzen. Zu gleicher Zeit hoben beide Karten und knallten sie recht nach Herzenslust auf den Tisch.
Schon belustigt, zogen wir in den kleinen Saal, wo das so süß riechende Büfett stand. Lix war sehr ausgelassen. Er näherte sein Gesicht der Fuchs und sang sie leise an, in einer Operettenmelodie von damals:

„Mia, was ist denn mit dir?
Mia, was machst du noch hier?
Nimm dein Gepäck,
Fahr mit ihm weg!"

Dazu trank er ihr und auch der Pawel ununterbrochen mit schwerem Schwedenpunsch zu. Dann deklamierte er:

„Man ist nur einmal jung,
Drum wagen wir den Sprung!
Ein bißchen, bißchen Hopsassa!
Was ist denn da
Dabei, Papa?
Ist man erst grau und kalt,
Macht man von selber halt!"

Unsere Damen kamen immer mehr ins beschwipste Kichern. Und schließlich wurden wir alle vier so vergnügt, daß es schon peinlich wurde.
Endlich gab es den ersehnten Aufbruch. Die Herrschaften hatten die Spieltische verlassen.

Es muß wenige Tage später gewesen sein, daß ich mich am Abend schlecht fühlte. Ich war wohl erkältet und ging noch zu später Stunde ins Kasino, um einen heißen Punsch zu trinken.
Als ich ins Rauchzimmer trat und meine Verbeugung machte, saßen da drei unverheiratete Offiziere um den runden Tisch. Einer von ihnen war ein Hauptmann, der erst kürzlich in unser Regiment gekommen war, nachdem er in seinem früheren einen Selbstmordversuch gemacht hatte. Er war freundlich und schweigsam, und unsre Clique versuchte stets, ihn etwas in unsre fröhliche Welt zu ziehen. Aber wenn wir laut wurden, verschwand er leise.
Als ich mich heute neben ihm niederließ, gegenüber dem feinen und liebenswürdigen Major Schlick, wurde mir noch elender zumute. Da sitzen sie, haben schöne Uniformen an, haben Geld, aber ihr Leben ist doch traurig. Der Hauptmann hat seine Geliebte nicht heiraten können. Jetzt blickt er in eine Zukunft ohne die Liebe und die Familie, die er ersehnt hat. Den Abschied kann er nicht nehmen. Denn dann hätte er wohl die Freiheit, zu heiraten, aber nicht genug, um die Familie zu erhalten. So harrt er hier aus und blickt in eine Leere vor sich, die wirklich untragbar sein kann. – Und was tut Schlick eigentlich? In seiner Stellung als Major beim Stabe hat er vielleicht an einem einzigen Tage der Woche zwei Stunden lang etwas zu tun. Ohne Verantwortung kann man aber nicht leben. Jetzt wartet er darauf, das Kommando eines Bataillons zu bekommen. Und das ist auch nicht interessant. Wenn er sich zuviel um seine Kompanien kümmert, fühlen sich die Hauptleute in ihrer Faulheit gestört und werden rebellisch. Er kann nichts tun, als früh zu Pferde zu steigen. Dann gibt es eine halbe Stunde etwas im Geschäftszimmer zu tun. Ich hatte neulich für eine Woche Haugk als Bataillonsadjutant vertreten und einfach gestaunt, wie wenig da zu tun war. Alle Schriftstücke waren vom Bataillonsschreiber und seinen Unter-

schreibern schon vorbereitet und betrafen nichts als Wanzen in zwei Kompanierevieren als der interessantesten Angelegenheit, eine Küchenabrechnung, die schon rechnerisch vom Zahlmeister geprüft war, und die Genehmigung des Dienstes der Kompanien für morgen. Natürlich wurde er genehmigt. Das ist die Tätigkeit eines Mannes zwischen vierzig und fünfzig Jahren. Am Abend geht Schlick, wenn er nicht eingeladen ist, allein in ein Lokal an der Schloßstraße, wo er gut ißt und einen erlesenen Wein trinkt. Und dann? – Er ist ein guter, liebenswürdiger Gesellschafter, aber liest sicher ebensowenig wie die andern. Was will er also im Leben? Muß man nicht ein Ziel haben? Oder nicht? Ist es vielleicht gar so, daß alle diese Leute gar kein menschliches Ziel im Leben haben, daß sie nur mit Anstand überflüssig sind?
Mich machte dieser Gedanke so schwindeln, daß ich nach irgendeiner Ablenkung suchte und mein Glas mit dem rubinroten Punsch hob.
Wie schön ist diese Farbe! Es ist sogar sozusagen keine Farbe, keine stehende, feste Farbe, sondern – ja was? Kann man nicht darüber etwas schreiben, was man darin sieht? Novalis hat den Vers über den Rubin gemacht:

„Es ist dem Stein ein wunderbares Zeichen
Tief eingeschrieben in sein glühend Blut.
Es ist mit einem Herzen zu vergleichen,
In dem das Bild des Unbekannten ruht."

Es ist mein Gedanke seit langem gewesen, den unvollendeten Novalis zu vollenden. Hier geht es vielleicht weiter. Was sehe ich darin? – Nichts! Eben noch, wo ich nichts wollte, sah ich da etwas, jetzt aber ist mir der Anblick beinah verhaßt. Weg mit dem Zeug!
Ich trank. Aber es schmeckte mir nicht. Sogar wie Gift kam mir dieser Punsch vor – vielleicht nicht für alle, aber für mich! Ich habe von irgendeinem geistigen Stoff getrunken, der mich behext hat, der mich zu irgend etwas zwingt, aber meine Erinnerung daran ausgelöscht hat, was ich tun müßte. Andre können wenigstens noch saufen oder sich anfressen. Aber nicht einmal das kann ich – wegen meines Magens. – Wenn ich nicht anfange zu arbeiten, verkomme

ich. – Warum trinke ich denn soviel? Doch nur, weil ich nicht arbeite – wenigstens nichts Richtiges. Und warum arbeite ich nicht? Weil ich zuviel trinke, und auch wegen des übrigen Lebens in dieser schönen, faulen Welt.
Natürlich haben so wie ich fast alle meine Vorfahren gelebt, mein Urgroßvater auf dem Herrenhaus Friedenshain, den niemand liebte, und vielleicht sogar sein sonst viel besserer Bruder, der General. Aber der hat wenigstens etwas in seinem Leben getan: er hat sich gegen seinen König aufgelehnt, der im Bündnis mit Napoleon war. Dann diente er der patriotischen Gegenregierung von 1813 in Sachsen und wurde deshalb auch später verbannt. Das war ein Leben – aber dann? Er wohnte auf dem riesigen Schloß Tetschen bei seinem Freunde, dem Grafen Thun, und schrieb Tagebücher und auch eine kleine Sache von fünfzig Seiten, „Auszüge aus den Papieren eines Sachsen".
Damals war aber auch etwas los. Allerdings sind wir ja wohl auch nicht so ohne Aussicht, daß etwas los sein wird. Wir stehen wohl dicht vor einem Krieg. Und ich in den Krieg gehen, so wie ich bin? Da würde wohl nicht viel herauskommen. Ich muß eben mein Leben ändern, ganz ohne Rücksicht darauf, ob ein Krieg kommt oder nicht. Arbeiten! Und nicht nur dann und wann, sondern regelmäßig. Um mich für die Kriegsakademie vorzubereiten, muß ich das sowieso. Aber das ist mir noch nicht erlaubt. Noch muß ich an jedem Morgen bei den Rekruten stehen, bis ich das nötige Alter habe. Bis dahin könnte ich aber ein paar Bücher studieren, vor allem über Volkswirtschaft – und etwas Richtiges über Taktik lesen. Davon weiß ich doch nur ganz wenig und nichts von der Geschichte der Taktik. Und dann Geographie!
Ich trank hastig mein neues Glas Punsch aus, stand auf und machte den Herren eine Verbeugung.
„Warum schon?" fragte Schlick.
„Ich fühle mich schlecht heute und will mich ins Bett legen."
In Wirklichkeit war es eine unangenehme Erinnerung, die mich wegtrieb. Als ich an das Studium der Geographie dachte, erinnerte ich mich an den Blitzer, mit dem ich oft im Bibliothekszimmer gesessen hatte. Wir sahen uns da das einzige Buch an, das manchmal aus den Bücherschränken

gezogen wurde, den großen Weltatlas. Wir beide liebten schön gedruckte Karten und Geographie – nämlich was wir so nannten, dieses ästhetische Bewundern von Drucken. Auch das war nur ein lässiges Spiel gewesen. Und dann war der Blitzer entlassen worden und verschwunden – und sicher verkommen im Suff! – Werde ich wirklich die Kraft haben, da herauszukommen? Es müßte doch ein mühseliger Kampf gegen eine ganze Welt von Faulheit und Oberflächlichkeit sein. Und so ein Kampf ist nicht elegant. Mein Großvater hat ihn geführt, in seiner Erbitterung über seine Taubheit und über die Bestechlichkeit und Faulheit in der österreichischen Armee, in der er es bis zum Major brachte. Er hat seinen Verwandten die Wahrheit gesagt, besonders dem Herrn von Hackewitz, der durch seine Schluderwirtschaft sein großes Gut auf den Hund gebracht hatte und dann seine Verwandten bat, ihn zu sanieren. In dem Sanierungsplan stand auch, er wollte vier Kutschpferde behalten. Das war meinem Großvater zuviel. Er weigerte sich, auch nur einen Pfennig für diesen Lumpen zu geben, und wurde dafür von der ganzen Familie geächtet und nannte nun wieder seine Verwandten adliges Gesindel.
Solche Probleme hatte ich nicht. Meine Mutter hatte uns mit der Witwe des Herrn von Hackewitz versöhnt. Jetzt war sie tot. Und die übrigen Verwandten hatten meist keine Kinder. Sie lebten vielleicht noch eine Weile. Dann würden sie und ihre alten Namen sterben. Sich mit diesen aussterbenden Familien auseinanderzusetzen hatte gar keinen Sinn.
Mein Problem ist mein eigenes. Aber ist es das wirklich? Es hat ja etwas mit meinen Soldaten zu tun, mit diesen vielen fast Namenlosen, die meinem Herzen näherstehen als die Offiziere, mit wenigen Ausnahmen. Ein Kampf wie meiner kann auch nicht elegant sein. Es beginnt schon damit, daß ich, um zu arbeiten, nicht die Nachmittage mit andern Leutnants beim Kaffee versitzen kann, wo dann immer mal jemand in die Öde hineinsagt: „Na, erzähl mal was, mein Alter!“ Wenn man dann in seine Wohnung zurückkommt, ist man geistig wie gelähmt. Man findet den Mut nicht mehr, ein Buch aufzuschlagen. Aber ich muß wieder anfangen, etwas zu lesen! Ich muß es!
Als ich meine Eltern das nächste Mal besuchte, sah ich die

Bücher meines Vaters durch. Da waren alle Werke von Dikkens auf englisch, die ich zum Teil kannte. Er las in den letzten Jahren fast nur noch englisch, meine Mutter übrigens auch. Das zog mich nicht so sehr an. Aber Dostojewski. Von dem kannte ich nur die „Memoiren aus einem Totenhause", die mir trotz aller Fremdheit dort sehr schön erschienen, wo er von seinen einfacheren Mitgefangenen sprach.
Ich nahm mir Dostojewskis „Schuld und Sühne" mit. An meinem nächsten dienstfreien Nachmittag schloß ich mich in mein Zimmer ein, entschlossen, auf kein Klopfen zu antworten. Das gab meinem Lesen etwas von Hast und Heimlichkeit. Da lag der junge russische Student Raskolnikow auf seinem Sofa und grübelte, so recht wie ich hier. Er spann seine unnützen Gedanken, statt sich zu irgend etwas aufzuraffen und etwas zu tun. Er studierte nicht einmal.
Als dann die frühe Dämmerung des Winters einfiel, stand ich nicht auf, meine Lampe anzuzünden. Denn dann hätte irgendein Leutnant, der von der Straße kam und das Licht in meinen Fenstern sah, kommen können, wie sie es immer taten, um unterhalten zu werden und nicht mit ihrer inneren Leere allein zu sein.
Ich wollte niemand von ihnen sehen und blieb liegen – wie Raskolnikow, mit quälenden und unklaren Gedanken über mein eignes Ungenügen, mit Gedanken über eine Rebellion – die ich aber vermutlich nicht machen würde! Höchstens einen Sturm in einer ganz engen Welt würde ich hervorbringen, wie mein Großvater mit seinem Wüten gegen den schon absterbenden Adel – oder wie Raskolnikow. Und dieser Weg führte ihn zum Verbrechen. Und mich? Vielleicht nicht einmal dazu. Aber wozu?
Die Gedanken verloren sich mir in ein peinigendes Brüten. Dann dachte ich plötzlich wieder hell: Ich muß fort aus dieser Kaserne! Aber ich werde sowieso hier ausziehen müssen, weil nächstens eine Reihe von Fahnenjunkern Offiziere werden und zunächst ein paar Jahre in der Kaserne wohnen müssen.
„Höre", hatte mir Roderich Grünenwald gesagt, „wir könnten zusammen eine Wohnung nehmen. Du, Rochow und ich, habe ich gedacht."
Ich hatte eingewilligt, aber bei etwas Nachdenken es furcht-

bar dumm gefunden. Das würde doch noch schlimmer. Dann würden wir zu dritt immer zusammenstecken. Ich müßte eine Wohnung nehmen, wo mich möglichst niemand besucht. Aber ist das möglich? Und wenn – werde ich dann wirklich arbeiten?

An einem sehr unfreundlichen Nachmittag hatte ich meinem Burschen befohlen, den Ofen zu heizen. Seydewitz war auf Wache und konnte nicht kommen. Und die andern würden es nicht wagen, mit irgendeinem Schlüssel aufzuschließen, um nachzusehen, ob ich wirklich nicht da wäre.
Der Bursche kam herein, mit krummem Rücken, großer Glatze, trotz seiner erst einundzwanzig Jahre, und einem scheuen, aber freundlichen Blick auf mich, wobei er seine weißen Zähne zeigte. Diesen Mann, Paul Uhlmann, hatte ich ausgebildet, ihn mir später als Burschen ausgewählt und sogar zu meiner neuen Kompanie mit herübergenommen – zum großen Staunen der übrigen Leutnants.
„Gibt es denn in deiner ganzen Kompanie keinen gut aussehenden Mann?“ hatte mich Seydewitz gefragt. „So ein plumpes Scheusal zu nehmen! Und auch noch mit dieser lächerlich hohen Stimme!“
Aber ich hatte genau gewußt, was ich tat. Es war meine Erfahrung von damals, als ich magenkrank war und ich den plumpen Rösch als Aushilfsburschen hatte, der so zart und rücksichtsvoll gewesen war. Uhlmann sah zu seiner Ungeschicklichkeit auch noch weit über seine Jahre gealtert aus. Aber ich war seines Charakters gewiß. Er war gut und hilfsbereit, ein Zimmermann vom Dorfe mit starken Händen.
Ich legte mich auf das Sofa und las im Raskolnikow. Mir gefiel die ungeheure Genauigkeit der Erzählung. Übrigens gab es doch einen großen Unterschied zwischen Raskolnikow und mir – außer seiner Armut natürlich. Er war doch ein Mensch, der nie in die Natur ging, während mein Leben seine sehr lichten Seiten hatte, im Freien, in der Sonne. Da sah ich meine Rekruten. Da hatte ich auch immer wieder kleine Erlebnisse, die mir wichtig waren, besonders die Farben in der Sonne. Nicht ohne tiefe Wirkungen hatte ich soviel und mit Bewußtsein die Bilder der französischen Impressionisten studiert. Neulich war mir erst wieder so etwas

besonders aufgefallen. Da hatte der Hauptmann von Weber auf dem Pferde gesessen, in einer sehr hellgrauen Litewka. Die hatte so völlig die Farbe des blauen Himmels gehabt, daß ich mir überlegte, wie ich das malen würde. Außer dem Himmelblau waren da einige erstaunliche braune und grüne Töne gewesen. Auch auf den Ausmärschen zum Felddienst trank ich Farben und hatte daran sogar eine Art jauchzender Freude, von der nur niemand etwas wußte. – Aber wenn es dunkel wurde, verging mir alle Freude. Ich geriet in Zustände von schwerer, fast bleierner Bedrücktheit, für die ich keine Erklärung hatte. Dann sah ich alles ohne Hoffnung, ja häufig ohne jeden äußeren Grund in offener Verzweiflung. Während dieser Zustände verstand ich Raskolnikow, den verfluchten Stubenmenschen und Gedankenspinner!

Raskolnikow nähte sich die Schlaufe in den alten Mantel. Dann aber wurde es zu finster zum Weiterlesen.

Ich müßte einmal meine dunkeln Zustände darstellen.

Ist es nicht vielleicht falsch, was der Faust da sagt:

„Ach, wenn in unsrer engen Zelle
Die Lampe freundlich wieder brennt,
Dann wird's in unserm Busen helle,
Im Herzen, das sich selber kennt."

Mir zum mindesten ist diese Freude unbekannt. Ich lese das bei Goethe nur als reine Poesie, ohne Wahrheit. Ich traure, wenn ich keine Sonne sehen kann.

Draußen wurden die Straßenlampen angezündet, die ihr kaltes Gaslicht gegen die Decke meines Zimmers warfen. Schatten von Büschen bewegten sich unregelmäßig. Das alles müßte ich darstellen, besonders diese gräßlichen Schatten in ihren Bewegungen.

Ich stand auf, ging zum Schreibtisch und nahm einen Bogen Papier aus dem mittleren Schubfach. Ich hielt auf sehr gutes Papier, aber hatte schon meine Erfahrung, daß es einen auch hindern kann, zu schreiben, weil es schon als Papier zu schön ist. Jetzt war die Güte nur mit den Fingern zu fühlen. Ich sah es auf dem dunkeln Schreibtisch nur als etwas hellere Fläche. Im Dunkeln zu schreiben machte mir keine Mühe. Das hatte ich schon auf dem Gymnasium gelernt. Einmal diktierte ein Professor etwas. Ich schrieb hinter dem Rücken meines Vordermannes mit, blickte aber dabei den Professor an. Da wurde er mißtrauisch und kam mit großen Schritten zwischen den Bänken zu mir. Ich blickte ihm weiter ins Gesicht. Er aber sah jetzt, daß ich trotzdem schrieb. Das ärgerte ihn, aber er konnte nichts sagen. Dann hatte ich die Technik des Blindschreibens auf Nachtfelddiensten weiter ausgebildet, wo ich Meldekarten im völlig Dunkeln auszufüllen lernte.

Jetzt also schrieb ich an meinem Tische im Dunkeln, beschrieb dieses Zimmer und die huschenden Schatten der Büsche. Eine Gestalt löste sich daraus, ganz still, eine Frau. Und das ist der Tod.

Ein Schlüssel wurde ins Schloß gesetzt, und Uhlmann kam herein.

„Was wollen Sie?" fragte ich aus dem Dunkeln heraus.

Er schrak zusammen und stotterte: „Die Kerzen im Schlafzimmer anzünden. Es ist Zeit zum Umziehen für das Kasino."

Ich war etwas belustigt, aber nicht wahrhaft froh. „Ich gehe heute nicht", sagte ich. „Legen Sie mir den braunen Zivilanzug bereit!"

Ich steckte mir dann die Blätter ein, die ich im Dunkeln geschrieben hatte, und fuhr in die Stadt. Dort hinter dem Schloß kannte ich ein volkstümliches Lokal, Alt-Gassmeyer, wo es einen wunderbaren Speckeierkuchen gab. Ich setzte mich da an einen der gescheuerten Tische, und bald erschien auf einem sehr großen runden Teller der gelbliche, duftende Speckeierkuchen.

Nach dieser Mahlzeit ging ich hinüber ins Schloß und besuchte da Seydewitz. Ihm erzählte ich von meiner Geschichte und las sie vor. Er hörte mir gespannt zu und lobte sie. Aber ich war beim Lesen immer unruhiger geworden. In diesem Geschreibsel war eine fast süße Schwermut. Aber es fehlte doch das, was ich hätte sagen müssen.

Unruhig verließ ich die Schloßwache und ging zu Fuß über die Elbbrücke. Von einer ihrer Pfeilerausbuchtungen blickte ich ins Wasser hinunter. Einzelne Eisschollen kamen angeschwommen. Ich sah sie mit ihren weißen Rändern im unsichtbar gurgelnden Wasser. Wenn sie an den Steinpfeilern entlangglitten, knirschten sie leise.

„Alles das ist doch nur Theater!“ sagte ich angewidert vor mich hin. Da will ich Novellen schreiben. Aber was herauskommt, ist Zuckerwasser. Dabei müßte man über etwas schreiben, was so dringend notwendig wäre! Aber was ist das?

Die Rebellion der Prinzen

Wir sprachen im Kasino über den zweiten Hofball, zu dem wir schon die Einladungen hatten.
„Wenn man nur einmal linksherum tanzen dürfte“, sagte Haugk, „oder wenigstens schassieren. Das ist ja wirklich eine Marter, immer nur rechtsherum!“
„Ja“, rief der Kronprinz, „und wir werden das ändern!“
„Wir werden das sogar bald ändern!“ fügte Prinz Friedrich Christian hinzu.
„Wie wollen Sie das erreichen, Königliche Hoheit?“ fragte Hingst.
„Wir werden beim zweiten Hofball linksherum tanzen!“
Alle starrten die Prinzen an. Welcher Mut! – Aber werden sie es auch tun?

Die Schloßtreppen herauf strömten festliche Menschen. An der Tür zur Rokokogalerie standen die beiden riesigen Heiducken und grüßten von ihrer Höhe herab. Im großen Hofballsaal wiederholte sich wie noch jedesmal das Zeremoniell der eintretenden Offiziere und Kammerherren, von denen jeder zweimal mit dem Stöckchen auf den Boden klopfte.
Der König trat in den Saal. Wir machten die lange Verbeugung und schwatzten dabei wie immer albern und undiszipliniert.
Die Musik begann mit dem ersten Walzer. Wir warfen Säbel und Helm hinter die Pfeiler und drängten uns durch die Menschen. Werden die Prinzen wirklich linksherum tanzen? Dann könnten wir es auch tun.
Zunächst drehten sich nur wenige Paare dicht vor dem König. Aber je mehr die Masse der Nichttänzer brutal zurückgedrängt wurde, desto mehr von uns konnten tanzen. Ich hatte mich schon mit drei Damen herumgewirbelt und sah

mich nach einer neuen um, der ich vorgestellt war und mit der ich daher mindestens einmal in diesem Jahr tanzen mußte, da sah ich: – zwei Paare tanzten linksherum. Und das waren wirklich die Prinzen.
Ich vergaß, mich nach einer Dame umzusehen. Auch die andern vergaßen es. Immer weniger tanzten, nur die Prinzen unentwegt.
Das geht doch aber nicht so! dachte ich. Wenn wir sie allein tanzen lassen, wird das ja zu einer peinlichen Demonstration.
Ich stürzte mich also auf die nächste Dame, die ich kannte. Aber nach noch nicht einer halben Runde stand da schon wieder ein Leutnant und machte eine Verbeugung. Ich ließ sie los und erblickte auf kurze Entfernung die Prinzen mit zwei Kammerherren im Gespräch.
Ich suchte mir eine neue Dame. Bald tanzten auch die Prinzen wieder, aber nicht mehr linksherum.

Beim Vortänzersouper wurde nur über diesen Fall gesprochen. „Was mögen die Kammerherren den Prinzen gesagt haben?“ fragte ein Gardereiter.
Haugk antwortete: „Wenn sie auch in unserm Regiment sind, können wir sie doch nicht fragen. Und von sich aus werden sie kaum davon sprechen.“
So wurde die einzige Palastrevolution meiner Zeit von zwei höflichen Kammerherren niedergeschlagen. Das Volk aber hat von dem Aufstand nie etwas erfahren.

Bälle

Im Bellevue, dem Hotel, in dem fremde Fürsten, die nach Dresden kamen, zu wohnen pflegten, gab der kohlenreiche Freiherr von Burgk einen Ball für seine beiden Töchter.
Sein Sohn hatte heute natürlich keine schmutzigen Hosen an, sondern erschien in tadelloser Gardereiteruniform und bemühte sich verschiedentlich vergebens, sein Rückgrat zu einer Verbeugung zu krümmen. Er war eigentlich kein unfreundlicher Charakter, sondern litt darunter, daß er eine völlige Null war und als reichster Erbe Sachsens entspre-

chend vornehm tun mußte.
Dieser Ball war der zweite große Privatball dieses Jahres, von dem man einen ganz großen Aufwand erwartete. Den ersten hatte ein Herr von Metzsch gegeben, worauf sich mein Kompaniechef, Hauptmann von Rabenhorst, sofort mit einer der Töchter Metzschs verlobte. Ob ihm die Beschränkung auf eine einzige Frau nach soviel Abwechslung gelingen würde, hielten wir für fraglich. Aber die Mitgift war groß.
Das Parkett war heute so gut gebohnert, daß selbst wir, die wir daran gewöhnt waren, kaum darauf gehen konnten. Die Musikkapelle spielte vorzüglich. Noch besser war dann das Souper, zu dem wir wie bei den Kammerbällen an Tischen zu vier Paaren saßen. Der eigentliche Glanz begann jedoch erst beim Kotillon. Da wurden Blumen in solchen Büschen hineingetragen, daß man von den Trägern nur den untersten Teil der Hosen sah und manchmal auch einen Ärmel.
Wir brachten unsern Damen Sträuße und tanzten so mit ihnen. Aber nach dem ersten Schub Blumen kam ein zweiter, der noch großartiger war, und schließlich weißer Flieder – jetzt mitten im Winter! Die Damen konnten mit so großen Blumenbüschen auf die Dauer nicht tanzen. Denn die Arme erlahmten ihnen. Sie mußten die duftende Pracht auf die Tische legen, die dazu auch nicht ausreichten. Wenn sie nach dem Tanz von ihren Kavalieren zu den Tischen zurückgebracht wurden, hatten sie unter den Blumen nach ihrem Sektglas und ihrem Fächer zu suchen.
Ich hatte eben die Ola Haugk zu ihrem Sitz begleitet und sprach noch mit ihrer Schwester, als ich hinter mir eine Männerstimme hörte: „Na, mit einer solchen Protzerei kann man natürlich nicht mit!“
Ich blickte mich um.
Herr von Metzsch stand da mit seiner Frau und sah mit bösen Augen auf einen neuen Schub Blumen, den eine Schar Kellner hereinbrachte. Er schien ganz vergessen zu haben, daß man ihn hörte. „Nie habe ich einen solchen Aufwand gesehen, als ich noch jung war und noch bessere Sitten herrschten. Deutschland geht zugrunde, wenn das so weitergetrieben wird! – Nun war all das Geld umsonst, das wir ausgegeben haben!“

„Ach, Herr von Metzsch", sagte die Ola, „Sie haben doch eine Ihrer Töchter verlobt auf Ihrem Balle. Bei den Burgkschen Töchtern will aber absolut niemand anbeißen."
Metzsch sah sie an und zwang mühsam seine Züge zu ein wenig Höflichkeit. „Sie haben ganz recht, gnäd'ges Fräulein. Ich würde auch keine von denen heiraten."
Er wandte sich zu seiner Frau zurück und sagte barsch: „Fahren wir nach Hause!"
Wir blieben staunend zurück.

Der Außen- und Innenminister Graf Vitzthum gab jedes Jahr einen Ball in seinem Palais. Das lag an der Ecke der Seestraße und einem Gäßchen, das An der Mauer hieß. Dort brannten rote Laternen über den Türen und luden nächtliche Männer zu Besuchen ein. Das Palais stammte aus der Zeit Kurfürst Friedrich August des Zweiten, der als König von Polen August der Dritte hieß und nichts als ein fetter Nichtsnutz gewesen war. Innen besaß es eine gewaltige breite Treppe, die oben in den Saal und die vielen mit Rokokoornamenten verzierten Kabinette führte.
Der Tag des diesjährigen Balls war unfreundlich, und mehrere von den Damen, mit denen ich zu tanzen pflegte, waren wegen Erkältung nicht gekommen. Daher war ich ziemlich frei von Verpflichtungen und brauchte nicht jeden Walzer und Onestep zu tanzen. Da kam Exzellenz d'Elsa, die Frau des Kommandierenden Generals, zu mir. „Hören Sie, Herr von Vieth, Sie müssen mir helfen. Es sind heute einige Prinzessinnen da, für die ich bisher vergeblich Tänzer suchte. Bitte, bemühen Sie sich doch mit mir! – Ich werde Sie vorstellen. Es sind zwei Schwestern Schönaich-Carolath und eine Prinzessin Reuß."
Sie führte mich zu zwei großen Damen, die auf einem Sofa saßen. Bei ihrem Anblick erschrak ich etwas über ihr grobknochiges Aussehen.
„Tanzen Durchlaucht?" fragte ich die ältere.
„Oh, gern!" antwortete sie, augenscheinlich erlöst, und stand auf.
Wir drehten uns und sprachen über Theater und Wetter. Aber das war nicht so einfach, denn sie kannte Dresden kaum und war auch nicht der Typ Damen, die hier bei Hofe ausgingen. Es war etwas Besonderes an ihr. Das fühlte ich,

ohne gleich zu wissen, was es war.
Nach diesem Tanz stellte mich Exzellenz d'Elsa der schon nicht mehr jugendlichen Prinzeß Reuß vor. Sie neigte liebenswürdig den Kopf und sagte: „Ich kenne Sie schon aus den Erzählungen Ihrer Tante Marie, mit der ich sehr befreundet bin!"
Ich wußte von dieser Freundschaft der Schwester meines Vaters. Mit ihr sprach man besser über soziale Fragen oder über Krankheiten als über zartere Dinge. Ich tanzte also mit ihr. Darauf ging ich herum, Tänzer für die drei Prinzessinnen zu suchen. Seydewitz sagte: „Mit einer Prinzessin, nein!"
Alle gaben mir die gleiche Antwort.
Vielleicht, dachte ich, sind die Grafen etwas weniger fürstenscheu. Aber auch bei dem Grafen Schulenburg hatte ich kein Glück.
Graf Münster, der jetzt Adjutant des Kronprinzen geworden war, sagte: „Wir wollen uns nicht zum Hochadel drängen. Ich gehe nur, wenn es befohlen wird."
„Aber Exzellenz d'Elsa hat mich beauftragt."
Es war umsonst. Mir aber taten diese Wesen leid, die wegen ihrer Namen isoliert waren, Namen, die vielleicht kaum mehr viel bedeuteten.
Schließlich half mir Lix Anderten. Und auch der gutmütige Haugk tanzte einmal mit der Prinzessin Reuß, die er schon kannte.
Das Souper kam, und zum ersten Male von allen den Bällen hatte ich noch keine Dame. So ging ich herum und sah, wer etwa noch keinen Kavalier hätte. An einem Blumenständer stand die eine Prinzessin Schönaich und schien auf ihren Herrn zu warten. Als aber immer mehr zum Essen gingen und ihr Herr nicht kam, trat ich zu ihr. „Sind Sie engagiert, Durchlaucht?"
„Nein."
„Darf ich Sie zum Essen bitten?"
„Bitte."
Ich reichte ihr den Arm.
„Ich fürchtete schon", begann sie laut und natürlich, „ich würde keinen Herrn finden."
„Und deshalb freue ich mich sehr, daß meine Dame heute ausgeblieben ist."

Wir setzten uns.
„Wo wohnen Sie gewöhnlich, Durchlaucht?“
„Wir waren zuletzt in Rom. Aber da herrschen sehr merkwürdige Sitten.“
„Was für Sitten, wenn ich fragen darf?“
„Ja, es ist sehr eigentümlich“, sie sah mich voll und naiv an, „dort macht es den Herren Spaß – und niemand hindert sie daran –, die Damen hinzuwerfen.“
In der Tat sehr eigentümlich, dachte ich und begann sie zu beobachten, ob sie vielleicht verrückt wäre. Oder war das eine, die den übernationalistischen Stich hatte, alles Nichtdeutsche anzugreifen und dazu irgendwelche Dinge zu erfinden?
Sie sprach munter weiter.
Einen Vorteil hatte sie wenigstens vor den Dresdner Damen. Sie gab sich Mühe, ihren Kavalier zu unterhalten. Vielleicht sprach sie auch nur deshalb solchen Unsinn? Schämte sie sich etwa ihrer Häßlichkeit? Vielleicht dachte sie, wie das eine Kusine von mir gern tat, sie wäre besser eine Kuhmagd als eine vornehme Dame, die nicht danach aussieht?
Nach dem Essen blieb mir nichts anderes übrig, als nur mit den drei Prinzessinnen zu tanzen. Als schließlich der Kotillon und die Damenwahl kam, sah ich alle drei auf mich zugesteuert kommen, mit hölzernen Pilzen in der Hand, in denen buntkuppige Streichhölzer steckten. Wer weiß, welchen symbolischen Sinn diese Pilze hatten. Denn sie sind mir weder als Zeichen der Treue bekannt, noch regen sie bei mir irgendwelche andern Gedankenverbindungen an, außer etwa Pilzvergiftung. Jedenfalls verehrten mir die drei je einen Pilz, die ich mit nach Hause nahm und auf meinen Schreibtisch stellte – obwohl ich sie etwas geschmacklos fand. Da erinnerten sie mich täglich an die drei Prinzessinnen, denen ihr Name anscheinend das Leben besonders schwierig machte.

Zwei unserer Hauptleute gaben einen Maskenball. Sie wohnten in einem Hause übereinander und hatten zusammen genügend Platz für viele Menschen.
Seydewitz und ich hatten uns weißseidene Patten auf die Aufschläge unsrer Smokings nähen lassen, dazu lange

weiße Streifen auf die Hosen. Wir trugen auch Masken. Ehrenthal sagte uns: „Ich werde Smoking tragen, nur mit einer ganz kleinen Veränderung, und trotzdem stockordinär aussehen."
Als ich am Abend in das Haus kam, saß im Vorraum am Boden ein Bettler mit verbundenem Auge und spielte die Drehorgel. Grinsend streckte er mir die Hand entgegen. Ich wich entsetzt zurück. Es war der schöne Hartwig. Und wie gemein er aussah!
Ein Mann mit roten nackten Füßen aus Papiermaché kam angelatscht. Das war einer unserer jüngsten Leutnants. Ein Hauptmann näherte sich ihm feierlich im Frack mit einem großen silbernen Stern und heftete dem Barfüßigen einen Orden an. Er spielte Durchlaucht.
Fräulein von Schröder, in einem schwarzen, sehr dünnen Clownanzug, machte ihre Beine breit und breiter und setzte sich im Spagat auf den Boden.
Im nächsten Raum standen Strandkörbe im Viereck, und aus einem sang eine Hauptmannsfrau mit schriller Stimme:

„Komm in meine Liebeslaube,
komm ins Paradies!"

Die beiden Prinzen traten als Biedermeierherren herein, höflich, im grünen Frack, mit geschweiftem Zylinder und weißen Spitzenjabots, die ihnen aus dem Westenausschnitt und den Ärmeln hingen. Sofort heftete ihnen Durchlaucht Orden an. Hartwig bettelte. Fräulein von Schröder wiederholte schon wieder ihre Spreize mit gestreckten Beinen bis zum Boden.
Da war auch Ehrenthal. Statt des gestärkten Hemds trug er im tiefen Westenausschnitt ein bräunliches Wollhemd.
„Aber das geht wirklich zu weit!" sagte Lix und lachte.
Die Musik spielte.
Beim Tanzen war es unter der Maske furchtbar heiß. Außerdem störten mich die Masken der andern. Ich hatte noch nie einen Maskenball mitgemacht und immer geglaubt, es wäre nett, mit Menschen zu tanzen, die man nicht kannte und sich unter der Maske schön vorstellte. Aber ich kannte sie fast alle und wurde durch die Häßlichkeit ihres Aufzugs

außer Fassung gebracht. Das erschien mir auch peinlich, diese künstliche Gewöhnlichkeit!

Ich tanzte ein paarmal mit einer starken Dame, die ich nicht enträtseln konnte, und engagierte sie schließlich zu Tisch.

Als wir uns gesetzt hatten und die Masken abnahmen, war sie die Mutter eines Leutnants der Zweiten Grenadiere und sah mich so an, als schämte sie sich, so alt zu sein. Die Unterhaltung war aber leicht mit ihr, weil ich sie und alle ihre Verwandten von Kindheit auf kannte. Trotzdem war das keine wahre Fröhlichkeit, und auch die andern ringsum waren recht krampfhaft lustig.

Nach dem Essen nahm mich Rochow am Arm und zog mich in eine Ecke, wo es Bier gab. „Wie sich unsre Hauptleute und ihre Frauen benehmen, das ist wirklich eine Schande!" Er stürzte ein Glas Bier hinunter.

Lix Anderten kam dazu. „Der Kronprinz hat sich mit der Esther Carlowitz auf ein Sofa gesetzt und spricht mit ihr über Religion."

„Was soll er auch tun?" antwortete Rochow empört. „Soll er sich etwa in die schlechte Gesellschaft mischen, die unsre älteren Offiziere bilden? – Nein, es ist schlimm, daß man sich hier seines Regiments schämen muß!" Er trank schon wieder ein Glas Bier aus.

Eine Dame, die sich zu gewöhnlichen Gesellschaften so anzog, als ginge sie mindestens zu einem exotischen Maskenball – wenn nicht in eine Spelunke daneben –, konnte das nicht überbieten und erschien heute verhältnismäßig schlicht. Sie war auch nicht so aufgekratzt wie die andern Damen. „Hier ist mir zuviel Lärm von verblühten Veilchen", sagte sie zu mir. „Kommen Sie mit in ein anderes Zimmer?"

Der anstoßende Raum war zum Tanzen ausgeräumt, aber niemand war da. Gerade wurde ein Walzer gespielt, und da tanzten wir einen Boston und setzten uns dann auf ein paar Stühle, die an der Wand standen.

„Sagen Sie, waren Sie nicht ein Freund des Blitzers?"

Nanu! dachte ich. Wonach will sie mich denn ausfragen? Mal sehen.

„Ja", antwortete ich obenhin, „ein wenig."

„Ist es nicht eine Barbarei, daß einer vom Militär abgegan-

gen wird nur wegen einer Liebesgeschichte?"
„Meinen Sie, daß es nur eine einzige Geschichte war?"
„Natürlich nicht. Na, wir kennen ihn doch schon lange, und ich habe mich stets gern mit ihm unterhalten. Sie haben ihn wohl besser gekannt?"
Spricht sie eigentlich über sich selbst und ist beunruhigt über die Gerüchte, die gegen sie umgehen? Man sagt, sie hätte ein Verhältnis mit dem Burschen ihres Mannes. Ich werde ihr unklar antworten. „Ich habe den Blitzer gekannt, wie man Menschen kennenlernen kann."
„Es tut mir leid um ihn. Nur wegen seiner Veranlagung, für die er doch nichts kann – für die vielleicht niemand etwas kann", fügte sie mit verlorenem Blick hinzu, und wieder hatte ich den Eindruck, sie sprach über sich selbst, über ihr eignes wildes Temperament, für das sie eine Entschuldigung bei irgend jemand suchte, den sie für menschlich hielt.
Ich wollte ihr entgegenkommen, aber da hörte ich Stimmen, und an der Tür erschien Rochow, schwankend. „Sie sind hier? – Natürlich ... Sie mischen sich in ... Nein! Ich bin ganz – besoffen!"
„Setzen Sie sich! Hier!"
„Sie müssen nicht denken, gnä' Frau", lallte Rochow, „daß ich mich besoffen habe, weil – es mir Spaß macht. Nein." Er machte eine Bewegung mit dem Zeigefinger in der Luft. „Ich habe mich gerade besoffen, weil es mir – nicht gefällt. Ich weiß selbst nicht, wie das gekommen ist!"
„Legen Sie sich hierher!" Sie schob ihm ein paar Stühle zusammen. „So, und nun schlafen Sie ein wenig!"
„Aber gnä' Frau, das gehört sich doch nicht!"
„O doch. Sie benehmen sich ja noch viel besser als die Frau da drüben, die alle in ihre Liebeslaube singt, und das mit einer Stimme, der man anhört, wie gierig sie ist nach ein bißchen jungem Leutnantsfleisch."
„Ja", lallte Rochow, „Sie haben es erkannt."
„Gehen wir!" sagte sie zu mir. „Was für ein anständiger Kerl er ist! Hat sich einmal besoffen und will seine Haltung nicht verlieren."
Ich tanzte wieder mit ihr. Dann blickte ich mich unter den andern Damen um und ging ins Büfettzimmer. Dort saß der Kronprinz auf einem Sofa und lächelte die Esther Carlowitz

an. Sie hatte sich ganz ihm zugewandt und sprach mit einem feinen, lieben Gesichtsausdruck. „Nein, Königliche Hoheit, ich glaube doch nicht, daß Luther einfach ein grober Bauer war, der das feine Kunstwerk der katholischen Kirche des Mittelalters zerschlug."
„Das behaupte ich auch nicht. Natürlich war er von der ewigen Wahrheit getrieben, die immer die gleiche ist und sein muß. Aber er hat die feineren Dinge nicht verstanden, zum Beispiel den Symbolismus des Abendmahls."
Auch der Prinz Friedrich Christian saß in diesem Raum und unterhielt sich mit einer Dame. Aber sein Gesichtsausdruck sah nicht wie religiöse Mystik aus.
„Einfach zum Kotzen!" sagte Seydewitz plötzlich an meiner Seite.
Ich hatte ihn nicht kommen hören und fragte: „Was ist zum Kotzen?"
„Komm mit, wenn du etwas sehen – oder hören willst! – Hier sieh dir an, wie sie die Strandkörbe zusammengeschoben haben!" flüsterte er. „Nichts kannst du mehr sehen."
Eine Sektflasche knallte, und der Kork flog an die Decke. Er kam aus dem Korbviereck.
„Die Prinzen gehen", sagte Lix Anderten. „Ich bin nur froh, daß sie endlich den Entschluß gefaßt haben. Hoffentlich kommen sie nicht wieder zu einem Maskenball unserer Hauptleute."
„Weißt du, daß Rochow drüben schläft?" fragte ich ihn.
„Ja, aber wir sollten ihn wegbringen. – Das wäre auch ein guter Vorwand, um selbst fortzugehen. Wenn unsere älteren Offiziere kein Gefühl dafür haben, was sich gehört, brauchen wir noch nicht mitzumachen."
Wir weckten Rochow.
Er fuhr auf und sah sich um. „Es ist eine Schande, wie ich mich benommen habe!"
Wir versuchten ihn zu beruhigen und nahmen ihn zwischen uns. Er aber schimpfte laut vor sich hin.
Draußen in der frostigen und feuchten Nachtluft wurde er ruhiger.
„Habt ihr den Kronprinzen mit der Esther Carlowitz gesehen?" fragte Seydewitz. „Da scheint sich etwas anzuspinnen."
„Nein", antwortete ich, „es ist doch sehr natürlich, daß er

gerade mit ihr spricht, wo ihr Vater Hofmarschall der Prinzen ist und sie zusammen im Palais Strehlen wohnen."
„Ich habe mich besoffen", sagte Rochow, „und er spricht mit ihr. Das geschieht doch aus dem gleichen Grunde, um sich aus dem Saustall fernzuhalten. – Ja, wenn es der Prinz Friedrich Christian wäre, dann würde ich etwas vermuten. Aber der Kronprinz weiß wirklich, was sich gehört. Er ist der einzige hier, der das weiß!"
Wir brachten ihn bis zu seiner Wohnungstür und verabschiedeten uns da voneinander. Das geschah aber mit einer Herzlichkeit, als ob wir eben einen Bund geschlossen hätten. Oder schien es mir nur so? Wir vier wünschten ein reineres Offizierkorps. Aber das ist doch nur dadurch zu schaffen, daß wir anfangen zu arbeiten. Denn diese Geselligkeit ist eben eine Folge des faulen Lebens. Man erzählt sich, daß einige verheiratete Hauptleute einander einladen, und dann umarmt der eine die Frau des anderen und der andere die des einen. Sie täten das, um zu sehen, wer zuerst eifersüchtig würde.
Wo sollen auch die Energien bei einem so gesunden Beruf hinaus, wenn man nichts arbeitet und auch nichts liest und sich für nichts Modernes interessiert, geradeso als ob wir noch im achtzehnten – oder gar siebzehnten – Jahrhundert lebten, als es noch keine Wissenschaft und lesbare Literatur gab. – Alle diese Hauptleute leiden vielleicht an dem gleichen inneren Elend wie ich. Aber sie ergeben sich dem kampflos. Das ist ihre Schuld. – Wird man aber glücklicher, wenn man dagegen ankämpft?

Das Paukensolo mit Orchesterbegleitung

Ehrenthal war nicht zu glücklich, daß auch er zum Hofkonzert eingeladen war. Er wiederholte die ganzen letzten Tage seinen bei uns schon berühmt gewordenen Spruch: „Musik entnervt, erzeugt eine falsche Lebensauffassung und läßt mühselige Arbeit als unnütze Plackerei erscheinen."
Ich dachte mir, auch der König könnte nicht glücklich sein, daß er sich da eine Stunde lang Musik anhören müßte. Um so zufriedener aber waren die Prinzen, die gar nicht genug

gute Musik hören konnten.
In einem der großen Säle des Schlosses war eine Wand von Blumen fast verdeckt. Davor stand vorn in der Mitte in zwei Halbkreisen eine ganze Sammlung von Pauken. Im inneren Kreise erblickten wir auf kurzen Dreibeinen dicke Kesselpauken, von Riesenbäuchen bis zur mittleren. Im äußeren Halbkreis standen auf hohen, dünnen Dreibeinen die kleineren Pauken bis zu den winzigsten Päukchen. Dahinter waren zwei Gestelle mit Paukenschlegeln aller Art, von denen mit großen runden Bällen, die einen weichen, gemütlichen Ton geben, bis zu denen mit ganz kleinen Bällen, die hart und kalt schlagen.
Hinter dieser Paukenausstellung saß die Kapelle der Königlichen Oper und stimmte ihre Instrumente. Mir war nicht ganz klar, wozu man da die Paukenausstellung machte und um ihretwillen die berühmte Musikkapelle so weit zurückgeschoben hatte.
Der Hof kam herein. Der König nickte und lächelte nach beiden Seiten, ging durch den Mittelgang nach vorn und setzte sich da.
Jetzt kam von hinten ein rundlicher Mann im schwarzen Anzug nach vorn und stellte sich in die Mitte hinter die Pauken, beugte sich zur Seite, ergriff zwei Schlegel und stand damit einen Augenblick stramm wie ein Soldat mit Bauch. Darauf beugte er sich leicht vor und schlug eine Pauke weich an. „Bömm“ machte es. Er schlug mit der gleichen Eleganz eine zweite und eine dritte. Jede gab einen andern Ton. Und so entstand eine Paukenmelodie von einem besonderen, zurückhaltenden und würdigen Stil. Noch spielte er allein da auf den Pauken.
Der Kapellmeister, der bisher zugesehen hatte, wandte sich um, hob seinen Stock, und leise begann das Orchester mit Geigen, die sanft die Pauken begleiteten. Dann kamen Flöten dazu. Alles schwoll an.
Plötzlich warf der Pauker seine Schlegel mit den ganz dikken Bällen zur Seite und griff sich aus dem Ständer links zwei neue mit kleineren Bällen.
Immer rascher wurde das Schlagen. Wieder flogen Stöcke zur Seite. Schon spielte das Orchester recht laut. Aber durch Geigen und Flöten und Trompeten hindurch tönte, raste und trampelte die Paukenmelodie.

Schon lagen auf beiden Seiten zu Füßen des Paukisten die weggeworfenen Schlegel durcheinander wie Totenknochen auf alten Bildern von Friedhofskapellen. Immer neue flogen dazu.
Die Arme des Paukisten wirbelten, schlugen Triller, kreuzten sich. Er schwitzte.
Noch lauter wurde das Orchester. Die Pauken rasten durch alle Tonleitern. Die Offiziere vor mir fingen an sich zu bewegen und schienen sich dafür zu interessieren, ob der eher ältliche und dicke Mann da vorn diese Anstrengung durchhalten würde.
Gewaltige große Schläge auf den Pauken erschollen. Noch einmal war die ganze Fülle der Melodie da, und zwar allein auf den Pauken. Dann, recht betont, der letzte Schlag.
Der Mann fuhr sich mit dem Ärmel über die nasse Stirn. Aber plötzlich schien er sich zu erinnern, wo er war. Er richtete sich auf, während seine Lungen noch pumpten. So versuchte er eine erregte, bescheidene und auch stolze Verbeugung.
Der König erhob sich rasch, schritt vor, ergriff seine Hand und sagte mit seiner rauhen Stimme begeistert: „Das war doch endlich mal Musik!"

Die letzten Bälle

„Wir werden im Kasino einen Regimentsball haben!" rief Seydewitz. „Einmal Damen in unsern Sälen! Stell dir nur vor, wie schön das Bibliothekszimmer aussehen muß, wenn Damen in hellen Toiletten in den Klubsesseln sitzen, die mit hellblauem Kord bespannt sind. – Auch meine Schwestern sind eingeladen."
Am Abend des Balles standen wir Leutnants unten in der Vorhalle mit den viereckigen Pfeilern, hinter denen sonst die Leutnants sich und ihre Mädchen versteckten, wenn sie Schritte hörten. Verräterische Schatten brauchte man nicht zu fürchten, denn hier war es schon mehr als düster. Auch heute sah man nur das Silber der Uniformen, nicht das dunkelblaue Tuch, als wir da warteten.
Die erste Dame, die ich hinauf ins Kasino zu begleiten hatte, war Fräulein von Blücher mit ihrem Vater, einem

preußischen Oberst außer Dienst. Sie war eine der Damen bei Hofe, die liebenswürdig und natürlich waren und nicht den Ton pflegten wie die Töchter des Oberstallmeisters von Haugk, der mir als ein Ableger des Kasernenhofschnauzens erschien.

Als wir oben in das Garderobezimmer traten, Fräulein von Blücher zuerst, rissen die Ordonnanzen ihre Hacken zusammen, daß es nur so knallte, und legten die Hände straff an die Hosennaht. Denn das war die einzige Begrüßungsform, die sie beim Militär gelernt hatten.

Zum ersten Male seit den vier Jahren, die ich schon im Regiment war, tanzten im Saale nicht die Leutnants untereinander, sondern mit Damen. Neugierig gingen sie durch alle Räume und betrachteten die Teppiche und Kronleuchter, das viele Silber und das noch reichere Porzellan. Sie hatten sich wohl die Kaserne als eine Art Kloster gedacht.

Nicht lange nach Beginn des Balles kam Seydewitz zu mir. „Fräulein von Blücher möchte eine Leutnantsstube sehen, und ich habe versprochen, ihr meine zu zeigen. Aber ich möchte, daß du und Haugk mitkommen. Auch meine Schwestern werden als Anstandsdamen dabeisein."

Wir zogen also, drei Damen und drei Leutnants, hinunter in das Wohnzimmer von Seydewitz. Fräulein von Blücher war etwas aufgeregt. Sie schien jeden Augenblick irgendein Leutnantsgeheimnis zu erwarten. Wir setzten uns und rauchten eine Zigarette. Es war eher langweilig als sensationell. Dann gingen wir wieder in den Saal, um zu tanzen.

Noch in derselben Woche gab der Oberst von Sandersleben einen großen Ball im Hotel Bristol. In Husarenuniform mit silbernen Schnüren stand er neben seiner Frau am Eingang zum Saal und begrüßte alle Eintretenden.

Ich führte zum Souper Fräulein von Kyaw. Das hatte seinen guten Grund. Denn nach drei Ballwintern begannen einige Ballmütter an den Netzen zu ziehen, die sie ausgelegt hatten. So wollte Frau von Pawel-Rammingen den Lix Anderten für ihre Tochter fangen und mich die Baronin Fuchs-Nordhoff. Nur Rolf, der wirklich gern die Ola Haugk geheiratet hätte, fand bei Exzellenz von Haugk gar kein Entgegenkommen. Er war ja ohne Vermögen und stotterte. Um mich also etwas von der Fuchs zu entfernen, hatte ich

Fräulein von Kyaw zu Tisch gebeten. Sie war eine Waise und schon jetzt im Besitz eines beträchtlichen Vermögens. Das war es aber nicht, warum ich mich ihr genähert hattc. Ich mochte ihr Gesicht gern, das eher blaß war, mit hellblauen Augen. Sie war nicht so lebhaft wie die Fuchs, aber ganz große Dame, mit langsamen, guten Bewegungen ihrer äußerst schlanken Glieder. Wenn ich mir in unnützen Stunden überlegte, ob ich heiraten sollte, und dabei auch an sie dachte, so würden wir zwar sehr gut zusammen aussehen, in der gleichen Weise schlank – wenn nicht überschlank –, groß und vielleicht etwas zeremoniell. Aber, dachte ich dann immer, was würden da für Kinder herauskommen! Man kann doch nicht diesen aristokratischen Typ zu noch weiter verlängerten Wesen züchten. Dann versagt doch die Zentralheizung, und in die langen Hände und Füße kommt überhaupt kein Blut mehr.
Meine Zuneigung zu ihr war auch nicht auf irgend so etwas gerichtet. Sondern ich hatte bei ihr das Gefühl, daß sie bis zum letzten Grunde vornehm war – und wohl nicht sehr glücklich. Menschen, denen es leicht wird im Leben, werden wohl kaum alle ihre Bewegungen so beherrschen lernen, wie sie es tat. Darin verstand ich sie völlig. Als ich halbwüchsig war, hatte ich beobachtet, wie mein Bruder Viktor im täglichen Kampf mit seinen krummen Beinen versucht hatte, seinen Gang so zu veredeln, daß er trotzdem gut schreiten könnte. Auch ich hatte später versucht, jede meiner Bewegungen zu beherrschen.
Das alles bemerkte ich an Fräulein von Kyaw und wußte, was es bedeutete. Sie interessierte sich außerdem für Dichtung. Und da ebenfalls fühlte ich, daß sie viel tiefer war als etwa Seydewitz, der leicht auf eine Mode hereinfiel.
„Ich habe mir das Stundenbuch von Rainer Maria Rilke gekauft", sagte ich.
„Und gefällt es Ihnen?" fragte sie mit warmem Blick.
„Es ist mir fremd", erwiderte ich.
„Und ich denke doch, es müßte gerade Ihnen gefallen."
„In einer so dünnen Luft kann ich nicht leben. Ich liebe die Bewegung im Freien und die Menschen, die dort zu sein pflegen."
Sie schüttelte etwas traurig, aber mit feiner Würde den Kopf und sagte nichts weiter darüber.

Es wurde Kaviar gereicht, den man mit der Gabel aus einem Eisblock nahm und dann auf geröstetem Weißbrot aß. Dann gab es Hummer mit gelblicher Mayonnaise. Ich hatte das Gefühl, bei seinem Anblick blaß zu werden. Ich wußte genau, daß ich das nicht vertragen konnte, aber was eigentlich sollte ich essen, wo es nur so schwere Dinge gab?
Wir plätscherten im Gespräch. Fräulein von Kyaw blickte mich ein paarmal an und schien nicht sehr zufrieden. Aber ich fühlte mich nicht wohl und hatte nicht die Kraft, das ganz zu verbergen.
Nach dem Essen tanzte ich mit ihr den üblichen Souperwalzer und brachte sie danach auf ihren Platz. Nicht weit davon stand vor einem Oleanderbaum Seydewitz und blickte mich an. Ich ging mit möglichst harmlosem Gesicht zu ihm.
„Gehen wir", flüsterte er.
Getrennt entwischten wir aus dem Saal und liefen eilig die Treppe hinauf. Ein Kellner öffnete uns ein Zimmer. Darin lagen auf dem Bett unsre Smokings, die der Bursche von Seydewitz hergebracht hatte. Wir zogen uns um, steckten die Blumen ins Knopfloch und gingen zum Presseball, von dem wir gehört hatten, er wäre besonders schön.
In einem großen Saal hingen Papierschlangen vom Kronleuchter und um die tanzenden Paare. Einige sahen müde und angetrunken aus, mit tiefen Ringen um die Augen.
Welcher Wahnsinn! dachte ich. Wahrscheinlich würden fast alle hier froh sein, wenn sie einmal in solcher Gesellschaft tanzen könnten wie bei Sandersleben, wo wirklicher Glanz herrschte, während hier nur Flitter ist. Wir aber gehen hierher, um einmal auch das mitzumachen, statt zu Bett zu gehen. Was ist hier schon so Besonderes?
Unter den Tänzern war ein älterer Herr mit großer, schmaler Nase, der typische Aristokrat. Wir kannten ihn auch. Es war Herr von Wuthenau, dessen Schwägerin die Herzogin von Hohenberg war, die Gemahlin des Erzherzog-Thronfolgers Franz Ferdinand von Österreich. Diese hohe Verwandtschaft hinderte ihn aber nicht, seine Frau zu Hause sitzenzulassen und sich recht ausgiebig allein zu vergnügen.
Da tanzte auch ein Herr in einem richtigen grünen Hoffrack mit Eskarpins, das heißt schwarzen engen Seidenho-

sen, hohen Strümpfen und Schnallenschuhen.
„Sieh mal", sagte ich zu Seydewitz, „wie kommt der Kleinbürger mit den zu kurzen Beinen zu dem Hoffrack? Alles ist tadellos, nur nicht das Männchen."
Er lachte. „Kleinbürger ist gut! Kennst du denn den nicht? Das ist Hösch, der Besitzer der großen Zellulosewerke bei Pirna. Er geht zum Presseball, weil er die Zeitungen mit Papier beliefert. Geschäft! Aber ganz vornehm aufgemacht, im grünen Frack!"
Blasse junge Leute, denen man es ansah, daß sie nur ein sehr mäßiges Einkommen hatten, tanzten hier neben den reichsten Leuten Sachsens – aber natürlich ohne deren Frauen!
Ich blickte den Leuten ins Gesicht und fand ihre Fröhlichkeit bedrückend.

Zur Beendigung des Tangounterrichts gab der Generalkonsul Reichel ein großes Diner in seinem Hause. Dabei führte ich ein recht gut aussehendes junges Mädchen zu Tisch. Sie war nicht adlig, aber die Tochter einer italienischen Gräfin und eines Bankiers. Das gab mir die Möglichkeit, mich etwas mehr von der Fuchs zu entfernen, gegen die ich wirklich nichts hatte. Aber ich mußte die Netze ihrer Mutter zerreißen, um zur Arbeit frei zu sein. Denn sich zu verheiraten – und auch noch mit einem so wohlhabenden Mädchen – hätte die Verpflichtung zu einer ausgedehnten Geselligkeit bedeutet und ein völliges Versinken im Nichtstun.
Am nächsten Tage saß ich im Kasino neben dem Prinzen Friedrich Christian, der mir gerade für meine Zwecke gut war, besonders, da ich ihn nicht so sehr mochte. Ich schwärmte ihm also von der Schönheit und dem Charme meiner gestrigen Tischdame vor.
„Oh, ich kenne sie!" rief er und betrachtete mich lächelnd.
„Ob wir nicht gut nebeneinander aussähen?" sagte ich und fand, daß ich etwas zu stark aufgetragen hätte. Aber der Prinz bemerkte mein Erröten nicht und erzählte wirklich überall herum, daß ich mich nächstens mit ihr verloben würde. Aber das war schon wieder zuviel. Daher schwärmte ich auch andern gegenüber, und zwar von zwei verschiede-

nen Damen – natürlich jedesmal nur immer von einer. Das schlug immer an, und so wurde ich am Ende des Winters mit vier verschiedenen Damen verlobt erklärt, und das hieß, mit keiner.
Die Fuchs rächte sich dadurch, daß sie sich plötzlich mit einem Offizier des Schützenregiments verlobte, den wir wegen seiner etwas dicken Lippen die Negerfresse nannten – obwohl sie sich vorher recht wenig um ihn gekümmert hatte.
Alle diese Intrigen hatten ihr vorläufiges Ende auf dem Fastnachtsball. An diesem Tage war es schon ziemlich warm, und im großen Hofballsaal stieg die Temperatur bald so, daß die Uniformröcke und dicken steifen Kragen fast unerträglich wurden. Nach dem Souper, das ich, wie immer, mit dem Helm zwischen den Beinen hinuntergeschlungen hatte, traf ich meinen Vetter, den Leutnant von Welck, der noch dicker zu werden versprach als sein Vater. Schon jetzt dürfte er zwei Zentner gewogen haben.
„Ich habe eben", sagte er, „zum dritten Male unten in der Garderobe den weißen Kragen unter der Uniform gewechselt. Jetzt habe ich keinen mehr, und wenn ich noch lange weitertanze, schwitze ich den Uniformkragen durch und muß mir einen neuen sticken lassen, was doch ziemlich viel kostet."
Ich hatte zwar mit dem Schwitzen keine Beschwerde. Aber sonst wurde mir jeder neue Tanz mühseliger. Ich hatte auch Hühneraugen und verpaßt, sie mir schneiden zu lassen. Die Füße brannten und schmerzten in den engen Lackschuhen. Aber ich tanzte.
Ein Leutnant von den Jägern machte meiner Dame eine Verbeugung, und ich sah mich nach einer neuen Tänzerin um. Aber der Saal war fast leer.
Da kam unser Oberst auf mich zu, rot vor Zorn. „Warum tanzt niemand vom Regiment? Gehen Sie sofort und holen Sie Tänzer! Wir sind das Leibregiment Seiner Majestät und haben das auch im Tanzsaal zu beweisen!"
„Zu Befehl, Herr Oberst!" schnarrte ich und machte eine Verbeugung. In Wirklichkeit war ich recht froh über den Auftrag. Denn so konnte ich ein wenig zu den süßen Büfetten bummeln und mich ausruhen. Wie unbedacht von ihm! Jetzt tanzt gar niemand mehr vom Regiment. Und warum

beschimpft er eigentlich mich, den einzigen, der seine Pflicht getan hat? Aber nach solchen feineren Gründen fragt man wohl nicht beim Militär.

Eben war ich vom Nachmittagsdienst nach Hause gekommen, als es klopfte und Seydewitz eintrat. „Bitte, komm doch zu mir herüber, Oberst von Blücher ist da."
Blücher? Jetzt sah ich erst, daß er blaß war und daß seine Hände zitterten. „Er kommt, weil seine Tochter in meiner Wohnung war. Du warst doch dabei und kannst bezeugen, daß jeder Anstand gewahrt wurde."
Wir gingen hinüber.
Der Oberst, im schwarzen Gehrock, den Zylinder auf den Knien, erhob sich und machte eine kühle Verbeugung.
Ich berichtete ihm, wie alles vor sich gegangen war, daß die Schwestern Seydewitz als Anstandsdamen mitgekommen waren und wir nur eine Zigarettenlänge in Seydewitzens Wohnung gesessen hatten.
„Ich sehe", sagte der Oberst steif zu Seydewitz, „daß Sie alles getan haben, um die Ehre meiner Tochter rein zu erhalten. Die Schuld trifft das Mädchen. Ich werde sie zu ihrer Tante aufs Land schicken, damit sie lernt, was sich gehört. Sie wird in Dresden nicht wieder ausgehen."
Er machte eine sehr förmliche Verbeugung und ging schwarz und streng hinaus.

Bei meinem Bruder

Der Ballwinter endete für mich mit großer Ermüdung. Ich begann mich zwar an das ständige Ohrensausen zu gewöhnen. Die Tonspaltung hatte sogar fast aufgehört. Aber die Verfassung meines Magens war wieder drohend. Das drückte sehr auf meine Stimmung. Aber ich hatte auch einige zage Hoffnungen. Eben war die Rekrutenbesichtigung vorbei. Ob es wohl das letztemal gewesen war, daß ich den Winter über und bei jedem Wetter auf dem zugigen Kasernenhof gestanden hatte? In ein paar Monaten würde eine Menge von Fähnrichen von der Kriegsschule zurückkommen und Offizier werden, so daß ich vielleicht schon gerade nicht mehr Rekruten ausbilden müßte. Dann wollte

ich an den Vormittagen arbeiten, wenn ich keinen Dienst hätte.
Das erste aber, was ich jetzt tat, war ein Besuch bei meinem Bruder Viktor. Er hatte mir geschrieben, ich möchte alle meine guten Anzüge mitbringen, um möglichst bei jeder Gelegenheit in einem andern zu erscheinen. Diese Aufforderung war natürlich nach meinem Geschmack. Er selbst zog sich auch sehr gut an, besonders in Uniform. Aber er hatte nicht meine überschlanke Figur und fing auch schon an, recht kahl auf dem Kopfe zu werden.
Unser Verhältnis war etwas eigen. Wir liebten und bewunderten einander, wenn wir nicht zusammen waren. Aber wenn wir uns trafen, so gab es bald Auftritte. Er pflegte mit derselben Lebhaftigkeit und Rücksichtslosigkeit zu sprechen wie mein Vater und Lix Anderten, nur hatte er viel mehr Phantasie und eine große Gabe der Beobachtung und Nachahmung. Seine Erzählungskunst war groß. Er konnte eine Gesellschaft gar nicht zu Atem kommen lassen vor Lachen, während ich mit etwas wie Schrecken zuhörte. Denn ich spürte hinter der bezwingenden Komik sein verzweifeltes Herz.
Nun aber hatte ich ihn schon seit längerer Zeit nicht mehr gesehen und wußte nur, daß er damals gerade sechs Pferde hatte, vier zum Reiten und zwei zum Fahren. Seinen Beruf als Landwirt hatte er nicht aufgegeben. Er war der Meinung, die Bodenpreise wären gerade zu hoch, um ein Gut zu kaufen. Da hatte er, schnell entschlossen, beim Karabinierregiment angefragt, ob er dort als aktiver Offizier eintreten könnte. Man hatte ihn, der schon Vizewachtmeister bei den Gardereitern war, ohne weiteres genommen. Gerade zu den Karabiniers war er gegangen, weil auch das ein Kürassierregiment war, aber in der kleinen Stadt Borna lag, wo er seine geliebten Felder und Kühe und den ganzen Landgeruch um sich hatte.
Er besaß übrigens eine sehr hohe und, wie mir schien, übertriebene Meinung von meinen dichterischen Fähigkeiten. Dabei war er selbst nicht ohne künstlerische Begabung. Als Schüler hatte er manches alte Haus gezeichnet und die Ränder aller seiner Hefte mit Pferden, Hunden und anderen Tieren geschmückt.

Als ich in Borna aus dem Bahnhof trat, sah ich ihn sofort. Er saß im hellblauen Überrock mit schwarzem Kragen, weißen engen Reithosen und riesigen Kürassierstiefeln auf dem Bock eines leichten, schwarz lackierten Wagens, aus dessen flachem hinterem Teil sein weißer Pudel lebhaft herausblickte. Das braune Pferd vor dem Wagen scharrte ungeduldig mit dem Huf.
„Laß deinen Koffer hinten in den Kasten stellen und steige vorn auf!“ Dann schnalzte er mit der Zunge. Das Pferd trabte sofort an und ließ uns auf den lautlosen Gummirädern durch die enge Stadt fliegen.
Wir hielten vor dem einzigen besseren Gasthof, um den Koffer dort zu lassen. Dann fuhren wir zu seiner Wohnung, die er zusammen mit dem Leutnant von Zimmermann gemietet hatte.
„Du mußt mich jetzt eine halbe Stunde entschuldigen. Ich will das Pferd in den Stall bringen.“
Ich zeigte wohl etwas Erstaunen, daß er das selbst tat. Denn er sagte: „Mein Bursche hat so viel mit den übrigen Pferden zu tun, daß ich ihm so eine Arbeit abnehme. Bei uns ist das nämlich nicht so wie bei euch Infanteristen, wo der Bursche so eine Art Amme ist!“ Er ging mit lautem Rasseln seiner Sporen hinaus.
Sein Wohnzimmer war klein und niedrig. Es war aber mit einigen hellen Wandbespannungen hübsch hergerichtet. Nahe dem Fenster stand ein recht kleiner Tisch mit einem Tintenfaß darauf, in dem die Tinte eingetrocknet war, einer roten Mappe mit Briefpapier und drei Büchern. Ich nahm die und setzte mich damit auf das Sofa.
Das erste war von einem Grafen Alvensleben und handelte von der Kunst des Kutschierens, zweispännig und vierspännig. Das zweite war über die Anatomie und die Krankheiten des Pferdes und das dritte über Hundezucht. Außer diesen drei Büchern lagen da noch einige illustrierte Blätter.
Zum Essen im Kasino zog ich mir den Smoking an und bemühte mich, bei den fünf anwesenden Offizieren einen recht guten Eindruck zu machen. Viktor war auch mit mir sichtlich zufrieden. Rechts von mir saß Herr von Zimmermann, der sicher beim Kaufen von Hosen und Handschuhen Schwierigkeiten hatte. Denn er war in jeder Richtung über das vernünftige Maß.

Nach dem Essen wurde es bald so langweilig, daß wir zu Zimmermann hinübergingen. Auch bei ihm war die Einrichtung nicht reich – soweit man das nämlich sehen konnte. Denn die Beleuchtung schien hier etwa noch aus dem sechzehnten Jahrhundert. Selbst bei einer einzigen modernen Kerze hätte man mehr gesehen. Er schenkte uns aber einen ganz vorzüglichen Wein ein.
Zimmermann sprach von dem Kriege, den er für das nächste Jahr, 1915, erwartete.
„Die meisten Offiziere meines Regiments", sagte ich, „kümmern sich sehr wenig darum."
„Damit haben sie auch völlig recht!" sagte Viktor schroff.
„Wieso?" fragte ich. „Man muß sich doch darauf vorbereiten!"
Aus der Düsternis kam die Stimme Zimmermanns, der mir gegenübersaß, dessen Sporen aber halb hinter mir auf dem Boden herumklirrten, wenn er sich bewegte. „Unser Schicksal ist uns aus der Hand genommen. Es sind dunkle Kräfte, die uns bewegen."
„Gewiß", entgegnete ich, „wir übersehen nicht alles, was uns bewegt. Aber muß man nicht etwas wollen und ein Ziel haben?"
„Nein", erwiderte er still, „man muß nicht. Wenn Sie ein Ziel haben, dann hat vielleicht eher das Ziel Sie. Es schüttelt Sie und zerrt Sie hin und her. Und da erscheint es Ihnen so, als wäre es Ihre eigne Energie, die alles das tut. Aber die ist es nicht, sondern das außer Ihnen ist es."
Ich hörte Viktor im Dunkeln lachen. „Ja, mich schüttelt es auch manchmal! – Zimmermann, du weißt ja, wie wenig ich im allgemeinen trinke. Aber manchmal packt es mich – so etwa einmal im Monat. Dann besaufe ich mich, aber wie ein Toller. Das letztemal haben sie mich aus dem Kasino in meine Wohnung tragen müssen, und ich habe so gegrölt, daß die ganze Straße aufgewacht ist, und die Leute haben aus den Fenstern geguckt. Ich wußte überhaupt nichts mehr."
„Ja, so ist das mit ihm", sagte Zimmermann, der mir trotz seiner Uniform mehr wie ein Pastor vorkam. „Aber wenn Sie etwa denken, er schämte sich hinterher, keine Spur! Am nächsten Tage, wenn erst einmal der Kater vorbei ist,

scheint er stets sehr glücklich. Sehen Sie, das ist es eben, daß er weiß, wie wenig er es selbst ist, der so tobt."
Ich fühlte mich durch Zimmermanns Mystik beengt und gab vor, müde zu sein. Sie brachten mich beide zu meinem Gasthof, wo mich der Wirt bedienerte wie einen jungen Prinzen.
Ich legte mich zu Bett und lag noch eine Zeit, ohne Ruhe zu finden. So hatte ich meinen Bruder noch nicht gekannt. Gewiß, er hatte stets ausgeprägte Besonderheiten gehabt. Als Kind war er sehr düster gewesen. Aber er war auf der andern Seite auch sehr energisch. Ob dieses Sich-völlig-Gehenlassen, diese Theorie, daß es eine dunkle Macht ist, die uns bewegt, auch seine ist? Aber er muß doch in Zimmermann eine ähnlich gestimmte Seele finden. Dahinter kann sich nur Verzweiflung verbergen. Aber worüber? Er hat das, was er liebt. Er besitzt sechs Pferde, von denen drei ausgesprochen schön sind. Er reitet Jagdrennen im roten Rock, was ihm immer vorgeschwebt hat. Er hat seinen Pudel. – Aber so ähnlich ist es ja auch mit mir. Ich kann mich gut anziehen und lebe in der angesehensten Gesellschaft. Und doch ...! Es muß etwas andres sein, was ihn unruhig macht, als mich, und weshalb er sich einmal im Monat so betrinkt, daß er tobt. Wenn wir so gleich wären, würde ich ihn ja verstehen. Aber ich habe ihn in manchen Äußerungen seines Wesens nie verstanden. Er hatte als Kind eine bestimmte Düsterkeit, die ich nie an einem andern gesehen habe, die bis zur völligen Starrheit ging. Oft habe ich ihn wie angewurzelt im Zimmer stehen sehen. Wenn dann meine Mutter hereinkam, rief sie leise: „Viktor, komm zu dir!" Das pflegte ihn zu lösen. Aber der Blick, mit dem er sie ansah, war ganz dunkel. Manchmal auch gab es dann einen seiner Ausbrüche, die sich gegen meinen Vater oder das Gymnasium richteten.
Ich fühlte eine große Liebe zu ihm in diesem Augenblick und eine große Angst. So einer kann sich einmal das Leben nehmen, wenn ihm bei seinen starken Gefühlen das Leben – und wäre es nur in diesem Augenblick – zu schwer wird. – Und niemand wird verstehen, warum es ihm so schwer war, weil sie alle nie den dunkeln Blick gesehen haben, wenn er aus seiner Starrheit erwachte.

Ich blieb einige Tage bei ihm. Wir ritten am Morgen zusammen aus und frühstückten dann hungrig und fröhlich im Kasino. Am Nachmittag pflegte er anspannen zu lassen und fuhr mich auf seinem leichten, schwarz lackierten Wagen durch die Felder, wobei stets der weiße Pudel im Wagenkasten stand und alles begeistert betrachtete.
„Wir waren recht oft drüben in Altenburg beim Herzog", sagte er.
„Ihr verkehrt da so wie wir im königlichen Schloß in Dresden?"
„Nein, im Schloß Altenburg ist es lange nicht so formell. – Er hat übrigens ein Fräulein von dem Busche-Ippenburg zur Geliebten. Kennst du sie nicht?"
„Natürlich", erwiderte ich, „mit ihr zusammen habe ich Tanzstunde gehabt. Aber ich habe mit ihr nur ein einziges Mal getanzt, und auch das mit Widerwillen."
„Warum?"
„Ihre Mutter machte auf mich einfach den Eindruck einer Puffmutter. Und die Tochter war nur hergerichtet und daher hübsch. Aber – verstehst du das nicht? – sie ist dumm und gemein."
„Ich habe sie nur einmal kurz gesehen", sagte Viktor. „Und ich habe mich gewundert, daß der Herzog, der sonst so nett ist, so eine Pflanze als Geliebte hat. – Natürlich hat es so ein Fürst nicht so leicht, etwas zu finden. Aber ...", er schwieg eine Weile und beruhigte sein Pferd mit Zurufen, weil es vor den Dampfwolken eines vorbeifahrenden Kohlenzuges leicht scheute. „Wenn ich einmal alt werde, möchte ich an einem so kleinen Hofe Hofschranze werden."
Ich war betroffen. „Aber du willst dir doch ein Gut kaufen?"
Er schüttelte den Kopf und blickte zur Seite auf ein Feld. „Sieh mal, die Lupine hier steht gut. Der Pächter dieses Guts macht sehr interessante Versuche. Nur fürchte ich, er wird sich dabei zugrunde richten. – Mit dem Gut kaufen – ich weiß nicht ..."
Er sprach weiter von seinen Pferdegeschäften. „Ich werde nie ein Pferd kaufen, das einen schlechten Charakter hat. Das ist mir das allerwichtigste. Ein gutes Pferd kann man erziehen und mit besseren Eigenschaften wieder verkaufen."

Ich horchte nur mit halbem Ohr hin. Denn mich hatte der Verzicht auf ein eigenes Leben erschreckt, den ich aus seinen Reden heraushörte.

Als ich nach Dresden zurückkam, besuchte ich meine Eltern, um meiner Mutter von meinen Beobachtungen in Borna zu erzählen. Aber sie hatte gerade Besuch von der Witwe eines preußischen Generals, die ich Tante nannte, ohne recht zu wissen, wie wir miteinander verwandt waren. Als ich das nächste Mal zu meiner Mutter kam, erzählte sie mir gleich: „Denke dir, Viktor hat mich eingeladen, mit ihm während seines Urlaubs durch Thüringen zu reisen. Er will das in seinem Wagen machen und auch seinen Burschen und den Pudel mitnehmen. Ist das nicht nett?"
Ich antwortete ja, aber dachte etwas beklommen: Wenn ein junger Mann von sechsundzwanzig Jahren eine solche Reise ausgerechnet mit seiner Mutter macht, so kann er wahrhaftig nicht glücklich sein. – Aber das darf ich doch nicht sagen. Es würde ihr die ganze Freude verleiden – besonders, da sie Viktor mehr liebt als alle andern. Sie findet in ihm ihre seelische Stütze, wenn sie über ihre mißglückte Ehe nachdenkt.
Ich trank also mit ihr Kaffee und bemühte mich, ihr etwas Lustiges zu erzählen. Das gelang mir aber nicht. Sie blickte mich ein paarmal etwas erstaunt an und sagte schließlich: „Du bist in letzter Zeit verschlossen und – ich weiß nicht, ob du nicht etwas von deiner früheren Harmlosigkeit und Liebenswürdigkeit verloren hast? Aber du kannst es mir doch erzählen, wenn dich etwas bedrückt."
Ich konnte es nicht. Mich von meinem vielen Saufen emporzureißen, dazu war sie außerstande. Das mußte ich allein tun. Und von Viktor konnte ich ihr auch nicht sprechen.
Auf dem Wege nach der Kaserne dachte ich: Was sind wir doch für eine Familie, in der man so höflich ist, wo aber keiner dem andern anvertraut, was ihn bedrückt. Wir teilen uns wohl Kleinigkeiten mit, aber über die Hauptsachen wird ein dickes Tuch gedeckt. Und alle in der Familie verhindern verbissen, daß jemand es hebt. – Oder ist das bei allen Leuten so? Die Schwätzer klatschen sicher nur des-

halb so unaufhörlich, um ihr wahres Inneres zu verbergen. Aber bei den Soldaten ist das anders – wenigstens bei denen, die noch nicht verdorben sind. Ach, könnte ich doch einfach werden!

Kommandos

Das Regiment sandte durch die Kompanien eine Anfrage, wer sich zu einem Kursus zur Ausbildung als Waffenoffizier melden wollte. Da ich Interesse für Technik hatte, trug ich mich als Bewerber ein und wurde auch zur Munitionsfabrik Dresden kommandiert.
Bei dieser Meldung hatte ich die Nebenabsicht, möglichst wenig beim Regiment Dienst zu tun, um arbeiten zu können. Und es wuchs bei mir ein Plan, ein Kommando zu suchen, bei dem ich für längere Zeit von Dresden entfernt wäre – oder wenigstens nicht zu allen den Bällen gehen müßte. Der bloße Gedanke, im nächsten Winter wieder diese Qual durchzumachen, brachte mich in Aufruhr. Aber welches Kommando wäre dafür geeignet? Mir fiel zunächst nichts ein. Aber ich unternahm etwas anderes.
Das Examen, um zum Studium auf der Kriegsakademie zugelassen zu werden, war außerordentlich schwer, besonders für Infanterieoffiziere, weil sich da so viele bewarben. Für Kavalleristen aber war es ziemlich leicht, weil bei denen der Ehrgeiz viel geringer war. Von den Infanteristen waren bei den letzten Prüfungen fast neun Zehntel durchgefallen. Man mußte sich also große Mühe geben, um zu dem Zehntel zu gehören, das angenommen wurde. Die Beurteilung der Prüfungsarbeiten geschah nach Punkten, und in einigen Fächern gab es eine gewisse Wahlmöglichkeit, wobei zum Beispiel Russisch mit mehr Punkten bewertet wurde als Französisch oder Englisch. Auch Mathematik brachte verhältnismäßig viele Punkte ein. Gerade diese beiden Fächer lagen mir aber besonders. Mit Mathematik konnte ich im letzten Augenblick beginnen, da ich sie spielend zu verstehen pflegte. Aber das Russische wollte sorgsam gelernt werden. Dabei war mir von vornherein klar, daß mir die Aussprache keine Mühe machen würde. Es gab viele Ausdrücke des häuslichen Lebens, die meine Mutter mit russischen

Worten benannte. Ich verstand und benutzte sie ebenso leicht wie deutsche Wörter und konnte sogar das Zungen-R sprechen. Viel wichtiger aber war meine große Liebe zur russischen Sprache, die mir viel schöner und reicher erschien als das Deutsche.
Ich erkundigte mich also nach einem Lehrer, und der Graf Münster empfahl mir einen Herrn Fleischer, der die angehenden Generalstabsoffiziere im Russischen unterrichtete. Von nun an ging ich mehrmals in der Woche am Nachmittag in seine Wohnung und lernte auch zu Hause fleißig. Fleischer war ein Balte, der in Rußland aufgewachsen war und das Deutsche so tönend aussprach wie meine Verwandten, wenn sie aus Rußland ein wenig nach Deutschland kamen, um sich in Berlin eine Bluse zu kaufen oder auch um meine Großmutter zu besuchen, wobei es ihnen auf ein paar Tage Eisenbahnfahrt nicht ankam.

Kaum war der Kursus an der Munitionsfabrik beendet, als ich ein neues Kommando bekam, nämlich als protokollierender Offizier bei der Rekrutenaushebung in Dresden-Altstadt. Im Nebenraum einer großen Turnhalle saß ich mit einem Zivilbeamten an einem Tisch, neben dem der Arzt stand, der die Zwanzigjährigen untersuchte, die da nackt vor ihm erschienen. Er rief uns dann Buchstaben und Zahlen zu, die wir in das Protokoll eintrugen. Solche geheimnisvollen Zahlen bedeuteten dann zum Beispiel schadhafte Zähne oder Plattfüße.
An einem Morgen, bevor die Untersuchung begann, fragte ich den Arzt: „Haben wir Schwierigkeiten, die nötige Zahl Rekruten aufzubringen?“
„Im Gegenteil. Gerade hier in Dresden-Altstadt muß ich viele zurückweisen, die zum Militärdienst völlig tauglich wären.“
„Ich hatte angenommen, daß es in einer Industriegegend weniger Taugliche gäbe.“
„Da glauben Sie wohl an das alte Märchen, die Bauern wären so gesund? Außerdem ist Dresden eine Stadt des Wandersports. Sie sehen doch selbst, wie viele gutgewachsene Leute es hier gibt.“
Kaum war dieses Kommando zu Ende, als ich in die Zentralregistratur und Druckvorschriftenverwaltung komman-

diert wurde. Als ich davon im Regimentsbefehl las, schämte ich mich fast. Denn das war ja der Ort, wo sonst nicht mehr verwendungsfähige Offiziere hingeschickt wurden. Da war der Etagenkopf gewesen und später der gute Major von Trützschler, der jetzt so krank war, daß er seinen Abschied genommen hatte.
Was sollte nur ich in dem Reich, zu dessen Regierung der Geist des Etagenkopfes nicht ausgereicht hatte?
Am vorgeschriebenen Vormittag ging ich im vorgeschriebenen Anzug in die Stadt und ins Generalkommando, das in einem Hause aus der Zeit Augusts des Starken lag. Da meldete ich mich bei einem Oberstleutnant, der sich gutmütig und liebenswürdig erhob und mich wie einen Sohn anredete.
„Sind Sie geschickt mit den Händen?" fragte er. „Sie sollen nämlich Deckblätter in den sogenannten Roten Esel kleben. So heißt das Handbuch für Generalstabsoffiziere im Kriegsfalle. Da dieses Buch geheim ist, muß ein Offizier die Änderungen eintragen. – Sehen Sie", er stand auf und ging zu einem riesig breiten Schrank, „hier drin liegen die Bücher. Ich kann den Schrank gar nicht allein öffnen. Dazu muß ich erst den Sekretär und einen dritten rufen. Nur wenn wir drei zu gleicher Zeit schließen, geht er auf. Dabei klingelt es aber in der Wache Sturm."
Ich wußte, daß vor nicht langer Zeit hier im Generalkommando ein Aktendiebstahl vorgekommen war. Die Einbrecher waren über die Dächer der alten Häuser ringsum in die Zentralregistratur eingestiegen. Man behauptete, die französische Spionage hätte diesen Diebstahl organisiert, um den deutschen Kriegsplan kennenzulernen.
Der Oberstleutnant sandte also zur Wache hinunter, sie möchten nicht heraufstürmen, wenn es jetzt klingelte. Dann kamen die zwei andern Beamten mit wichtigen Mienen herein, und sie schlossen feierlich zu dritt den Schrank auf. Der Oberstleutnant nahm eins der rot eingebundenen Bücher heraus und gab es mir, zusammen mit einer Reihe bedruckter Blätter. „Jetzt versuchen Sie sich mal an der Arbeit. Es sind zum Teil sehr kleine Blättchen, die Sie ausschneiden und einkleben müssen."
Er setzte sich neben mich und beobachtete genau jeden Griff, den ich tat. Dann nickte er befriedigt. „Sie müssen

wissen, die meisten Leutnants, die zu dieser Arbeit herkommen, haben keine Geduld dazu. Sie verschmieren sich die Hände mit Leim und kleben die Zettelchen schief auf, so daß etwas anderes verdeckt wird. Oder sie kleben gar ganze Seiten aus Versehen zusammen. Dann müssen wir natürlich solche Offiziere nach Hause schicken."

Die Veränderungen, die ich vorzunehmen hatte, waren in ihrer Mehrzahl wenig interessant. Noch das anregendste war die Zahl der Pferde, die notwendig war, um eine der langen Dreizehn-Zentimeter-Kanonen zu ziehen.

Jeden Morgen saß ich so unter Aufsicht des alten Offiziers und klebte. Da er nur gelegentlich eine Unterschrift zu geben hatte, die ihm ein Beamter höflich und mit wichtiger Miene vorlegte, langweilte er sich sehr und las mir daher die Zeitung von einem Ende bis zum andern vor. Danach erzählte er mir stolz von seinem Sohn, der Leutnant war und den ich als fröhlichen Plattkopf kannte.

An den Nachmittagen war ich frei, lernte Russisch und las ein Buch, das uns vom Großen Generalstab empfohlen war. Das hieß „Rasplata", das heißt „Die Vergeltung", von Kapitänleutnant Semenow. Es war eine Darstellung der Seeschlachten des Russisch-Japanischen Krieges und der Belagerung von Port Arthur. Semenow verurteilte scharf die Unfähigkeit der russischen Generale und Admirale und auch ihr falsches System. Mich interessierte außer dem Inhalt auch der Stil. Da waren alle Zeitangaben auf die Minute genau gemacht, und dazu wurden alle Geschehnisse dem Leser sichtbar. – So müßte man Kriegsgeschichte schreiben. Wer weiß, ob ich nicht im kommenden Kriege, sagen wir, das Kriegstagebuch der Kompanie werde führen müssen? So ähnlich wollte ich das machen, ganz kühl und sachlich, aber mit allem, was menschlich ist, und nicht wie die früheren Militärschriftsteller, die man ja nicht lesen kann.

Daß man uns dieses Buch empfahl, gehörte zu den vielen kleinen Dingen, die jetzt geschahen, um die Offiziere besser für den Krieg vorzubereiten. Schon früher hatten die Leutnants ein- oder zweimal im Jahre schriftliche Arbeiten zu machen. Das waren meistens Berichte über Gefechte, die nahe dem Bierlokal Gute Lust bei Hörnitz zwischen zwei Kompanien stattgefunden hatten, also Sachen der täglichen Routine. Aber auch bei diesen Arbeiten ließen sich die Leutnants für ein paar Mark die angehängten Karten von Unteroffizieren zeichnen. Auch ich hatte das einmal getan. Aber da ich viel besser Karten zeichnete als die Unteroffiziere, war ich recht unzufrieden mit dem, was da herauskam, und machte später die Arbeit allein. Jetzt mußten wir Leutnants alle zwei Monate eine Arbeit abliefern, und nicht mehr nur über das Allergewöhnlichste.

Eines Tages ließ mich der Oberstleutnant von Schröder rufen. Er saß fröhlich in seinem kleinen Geschäftszimmer und sagte mir: „Herr von Vieth, ich gebe die Aufgaben für die größeren Sommerarbeiten. Ihnen habe ich eine ausgesucht, die schon ein bißchen mehr Verstand erfordert, nämlich einen Vergleich des japanischen und des deutschen Exerzierreglements. Hier gebe ich Ihnen das japanische in deutscher Übersetzung."

Ich war etwas bestürzt und hielt es für fraglich, ob ich eine so schwierige Arbeit bewältigen würde. Aber als ich mich zu Hause hinsetzte und die beiden Texte zu vergleichen begann, waren sie fast völlig gleich. Die Japaner hatten nämlich einfach das deutsche Reglement übersetzt und nach dem Russisch-Japanischen Krieg einige wenige Änderungen gemacht.

Das also ist die besonders schwierige Arbeit? fragte ich mich. Ist vielleicht auch das andere, was ich bisher so bewundert habe, nicht viel wert? Die unheimliche Unfähigkeit der russischen Offiziere im letzten Kriege ist vielleicht nicht auf Rußland beschränkt? Unser Kommandierender General d'Elsa konnte in seinen Kritiken nie etwas Wesentliches sagen. Ihn interessierte es nur, wenn er einen Mann getroffen hatte, der beim Vorwärtsspringen im Gefecht die Patronentasche ganz geschlossen hatte, statt nur halb. Ein so dürrer Kopf würde im Kriege wohl auch nicht besser abschneiden.

Dieses Heraufdämmern der Erkenntnis über unsre eignen Mängel brachte mich dazu, mich selbst in die Rolle eines hohen Generals hineinzudenken. Früher hätte ich mich einfach für noch zu dumm gehalten, um die großen Gesichtspunkte zu verstehen. So kam ich ins strategische Träumen hinein, und da ich durch den russischen Unterricht und die Bücher über den Russisch-Japanischen Krieg ge-

rade auf Ostasien gelenkt worden war, betrachtete ich die Karten, besonders der Mandschurei, fast täglich genau und stellte mir vor, wie ich die Truppen aufgestellt hätte.
Da ich auch die Namen der verschiedenen Generale richtig aussprechen wollte, fragte ich meinen Russischlehrer danach.
„Wie kommen Sie zu diesen Namen?“ fragte er mich.
„Ich lese gerade ein Buch ‚Rasplata‘ von Semenow.“
Er blickte mir erstaunt in das Gesicht. „Aber das ist – Semenow ist ein Sozialrevolutionär. Und sein Buch ist – das heißt, der russische Generalstab erklärt es für die schlimmste, böswilligste Propaganda. Ich kann das nicht beurteilen, denn ich war nie beim Militär.“
„Ich glaube nicht, daß es eine Verzerrung der Verhältnisse sein kann. Dazu ist es viel zu genau und würde uns auch kaum ...“ Hier brach ich ab, weil mir einfiel, daß ich diesem Manne, von dem ich nichts Genaueres wußte, nicht sagen durfte, daß uns das Buch vom deutschen Generalstab zum Studium empfohlen worden war.
„Also beginnen wir“, sagte er. „Sehr wichtig im Russischen ist das Wort tschto, das heißt: was. Es gibt ein Buch mit dem Titel ‚Tschto djelatj?‘, zu deutsch: ‚Was tun?‘ Das ist von Lenin, einem Führer der russischen Sozialdemokraten, geschrieben.“
„Lenin?“ fragte ich, um höflich zu sein. Aber im Grunde interessierte mich die ganze Sache gar nicht. Glaubte Fleischer etwa gar, er könnte mich für sozialistische Ideen gewinnen? Wie komisch, mich, einen Offizier!

In der königlichen Villa

Die beiden ältesten Prinzen hatten ihre besonderen Freunde zum Mittagessen in die königliche Villa von Strehlen eingeladen. Wir fuhren mit der Straßenbahn dahin und gingen durch den Park zu der glasgedeckten Vorhalle der Villa, die sich die Königin Carola mit den dicken Armen gebaut hatte.
Als wir unsre Säbel und Mützen ablegten, kamen die beiden Prinzen angestürzt und packten mich an beiden Armen.

„Ich muß dir was Feines zeigen!" rief der Kronprinz, und sie zerrten mich wie einen Gefangenen fort. „Den schönsten Raum mußt du sehen, den wir haben! Erst gestern ist er fertig geworden."
Sie zogen mich durch eine Tür, und ich stand vor der Brille eines Aborts.
„Sieh!" sagte der Kronprinz strahlend.
Und Prinz Friedrich Christian fügte hinzu: „Welch neuer Glanz in unsrer ärmlichen Hütte! Hier gab es nämlich vorher keinen ordentlichen Lokus."
„Wir haben auch für Schmuck gesorgt", sagte der Kronprinz. „Von der Kunsthandlung Arnold haben wir uns eine große Sammlung moderner Stiche und Zeichnungen senden lassen und diese hier ausgesucht. Schön, was? – Aber nach dieser Besichtigung unsres Leib- und Staatszimmers dürfen wir zum Essen gehen!"
In einem geräumigen Zimmer war ein runder Tisch gedeckt mit schönem Porzellan. Auf das Tischtuch waren frische Blumen gestreut. Wir setzten uns und wurden von einem ältlichen, schon etwas krummen Lakaien bedient.
„Gibt es keinen Sekt?" fragte der Kronprinz.
„Jawohl, Königliche Hoheit", antwortete der alte Mann lächelnd, fügte aber leiser hinzu: „Aber wir haben keinen Sektkühler. Der hätte erst drüben im königlichen Schloß angefordert werden müssen."
Der Kronprinz blickte sich etwas beschämt um. „Schwierig! Wie Sie sehen, hält man uns mit Sektkühlern kurz. – Aber es genügt ja auch ein Eimer. Bringen Sie doch einen!"
Der Lakai verschwand und kam zurück mit einem Eimer, in dem schräg zwei Sektflaschen standen. Er schob ihn verschämt neben dem Kronprinzen halb unter den Tisch. Aber der sprang auf, ergriff den Eimer und setzte ihn strahlend mitten auf den Tisch, wo er unter dem Silber und Porzellan etwas sonderbar aussah.
Nach dem Essen gingen wir im Park spazieren, sahen von einem kleinen, künstlichen Hügel auf die Straße hinaus. Dann schlenderten wir langsam zum Schloß zurück. Mein Vetter Welck, der schon wieder dicker geworden war, sprach und lachte laut mit dem Prinzen Friedrich Christian. Der Kronprinz aber wurde immer schweigsamer. Als die Dämmerung kam, setzte er sich an das Harmonium und

spielte eine schwermütige Melodie.
Jemand stand auf, um das elektrische Licht anzudrehen. Aber der Kronprinz sagte vom Harmonium her: „Bitte, kein Licht!"
Er spielte weiter. Aber es war kein rechter Schwung in seinem Spiel.
„Ich weiß nicht", sagte er aus der Dunkelheit heraus, „etwas macht mich traurig, und ich – möchte gern allein sein." Das sagte er weich und herzlich.
Wir erhoben uns und machten, einer nach dem andern, unsre Verbeugungen und gingen. Ich trennte mich unter einem Vorwand von den andern und fuhr allein nach Hause.
Die Stimmung dieses Abends war die Hoffnungslosigkeit Gerhart Hauptmanns gewesen. Der laute Welck fühlt das natürlich nicht. Aber der Kronprinz um so stärker. Er ist derselbe Mensch wie ich, mit denselben Empfindungen. Auch ihn schützt sein fürstlicher Glanz nicht vor der Angst der Leere, der Angst, die unsre Generation mehr zu fühlen scheint als andere. Es scheint sie schon früher gegeben zu haben, damals, als Lenau dichtete. Unsre Zeit muß eine tiefe Schuld haben. Wenn man nur ihren Namen wüßte! Zwischen ihm, dem Kronprinzen, und mir gibt es ein heimliches Einverständnis, etwas wie ein Waffenbündnis. Warum kann weder er noch ich, noch irgendwer um uns, der guten Willens ist, das Wort sprechen, das uns aus dieser dumpfen Starre entzaubert?

Bei der Arbeiterabteilung

Schon in den letzten Jahren war die Zahl der Rekruten gestiegen, aber nicht so stark, daß wir sie nicht ohne Vergrößerung der Kompaniereviere hätten unterbringen können. Im Herbst 1914 aber sollte die Zahl so stark steigen, daß vier Offizierswohnungen in Mannschaftsstuben umgewandelt werden mußten. Das betraf auch mich.
Fast über Nacht bekam ich den Befehl, meine zwei Zimmer zu räumen. Als ich am Abend Licht bei Lix Anderten sah, klopfte ich an und bat ihn, mir zu erlauben, mein Sofa zu ihm zu stellen, um da zu schlafen, falls es zu spät wäre,

um noch zu meinen Eltern zu gehen. „Ich möchte mir jetzt keine Wohnung suchen", sagte ich. „Wir gehen dem Herbst zu. Da werden wir auf dem Truppenübungsplatz sein und dann ins Manöver gehen. Und danach – wer weiß ..."
Er blickte von seinem Schreibtisch auf. „Was heißt das, wer weiß? Wenn du gerade jetzt vom Militär fort willst ..."
„Nein, das will ich nicht. Aber ich kann nicht so weiterleben, in diesem Schlendrian!"
„Das kann ich auch nicht! Und", fuhr er heftig fort, „ich will auch nicht! – Aber was willst du tun?"
„Ich suche ein Kommando zu bekommen, das mir erlaubt zu arbeiten. Du kennst die Anfrage, wer sich als Adjutant für das Bezirkskommando Dresden-Altstadt meldet. Ich habe mich gemeldet."
„Aushebung und Reservistenangelegenheiten? Denkst du dir das interessant?"
„Nein. Aber da kann ich leichter eine Entschuldigung finden, um nicht zu all den Bällen zu gehen."
„Richtig. Du hättest da auch eine Dienstwohnung und feste Bürostunden. Aber du hast mir oft genug erzählt, wie sehr du an den Rekruten hängst."
„Wenn ich aber keine mehr bekomme?"
„Ja." Er stand auf und ging heftig rauchend im Zimmer auf und ab. Dann setzte er sich mir gegenüber. Er konnte mit den Ohren wackeln und tat das jetzt, aber vor Erregung. „Ich halte es nicht mehr aus! Theoretisch bin ich eher gegen den Krieg. Aber glaube mir, jetzt wünsche ich ihn! Wenn erst einmal die Kugeln pfeifen, dann wird es sich zeigen, was unsre Hauptleute taugen, diese faule Bande! – Aber natürlich hat dieses Schimpfen gar keinen Zweck. Wir – du und ich und noch andre, müssen uns hart machen, um diese Bande aus den Angeln zu heben, wenn wir erst einmal keine grünen Leutnants mehr sind und in die Stellen hineinkommen, wo man etwas sagen kann und auch gehört wird!" Er sprang auf und lief wieder mit Riesenschritten auf und ab. „Das wird noch einen Kampf geben. Aber wir wären Feiglinge, wenn wir ihn nicht aufnähmen! – Ach ja, du wolltest dein Sofa hierherbringen. Hier ist genug Platz. Komm nur!"

Am nächsten Nachmittag begann ich mit Hilfe meines Burschen meine Wohnung zu räumen. Als sie schon fast leer war, kam Seydewitz herein und blickte sich lachend um. „Das sieht ja wild aus! Denkst du, daß die Farbc meine lebensgroßen Wandbilder da decken wird? – Deine Wohnung hat auch ihre Geschichte. Wer weiß, was hier alles geschehen ist in der wilden Zeit des Regiments. Dann hat Siegfried Vitzthum hier gehaust, nachts seine Schlager eintönig gesungen und plötzlich gegen die Wände geschossen. Und jetzt wird hier der Geruch von geschmierten Stiefeln und Kommißbrot einziehen."

Als in den nächsten Tagen die Maler kamen und die Wände weißten, kamen wirklich die Bilder immer wieder durch. Freilich wurden sie unten von den Schränken verdeckt. Aber über sie weg blickten undeutlich zwei blasse Köpfe mit großen Augen.

Unterdessen hatte ich in sämtliche Rote Esel Dresdens die Deckblätter geklebt und brauchte nicht mehr zuzuhören, wenn der Oberstleutnant die langweilige Zeitung vorlas. Aber sofort bekam ich ein neues Kommando, diesmal bei der Militärgefangenenanstalt.

Am nächsten Morgen ging ich hinüber zum Militärgefängnis, und das nicht mit dem besten Gefühl. Das Gebäude war vielleicht das düsterste, das es in ganz Dresden gab, mit hohen Mauern und Eisengittern noch oben darauf, deren Spitzen nach unten umgebogen waren. Außerdem war ich in reichlicher Verachtung der Justiz erzogen worden. Mein Vater pflegte zu sagen: „Ein Richter, das ist ein Mann, der dazu angestellt ist, um arme Schlucker hineinzulegen."

Ich klingelte an dem schweren Tor und wurde von einem Unteroffizier eingelassen, der noch lauter als andre mit den Absätzen knallte.

Im Geschäftszimmer meldete ich mich bei dem Direktor der Militärgefangenenanstalt, einem Major.

Er sagte mir: „Der Offizier der Arbeiterabteilung drüben ist auf Urlaub. Sie sollen ihn vertreten. Ihr Dienst besteht im wesentlichen darin, mehrmals täglich alles zu revidieren. Alles übrige sagt Ihnen der Feldwebel drüben, auf den Sie sich verlassen können."

Ich ging aus dem düstern Bau und über die Eisenbahnbrücke zu der nahen Arbeiterabteilung, die mit flachen Ge-

bäuden freundlich am Waldrande lag.
Von draußen sah ich, daß die Arbeitssoldaten gerade auf dem Hofe turnten. Es waren etwa dreißig Mann.
Als ich durch die Tür eingetreten war, standen die Unteroffiziere stramm, blickten mich aber nicht an, sondern auf die Gefangenen, die als Soldaten zweiter Klasse keine Kokarde an der Mütze trugen.
Im Geschäftszimmer sprang der Feldwebel auf.
„Ich bin“, sagte ich, „vertretungsweise hierherkommandiert. Was haben Sie hier für Fälle?“
„Ein paar Mörder, aber die meisten sind viel harmloser. Homosexuelle, Onanisten und so.“
„Was? Wegen so was wird man eingesperrt, und auch noch unter entehrenden Bedingungen?“
Der Feldwebel blickte auf seinen Schreibtisch nieder und antwortete leise: „Ja.“
Ich sah, daß er ein Mann mit menschlichen Gefühlen war, und erwiderte: „Das habe ich nicht gewußt.“
„Wenn ich die Wahrheit sagen darf, Herr Leutnant, auch ich war erschrocken, als ich hierherkam. – Aber wir tun alles, um die Schwere der Strafe innerhalb der bestehenden Gesetze nicht noch zu verschärfen. Die Unteroffiziere und Gefreiten, die sich hier als Aufsichtspersonal befinden, sind besonders ausgesuchte Leute. Sie haben streng, aber sonst bis zum Äußersten zurückhaltend zu sein, damit keine Mißhandlungen vorkommen. – Natürlich befinden sich unter den Gefangenen einige, die nicht wollen. Aber mit der Mehrheit haben wir nicht die geringsten Schwierigkeiten. – Hier ist der Kontrollzettel für diese Nacht.“
Ich ging hinaus, stellte mich zum Turnen und sah mir die Gefangenen an. Ihre Röcke waren sauber, viel sauberer und besser als bei den gewöhnlichen Kompanien.
Die Unteroffiziere gaben ihre Kommandos kurz ab, aber es fehlte hier das dröhnende Herumschnauzen, und das gefiel mir.
Ich sah einige dumpfe und gemeine Gesichter. Aber das waren Ausnahmen. Die meisten hatten angenehme, ja einige ausgesprochen feine Züge.
Sehr nachdenklich ging ich nach Hause. Was wissen wir oberflächlichen Tanzjungen von der Wirklichkeit, die uns so nahe ist? An der Arbeiterabteilung bin ich mit meinen

Rekruten jede Woche zweimal vorbeimarschiert und habe mich nie gefragt, was dort, auf nur zehn Schritt Entfernung, für Menschen leben.
Bis elf Uhr hatte ich keinen Dienst und ging zum Abendessen ins Kasino. Zufällig waren heute ziemlich viel Offiziere da, und das Gespräch war laut. Daher hatte ich nicht bemerkt, daß unter den jüngsten Leutnants ein Streit ausgebrochen war. Ich wurde erst darauf aufmerksam, als der Leutnant Cramer von Clausbruch laut rief: „Ich bin gegen den Kaiser!"
„Bitte", sagte Ehrenthal scharf, „warten Sie wenigstens, bis das Essen zu Ende ist und keine Ordonnanzen mehr im Saale sind – wenn Sie es schon nicht fertigbringen, solche Sprüche zu unterdrücken!"
„Wir werden bald", sagte Anderten, augenscheinlich, um abzulenken, „beschließen müssen, was wir zum zweihundertfünfzigjährigen Jubiläum unsres Regiments tun wollen. Ich höre, daß Geld aus einer Stiftung reichlich vorhanden ist."
„Allerdings", meinte Falkenstein, „als ich ins Regiment kam, kostete uns das Essen statt einer Mark fünfzig, die es für die Küche ausmachte, nur fünfundsechzig Pfennig. Aber weil wir dauernd so wenig Offiziere hatten, ist die Stiftung so angewachsen, daß sie in diesem Jahr eine Mark vierzig dazugibt, so daß wir nur noch zehn Pfennig dafür zahlen. Aber man hat mir erzählt, daß wir im nächsten Jahre sogar schon eine Belohnung von zehn Pfennigen bekommen, wenn wir so nett sind, im Kasino umsonst zu essen."
„Kann denn das Geld nicht für etwas anderes verwendet werden?" fragte Lix Anderten. „Denn diese Belohnung ist doch schon verrückt."
„Nein", antwortete Vitzthum, „das geht nicht, weil die Klauseln der Stiftung eben etwas unzweckmäßig gemacht worden sind. Übrigens gibt es außer diesem Essengeld noch große andre Summen aus der Stiftung. Bisher haben wir daraus vor allem Porzellan gekauft. Aber wir haben genug und werden jetzt silberne Teller anschaffen. Schon in den nächsten Tagen essen wir die Vorspeise von Silber, wie bei Hofe."
Als die Lichter aufgestellt waren, der Haushofmeister die

Ordonnanzen mit einer großartigen Handbewegung hinausgeschickt hatte und dann auch selbst verschwunden war, sagte Vitzthum lächelnd: „Aber, lieber Clausbruch, warum tun Sie denn so sozialdemokratische Sprüche?"
„Ich bin kein Sozi!" rief Clausbruch hitzig.
„Was ich auch gar nicht annahm", erwiderte Vitzthum. „Aber für ungeübte Ohren kann das so klingen."
„Nein", schrie Clausbruch, „ich bin für die Reinhaltung des Adels und bin daher auch gegen die Großmannssucht der Hohenzollern!".
„Aber du dienst", sagte ich, „in einem Regiment, das den Kaiser als Obersten Kriegsherrn anerkennt."
„Und ich werde meine Pflicht tun! Aber deshalb werde ich mir den Mund nicht verbinden lassen, über das Unrecht zu sprechen, das Preußen 1866 Hannover angetan hat, indem es uns unser angestammtes Herrscherhaus nahm!"
„Das aber englisch ist!" rief Welck.
„Nein", schrie Clausbruch, „sondern das englische Herrscherhaus ist hannoveranisch! Außerdem ist das russische völlig deutsch, und es macht doch eine russische Politik!"
„Was habt ihr hartschädligen Welfen", fragte Ehrenthal, „denn ernstlich gegen Preußen einzuwenden?"
„Das Recht!" rief Clausbruch erbittert.
Ehrenthal zog ein kühl-höhnisches Gesicht. „Das Recht ist ein Wort, mein Lieber."
„Wenn Sie", sagte Vitzthum wieder, „dem Kaiser dienen wollen, aber nicht dem König von Preußen, so müssen Sie entweder ihn oder sich in zwei Teile spalten."
„Man wird mich nicht mit Worten überzeugen!" schrie Clausbruch.
Einige Offiziere standen auf, um hinüber ins Spielzimmer zu gehen. Auch den andern wurde der Streit zu dumm. Clausbruch, das war mir klar, vereinsamte täglich mehr im Regiment. Denn selbst die übrigen Welfen wollten mit so einem fanatischen Hitzkopf nichts zu tun haben.
Unterdessen kam die Zeit meiner ersten Revision heran. Ich ging in der warmen Sommernacht durch den Park vor dem Arsenal, der recht dunkel war. Plötzlich löste sich aus dem Busche ein Mensch und stand vor mir stramm. Es war ein Unteroffizier, dessen Mädchen sich in die Zweige drückte, um nicht gesehen zu werden.

Dadurch wurde ich aufmerksam, und ich hörte und sah nun allerlei in diesem nächtlichen Park. Es war die Stunde, wo die Mannschaften schon in der Kaserne sein mußten, die Unteroffiziere aber noch nicht. Hier also hatten sie ihr „Café Kanone"?

An der Arbeiterabteilung öffnete mir der Unteroffizier vom Dienst, in der Hand eine Laterne.

„Führen Sie mich zunächst in den Schlafsaal!" sagte ich.

Wir gingen durch ein Eisengitter, das er hinter uns sorgfältig verschloß, und kamen in einen Raum, in dem die Betten mit ziemlichen Zwischenräumen standen und auch nicht übereinander wie in anderen Kasernen. Das war wohl dazu so eingerichtet, damit man gleich von der Türe aus alles übersehen konnte.

Es ging nun durch ein neues Gitter. Im anstoßenden Raum stand gleich hinter der Tür ein eiserner Käfig, in dem ein Bett stand. Darin lag ein Mensch wach und blickte mich an. Ich kannte dieses Gesicht schon, diese gutmütigen, etwas ängstlichen Augen.

Nur einen Augenblick sah ich ihn an. Denn ich schämte mich. Ich blieb da auch nicht und beendete meine Revision rasch.

Als ich auf der Straße draußen war, blickte ich zum Himmel auf. Das war eine unwillkürliche Bewegung ohne Sinn. Der Mond stand ganz klar am Himmel. Was hat dieser Mensch getan, daß man ihn in einen Käfig sperrt? Sollte sein guter Blick täuschen und er wirklich gefährlich sein?

Ich ging wieder durch den Park mit seinen Geräuschen und den Schatten, die sich da bewegten. Das ist doch alles sehr menschlich. Ich will das nicht sehen! Wenn man wirklich vornehm sein will, so muß man seine Augen vor vielem verbinden – nicht aus Heuchelei, sondern weil es Dinge gibt, die privat sind. – Ich könnte doch dort in der Arbeiterabteilung beim Revidieren mit den Füßen scharren oder mich laut unterhalten, gerade so laut, um niemand zu wecken, aber denen, die etwa im Bette rauchen, Zeit geben.

Am nächsten Morgen fragte ich den Feldwebel: „Ich habe da in der Nacht einen Käfig gesehen. Was bedeutet das?"

„Da liegt ein Homosexueller drin."

„Und der hat solche Gelüste, daß er – die andern im Schlafe ermorden würde? Oder wie ist er sonst gefährlich?"

Der Feldwebel lächelte. „Der ist nicht gefährlich. Im Gegenteil, er ist ein freundlicher Mensch. Von seinem Kompaniechef hat er auch eine gute Beurteilung mitbekommen. Seine Sachen hat er nur außer Dienst gemacht. Das steht in seinen Akten."
„Und war er da gewalttätig?"
„Nein."
„Ja, aber – warum steckt er dann in dem Käfig?"
Der Feldwebel antwortete verlegen: „Das zu beurteilen, Herr Leutnant, ist vielleicht nicht unsre Angelegenheit."
Ich schwieg. Denn ich sah, daß dieser Mann hier nicht daran schuld war. Und ich wollte ihn auch nicht in die Enge treiben, mir zu sagen, wer das angeordnet hatte.
Ich tat meinen Dienst schweigsam, wie es auch die Unteroffiziere taten, aber beobachtete alles. Es war mir zur Gewohnheit geworden, mir möglichst wenig mit Schnauzen Autorität zu verschaffen, sondern dadurch, daß ich den Leuten zeigte, daß ich sie und ihre Verhältnisse genau kannte. Diese Mühe gab ich mir doppelt hier bei den Strafsoldaten, gerade weil ihnen das System die menschliche Anerkennung verweigerte. Und wie immer gewann ich dadurch auch eine Zuneigung zu ihnen. Gegen einen schweren Onanisten hatte ich anfangs eine starke Abneigung, weil er etwas so Schlappes und Kriechendes an sich hatte. Aber wenn ich daran dachte, wie wenig Recht die Militärrichter hatten, einen solchen Unglücklichen einzusperren, dann überwog mein Haß gegen die Kriegsgerichte so, daß ich auch für ihn ein wärmeres Gefühl aufbrachte.
Nach zehn Tagen endete mein Kommando, und an meine Stelle trat Lix Anderten.
Nachdem ich an diesem Abend längere Zeit im Kasino gesessen hatte, ging ich hinunter und klopfte bei Lix, um da zu schlafen. Da niemand antwortete, wollte ich schon gehen, als ich rasche Schritte hörte. Er war es.
„Mensch!" rief er wütend. „Was ist das für eine Schweinerei, dort bei der Arbeiterabteilung!"
„Ist etwas Besonderes geschehen?"
„Na, hast du denn den Käfig nicht gesehen, wo sie einen Mann jeden Abend einschließen? Und kennst du den Kerl nicht, diesen anständigen Menschen!"
„Natürlich weiß ich das alles."

„Aber warum hast du mir das nicht erzählt?"
„Lix, ich bin nicht daran gewöhnt, daß andre meine Empfindungen teilen."
Er schien gar nicht zuzuhören und sagte vor sich hin: „Dort sind schon eine Reihe von Selbstmordversuchen vorgekommen. Da erhängt sich dann einer, und die Kriegsgerichtsräte schlafen sicher trotzdem ausgezeichnet! – Alle, die wegen sogenannter Sexualverbrechen da sind, müßte man freilassen! – Nach Hause müßte man die Leute schicken! Du hast mir erzählt, daß es mehr kräftige und völlig taugliche Rekruten in Deutschland gibt, als wir überhaupt nehmen können. Und da läßt man diese Leute nicht frei? Es ist doch ganz gleichgültig, ob sie eine Schuld haben oder nicht, aber sie passen nicht zum Militär! – Weißt du, was ich mir überlegt habe, als ich von dort zurückkam? Ich möchte den armen Hund da aus dem Käfig rauslassen und mir dafür einen der Kriegsgerichtsräte fangen und da hineinsperren. Anspucken müßte man diese heuchlerischen Schweine!"
Solange Lix bei der Arbeiterabteilung war, wurde er nicht ruhig, und das gefiel mir sehr an ihm.
„Aber was sollen wir tun?" fragte ich. „Du hast eben nicht die Macht, die Kriegsgerichtsräte da hineinzusperren!"
„Ja", erwiderte er auffallend ruhig, „das ist es ja, was an mir nagt. Der Käfig und die Faulheit unsrer Hauptleute, das gehört im Grunde alles zusammen. Wir müssen das alles heute nur beobachten. Aber später werden wir dagegen kämpfen müssen! Ist das nicht auch deine Meinung?"
„Ja", antwortete ich, aber es kam mir wie eine Lüge vor. Wenn es mir schon so schwer wird, etwas weniger zu trinken, werde ich da die Kraft zu diesem Kampf haben, bei dem man doch gar nicht weiß, wo man anfangen soll?

Der Hofgartenanzug

Meine Meldung als Bezirksadjutant hatte Erfolg gehabt, und ich mußte mich beim Bezirkskommandeur melden.
Mit Überrock und Helm ging ich also hinüber und sagte der Ordonnanz im Vorzimmer, was ich wollte. Er verschwand

in einer Tür und kam gleich wieder heraus. „Herr General läßt bitten.“
Ich trat ein und fand einen großen, freundlichen Herrn hinter seinem Schreibtisch sitzen. „Leutnant Vieth von Golßenau vom 1. Leibgrenadierregiment Nr. 100 meldet sich ganz gehorsamst zur Dienstleistung beim Bezirkskommando Dresden-Altstadt kommandiert.“
„Danke“, sagte er. „Ihr Dienst hier beginnt erst im Herbst nach den Manövern. Sie erhalten noch den genaueren Befehl mit Tag und Stunde.“
Ich kam mit einem angenehmen Gefühl aus dem Gebäude und betrachtete es nun genauer von außen. Schön war es gerade nicht und auch nicht hell. Aber ich hatte innen bemerkt, daß es Zentralheizung besaß. Da würde ich also nicht so zu frieren haben wie in der Kaserne, wo man vor Kälte und ewigem Zug im Winter nichts tun konnte. Außerdem wird mich hier niemand besuchen.
Diesen Abend sagte Vitzthum beim Essen im Kasino, wir möchten nachher ins Spielzimmer kommen. „Wir haben etwas zu besprechen, was die Ordonnanzen nicht zu hören brauchen.“
Nachdem die Lichter aufgestellt waren, zogen wir alle hinüber und setzten uns da rauchend in die tiefen Ledersessel.
Der Oberleutnant von Friesen war stehen geblieben und wiegte sich lächelnd auf seinen langen Beinen. „Seit Jahren“, sagte er, „hat kein Hofgartenfest mehr stattgefunden. In diesem Jahre aber soll es wieder eins geben. Dabei ist nun eine Anzugsfrage aufgetaucht. Es steht fest, daß zum Hofgartenfest weiße Hosen und Lackschuhe getragen werden. Aber ob Waffenrock oder Überrock, das ist die Frage.“
„Aber das muß doch in der Offiziersbekleidungsvorschrift stehen?“ rief Falkenstein.
„Nein“, erwiderte Vitzthum, „diese Angabe ist bei dem Hofgartenanzug vergessen worden.“
„Unerhört!“ sagte Ehrenthal mit tiefer Stimme, aber mit merklichem Hohn.
„Da fragt man eben beim Oberhofmarschallamt an!“ rief Falkenstein.
„Nicht so laut!“ sagte Friesen. „Wir wollen eben nicht anfragen.“

Falkenstein blickte mich staunend an und begann zu lachen. „Das klingt ja wie eine Verschwörung!"
„Unterbrechen Sie doch Friesen nicht immer!" sagte Vitzthum.
Eine Ordonnanz mit einer Karaffe Wein kam herein. Alle verstummten.
Als er den Wein vor einen Leutnant gestellt hatte und wieder hinaus war, sagte Friesen leise und eindringlich: „Die Jäger, Schützen und alle andern Regimenter, die keine Stikkerei am Kragen haben und im Überrock besser aussehen, wollen natürlich den tragen. Unsre beiden Grenadierregimenter sollten aber Waffenrock tragen!"
Es trat eine Pause ein. In die hinein sagte Ehrenthal mit Grabesstimme: „Laßt uns schwören!"
Alle platzten heraus vor Lachen.
„Aber, meine Herren!" rief Friesen. „Worin besteht denn unser Ansehen, als in solchen Anzugsgeschichten?"
Ich dachte verblüfft: Da hat er eigentlich recht!
„Wenn wir Grenadiere", sagte Rochow, „geschlossen im Waffenrock erscheinen wollen, müssen wir auch die Prinzen in unsern Plan einweihen."
„Ja", erwiderte Vitzthum, „das ist natürlich eine Voraussetzung für unsere Aktion. Und wenn wir ihr Einverständnis haben, müssen wir die Zweiten Grenadiere einweihen."
„Und auch die Pioniere!" rief Falkenstein. „Denn auch die haben eine Stickerei am Kragen ihres Waffenrocks."
Man würdigte ihn keiner Antwort. Sich mit den Pionieren in Verbindung setzen? Das waren doch fast schon Raubtiere!

Am nächsten Sonntag kam ich verhältnismäßig spät zusammen mit Falkenstein ins Frühstückszimmer. Nur Miltitz saß auf seinem Stammplatz, schnippte die Zigarettenasche in den Porzellanbecher und rief ab und zu: „Nanz, Jack!" Sonst schwieg er in strammer Haltung.
Da wurde die Tür aufgerissen, und der Hauptmann von Hingst kam aufgeregt herein und stotterte, ohne zu grüßen, los: „In der Stadt sagt man, der Erzherzog-Thronfolger von Österreich wäre ermordet, zusammen mit seiner Frau, der Herzogin von Hohenberg. Serbische Nationalisten sollen sie erschossen haben. Wenn das so ist ..."

Miltitz unterbrach ihn mit einer gespreizten Bewegung: „Lieber Hingst, meine Kinder sind noch ziemlich klein, aber sie wissen schon, daß man mit vollem Munde nicht sprechen soll!“
„Aber ich habe doch gar nichts im Munde!“ rief Hingst.
„Allerdings“, entgegnete Miltitz gequetscht, „materiell haben Sie nichts im Munde. Aber sonst haben Sie zuviel darin. Schon der alte, gute Schiller, der sich angeblich mit Dichtkunst abgab, soll etwas über klatschende Waschweiber gereimt haben. Nanz, Jack!“
Falkenstein neigte sich zu mir. „Dieser Mord kann weittragende Folgen haben.“
„Ja“, antwortete ich, „daraus kann ein Krieg ...“
Er unterbrach mich lächelnd: „Unser Königshaus ist doch mit den Habsburgern verwandt. Wenn also der Erzherzog Franz Ferdinand tot ist, so gibt das Hoftrauer. Und dann kann das Hofgartenfest nicht stattfinden. Dann müssen wir also unsre Verschwörung absagen!“

Abends im Kasino erfuhren wir, daß der Erzherzog wirklich ermordet war.
Der dicke Welck hob sein Glas. „Da gibt es Krieg! Wir kriegen mehr Geld und können unsre Schulden bezahlen!“
Neben mir saß der Hauptmann Walther, ein Reserveoffizier, der eben zu einer Übung eingezogen worden war. Sonst war er Amtshauptmann, was man in Preußen Landrat nannte. „Mich kann diese Nachricht nicht begeistern“, sagte er ernst zu mir. „Es gehört schon ein großes Maß von Leichtsinn dazu, wenn man so unbedingt an unsern Sieg glaubt. Hoffentlich wird Kaiser Franz Joseph kaltes Blut bewahren. Er hat in seinem langen Leben schon viele Kriege verloren.“
Trotz der internationalen Spannung fuhren wir zum Regiments- und Brigadeexerzieren nach dem Truppenübungsplatz Jüterbog. Das erschien uns als ein sicheres Zeichen, daß man von deutscher Seite aus keinen Krieg wollte.
An den Abenden füllten wir Offiziere lärmend das Kasino und tranken reichlich. Dabei sprach man wieder darüber, was wir alles zum zweihundertfünfzigsten Jubiläum unsres Regiments tun wollten.
„Da wird sich aber der Kaiser ärgern!“ sagte Rochow. „Denn

sein 1. Garderegiment zu Fuß in Potsdam ist jünger als unsres."
„Und unser König wird sich freuen", fügte Seydewitz hinzu. „Er wird in Korkenzicherhosen dastehen und die preußischen Delegationen in ausgesuchtem Sächsisch begrüßen."
„Nicht so stürmisch!" hörte ich den Kronprinzen rufen. „Ob man unsern Kasinosaal modernisiert ..."
„Er wird nicht umgebaut!" sagte Miltitz energisch. „Traditionen sind keine Hemden, die man wechselt!"
Man zischte von verschiedenen Seiten, und es trat Stille ein.
Der Oberst war aufgestanden. „Meine Herren! Vielleicht schon diese Nacht trifft der Zug ein, der uns nach Dresden zurückbringt. Sie gehen zu Ihren Kompanien und ordnen das Nötige an. Aber bitte, keine Panik! Der telegrafische Befehl, den ich eben erhalten habe, bedeutet nur eine Bereitschaftsmaßnahme!"

Die Nacht über schliefen wir friedlich, und auch am nächsten Morgen mußten wir warten, bis der Zug kam und uns im Schneckentempo nach Dresden zurückbrachte.
Abends im Kasino war es endlich klar: Krieg!
Der dicke Welck beugte sich über den Tisch zu mir. „Ich gehe jetzt in die Stadt. Wer weiß, wann man wieder einen Frauenmund küssen kann!" Er lachte.
Jetzt sah ich auch, daß zu seinen beiden Seiten die ganze Clique des Prinzen Christian saß. Die erhoben sich jetzt alle und gingen zusammen fort.
Ein Oberleutnant der Reserve stand auf und donnerte eine Rede, die so klang, als ob der Krieg schon gewonnen wäre.
Aus Höflichkeit blieb ich sitzen, bis er zu Ende war. Dann stand ich auf, wurde aber von dem Freiherrn von Waldenfels festgehalten. „Was ist das erste, was Sie tun, wenn wir siegreich aus dem Kriege wiederkehren? Wir haben drüben Wetten abgeschlossen. Einige wetten, sie würden zuerst zum Mädel gehen, andre, sie würden sich mal wieder richtig mit gutem, eisgekühltem Rheinwein vollaufen lassen. Was sagen Sie?"
„Entschuldigen Sie!" sagte ich beinah grob. „Man hat mich

eilig zur Kompanie gerufen!" Das war natürlich eine Lüge. Ich ging die düstere Treppe hinunter und klopfte bei Lix Anderten.
Er saß an seinem Schreibtisch und ordnete seine Papiere.
„Alle sind fort!" sagte ich und setzte mich. „Seydewitz und die andern sind in die Stadt. Und oben im Kasino halten die Reserveoffiziere Reden, die von nationaler Begeisterung nur so triefen!"
Er blickte auf und blitzte mit seinen Augen. „Die werden den Krieg nicht schmeißen! Der größte Schreier ist übrigens ein Kerl, der nicht mehr frontdienstfähig ist. Er wird sich hier in unserm Kasino den Wanst mästen, wenn wir draußen sind. – Wie ist das übrigens mit dir? Wirst du nun Bezirksadjutant?"
„Nein, mein Mobilmachungsbefehl lautet: ‚Kompanieoffizier bei der vierten Kompanie.'"
„Da waren also deine Bemühungen unnötig? – Hast du von meinem Krach mit dem Hauptmann von Meysenbug gehört? – Er ist gar nicht erst zur Kaserne mitgekommen und hat mir auf dem Bahnhof so nebenbei gesagt, er käme morgen nicht, und ich sollte alles machen. Darauf sagte ich ihm: ‚Wir stehen in der Mobilmachung, Herr Hauptmann!' – Er aber tat so, als ginge ihn das nichts an. Da packte mich aber die Wut, und ich schrie ihn an, vor den Mannschaften: ‚Wenn Herr Hauptmann so faul sind, daß Sie nicht einmal an einem solchen Tage erscheinen wollen, so werde ich in der Tat die Kompanie führen. Aber bitte, stören Sie mich dabei nicht!'"
„Und was hat er darauf geantwortet?"
„Ach, dieser Trauerkloß! Ganz bescheiden hat er gesagt: ‚Ja, wenn Sie wollen?'"
„Lix", sagte ich, „auch mein Hauptmann kommt morgen nicht. Und so ist es bei allen Kompanien. Ein solches Versagen der Offiziersmoral hätte ich nie für möglich gehalten."
Es klopfte.
Ich ging zur Tür und prallte zurück. Es war der kranke Major von Trützschler, wieder in Uniform. Sein früher dicker Hals war dünn und faltig geworden.
„Wohnt hier nicht Vitzthum, der Regimentsadjutant?" fragte er freundlich.

Lix war aufgesprungen und kam mit großen Schritten zur Tür. „Bitte, kommen Herr Major herein! Vitzthum wohnt nebenan, aber er ist nicht da."
„Ja", sagte Trützschler leise, „ich muß mich etwas setzen. – Sie blicken mich an, was ich für eine Krautscheuche geworden bin. Mein Magen – Sie wissen es – ist sehr schlimm. Aber so lange ich kann, werde ich noch Dienst tun."
Lix fragte besorgt: „Darf ich etwas zu essen oder zu trinken holen?"
Er wehrte mit der Hand ab. „Als Sie beide in das Regiment eintraten, waren Sie noch unbeschriebene Blätter. Heute müssen Sie, gerade Sie mir versprechen ..." Er machte eine Pause und blickte uns sehr gut an. „Halten Sie die Ehre unsrer Offiziere rein, draußen im Felde!"
Mich packte ein solcher Schmerz, ihn so elend zu sehen, daß ich ausrief, ganz aus meinem Herzen heraus: „Herr Major haben mehr getan zu unsrer Erziehung als irgendein andrer!"
„Ich weiß nichts davon", erwiderte er still. „Ich dachte, Miltitz hätte Sie stärker beeinflußt. Er glaubt, es wäre möglich, den Adel zu erhalten, so wie er ist." Er schüttelte traurig den Kopf. „Vielleicht habe ich zuviel Geschichte studiert. Wenn wir auf unsre Vorrechte pochen, so können wir uns nicht halten. Das ist auch nicht wahre Vornehmheit. Die besteht eher in Pflichten – und die muß man sogar suchen!"

Inhalt

5 Adlige Fräulein um 1900
12 Die Flucht der Erzherzogin
17 Die Prinzenschule
23 Berufswahl
28 Fahnenjunker im Leibgrenadierregiment
46 Auf Kriegsschule
61 Siegfried Vitzthums Geheimnis
76 Meine erste Audienz beim König und der Etagenkopf
84 Prinzeß Mathilde
96 Die Remonteschau
116 Weihnachten in der Kaserne
125 Die Cour und die Assemblée mit Hofspiel
132 Das Fest des 2. Januar
141 Der neue Oberst
144 Kommerzienrat Lingner und die Gräfin Montgelas
151 Winterende
157 Eine Wache
161 Die Gräfin Kielmansegg
171 Die Anmaßungen des Miltitz
174 Erstaunliche Toaste
179 Das Vergnügen wird vom Dienst unterbrochen
191 Ein kalter Wachtaufzug
196 Der sächsische Kronprinz
201 Die Prozession mit dem Herzen des Königs
207 Gegen den Strich
218 Miltitz unterrichtet uns
224 Ehrengericht
232 Diskussion um das Duell
236 Ein Fall von Spionage
244 Offizierstollheiten
250 Auf Ehrenwache für Großfürst Kyrill

260 Neue Hoffestlichkeiten
265 Böse Unruhe
272 Tango tanzen
277 Raskolnikow
286 Die Rebellion der Prinzen
287 Bälle
296 Das Paukensolo mit Orchesterbegleitung
298 Die letzten Bälle
304 Bei meinem Bruder
311 Kommandos
316 In der königlichen Villa
318 Bei der Arbeiterabteilung
326 Der Hofgartenanzug